Kohlhammer

Die Herausgeberin

Annette Sachse
ist Pfarrerin der Ev. Kirche in Berlin-Brandenburg-schlesische Oberlausitz und arbeitete zunächst sechs Jahre im Stadt- und danach sieben Jahre im Landpfarramt. Seit 2007 ist sie als Klinikseelsorgerin an der Charité Berlin am Campus Benjamin Franklin tätig. Sie ist Supervisorin und Lehrsupervisorin DGfP, Kursleiterin für Klinische Seelsorgeausbildung (KSA), Beraterin für Ethik im Gesundheitswesen und Mitglied im Klinischen Ethikkomitee der Charité. Sie wohnt in Berlin.

Annette Sachse (Hrsg.)

Supervision erleben

Persönliche Einblicke in die praktische Arbeit

Verlag W. Kohlhammer

Dieses Werk einschließlich aller seiner Teile ist urheberrechtlich geschützt. Jede Verwendung außerhalb der engen Grenzen des Urheberrechts ist ohne Zustimmung des Verlags unzulässig und strafbar. Das gilt insbesondere für Vervielfältigungen, Übersetzungen, Mikroverfilmungen und für die Einspeicherung und Verarbeitung in elektronischen Systemen.

Pharmakologische Daten, d. h. u. a. Angaben von Medikamenten, ihren Dosierungen und Applikationen, verändern sich fortlaufend durch klinische Erfahrung, pharmakologische Forschung und Änderung von Produktionsverfahren. Verlag und Autoren haben große Sorgfalt darauf gelegt, dass alle in diesem Buch gemachten Angaben dem derzeitigen Wissensstand entsprechen. Da jedoch die Medizin als Wissenschaft ständig im Fluss ist, da menschliche Irrtümer und Druckfehler nie völlig auszuschließen sind, können Verlag und Autoren hierfür jedoch keine Gewähr und Haftung übernehmen. Jeder Benutzer ist daher dringend angehalten, die gemachten Angaben, insbesondere in Hinsicht auf Arzneimittelnamen, enthaltene Wirkstoffe, spezifische Anwendungsbereiche und Dosierungen anhand des Medikamentenbeipackzettels und der entsprechenden Fachinformationen zu überprüfen und in eigener Verantwortung im Bereich der Patientenversorgung zu handeln. Aufgrund der Auswahl häufig angewendeter Arzneimittel besteht kein Anspruch auf Vollständigkeit.

Die Wiedergabe von Warenbezeichnungen, Handelsnamen und sonstigen Kennzeichen in diesem Buch berechtigt nicht zu der Annahme, dass diese von jedermann frei benutzt werden dürfen. Vielmehr kann es sich auch dann um eingetragene Warenzeichen oder sonstige geschützte Kennzeichen handeln, wenn sie nicht eigens als solche gekennzeichnet sind.

Es konnten nicht alle Rechtsinhaber von Abbildungen ermittelt werden. Sollte dem Verlag gegenüber der Nachweis der Rechtsinhaberschaft geführt werden, wird das branchenübliche Honorar nachträglich gezahlt.

Dieses Werk enthält Hinweise/Links zu externen Websites Dritter, auf deren Inhalt der Verlag keinen Einfluss hat und die der Haftung der jeweiligen Seitenanbieter oder -betreiber unterliegen. Zum Zeitpunkt der Verlinkung wurden die externen Websites auf mögliche Rechtsverstöße überprüft und dabei keine Rechtsverletzung festgestellt. Ohne konkrete Hinweise auf eine solche Rechtsverletzung ist eine permanente inhaltliche Kontrolle der verlinkten Seiten nicht zumutbar. Sollten jedoch Rechtsverletzungen bekannt werden, werden die betroffenen externen Links soweit möglich unverzüglich entfernt.

1. Auflage 2025

Alle Rechte vorbehalten
© W. Kohlhammer GmbH, Stuttgart
Gesamtherstellung: W. Kohlhammer GmbH, Heßbrühlstr. 69, 70565 Stuttgart
produktischerheit@kohlhammer.de

Print:
ISBN 978-3-17-044791-2

E-Book-Formate:
pdf: ISBN 978-3-17-044792-9
epub: ISBN 978-3-17-044793-6

Verzeichnis der Autorinnen und Autoren

Werner Biskupski
Pfarrer i.R., Lehrsupervisor DGfP, Berater DGfB, Lehrauftrag am Institut für Praktische Theologie der Universität Leipzig. Wohnhaft in Leipzig.

Peter Frör
Pfarrer i.R., Lehrsupervisor DGfP, langjähriger Krankenhausseelsorger am Klinikum der LMU München – Großhadern, Praxis für Supervision und Kursleitung für Klinische Seelsorgeausbildung (KSA). Wohnhaft in München.

Anne Grohn
Dr. phil., Professorin für Psychologie, Psychologische Psychotherapeutin (VT), Supervisorin (DGSv), Coach (dvct), mit Psychotherapeutischer Privatpraxis und Coaching Supervision, wohnhaft in Berlin. Zahlreiche Veröffentlichungen u.a. zu Themen in Supervision und Coaching.

Winfried Hess
Pfarrer i.R., Lehrsupervisor DGfP, früher in Klinikseelsorge und Klinischer Seelsorgeausbildung (KSA) tätig – sowohl in Frankfurt a.M. als auch in New York, USA. Wohnhaft in Jonesport, Maine USA.

Michael Klessmann
Dr. theol., Professor em. für Praktische Theologie an der Kirchlichen Hochschule Wuppertal. Gestalttherapeut, Supervisor und Lehrsupervisor (DGfP). Zahlreiche Veröffentlichungen zu den Themen Seelsorge, Pastoralpsychologie und Supervision. Wohnhaft in Berlin.

Anke Kreutz
Pfarrerin, Lehrsupervisorin DGfP, Supervisorin DGSV, Weiterbildungen in Integrativer Therapie, NLP, Geistlicher Begleitung, Sozialmanagement, Organisationsentwicklung mit langjähriger Leitungserfahrung in selbständigen kirchlich-diakonischen Vereinen. Wohnhaft in Rheinbach (bei Bonn).

Gertraude Kühnle-Hahn
Pfarrerin i.R., Lehrsupervisorin (DGfP), Supervisorin (DGSv), Systemische Beraterin, Klärungshelferin (IfK). 2009–2022 Leiterin des Seminars für Seelsorge-Fortbildung (KSA) der Ev. Landeskirche in Württemberg, davor Gemeindepfarrerin und Krankenhausseelsorgerin. Wohnhaft in Plochingen.

Verzeichnis der Autorinnen und Autoren

Christoph Lasch
Pfarrer i.R., Lehrsupervisor DGfP; 1988–1998 Krankenhauspfarrer in Dresden, 1999–2009 stellv. Direktor im Diakonischen Werk-Stadtmission Dresden e.V., 2009–2022 Studienleiter am Institut für Seelsorge und Gemeindepraxis Leipzig – Fachbereich Pastoralpsychologische Aus- und Weiterbildung in Seelsorge und Supervision, seit 2022 im Ruhestand. Wohnhaft in Dresden.

Friedrich-Wilhelm Lindemann
Dr. theol., Pastoralpsychologischer Berater, langjähriger Leiter des Ev. Zentralinstituts für Familienberatung (EZI) in Berlin, Supervisor DGfP und Dozent für Pastoralpsychologie, Psychologische Beratung, Supervision. Wohnhaft in Berlin.

Werner Posner
Pfarrer i.R., Lehrsupervisor DGfP, Weiterbildungen in Traumaberatung und Gruppendynamik. Berufliche Stationen: Gemeindepfarramt, Klinikseelsorge, Krisenberatungsstelle, Telefonseelsorge. Tätig als Lehrsupervisor und Leiter von Kursen in Klinischer Seelsorgeausbildung (KSA). Wohnhaft in Bochum.

Annette Sachse
Seit 2007 Pfarrerin in der Klinikseelsorge an der Charité – Campus Benjamin Franklin, davor langjährige Gemeindepfarrerin. Supervisorin und Lehrsupervisorin DGfP, KSA-Kursleiterin, Beraterin für Ethik im Gesundheitswesen und Mitglied im Klinischen Ethikkomitee der Charité. Wohnhaft in Berlin.

Volkmar Schmuck
Pfarrer i. R., Supervisor und Lehrsupervisor DGfP, KSA-Kursleiter, Psychodramaassistent. Wohnhaft in Wolfenbüttel.

Hanna Watzlawik
Pastorin i. R., Supervisorin und Lehrsupervisorin DGfP/KSA, KSA-Kursleiterin. Wohnhaft in Hamburg.

Roswitha Wogenstein
Dr. theol., Pfarrerin i. R., Lehrsupervisorin DGfP, langjährige Leiterin der Seelsorge Aus-, Fort- und Weiterbildung in der EKBO. Wohnhaft in Berlin.

Inhalt

Verzeichnis der Autorinnen und Autoren 5

Vorwort der Herausgeberin 13

Danksagung 17

Die Interviewfragen

50+1 Fragen 21
    Profilfragen (Haltung, Stil, Entwicklung) 21
    Definitionsfragen 22
    Prozessverlaufsfragen 22
    Form- und Formatfragen 23
    Beziehungsfragen 24
    Methodenfragen 25
    Spiritualitäts-Fragen 25
    Zusatzfrage 26
    Praxisbeispiel 26

Die Interviews

Analytisch verstehen, systemisch denken, prozessorientiert handeln 29
Christoph Lasch
    Praxisbeispiel: Entscheidung Team- oder Einzelsupervision? – Chancen und Grenzen 48
    Literatur zum Interview von Christoph Lasch 51

Es gibt nichts Praktischeres als eine gute Theorie 53
Anne Grohn
    Praxisbeispiel: Empowerment in der Einzelsupervision 63
    Literatur zum Interview von Anne Grohn 64

Inhalt

Keine Angst vor Konfrontation **66**
Michael Klessmann
    Praxisbeispiel: Die spirituelle Dimension in der Einzelsupervision   77
    Literatur zum Interview von Michael Klessmann 78

Im Mittelpunkt steht die Einzigartigkeit der Person **79**
Winfried Hess
    Praxisbeispiel: Interreligiöse Begegnung in der Einzelsupervision .. 88
    Literatur zum Interview von Winfried Hess 89

Die Menschen stärken, die Sachen klären **91**
Werner Posner
    Praxisbeispiel: Eine Aufstellungsarbeit in der Einzelsupervision 104
    Literatur zum Interview von Werner Posner 105

Beziehungsgestaltung ist mein Cantus firmus **106**
Gertraude Kühnle-Hahn
    Praxisbeispiel: Gruppensupervision mit Leitungspersonen 118
    Literatur zum Interview von Gertraude Kühnle-Hahn 121

Die Supervisions-Beziehung muss angstfrei sein **122**
Roswitha Wogenstein
    Praxisbeispiel: Arbeit mit Übertragungsphänomenen in der Einzel-
    Supervision 133

Gut ist, was wirksam ist und Entwicklung ermöglicht... .... **136**
Peter Frör
    Praxisbeispiel: Erkenntnisse aus einer Lehrsupervision 148

Supervision als sicherer Spielraum **151**
Friedrich-Willhelm Lindemann
    Praxisbeispiel: Kultursensible Supervision im Ausbildungskontext   159
    Literatur zum Interview von Friedrich-Willhelm Lindemann 162

Die gemeinsamen Suchbewegungen sind das Interessante, nicht die vorläufigen Antworten **164**
Anke Kreutz
    Praxisbeispiel: Arbeit an der eigenen Rolle mit einem
    Leitungsgremium 173

Vom Widerfahrnis zur Erfahrung **178**
Werner Biskupski
    Praxisbeispiel: Teamsupervision nach plötzlichem Todesfall 188
    Literatur zum Interview von Werner Biskupski 191

Weniger ist mehr **192**
Hanna Watzlawik
    Praxisbeispiel: Draufschauen wird zum Tiefersehen –
    Spiegelphänomene in der Einzelsupervision........................ 199
    Literatur zum Interview von Hanna Watzlawik 201

Das Kamel in der Supervision **202**
Volkmar Schmuck
    Praxisbeispiel: Jonglage. Wie viele Bälle kann man in der Luft
    halten? Supervision im Spannungsfeld von Systemkritik und
    Anpassung 210
    Literatur zum Interview von Volkmar Schmuck 212

Das Gelingen einer Supervision hängt nicht allein an mir **213**
Annette Sachse
    Praxisbeispiel: Imagination als helfende Kraft 241
    Literatur zum Interview von Annette Sachse 244

Vorwort der Herausgeberin

Der Supervisionsberuf hat etwas Merkwürdiges an sich – genauso wie alle kreativen Berufe. Theoretisch kann man sie erlernen, doch können kann man sie darum noch lange nicht. Man muss sie einfach machen. Man lernt sie im Tun. Am besten ist es darum, Theorie und Praxis von Anfang an einander gut ergänzend zusammenzubringen und dann hinein zu springen in die Arbeit. So entsteht Erfahrung.

Allerdings schließt das Versuch und Irrtum, Ausprobieren, Verzagen und Sicherheit-Gewinnen, Nicht-weiter-Wissen, Stocken, Sich-neu-Erfinden und Helfen-lassen, in guten Flow-Kommen und vieles andere mehr im Erleben von Supervisorinnen und Supervisoren ein. Keine Frage: Der Supervisionsberuf ist nichts für Feiglinge. Zumindest nicht für solche, die es vermeiden, sich ins lebendige Spiel der Kräfte eines ja niemals im Voraus völlig absehbaren oder gar programmierbaren supervisorischen Prozesses hineinzubegeben und darin dann auch noch die eigenen Navigationsqualitäten zu entfalten und einzusetzen im Sinne des geltenden Kontraktes.

Doch auch für hinreichend Mutige braucht es, um sich in den Beruf hineinzuwagen und darin wachsen zu können, den Blick über die Schulter von Erfahreneren in der eigenen Profession – so wie es in anderen kreativen Berufen ja auch geschieht. Von Zeit zu Zeit muss man einfach wissen: Wie machst Du das denn? Hast du schon einmal ähnliche Erfahrungen gemacht? Was ist dir dabei aufgegangen? Welches Beispiel gibst du mir? ... Tatsächlich kommt Supervision ohne Supervision nicht aus – auch nicht in diesem Sinn des Draufsehens und Überblickens wie andere es tun, die länger dabei sind als man selbst und schon an Reife gewonnen haben. So kommt Entwicklung in Gang.

Aber ganz so einfach geht das nicht. Denn in der Regel ist Supervision ein einsames Geschäft. Meist agiert der Supervisor oder die Supervisorin als Angehörige ihres Faches allein. Beobachten zu können, wie andere es tun, bleibt eher die Ausnahme. Das liegt in der Natur des Berufsstandes. Am nächsten käme diesem Bedürfnis darum – so meine ich – eine Lektüre mit praxiserprobten, spannenden und die eigene Erfahrung erschließen helfenden Beiträgen, in denen sich gestandene Supervisoren und Supervisorinnen einmal selbst zu Wort melden – persönlich und analytisch; emotional und reflektiert. So könnten Menschen, die sich das supervisorische Berufsfeld aneignen, im Grunde aber alle daran Interessierten (ob in Ausbildung oder mit fortschreitender Supervisionspraxis) enorm profitieren – vor allem auch, wenn die dargestellten Erkenntnisse nicht wie »in Stein gemeißelt«

wirken, losgelöst von ihrem Veränderungspotential, sondern der Faktor »Entwicklung« dabei Berücksichtigung findet. Nur so wird Reifung befördert.

Diese Überlegungen brachten mich dazu, das hier vorliegende Buch herauszugeben. Doch es gab noch eine zweite Motivation: In meiner eigenen Supervisionsausbildung und -tätigkeit bin ich einigen weisen Kollegen und Kolleginnen begegnet, von denen ich selbst so viel gelernt habe, dass ich schon lange meine, es lohnt unbedingt von diesem Erfahrungsschatz auch für andere etwas weiterzugeben. Denn sie gehören für mich und auch für viele andere zu den Lehrerinnen und Lehrern, die es in ihren supervisorischen Prozessen immer wieder vermögen, aus dem, was geschieht, eine Klugheit zu destillieren, die den Beteiligten weiterhilft. Doch weil nicht jeder von ihnen gleich ein Buch schreibt über die in langen Praxisjahren gewonnenen Einsichten, hoffte ich, dass es wenigstens ein Beitrag dazu sein kann. Also habe ich mich aufgemacht, sie von diesem Projekt zu überzeugen. Nicht alle angefragten Personen konnten sich beteiligen und wiederum konnte auch ich nicht alle infrage kommenden Personen anfragen und beteiligen. Der Zeitfaktor und der vorgegebene Umfang des Buches haben Grenzen gesetzt. Doch wichtig war mir, dass hier Frauen und Männer mit lehrsupervisorischer Erfahrung aus allen Teilen Deutschlands zu Wort kommen und dass durch die Vielfalt ihrer unterschiedlichen supervisorischen Überzeugungen, Stile und Arbeitsweisen, eine große Breite der Herausforderungen, Chancen und Möglichkeiten des supervisorischen Arbeitsfeldes abgebildet werden können.

Am geeignetsten, um diesem Ziel näher zu kommen, erschien mir der Interviewstil. Denn natürlich braucht es auch für erfahrene Menschen im Supervisionsberuf Mut und Lust, sich im Auskunft-geben über die eigene Profession authentisch persönlich zu zeigen. Dieser Vertrauensvorschuss entsteht meiner Meinung nach am ehesten in sinnhaften und inspirierenden Beziehungen und ich meine, dass ein Interview da hineinführen kann. Zumal die gestellten Fragen ein aufrichtiges Interesse bekunden, weil sie sich aus der Neugier und dem Wissensdurst derer speisen, die noch nicht fertig sind mit dem Supervisionsberuf. Ich bin mit einigen von ihnen im Gespräch und habe – wie bei mir selbst auch – gefunden, dass sie nach vielfältigen Aufschlüssen suchen, die ihnen immer wieder neu helfen können, sich in der Fülle der Herausforderungen supervisorischer Praxis zu orientieren. Natürlich glaube ich zudem, dass sich jede gute Supervisorin und jeder gute Supervisor selbst zu dieser Gruppe zählt und das nicht nur am Berufsanfang, sondern ein Berufsleben lang. In der Interviewform bildet sich also die Beziehungsdimension ab, die auch in der Supervision tragend ist. Der Ausgangspunkt ist eine Frage oder ein Gesprächsinteresse, die Kontakt und Beziehung eröffnen. Im Interview haben die Gefragten demnach mehr als in einem monologisierenden Beitrag die Möglichkeit, mit ihrem potenziellen Leserkreis in Kontakt zu treten und sich dorthin auch immer wieder zurückrufen zu lassen.

Dies hat das Anliegen des Buchprojektes in Bahnen, die lebendiger und inspirierender Entwicklung zugänglich sind, gelenkt. Die Autoren und Autorinnen bekamen einen Katalog mit 51 Fragen und der Bitte ein lehrreiches Praxisbeispiel darzustellen. Die Fragen, die im folgenden Kapitel eingesehen werden können, bilden viel von der Komplexität supervisorischen Arbeitens ab, bescheiden sich zugleich aber auch. Wie in jedem Interview gaben sie den Beteiligten die Möglichkeit, sie sich kreativ anzueignen, ganz frei ihren Eingebungen zu folgen und dabei kurz oder ausführlich zu sein. Davon haben sie so reichlich Gebrauch gemacht, dass es zum flüssigen Lesen beiträgt. Natürlich hatten alle die Möglichkeit auszuwählen und sich zu beschränken. Es gab zehn Fragen (dick gedruckt im Katalog), um deren Beantwortung alle gebeten waren. Denn es sollte in aller Freiheit auch eine Vergleichbarkeit hergestellt werden können. Alles Übrige oblag eigener Wahl.

Ein weiteres Interesse und so denn auch meine dritte Motivation für dieses Projekt hat sich aus einer besonderen, alle beteiligten Supervisorinnen und Supervisoren verbindenden Qualifikation ergeben. Denn allen gemeinsam ist, dass sie trotz unterschiedlicher Ausbildungsgänge, Zusatzqualifikationen und Arbeitsweisen einen pastoralpsychologischen Hintergrund bzw. Zugang haben. Die meisten von ihnen gehören der Deutschen Gesellschaft für Pastoralpsychologie (DGfP) an. Da lag es sehr nahe, sie auch nach der spirituellen Dimension in der Supervision zu befragen, die sie von Berufs wegen ja schon immer mitberücksichtigen. M. F. nach gibt es bis heute zudem kaum Literatur zu diesem Zusammenhang. Also ist es an der Zeit, ihn ins Blickfeld supervisorischer Reflexion zu rücken. Darum berücksichtigt eine Reihe von Fragen im vorliegenden Buch auch das mögliche Vorkommen, den Ausdruck, die Gestalt und die Auswirkung von Spiritualität in der Supervision. Zugrunde liegt dabei zunächst ein sehr elementares Verständnis von diesem Begriff. Abgeleitet von der lat. Wortbedeutung »Spiritus«, was »Lebensatem«, »Lebendigkeit« bedeutet, meint Spiritualität in der Grundbedeutung: In Beziehungkommen und Anteilgewinnen an einer sich kreativ entfaltenden Lebendigkeit. Zum einen ist solch ein Lebendigwerden unserer Verfügung entzogen, zum anderen aber ist sie stark vernetzt mit unseren Bemühungen und darin wirksam. Wie die Interviewten nun solche Spiritualität in supervisorischen Prozessen konkret wahrnehmen und im Buch beschreiben, ist aufschlussreich. Ein spannendes Ergebnis und darum hier schon vorwegnehmend hervorzuheben ist, dass die meisten von ihnen Spiritualität nicht nur als einen Aspekt begreifen, der geschieden von den anderen Wirkfaktoren in der Supervision bleibt wie etwas Abgespaltenes, Aufgesetztes, Künstliches; sondern als eine Größe, die überall und sehr organisch Einfluss nehmen kann. Auch dies wird im Erfahrungsbezug verdeutlicht und nicht ideologisierend beschrieben und kann darum auch für den säkularen und interreligiösen Markt von Gewinn sein.

Lassen Sie sich also mitnehmen auf eine besondere Entdeckungsreise, die dieses Buch eröffnet. 50+1 Frage zur Supervision eröffnen einen weiten Horizont möglicher Antworten, deren Wert vor allem darin liegt, dass sie verwertbar sind und durch ihre Praxistauglichkeit zur Kompetenzerweiterung derer, die sie aufnehmen, beitragen. Dabei geht es jedoch nie um die Darstellung von vermeintlich perfektem supervisorischem Handeln, sondern um verantwortliches Tun, das auf Fehlerfreundlichkeit angewiesen ist, genau darin aber realistisch und sympathisch bleibt. Man kann dabei linear oder quer lesen – ganz nach Bedarf.

Im letzten Beitrag versuche ich mich schließlich, dem Fragekatalog zu stellen – auch, um anderen nicht etwas abzuverlangen, was ich nicht selbst erprobt habe. Damit sehe ich mich in einer Brückenfunktion und reiche den Staffelstab von der Lehrerschaft an den Leserkreis weiter. Natürlich werden je nach Hörgestimmtheit der Leserschaft manche Stimmen in den Beiträgen eingängiger sein als andere. Doch auch dies ist beabsichtig und gewollt. Denn so kann das Werk zum Lehr- und Lesebuch für die eigene supervisorische Entwicklung werden – ja zu einem, in das es sich auch nach dem ersten Lesen immer wieder einmal lohnt, hineinzuschauen, nachzuschlagen, sich aufs Neue anregen zu lassen und schließlich selbst Antworten zu finden und sie aufzunehmen in die eigene supervisorische Fundgrube.

Ein letzter Hinweis: Da uns der Gebrauch geschlechtergerechter Sprache wichtig ist, werden hier die dafür üblichen Formen verwendet. Im Folgenden wird aber um einer verständlicheren Lesbarkeit willen zwischen männlicher und weiblicher Sprachform gewechselt. Es sind dabei jeweils immer alle Geschlechter gemeint.

Annette Sachse
Berlin, im April 2025

Danksagung

Ich möchte allen Autorinnen und Autoren noch einmal von Herzen danken, weil sie mit ihrem Know-How dafür sorgten, dass aus einer Idee ein Buch werden konnte.

Weiter möchte ich stellvertretend für alle hier Beteiligten jenen Supervisoren und Supervisorinnen danken, von denen wir gelernt und vieles übernommen haben. Auch wenn es über das hier Aufgeführte hinausgeht, ist es ja doch eingeflossen, weil es in uns längst eingegangen ist und uns ausmacht.

Ebenso danke ich allen Supervisanden und Supervisandinnen, deren Beispiele wir verwendet haben und von denen wir lernen durften. Für ihren Schutz haben wir durch Anonymisierung gesorgt.

Mein besonderer Dank gilt allen, die mitgedacht, gelesen, korrigiert haben und dabei Wohlwollen und Ruhe behielten. Jeder weitere Schritt, der das Buch entstehen ließ, erschien mir immer wie ein Wunder. Aber es war ganz klar eines, das erst durch Verbündete und Unterstützer geworden ist. Ich danke Ihnen und Euch allen, denn ich habe gemerkt: Wie es schon für das Heranwachsen eines Kindes »ein ganzes Dorf braucht«, hatte das mein Buchprojekt auch nötig. Alle, die mir zur Seite standen, sind Menschen, die Namen tragen. Doch ich kann sie nicht einfach nur »auflisten«. Das würde hier in vielfacher Hinsicht nicht aufgehen. Darum hier einige für alle:

Ich danke Ruprecht Poensgen für den ermutigenden Erstkontakt mit dem Kohlhammer Verlag und Kathrin Kastl sowie Manuela Pervanidis für die großartige Lektorierung und Begleitung. Ich danke meiner Kirche und meinen tollen Kolleginnen und Kollegen, die mir diese Studienzeit ermöglicht haben – Hans-Georg, Heidi, Kristina, Gabriele und Markus. Ich danke meinen langjährigen supervisorischen Weggefährten Roswitha und Peter für ihre Bestärkung und freundschaftliche Verbundenheit. Last but not least danke ich meiner Familie, ohne die ich privat und beruflich nicht wäre, was ich bin und an die sich mein Erleben von Glück ganz wesentlich bindet – Peter, Karoline, Anselm, Jakob, Julius und meine Mutter.

Die Interviewfragen

50+1 Fragen

Unter den Fragen ist in der Reihenfolge der Beiträge zu Ihrer Orientierung vermerkt, wer darauf geantwortet hat. Die Hauptfragen sind in Fettschrift gesondert hervorgehoben.

Profilfragen (Haltung, Stil, Entwicklung)

1. **Bitte gib eine kurze Visitenkarte von Dir mit persönlicher Note zum beruflichen Profil: Was bist Du für ein/e Supervisor/in?**
   Lasch, Grohn, Klessmann, Hess, Posner, Kühnle-Hahn, Wogenstein, Frör, Lindemann, Kreutz, Biskupski, Watzlawik, Schmuck, Sachse
2. Was hat Dich dazu gebracht, Supervisor/Supervisorin zu werden und jahrelang zu bleiben?
   Lasch, Grohn, Klessmann Hess, Posner, Kühnle-Hahn, Wogenstein, Frör, Kreutz, Sachse
3. Worin bist Du Dir treu geblieben, was hast Du verändert im Lauf Deiner supervisorischen Entwicklung?
   Lasch, Grohn, Klessmann, Wogenstein, Frör, Kreutz, Sachse
4. Hältst Du es für nötig, dass Supervisoren und Supervisorinnen selbst zur Supervision gehen?
   Lasch, Grohn, Klessmann, Kühnle-Hahn, Wogenstein, Kreutz, Biskupski, Sachse
5. Erinnerst Du Dich an Deine schwierigste Supervision? Kennst Du Scheitern? Wie bist Du damit umgegangen? Gibt es Schlussfolgerungen, die Du weitergeben willst?
   Lasch, Grohn, Klessmann, Posner, Wogenstein, Sachse
6. Wie hat sich deine Kultur im Umgang mit Fehlern und mit Erfolgen entwickelt – in Bezug auf Deine Supervisanden und Supervisandinnen und auf Dich?
   Lasch, Grohn, Klessmann, Posner, Kühnle-Hahn, Wogenstein, Biskupski, Sachse
7. Gibst Du (manchmal) etwas von Deinem Privatleben preis? Hast Du dafür Kriterien?
   Lasch, Grohn, Klessmann, Posner, Kühnle-Hahn, Wogenstein, Kreutz, Biskupski, Sachse

Definitionsfragen

8. **Wie ist dein eigenes aktuelles Supervisionsverständnis und wie hat es sich entwickelt?**
   Lasch, Grohn, Klessmann, Hess, Posner, Kühnle-Hahn, Wogenstein, Frör, Lindemann, Kreutz, Biskupski, Watzlawik, Schmuck, Sachse
9. **Was glaubst Du, was Supervision im besten Falle vermag? Was kann sie nicht?**
   Lasch, Grohn, Klessmann, Hess, Posner, Kühnle-Hahn, Wogenstein, Frör, Lindemann, Kreutz, Biskupski, Watzlawik, Sachse
10. Wann betrachtest Du eine Supervision als gelungen?
    Lasch, Grohn, Klessmann, Wogenstein, Schmuck, Sachse
11. Welche Themen können in der Supervision besprochen werden und welche nicht?
    Lasch, Grohn, Klessmann, Kühnle-Hahn, Wogenstein, Kreutz, Sachse
12. **Gibt es Lehrsätze/Theorien, die sich in Deiner Praxis bewährt haben oder die Du im Lauf der Jahre über Bord geworfen hast?**
    Lasch, Grohn, Klessmann, Hess, Posner, Kühnle-Hahn, Wogenstein, Frör, Kreutz, Biskupski, Watzlawik, Sachse
13. Welche Erkenntnisse hast Du zu förderlichen Äußerungs- und Sprachformen von Seiten des Supervisors bzw. der Supervisorin gewonnen? Welche Art von Interventionen und Impulssetzungen erscheinen Dir sinnvoll?
    Lasch, Grohn, Klessmann, Wogenstein, Frör, Biskupski, Sachse
14. Kannst Du Dir vorstellen, dass der Einsatz Künstlicher Intelligenz Supervisoren und Supervisorinnen eines Tages ersetzt, oder zumindest unterstützen kann?
    Lasch, Grohn, Klessmann, Wogenstein, Sachse
15. **Welches Thema beschäftigt Dich aktuell besonders in Bezug auf Supervision?**
    Lasch, Grohn, Klessmann, Hess, Posner, Kühnle-Hahn, Wogenstein, Frör, Kreutz, Biskupski, Watzlawik, Schmuck

Prozessverlaufsfragen

16. Wie kamst Du zu Deiner ersten Supervisionserfahrung und welche Erinnerung hast Du daran? Was war das Besondere? Welches Resümee ziehst Du heute daraus?
    Lasch, Grohn, Posner, Kühnle-Hahn, Wogenstein, Biskupski, Sachse
17. Was gehört für Dich zu einer guten Akquise? Gibt es Tipps, die Du Menschen, die neu in den Beruf hineingehen, diesbezüglich mit auf den Weg geben willst?
    Lasch, Grohn, Klessmann, Wogenstein

18. Hattest Du jemals Lampenfieber vor bzw. während einer Supervision? Wenn ja, warum? Und wie gehst Du damit um?
    Lasch, Grohn, Wogenstein, Kreutz
19. Was machst Du vor und nach einer Sitzung und was hältst Du diesbezüglich für empfehlenswert?
    Lasch, Grohn, Klessmann, Kühnle-Hahn, Wogenstein, Kreutz, Biskupski
20. **Woran erkennst Du, dass es in der Supervision einen Fortschritt gibt?**
    Lasch, Grohn, Klessmann, Hess, Posner, Kühnle-Hahn, Wogenstein, Frör, Kreutz, Biskupski, Watzlawik, Sachse
21. Wie erfasst und beschreibst Du die Beziehung von Einsicht und Veränderung?
    Lasch, Klessmann, Posner, Wogenstein, Biskupski, Sachse
22. Vermeidest Du Ratschläge tatsächlich?
    Lasch, Klessmann, Kühnle-Hahn, Wogenstein, Kreutz, Sachse
23. Was verunsichert Dich im supervisorischen Prozess? Siehst Du da eine Entwicklung im Laufe Deiner Tätigkeit?
    Lasch, Klessmann, Wogenstein, Biskupski
24. Wie lang sollten supervisorische Beziehungen sinnvoller Weise dauern?
    Lasch, Grohn, Klessmann, Wogenstein, Sachse
25. Wie evaluierst Du Deine Supervisionsprozesse?
    Lasch, Grohn, Klessmann, Wogenstein, Kreutz, Sachse
26. Was ist Dir wichtig für die Beendigung des supervisorischen Prozesses?
    Lasch, Grohn, Klessmann, Kühnle-Hahn, Wogenstein, Kreutz
27. Wie gehst Du mit dem um, was Du Deinen Supervisanden und Supervisandinnen schuldig geblieben bist und sie Dir?
    Lasch, Kühnle-Hahn, Wogenstein

Form- und Formatfragen

28. Vor welchem supervisorischen Format hast du den meisten Respekt und warum?
    Lasch, Klessmann, Wogenstein, Kreutz, Biskupski
29. **Was hat Dich Deine Erfahrung gelehrt, welche Besonderheiten sinnvoller Weise zu berücksichtigen sind in Einzel-, Gruppen-, Team-SV über die formellen und in allen Lehrbüchern nachzulesenden Kriterien hinaus?**
    Lasch, Grohn, Klessmann, Posner, Kühnle-Hahn, Wogenstein, Frör, Lindemann, Kreutz, Biskupski, Watzlawik, Sachse
30. Wie erlebst Du den Unterschied zwischen analoger und digitaler Supervision?
    Lasch, Grohn, Klessmann, Kreutz, Sachse

Beziehungsfragen

31. **Was ist Dir wichtig für die Beziehungsgestaltung in der Supervision?**
    Lasch, Grohn, Klessmann, Hess, Posner, Kühnle-Hahn, Wogenstein, Frör, Kreutz, Biskupski, Watzlawik, Sachse
32. Was macht Deiner Meinung nach einen guten Supervisor/eine gute Supervisorin aus?
    Lasch, Klessmann, Kühnle-Hahn, Wogenstein, Schmuck, Sachse
33. Welche Verantwortung trägt der Supervisor/die Supervisorin und welche der Supervisand/die Supervisandin zum Gelingen eines Supervisionsprozesses?
    Lasch, Klessmann, Wogenstein, Kreutz, Sachse
34. Was vermeidest Du und was förderst Du aus welchen Gründen?
    Lasch, Klessmann, Kühnle-Hahn, Wogenstein
35. Wie gehst Du damit um, wenn Du das Gefühl hast, Dir selbst im Wege zu stehen bzw. blockiert zu sein?
    Lasch
36. Wie siehst Du die Gewichtung von Zuhören und Selberreden bei Supervisorinnen und Supervisoren?
    Lasch, Klessmann, Kühnle-Hahn, Wogenstein, Frör
37. Welche Bedeutung misst Du Gefühlen bei im supervisorischen Arbeiten?
    Lasch, Klessmann, Kühnle-Hahn, Wogenstein, Frör, Watzlawik, Sachse
38. Welche Rolle spielen Sym- und Antipathie für Dich in der Supervision und welche Schlussfolgerungen ziehst Du daraus?
    Lasch, Klessmann, Wogenstein, Biskupski, Sachse
39. Ist der supervisorische Raum tatsächlich eine machtfreie Zone? Oder?
    Lasch, Klessmann, Posner, Kühnle-Hahn, Wogenstein, Kreutz, Biskupski, Schmuck, Sachse
40. Wie hältst Du es mit Bestätigung, Lob, Würdigung... Deiner Supervisandinnen und Supervisanden?
    Lasch, Grohn, Klessmann, Kühnle-Hahn, Wogenstein, Kreutz, Biskupski, Sachse
41. Hast Du nicht vielleicht doch schon einmal jemanden zu seinem Glück gezwungen oder wenigstens zwingen wollen?
    Lasch, Grohn, Klessmann, Posner, Wogenstein
42. Was hältst Du davon, dass zunehmend gegenseitiges Verstehen auch »zum süßen Gift symbiotischer Sprachlosigkeit« (I.Riedel) werden kann und was bedeutet es für Deine Art der Beziehungsgestaltung in der Supervision?
    Lasch, Wogenstein, Sachse

Methodenfragen

43. **Welche Kriterien hast Du für den Einsatz von Methoden in der Supervision?**
    Lasch, Klessmann, Hess, Posner, Kühnle-Hahn, Wogenstein, Frör, Kreutz, Biskupski, Watzlawik, Sachse
44. Hast Du Methoden, die sich in Deiner Arbeit (immer wieder) bewähren? Kannst Du ein Beispiel oder auch mehrere nennen?
    Lasch, Kühnle-Hahn, Wogenstein, Lindemann, Kreutz, Biskupski, Sachse
45. Kannst Du Dir vorstellen, dass Supervisoren/Supervisorinnen durch die Anwendung von hilfreichen Methoden (oder Methodenabfolgen) überflüssig werden? Anders gefragt: Worin siehst Du die spezifische Kunst eines Supervisors/einer Supervisorin, die über das, was perfekt angewandte Methoden vermögen, hinausgehen könnte?
    Lasch, Klessmann, Kühnle-Hahn, Wogenstein, Kreutz, Sachse
46. Hast Du ein Beispiel für die förderliche Kraft von Humor in der Supervision?
    Lasch, Grohn, Klessmann, Biskupski, Schmuck, Sachse

Spiritualitäts-Fragen

47. **Welche Rolle spielt die spirituelle Dimension für Dich in der Supervision?**
    Lasch, Grohn, Klessmann, Hess, Posner, Kühnle-Hahn, Wogenstein, Frör, Lindemann, Kreutz, Biskupski, Watzlawik, Schmuck, Sachse
48. Hast Du spirituelle Erfahrungen im Rahmen deiner supervisorischen Tätigkeit gemacht und welchen Einfluss hatten sie auf die Prozessentwicklung?
    Lasch, Klessmann, Kühnle-Hahn, Wogenstein, Kreutz
49. Hast Du manchmal ein Flow-Erleben in der Supervision? Wodurch stellt es sich ein?
    Lasch, Klessmann, Wogenstein
50. Welche Wertmaßstäbe bzw. ethischen Grundsätze sind Dir heilig oder bedeuten Dir persönlich viel – unbenommen dessen, dass die hier geltenden Standards Deines Berufsverbandes nicht diskutiert werden müssen, weil sie selbstverständlich eingehalten werden?
    Lasch, Klessmann, Kühnle-Hahn, Wogenstein, Kreutz, Sachse

Zusatzfrage

Gibt es eine Frage, die Du Dir selbst in Bezug auf das supervisorische Arbeitsfeld stellst und die hier nicht vorkommt? Und: Hast Du auch schon eine (erste bzw. vorläufige) Antwort darauf?
Lasch, Grohn, Klessmann, Wogenstein

Praxisbeispiel

Stelle ein lehrreiches Beispiel aus Deiner supervisorischen Berufspraxis dar.

Die Interviews

Analytisch verstehen, systemisch denken, prozessorientiert handeln

Christoph Lasch

Bitte gib eine kurze Visitenkarte von Dir mit persönlicher Note zum beruflichen Profil: Was bist Du für ein Supervisor? (1)
Mein supervisorisches Profil ist durch die Klinische Seelsorgeausbildung (KSA) geprägt. Seit meiner Anerkennung als Supervisor (DGfP) 2000, Kursleiter (KSA) 2001 und Lehrsupervisor (DGfP) 2010 arbeite ich kontinuierlich in Einzel- Gruppen- und Teamsupervisionen, vor allem in kirchlichen und diakonischen Ausbildungs- und Arbeitsfeldern. Zudem bin ich als Lehrsupervisor in der Pastoralpsychologischen Weiterbildung in Supervision und Kursleitung (KSA) tätig. Ich bin leidenschaftlicher Vertreter der Pastoralpsychologie. Inzwischen bin ich im Ruhestand angekommen, aber immer noch sehr interessiert an supervisorischer Arbeit, leite weiterhin Kurse und gebe Supervision.

Was hat Dich dazu gebracht, Supervisor zu werden und jahrelang zu bleiben? (2)
Erste Erfahrungen von Supervision als junger Gemeinde-, später als Krankenhauspfarrer haben mein Interesse an supervisorischer Arbeit geweckt. Vor allem waren es Protokollbesprechungen von Besuchen am Krankenbett, die mir geholfen haben, meine Arbeit zu reflektieren, die eigene Person in den Blick zu nehmen und sich der eigenen Rolle klar zu werden. Bis heute motiviert es mich, auf diesen Ebenen beruflicher Arbeit mit Supervisanden zu arbeiten und mich dabei auch als ein Lernender und Lernbegleiter zu verstehen.

Worin bis Du Dir treu geblieben, was hast Du verändert im Lauf Deiner supervisorischen Entwicklung? (3)
Treu geblieben bin ich mir in der Ansicht, dass supervisorisches Arbeiten immer auch Beziehungsarbeit ist und die Arbeit an der eigenen Person und Rolle nicht zu unterschätzen ist. Verändert und erweitert hat sich durch eine systemische Weiterbildung mein Verständnis für Systeme und Organisationen, in denen Supervisandinnen sich vorfinden, tätig sind oder tätig werden wollen.

Hältst Du es für nötig, dass Supervisoren und Supervisorinnen selbst zur Supervision gehen? (4)
Unbedingt. Supervision gibt mir immer wieder auch kritisches Feedback zum eigenen Handeln, nötigt mich zur Reflexion meiner Haltung und Arbeitsweisen. Sie verschafft mir Sicherheit, eigenen Impulsen, vor allem auch in stockenden Supervisionsprozessen, zu trauen und schenkt mir Gelassenheit, der Prozessentwicklung

zu vertrauen. Und sie fordert mich heraus, mich nicht meiner Verliebtheit in gewohnte Methoden hinzugeben, sondern Neues auszuprobieren.

Erinnerst Du Dich an Deine schwierigste Supervision? Kennst Du Scheitern? Wie bist Du damit umgegangen? Gibt es Schlussfolgerungen, die Du weitergeben willst? (5) Und: Wie hat sich deine Kultur im Umgang mit Fehlern und mit Erfolgen entwickelt? (6)

Aus der Reflexion mit schwierigen Supervisionen und der Einsicht, nicht die gewünschten Ergebnisse erreicht zu haben, halte ich es für unbedingt erforderlich, sich der eigenen und der Grenzen von Supervision überhaupt bewusst zu sein. Supervision kann nicht alles klären, lösen, zum Guten bringen. Manchmal stimmt die Beziehung nicht, manchmal hilft alles Reflektieren nichts. Es ist normal, dass es Prozesse gibt, die wenig Entwicklungspotential frei legen, weil zu viel verkrustet ist, Veränderungsmöglichkeiten nicht in Sicht sind und Interventionen nicht glücken. Mein Umgang damit hat sich verändert. Bekam ich nach einer Supervision kritisches Feedback, weil ich Erwartungen nicht erfüllt habe, stand ich zu Beginn meiner supervisorischen Arbeit in Gefahr mich zu rechtfertigen oder zu erklären. Ich wollte ja alles richtig und gut machen. Heute arbeite ich mit Kritik, verstehe sie als engagiertes Interesse, versuche herauszubekommen, welche Erwartungen Supervision und Supervisorin erfüllen sollte, wie das gelingen und wer dazu beitragen könnte und vor allem welchen Part, sprich welche Eigenverantwortung Supervisanden dabei übernehmen können. Ich verstehe diesen Umgang auch als ein respektvolles Eingehen auf mein Gegenüber.

Über Erfolge freue ich mich natürlich genauso wie meine Supervisanden. Ich freue mich mit ihnen, wenn sie sich in ihrer beruflichen Arbeit gestärkt fühlen, ihre Kommunikationsmöglichkeiten kennen und ausprobieren, sich ihrer Interaktionen bewusst sind, ihr Gegenüber und ablaufende Prozesse besser wahrnehmen und verstehen, berufliche Beziehungen klären u.a.m. Ich reflektiere es mit ihnen, wenn sie den Eindruck haben, Supervision hilft mir in meiner beruflichen Arbeit und bringt mich weiter.

Gibst Du (manchmal) etwas von Deinem Privatleben preis? Hast Du dafür Kriterien? (7)

Hin und wieder bin ich gefragt worden, wie ich denn das alles so mache und hinbekomme oder mich von schwierigen Prozessen nicht so runterziehen lasse und distanzieren kann und wie ich das mit meinem Privatleben verbinde. Vor allem in Supervisionen mit Kollegen werde ich danach gefragt und wie ich Beruf und Privatleben gestalte. Hier kann ich gut auch von mir persönlich sprechen. Darüber hinaus kommt es für mich auf die Beziehung an, ob und was ich von mir erzähle. Ein wichtiges Kriterium für mich ist und bleibt, was dies für die supervisorische Beziehung und Begleitung bedeutet und austragen könnte, damit es keine Selbstdarstellung wird und auch keine Befriedigung eigener Kontakt-, Mitteilungs- oder Entlastungsbedürfnisse.

Wie ist Dein eigenes aktuelles Supervisionsverständnis und wie hat es sich entwickelt?/Worum geht es Dir heute in der Supervision? (8)

Mein Verständnis von Supervision hat sich über viele Jahre hin entwickelt. Supervision wird ja als ein Fachbegriff für Beratungskonzeptionen und Ausbildungsmethoden verwendet. Aus dem englischen Sprachgebrauch kommend, ist damit zunächst eine Funktion der »Aufsicht«, »Leitung«, »Kontrolle« gemeint.[1] Allgemein ausgedrückt ist Supervision, wie Martin Ferel es einmal beschrieben hat, ein »Interaktionsprozess zwischen zwei oder mehreren Personen, der der Verbesserung des beruflichen Handelns dient.«[2] Da es keine einheitliche Definition von »Supervision« gibt und geben wird, begegnen mir immer mal wieder Unklarheiten in der Begrifflichkeit. Ist Supervision als solche überhaupt das »richtige« Angebot oder geht es eher um Personal- bzw. Organisationsentwicklung, um Mediation oder Coaching oder ist therapeutische Begleitung angesagt? Welche Supervisorin wäre die »Richtige«? Wo soll der Fokus liegen? Ich hatte zu Beginn meiner Ausbildung Mühe, mich in der Vielfalt der Anbieter und Methoden zurechtzufinden und brauchte Zeit, das zu entwickeln, was mir, meiner Person und pastoralen Identität entsprach.

Zu Beginn meiner Weiterbildung in Supervision war ich interessiert, verschiedene supervisorische Methoden und theoretische Grundlagen kennenzulernen und praktisch ausprobieren zu können. Die Klinische Seelsorgeausbildung (KSA) mit ihrem methodenpluralen Ausbildungsmodell wurde meine supervisorische »Heimat«. Neben dieser angewandten Methodenvielfalt und Technik habe ich gelernt, dass es vor allem die innere Haltung der Supervisorin ist, die eine Supervision zu einer guten, im Sinne der Supervisandinnen hilfreichen Supervision macht. Erst die Person der Supervisorin macht Supervision zur Profession. Deshalb ist es nötig, dass Supervisorinnen einen Prozess der Selbsterfahrung durchlaufen haben und sich ihrer Person, Biographie, Haltung und Interaktionen bewusst sind, diese reflektiert und bearbeitet haben.

Bei pastoralpsychologischer Supervision geht es um Integration pastoraler Identität in pastorale Arbeit. Dabei spielen religiöse Prägung, christliche Glaubensbiographie, gegenwärtiger Glaube und Glaubenspraxis, pastoraltheologische Erwartungen oder Vorgaben, das eigene Verständnis pastoraler Arbeit usw. eine wichtige Rolle. Von Wolfgang Drechsel habe ich gelernt: Pastoralpsychologische Supervision setzt »pastorale bzw. religiöse Deutungskompetenz«[3] voraus, um schließlich auch der Arbeit an pastoraler Identität der Supervisandinnen förderlich zu sein. Letztlich wird durch die pastorale Dimension das traditionelle Gefälle der Supervisionsbeziehung zwischen Supervisorin und Klientin aufgehoben. »Vor Gott stehen beide auf gleicher Ebene. Gott bietet gewissermaßen die Triangulierung der Supervisionsbeziehung.«[4] Ich betone dies hier, weil mir dieser Versuch einer Be-

---

1 Zur Ableitung des Begriffs siehe Scobel, W.: Was ist Supervision? S. 11 ff und Miethner, R. In. DGfP Info. 1/96.
2 Ferel, Martin: *Neue Schläuche in altem Wein ...oder alles kann auch ganz anders sein.* Vortrag KSA Tagung. Hamburg /Rissen. 1998
3 Siehe dazu: Drechsel, W.: Und das Pastorale? Zur Frage nach dem Spezifikum pastoralpsychologischer Supervision. Überarbeiteter Vortrag zur KSA-Jahrestagung in Speyer 2002. In *Transformationen – Pastoralpsychologische Werkstattberichte.* Herausgegeben im Auftrag der Deutschen Gesellschaft für Pastoralpsychologie. Heft 4, 2004. S. 25 ff.
4 ebd. S. 42

schreibung des Pastoralen gut gefällt. Es geht um den fundamentalen Deutungshorizont von Wirklichkeit. Wie auch immer man Supervision definieren will, bei der Pastoralpsychologischen Supervision geht es um den religiösen Deutungszusammenhang. Dies stellt kein neues oder anderes Supervisionskonzept dar. Es ist eine grundlegende Haltung, die der eigenen pastoralen Identität entspringt. Michael Klessmann und Kerstin Lammer sprechen in diesem Zusammenhang von »erweiterter, interdisziplinärer Hermeneutik«[5]. Die Hermeneutik als Methode der Auslegung wird im neutestamentlichen Sinn als Gabe, als Charisma (1.Korinther 14,5.13 ff.) verstanden. So gesehen steht sie allen offen.

Meine Erfahrungen in Leitungspositionen haben mich gelehrt, dass Supervision auch als Baustein der Personalentwicklung genutzt werden kann. Supervision verstehe ich aber nicht als Instruktion, sie ist und bleibt Reflexion und doch kann sie auch für die Bewältigung von Führungsaufgaben und zur Personalentwicklung eingesetzt werden.

Um genau abzuwägen, wofür Supervision in Anspruch genommen wird, sollte eine erste Supervisionssitzung nicht nur Anliegen der Supervisandinnen klären, sondern auch das dafür geeignete Verfahren eruieren und gegebenenfalls darauf verweisen. Hierbei gilt für mich der Grundsatz, nicht alles selbst können zu wollen und sich eigener Grenzen bewusst zu sein.

Was glaubst Du, was Supervision im besten Falle vermag? Was kann sie nicht? (9)

Es gehört mit zu den schönsten Erfahrungen, die mich auch persönlich berühren, wenn ich miterleben kann, wie anhand einer gezielt angewandten Methode Supervisanden etwas deutlich wird, Erkenntnisse zuwachsen und sie ihre berufliche Arbeit zufriedenstellend verbessern können. Ich bin überzeugt, dass es in Supervision gelingen kann, an der eigenen Haltung, an sich problematisch darstellenden Beziehungen und beruflichen Gegebenheiten zu arbeiten und diese durch gezielte Interaktionen zu verbessern. Supervision kann aber im besten Fall die Haltung verändern, also zur Arbeit an der eigenen Person beitragen. Sie wird keine Persönlichkeit im Sinne therapeutischer Behandlung ändern oder Störungen heilen können.

Wann betrachtest Du eine Supervision als gelungen? (10)

Gelungen betrachte ich eine Supervision, wenn in der Reflexion über das Erreichte Supervisandinnen eigene Erkenntnisse umgesetzt und erfolgreich angewandt haben und sich in ihrer beruflichen Arbeit »besser« fühlen, konstruktiv arbeitsfähig sind bzw. bleiben, z. B. angstfreier und kompetenter agieren können, in dem sie eigene Kompetenzen gestärkt wissen und Lernpunkte bewusst geworden sind.

Welche Themen können in der Supervision besprochen werden und welche nicht? (11)

Da die Themen seitens der Supervisanden kommen, sollten Supervisoren offen sein

---

5 Siehe dazu: Klessmann, Michael, Lammer, Kerstin (Hg.): *Das Kreuz mit dem Beruf. Supervision in Kirche und Diakonie.* Neukirchener Verlag. 2007. S. 52 ff.

für alle Themen, die zur Sprache kommen. In analytischer Therapie heißt es manchmal humorvoll: »Es gibt kein Tabu, außer Sie zerlegen meine Einrichtung.« Eine Einschränkung würde ich allerdings bei Themen mit grenzüberschreitenden, extremistischen[6] Aussagen machen. Insofern halte ich es für richtig, dass in Supervision auch Grenzen benannt werden, Supervisoren sich nicht alles anhören müssen und im Sinne einer »demokratieorientierten Beratung«[7] wirken.

Gibt es Lehrsätze/Theorien, die sich in Deiner Praxis bewährt haben oder die Du im Lauf der Jahre über Bord geworfen hast? (12)
Ein Lehrsatz fällt mir sofort ein, der mir wichtig geworden ist: »Vertrau deiner Intuition und dem Prozess.« Und ein zweiter, den ich oft verwende: »Mach deinen Eindruck zum Ausdruck.«

Ich habe gelernt, eigener Wahrnehmung zu trauen und sie zu kommunizieren. Und ein dritter, den ich mit Augenzwinkern benutze: »Als Supervisor bin ich unwissend, passiv, aber interessiert.« Ich übersetze es mit: Ich bin »unwissend«, weil ich nicht weiß, wie es Supervisandinnen selbst und in ihrer Arbeits- und Berufswelt wirklich geht, denn ich stecke nicht in ihrer Haut. Ich bin »passiv«, weil ich nicht ihre zu leistende Arbeit übernehmen will, aber ich bin »interessiert« daran, wie sie sich selbst, ihre berufliche Rolle, ihre Arbeit, ihr System erleben und was sie ändern möchten.

Andere Sätze müssen aber gleich mit genannt werden: »Überschätze und übernimm dich nicht. Verfalle nicht der Eitelkeit über Erfolgreiches. Lerne fehlerfreundlich zu sein. Achte auf deine Grenzen.« Ein weiterer wichtiger Lehrsatz: »Unterscheide Anliegen und Auftrag und kläre den Auftrag und die Zielstellungen.« Als Supervisor setze nicht ich die Ziele, sondern erarbeite und kläre sehr konkret Anliegen und Auftrag der Supervisandinnen und begleite sie in ihren Zielstellungen, die in einem abzuschließenden Kontrakt festgehalten werden.

Über Bord geworfen habe ich die irrige, idealisierte Annahme, dass Supervision alles regeln könne und dass es allein auf die richtige Methode ankäme, damit Supervision gelingt.

An theoretischen Grundlagen könnte ich jetzt viel aufführen, was mir im Laufe meiner Ausbildung und darüber hinaus wichtig geworden ist. Das würde hier den Rahmen sprengen. Dennoch möchte ich betonen, dass es mir wichtig ist, dass Supervisorinnen ihr supervisorisches Handeln theoretisch untermauern können. Ich habe mir viel angelesen, viel ausprobiert, das eine gelassen, anderes fortgeführt. Bei der Frage, wie sich denn Supervision von Beratung und Therapie unterscheidet,

---

6 Siehe: Thea Rauch u. a.: Denkanstoß zu extremistischen Ansichten bei Patient*innen. *Psychotherapeutenjournal* 1/2024, S. 44–49.
  Und dort den Verweis auf die Definition aus der Extremismusforschung: Kemmesies, U. (2020) Begriffe, theoretische Bezüge und praktische Implikation. In: B. Ben Slama & Uwe E. Kemmesies (Hrsg.), *Handbuch Extremismusprävention. Gesamtgesellschaftlich. Phänomenübergreifend* (S. 33–55). Wiesbaden: Bundeskriminalamt.
7 Ebd. S.47

war mir z. B. das Konzept von Wolfgang Weigand hilfreich.[8] In der Mitte der Bereiche von »Person«, »Organisation«, »Berufliche Rolle« und »Kunde/Klient«, die eigenständig, aber miteinander verbunden sind, ist Supervision angesiedelt. Neben den Bereichen steht die Fachrichtung, die sich im Besonderen mit diesem Bereich beschäftigt: bei Person »Psychotherapie«, bei Organisation »Organisationsberatung« und bei Berufliche Rolle »Fortbildung«. Es gibt zwischen Fachrichtung und der Supervision Gemeinsamkeiten, aber auch deutliche Unterscheidung und Abgrenzung.

Die Darstellung dieses Konzeptes hat Erweiterung erfahren, so z. B. von Kersti Weiß. Sie benennt »Wirkfaktoren der Supervision« im Hinblick auf »gesellschaftlichen Kontext, gesellschaftliche Regeln, gesellschaftliche Werte und Teilhabe an gesellschaftlichen Ressourcen«.[9]

Hilfreich war mir auch, die verschiedenen Ebenen der Supervision im Blick zu behalten: Personenebene (Berufliche Rolle), Beziehungsebene und Sachebene (Arbeitsfeld). Sie sind voneinander zu unterscheiden, stehen aber miteinander in Verbindung. Ich stelle es mir vor, wie ineinandergreifende Zahnräder oder sich überlappende Kreise.

Auch half mir die Unterscheidung verschiedener Typen von Supervision, wie sie z. B. von Rappe-Giesecke benannt werden[10]:

- »Ausbildungssupervision« als Teil eines Ausbildungssystems,
- »berufsbegleitende Supervision« und da unterschieden in »klientenbezogene,
- kooperationsbezogene und rollenbezogene«
- »administrative Supervision« als Teil der Personalführung (»Coaching durch Führungskräfte«),
- »Supervision in OE-Prozessen«

Unterschiedliche Typen von Supervision verlangen unterschiedliche Verfahren und Methoden oder wie Anne Reichmann meint: »Unterschiedliche Verfahren entsprechen unterschiedlichen Indikationen.«[11] Auch in der Zielbestimmung unterscheiden sie sich voneinander.

---

8 In: *Supervision ein Beitrag zur Qualifizierung beruflicher Arbeit.* Deutsche Gesellschaft für Supervision e.V., 5.überarb. Auflage, Februar 2006. S.19.
9 Siehe Weiß, Kersti: *Konzepte für Supervision. Neun theoretische und methodische Ansätze.* Deutsche Gesellschaft für Supervision e. V., Juli 2008. S. 43. (Zugriff am 06.03.2025 unter: https://www.dgsv.de/wp-content/uploads/2019/03/Konzepte_2_Auflage_2008_07.pdf)
10 Rappe-Giesecke, Kornelia: Die konzeptionelle Entwicklung der Supervision in den letzten zwanzig Jahren. Überarbeitete Fassung des Aufsatzes aus: Heft 2/2002 der Zeitschrift Supervision: *Supervision im Spiegel der Zeit – Heft zum 20-jährigen Bestehen der Zeitschrift.* S. 55–65. (Zugriff am 06.03.2025 unter: https://rappe-giesecke.com/media/dokumente/veroeffentlichungen/text_die_konzeptionelle_entwicklung1.pdf)
11 Reichmann, Anne: Veränderung braucht Struktur, Struktur braucht Veränderung. Pastorale Supervision auf psychoanalytischer Basis.
    Publikation Pastoralpsychologisches Institut im Norden e.V. Punkt 2.3., S. 5. (Zugriff am 06.03.2025 unter: https://ppi.dev.churchtools.website/assets/texte/anne_reichmann/anne-reichmann-veranderung-braucht-struktur.pdf)

Die Beschäftigung mit wissenschaftlichen Theorien für die Supervision halte ich für unabdingbar, denn supervisorische Methoden basieren auf wissenschaftlichen Grundlagen und Erkenntnissen vor allem der Kommunikationstheorie, Psychologie und verwandter Fachrichtungen. Sie sind häufig anderen Beratungs- und Therapierichtungen entlehnt. Es scheint, als hole Supervision sich von anderen das ab, was sie für den jeweiligen Supervisionsprozess und für die Interventionstechnik benötigt. Kornelia Rappe Giesecke meint: »Buchinger spricht von Supervision als Beratungsform, die sich Methoden ausborgt.«[12]

Eine weitere Theorie für die Supervision und vor allem für pastoralpsychologisches Lernen in der Klinischen Seelsorgeausbildung (KSA) haben Andriessen/Miethner auf den drei bekannten Linien beschrieben: Arbeitslinie (Erfahrungen aus der Arbeit), Lernlinie (Erfahrungen aus der Supervision) und Lebenslinie (Erfahrungen aus dem persönlichen Lebensbereich).[13] Das Lernen der Supervisandinnen erfolgt auf diesen drei Ebenen. Die einzelnen Supervisionssitzungen beschreiben Andriessen und Miethner als »Verdichtungspunkte«, bei deren Besprechung sich Lernziele, Erwartungen und Lernrichtung spezifizieren können und es zu einem neuen Auftrag kommen kann.[14]

Michael Klessmann führt aus: »Pastoralpsychologisches Lernen zielt auf eine Integration von Leben und Glauben, von persönlicher und beruflicher Identität, von Person und Rolle.«[15]

Supervision kann auch der Reflexion eigener bisher unbewusster persönlicher Anteile dienen, die in den Berufsbeziehungen (latent) vorhanden und beziehungsprägend sein können. In dem oft gebrauchten Begriff der Biographiearbeit ist die Auseinandersetzung mit der eigenen Biographie, auch der religiös-spirituellen Biographie, die Benennung evtl. traumatischer Erlebnisse und die Integration des Erlebten in die eigene Arbeit gemeint.

Welche Erkenntnisse hast Du zu förderlichen Äußerungs- und Sprachformen von Seiten des Supervisors bzw. der Supervisorin gewonnen? Welche Art von Interventionen und Impulssetzungen erscheinen Dir sinnvoll? (13)

Sprachformen sind biographisch gewachsen. Insofern sehe ich einen Zusammenhang zwischen Biographie, Herkunft und Sprache, deren sich ein Supervisor bedient. Die eigenen Sprachformen zu kennen und sich ihrer Wirkung bewusst zu sein, ist daher hilfreich. Es macht einen Unterschied, ob ich mir eine stereotype ritualisierte Sprache angewöhnt habe oder im Dialog mit Supervisanden offen und frei bleibe. Ein Beispiel: Interventionen und Impulssetzungen können wie »angelernt« gebraucht werden. Selbstverliebt in eigene Formulierungen warte ich dann darauf,

---

12 Rappe, Giesecke, Kornelia: Der Nutzen der Psychoanalyse für die Supervision. *DGSv aktuell Nr. 2.2004* S. 6–9. Reihe Konzepte der Supervision. (Zugriff am 06.03.2025 unter: https://rappe-giesecke.com/media/dokumente/veroeffentlichungen/text_der_nutzen_der_psychoanalyse.pdf)
13 Andriessen, H.C.I., Miethner, R.: *Praxis der Supervision*. Beispiel: Pastorale Supervision. Eschborn: Fachbuchhandlung für Psychologie, Verl.-Abt. 1985. S. 50 ff.
14 ebd. S. 166. Siehe dort auch die schematische Darstellung.
15 Klessmann, Michael: *Pastoralpsychologie*. Neukirchner Verlag 2004. S. 633.

bis ich meine Intervention unterbringen kann und wundere mich vielleicht, dass sie verhallt und nicht aufgenommen wird. Anstelle stereotyper Fragen, die den Ball immer wieder zurückgeben, können Interventionen auch die Beziehungsebene gestalten, z. B.: »Mir wäre es hilfreich, wenn …« oder »Ich erlebe dies gerade so …«. Ich bin überzeugt, dass Supervision auch Beziehungsarbeit ist.

Kerstin Lammer schrieb einmal: »Was ÄrztInnen der Eingriff, TherapeutInnen die Behandlung, SozialarbeiterInnen die Beratung, ist SupervisorInnen die *Intervention*.«[16] Intervention, so meint sie, versteht sich als beraterisches, reflektierendes, experimentierendes Eingreifen in berufliche Zusammenhänge im Sinne einer Unterbrechung unproduktiver Muster und einer Einführung möglicher Unterschiede. Dabei sind besonders Interventionen hilfreich, die lösungs- und zielorientiert erfolgen. Supervision kann nicht davon ausgehen, dass undifferenziertes Mitgehen des Supervisors in der supervisorischen Interaktion ausreicht. Die Interventionstechnik bietet die Möglichkeit, den Prozess der Supervision wesentlich zu bestimmen, zu lenken und zu steuern. In einem Supervisionsgespräch zu erspüren, wie und wann Interventionen für den Prozess hilfreich sind, ist ein trainierbares Verhalten, was sich aus vielerlei Erkenntnissen und Erfahrungen speist. Auf der Grundlage einer vertrauensvollen Beziehung, die von einer klientenzentrierten Haltung (C. R. Rogers) geprägt ist, gilt auch hier, dass der Supervisor sich selbst mit seinen Wahrnehmungen, Emotionen, Assoziationen und Deutungen zum Instrument des Gesprächs macht und so das mäeutische Verfahren zur Selbstexploration des Supervisanden bestimmt. Es geht um den Weg von der Wahrnehmung zur Intervention, den Eindruck zum Ausdruck zu machen.

Interventionen und ihre Methoden richten sich nach der Zielstellung, was erreicht werden will. Dabei folge ich gern einer Grundregel der Interventionstechnik, dass der Supervisor nicht zu viel agieren sollte, denn dann ist vom Gegenüber kaum etwas zu erwarten und eine Selbstexploration ist gering. Ebenso gilt für mich, dass mittels Interventionen der Gesprächspartner nicht derart in die Enge getrieben wird, dass er sich bedroht fühlt und handlungsunfähig wird. Auch ein affektives Einsteigen sehe ich kritisch. Eher muss es darum gehen, Angebote zu machen, Freiraum zu schaffen und Vertrauen in einen möglichen neuen Weg zu wecken. Durchaus kann hier auch kontrollierte Konfrontation mit dem Problem stattfinden.

Interventionen können prozessbezogen, personenbezogen oder gruppenbezogen eingesetzt werden. Ebenso gibt es Integrationstechniken, wie z. B. das Feedback mit seinem Schildern von Gefühlen, Ideen, Assoziationen, dem Sharing u. a.

Eine Zusammenstellung hilfreicher Interventionen für das Seelsorgegespräch hat Jürgen Ziemer bereit gestellt.[17] Ein Modell der psychotherapeutischen Inter-

---

16 Lammer, Kerstin: »*Supervisorische Interventionen*«. Arbeitsblatt zur KSA-Herbsttagung 2005 in Wuppertal.
17 Ziemer, Jürgen: *Seelsorgelehre*. Vandenhoeck und Ruprecht. 2015. 4. Aufl., S. 204 ff.

vention hat Jörg Fengler entwickelt.[18] Gute, zielgerichtete Interventionen können den Prozess in Gang setzen. Die von ihm beschriebene Leichtigkeit, Mühelosigkeit, Unangestrengtheit und die auch mit Witz und Spritzigkeit gewagte Intervention führen oft aus Langeweile und Starre und erhöhen die Aufmerksamkeit. Fengler meint allerdings auch zu Recht: »Derart anspruchsvoll sind die Ziele von Psychotherapeutinnen und Psychotherapeuten gewiss nicht, dass die Welt anheben möge zu singen, wenn wir die treffende Intervention formulieren.«[19]

Sehr bereichernd finde ich, supervisorische Interventionstechniken verschiedener »Schulen« zu verwenden. Psychodramatisch ausgerichtete Interventionen können in der Supervision einen Konflikt veranschaulichen, ohne ihn zu deuten. Sie können Identifikation mit beteiligten Personen erleichtern, den Konflikt ganzheitlich wahrnehmen helfen und kreativ und spontan Anteile freisetzen.

Aus dem eher therapeutischen Bereich kommend benutze ich Konfrontieren, Benennen, Deuten, Klären, Rekonstruktion biographischen Erlebens. Auch arbeite ich gern mit systemischen Interventionen. Sie haben als Grundlage, dass die Supervisorin neutrale, außenstehende Fragerin ist. Die Fragen sind möglichst zirkulär zu gestalten. Mit ihnen versuche ich die »Landschaft« abzufragen und durch gezielte lösungsorientierte Fragen einen Perspcktivenwechsel, ein Reframing für das angezeigte Problem zu ermöglichen. Die supervisorische Haltung ist dann nicht defizitorientiert, sondern ressourcenorientiert.

Bei einer KSA-Werkstatt über Interventionstechniken habe ich meine Position einmal so formuliert: »Analytisch verstehen, systemisch denken, prozessorientiert handeln«.

Kannst Du Dir vorstellen, dass der Einsatz Künstlicher Intelligenz Supervisoren und Supervisorinnen eines Tages ersetzt, oder zumindest unterstützen kann? (14)
So wie Künstliche Intelligenz künftig immer mehr Bereiche des Lebens erobern und mitgestalten wird, kann ich mir gut vorstellen, dass KI auch in Beratung, Coaching und Supervision zum Einsatz kommen wird und Anbietende damit arbeiten werden. Auch hier gilt: der Markt wird es regeln. Aber, auch wenn KI Emotionalität »verstehen« lernt und in Resonanz gehen kann, wird es wesentlich auf die Beziehung ankommen, die nicht aus angelernten Algorithmen heraus gestaltet ist, sondern menschlich, wahrhaftig und echt ist. Einen Ersatz von Supervisorinnen kann ich mir erst im Zeitalter realisierter Science-Fiction vorstellen. Aber vielleicht haben die Menschen dann von so viel KI auch die Nase wieder voll und erinnern sich ehemaliger realer menschlicher Arbeitsweisen.

Welches Thema beschäftigt Dich aktuell besonders in Bezug auf Supervision? (15)

---

18 Siehe im Folgenden: Fengler, Jörg: Triffst du nur das Zauberwort. Die Konstruktion wirksamer therapeutischer Interventionen. *Report Psychologie 28, 7/8 2003*. S. 446 ff. (Zugriff am 06.03.2025 unter: https://bvppt.org/media/report_psychologie_0708-2003_2.pdf)
19 ebd. S. 447.

Aktuell beschäftigt mich das Thema: Wie mit gegenwärtigen Unsicherheiten, Infragestellungen, teilweisen Aussichtslosigkeiten und Ohnmachtserfahrungen umgegangen werden kann. Dieses Thema taucht unterschiedlich in vielen Supervisionsprozessen auf. Im jährlichen Fachaustausch der Supervisoren, die in der Landeskirche Sachsen tätig sind, haben wir uns für 2024 das Thema: »Vom Umgang mit Unsicherheiten in ungewissen Zeiten« gewählt. Inwieweit kann Supervision dazu beitragen, dass Supervisanden sich ihrer Gewissheiten bewusst sind, bzw. wieder werden und in ihrem Umfeld dazu beitragen, dass Unsicherheit konstruktiv genutzt werden kann und nicht lähmend wirkt?

Wie kamst Du zu Deiner ersten Supervisionserfahrung und welche Erinnerung hast Du daran? Was war das Besondere? Welches Resümee ziehst Du heute daraus? (16)
Meine ersten Supervisionen waren Einzel- und Gruppensupervisionen in der Krankenhausseelsorge. Da ich als Krankenhauspfarrer tätig war und zur Krankenhausleitung gehörte, hatte ich Feldkompetenz. Das hat Spaß gemacht, mit unterschiedlichen Kolleginnen an Fällen zu arbeiten. Es hat mich selbst enorm bereichert. Ich verstand mich nicht als Lehrmeister, sondern als Lernbegleiter und als selbst Lernender. Als Resümee ziehe ich daraus, dass es sehr hilfreich sein kann, wenn Supervisorinnen Feldkompetenz besitzen und sich dennoch selbst mit in einen Lernprozess begeben. Dies kann bei interner Supervision von Nutzen sein. Es kann aber gerade auch bei externer Supervision bedeutsam werden, keine Feldkompetenz zu besitzen und von außen, gewissermaßen unwissend, den Prozess zu begleiten.[20]

Was gehört für Dich zu einer guten Akquise? Gibt es Tipps, die Du Menschen, die neu in den Beruf hineingehen, diesbezüglich mit auf den Weg geben willst? (17)
Es gibt tolle Flyer, super gestaltete Homepages von Anbietenden. Das kann helfen, sich bekannt zu machen, Akquise zu betreiben, sich also auch anzubieten und in einer Institution, einem Arbeitsfeld sich und die Arbeit persönlich vorzustellen. Doch was Menschen vor allem bewegt, ist »Mundpropaganda«. Am Anfang kann es hilfreich sein, bei bekannten Supervisoren und Ausbildenden nach einer Vermittlung und Weiterempfehlung anzufragen.

Hattest Du jemals Lampenfieber vor bzw. während einer Supervision? Wenn Ja, warum? Und wie gehst Du damit um? (18)
Oh ja. Vor allem, wenn ich durch ablehnende Haltungen mir gegenüber verunsichert wurde, was ich denn tun könnte oder bei zerstrittenen Gruppen oder Teams, wo große Erwartungen an die Supervision da waren, aber wenig konstruktives Wollen und Mitarbeiten. Ich habe gelernt meine Aufregung zu kommunizieren. Sie ist mir oft ein wichtiger Indikator für den Prozess.

---

20 Zur Unterscheidung siehe Peter Berker: Externe und Interne Supervision – Ein Vergleich. In: Pühl, Harald (Hg.). *Das aktuelle Handbuch der Supervision.* Unveränderte Neuauflage des Handbuchs Supervision 3. Psychosozial-Verlag 2017. S. 334 ff.

Was machst Du vor und nach einer Sitzung und was hältst Du diesbezüglich für empfehlenswert? *(19)*

Vor einer Sitzung konzentriere ich mich auf den Kontrakt, insbesondere auf den Auftrag und die Ziele der Supervision. Ich versuche mir die Situation und das System zu verdeutlichen, in dem sich Supervisandinnen vorfinden und in das ich nun mit hineingenommen werde. Bei nachfolgenden Sitzungen schaue ich mir meine Notizen an, ruf mir ins Gedächtnis, was bisher gelaufen ist und wie es weitergehen könnte. Im Nachhinein reflektiere ich, rufe mir Stimmungen auf und schaue mir den Verlauf und meine Interventionen genauer an. Hilfreich ist mir dabei Begleitsupervision oder eine Intervisionsgruppe, in der ich eigene Anfragen an meine Supervision bearbeiten kann.

Woran erkennst Du, dass es in der Supervision einen Fortschritt gibt? *(20)*

Ein Maßstab für den Fortschritt kann meines Erachtens nur bei Supervisanden selbst liegen, wie oben bereits erwähnt: eine Fähigkeit zu entwickeln bzw. zu stärken, die erlebten beruflichen Beziehungen konstruktiv und zufriedenstellend zu gestalten, berufliche Probleme adäquat zu bearbeiten, die Sachen zu klären und vielleicht auch wieder mehr Freude an der eigenen Arbeit zu empfinden. Mir geht es um eine Stärkung der Person und ihrer Möglichkeiten und um eine Stärkung der Berufszufriedenheit. Wenn sich das einstellt, ist es für mich ein wesentlicher Fortschritt.

Wie erfasst und beschreibst Du die Beziehung von Einsicht und Veränderung? *(21)*

Da gibt es ja die schönen Irrtümer. Sie stammen von Konrad Lorenz. »Gedacht heißt nicht immer gesagt,/gesagt heißt nicht immer richtig gehört,/gehört heißt nicht immer richtig verstanden,/verstanden heißt nicht immer einverstanden,/einverstanden heißt nicht immer angewendet,/angewendet heißt noch lange nicht beibehalten.«[21]

Also etwas einsehen, heißt noch nicht, dass Supervisandinnen auch etwas verändern. Manchmal bin ich erstaunt, wie nach aller Einsicht, dennoch alles beim Alten zu bleiben scheint. Vielleicht ist Veränderung in einem System viel schwieriger als gedacht. Und vielleicht ist das Beharren im Gewohnten und Vertrauten doch eine stärkere Kraft, als der Mut, etwas zu verändern. Zudem gilt, was systemische Theorie lehrt, dass berufliche Systeme auch autopoietisch und von außen eingreifend kausal nicht veränderbar sind und es eher um ein Andocken eines anderen Systems, eben des Supervisionssystems geht, in dem die Eigendynamik des ersteren wirksam werden kann.[22]

Vermeidest Du Ratschläge tatsächlich? *(22)*

Nun ja, da bin ich ehrlich: Nein. Es gelingt mir nicht immer, mich von meiner

---

21 https://gutezitate.com/zitat/202617
22 Zum Begriff der Autopoiesis siehe Schlippe von, A. / Schweizer, J.: *Lehrbuch der systemischen Therapie und Beratung I. Das Grundlagenwissen.* Göttingen 2012 oder z. B. auch: Morgenthaler, Christoph: *Systemische Seelsorge:* Kohlhammer. 5. Aufl. 2014, S. 72.

Überzeugung tiefenpsychologisch orientierter Supervision, die von der Grundhaltung der Abstinenz ausgeht, leiten zu lassen. Ja, ich zeige hin und wieder auch Möglichkeiten eines Agierens auf. Aber nicht im Sinne von: »An Ihrer Stelle würde ich mal dies und jenes versuchen.«, sondern eher in Form von Fragen. Ich spiele Möglichkeiten durch. Was davon übernehmbar erscheint, nun gut. Man mag es Ratschlag nennen. Mir ist es in diesem Kontext wichtig von kollegialem Austausch zu sprechen. Und in Ausbildungssupervision gibt es ja eh die berechtigte Erwartung an meine Erfahrung und Kompetenz.

Was verunsichert Dich im supervisorischen Prozess? Siehst Du da eine Entwicklung im Laufe Deiner Tätigkeit? (23)
Früher haben mich ablehnende Haltungen der Supervision als Verfahren gegenüber verunsichert. Bisweilen habe ich mich auch geärgert, wenn es hieß, das bringt doch alles nichts. Was soll ich da noch supervidieren? Mit der Zeit habe ich gelernt, dieses Destruktive und Ablehnende eher als eine Ressource zu nutzen. In Teamsupervisionen übernimmt fast immer einer diese Rolle. Sie kann sehr fruchtbar für den Prozess sein.

Wie lang sollten supervisorische Beziehungen sinnvoller Weise dauern? (24)
Ich habe gute Erfahrungen mit Einzelprozessen in einem Zeitraum von ein bis zwei Jahren, Gruppen- und Teamsupervisionen bis fünf Jahre. Bei Ausbildungssupervisionen sind die Zeiträume vorgeschrieben.

Wie evaluierst Du Deine Supervisionsprozesse? (25)
Ich halte es so, dass am Ende eines Prozesses Zeit zur Auswertung bleibt. Damit habe ich gute Erfahrung gemacht. Die Supervisandinnen nehmen dies in unterschiedlicher Art und Weise an und sparen nicht mit kritischen Rückmeldungen. Bei länger laufenden Prozessen halte ich eine Zwischenbilanz zur Reflexion des bisherigen Verlaufs für gewinnbringend. In der pastoralpsychologischen Weiterbildung in Supervision wird jeder Kursblock mithilfe einiger Fragestellungen evaluiert.

Was ist Dir wichtig für die Beendigung des supervisorischen Prozesses? (26)
Ich erinnere an Auftrag, Evaluation und Ergebnissicherung, gebe Raum, um evtl. Schwierigkeiten wechselseitig offen zu benennen und bespreche weitere Entwicklungsmöglichkeiten. Vor allem ist mir auch ein rechtzeitiges Beenden wichtig, damit keine Abhängigkeiten entstehen.

Wie gehst Du mit dem um, was Du Deinen Supervisanden und Supervisandinnen schuldig geblieben bist und sie Dir? (27)
Was nicht mehr angesprochen und geklärt werden konnte, bleibt offen. Vielleicht kommt es eine Zeit später noch zur Klärung. Manches bleibt ungeklärt, kann nur ausgehalten werden mit dem Vorsatz beim nächsten Mal besser darauf zu achten, die Sachen rechtzeitig zu klären.

Vor welchem supervisorischen Format hast du den meisten Respekt und warum? (28)
In der pastoralpsychologischen Weiterbildung in Supervision wird die »Teamsupervision« gern als die Königsdisziplin bezeichnet. In der Tat stellt die Teamsupervision wohl die größte Herausforderung dar. Viele unterschiedliche Erwartungen und Anliegen, Einstellungen und Beziehungen in einem Team und zur Teamleitung prallen aufeinander und wollen sortiert und bearbeitet werden. Dabei den Überblick behalten und möglichst allen gerecht zu werden, das verlangt einiges ab.

Was hat Dich Deine Erfahrung gelehrt, welche Besonderheiten sinnvoller Weise zu berücksichtigen sind in Einzel-, Gruppen-, Team-SV über die formellen und in allen Lehrbüchern nachzulesenden Kriterien hinaus? (29)
Eine der Besonderheiten ist die Dynamik, die sich in Gruppen und Teams ganz anders vollzieht als in einer Einzelbegegnung. Ich habe gelernt, mit allem zu rechnen und auf vieles gefasst zu sein. Situative Parameter, wie Kontext, Beziehung und Themen sind in Gruppen und Teams vielfältiger. Der Prozess der Zielfindung benötigt in Gruppen- und Teamsupervisionen längere Zeit, was die Gruppe als Ganzes will und welche Einzelerwartungen sich zeigen. Auch die Besonderheit einer Teamsupervision wird durch das Team mit seiner Leistungsorientierung in Bezug auf die Arbeitserfüllung und in der Einbeziehung der Organisation ganz anders geprägt als z. B. bei einer Fallsupervision in einer Gruppe. Angewandte Methoden können in unterschiedlichen Settings verschieden wahrgenommen und genutzt werden. Was für eine Einzelsupervision »passt«, kann in einer Gruppensupervision »unangebracht« sein.

Wie erlebst Du den Unterschied zwischen analoger und digitaler Supervision? (30)
In Coronazeiten haben wir digitale Supervision »gelernt« und praktiziert. Es geht, bleibt aber Notbehelf. Da, wo Teilnehmende sich bereits live erlebt haben, gelingt es besser. Ich habe während der Pandemie einen Ausbildungskurs digital begleitet und Gruppensupervisionen durchgeführt. Uns war stets bewusst, dass es eine Notlösung war und uns der unmittelbare Austausch fehlte.

Was ist Dir wichtig für die Beziehungsgestaltung in der Supervision? (31)
Supervision ist nicht nur ein Prozess, in dem mittels angewandter Methoden unterschiedliche Handlungsvarianten durchgespielt werden. Supervision lebt im Wesentlichen auch von der Beziehung zwischen Supervisorin und Supervisandin. In etwas abgewandelter Form würde ich mit Carl R. Roger sagen: Es ist die Beziehung, die Supervision hilfreich macht.[23]

Diese Interaktion kann methodisch gestaltet werden. Wichtig bei allen Theorien und methodischer Arbeit ist mir diesbezüglich auch das christliche Menschenbild, das in pastoralpsychologischer Supervision zum Ausdruck kommt. Die Grundlage

---

23 »Es ist die Beziehung, die heilt.« Carl R. Roger.

meiner pastoralpsychologischen Supervision ist – wie der Name es bereits sagt – pastoral und psychologisch orientiert. Auf dem Hintergrund des Pastoralen, der religiös/spirituellen Ebene möchte ich meine Arbeit verstehen und ausüben. Unter psychologischen Aspekten spielen die Grundhaltungen der Supervisorin eine entscheidende Rolle. Ich denke hier z. B. an die gleichschwebende Aufmerksamkeit und Empathie bei gleichzeitiger Introspektion, an den Respekt für den anderen und an ein Offensein für ihre Lösungen. Diese Grundhaltungen prägen die Methoden wie z. B. ein Hin und Her zwischen Empathie, einfühlender Anteilnahme und notwendiger Distanzierung, das freie Assoziieren, Beobachten, Wahrnehmen, Intervenieren und Deuten, die Abstinenz usw. Und Haltung meint auch Aushalten-Können all dessen, was die Supervisandin mitbringt und was es mit ihr und mit mir macht. Die von Winnicott beschriebene Funktion des Haltens (Holding) und Aushaltens am Beispiel der Mutter-Kind-Beziehung sind mir da sehr hilfreich.

Pastoralpsychologische Supervision in einer Gruppe oder im Einzelgespräch kann auch einen Möglichkeitsraum bieten, in dem nach Bions Container-Modell ein Containing, ein »Entgiften« der projizierten bedrohlichen Gefühle und Gedanken stattfinden kann. Auch das ist nicht nur eine reine Methode, sondern auch eine Haltungsfrage.

Was macht Deiner Meinung nach einen guten Supervisor/eine gute Supervisorin aus? (32)
Neben fundierter Ausbildung, Kenntnis von Interventionstechniken und deren Anwendung, einer Methodenvielfalt u. a. theoretischer Grundlagen ist es meines Erachtens vor allem die oben beschriebene Haltung des Supervisors, die ihn zu einem guten Supervisor macht. »Gut« verstehe ich hier im Sinne von »hilfreich« für Supervisanden.

Welche Verantwortung trägt der Supervisor/die Supervisorin und welche der Supervisand/die Supervisandin zum Gelingen eines Supervisionsprozesses? (33)
Supervisorinnen sind verantwortlich für das Setting, das Raum geben, die Beziehungsgestaltung, die methodische Arbeit, das Halten eines Prozesses usw. Supervisandinnen tragen durch ihre Mit-Arbeit, des sich Einbringens, der Selbstexploration wesentlich dazu bei, dass Supervision für sie als hilfreich erlebt werden kann. Es ist m. E. ein Nehmen und Geben. Die Hauptverantwortung liegt aber dennoch auf der Seite der Supervisorinnen.

Was vermeidest Du und was förderst Du aus welchen Gründen? (34)
Bisweilen brechen persönlichkeitsbedingte Konfliktmuster und Eigenproblematiken auf. Ich vermeide weiter zu intervenieren, wenn ich merke, dass Supervisanden hier an eine für sie sehr schmerzlich erlebte Stelle biographischer Erfahrungen kommen. Ich mache darauf aufmerksam und erwähne die Möglichkeit, sich anderweitig dafür Hilfe zu suchen.

Wie gehst Du damit um, wenn Du das Gefühl hast, Dir selbst im Wege zu stehen bzw. blockiert zu sein? (35)
Ich bin für Offenheit und Ehrlichkeit. Hemmnisse lege ich möglichst offen. Wenn

ich bei mir z. B. ein Hemmnis spüre, etwas anzusprechen, bringe ich dies ins Gespräch und bin gespannt, wie sich dies auf den Prozess auswirkt. Blockaden erlebe ich nicht.

Wie siehst Du die Gewichtung von Zuhören und Selberreden bei Supervisorinnen und Supervisoren? *(36)*
Das liegt wohl am persönlichen Stil und am Typ. Ich bin eher ein Zuhörer, kann lange zuhören. Nach einer Zeit gehe ich in Dialog, interveniere, spiele meine Wahrnehmungen, Eindrücke ein, biete meine Deutungen an und fördere eine dialogische Beziehung. Es hat für mich im Sinne der Supervisandinnen einen großen Wert, dass ihnen zugehört wird, sie sich gehört und gesehen fühlen und sich in ihrer Emotionalität verstanden wissen.

Ich kann auch gut selbst reden. Aber ich vermeide es, Vorträge zu halten. Wer als Supervisorin viele Einzelbeiträge bei sich bemerkt, sucht wohl eher Profilierung, als dialogische Sprache und macht sich abhängig von eigenen Überzeugungen und Zielvorstellungen.

Welche Bedeutung misst Du Gefühlen bei im supervisorischen Arbeiten? *(37)*
Jede menschliche Begegnung ist ohne Gefühl nicht denkbar. Es ist doch eine Selbstverständlichkeit und Grundvoraussetzung, dass in der Supervision Gefühle als Ressource genutzt werden (z. B. auch Gegenübertragungsgefühle).

Welche Rolle spielen Sym- und Antipathie für Dich in der Supervision und welche Schlussfolgerungen ziehst Du daraus? *(38)*
Sympathie und Antipathie sind ja vermutlich wechselseitige Reaktionen aus der Resonanz heraus. Ich versuche dies zu rationalisieren und so gut, wie es geht, abzuspalten. Natürlich arbeitet es sich auf einer Ebene gegenseitiger Sympathie leichter. Aber auch bei Antipathie versuche ich, im Kontakt zu bleiben und notwendige Nähe und Distanz zu gestalten.

Ist der supervisorische Raum tatsächlich eine machtfreie Zone? Oder? *(39)*
In Ausbildungssupervision ist es klar. Da gibt es ein Gefälle. Da bin ich Ausbilder, Lernbegleiter, Lehrsupervisor, dessen Kompetenz erwartet wird. In Supervisionen mit Kollegen ist es anders. In Gruppen- und Teamsupervisionen spüre ich gelegentlich auch Macht auf Seite der Gruppe bzw. des Teams. Auch seitens des Supervisors kann Macht erlebt werden. Sich dessen bewusst zu sein und es nicht auszuagieren, gehört mit zur Kunst der Profession.

Wie hältst Du es mit Bestätigung, Lob, Würdigung... Deiner Supervisandinnen und Supervisanden? *(40)*
Früher habe ich mich eher mit Lob und Bestätigung zurückgehalten, weil ich befürchtete, es wird zu sehr als Bewertung verstanden. Wir sind durch schulische Leistungserwartungen zu sehr verbogen und sehen vieles auf einer Leistungskurve, im Sinne von gut oder schlecht gemacht.

Heute freue ich mich mit Supervisandinnen, wenn ihnen etwas in ihrer beruflichen Situation gelungen ist, wenn strittige Beziehungen geklärt wurden oder sie spüren, wie viel an Eigenpotential in ihnen steckt, dass sie nutzen können. Dann kann ich ihr Tun auch würdigen und sie darin bestätigen, auf diesem Weg weiterzugehen.

Hast Du nicht vielleicht doch schon einmal jemanden zu seinem Glück gezwungen oder wenigstens zwingen wollen? (41)
Ich war anfangs überzeugt, dass es doch möglich sein muss, Prozesse so bewusst machen und Erkenntnisse so vermitteln zu können, dass das Gegenüber daraufhin Haltung und Kommunikationsverhalten zum Positiven verändert. Das hat mich manchmal angetrieben und entsprechend agieren lassen. Heute arbeite ich gelassener, vertraue dem Prozess. Er bewirkt immer etwas. Also, ich frage mich immer wieder, welche Überzeugungen, die ja meine Wirklichkeitskonstruktionen sind, beeinflussen wie mein supervisorisches Handeln.

Was hältst Du davon, dass zunehmend gegenseitiges Verstehen auch »zum süßen Gift symbiotischer Sprachlosigkeit« (I.Riedel) werden kann und was bedeutet es für Deine Art der Beziehungsgestaltung in der Supervision? (42)
Ja, damit sind wohl die Grenzen und Gefahren einer solchen Beziehung angesprochen. Ein symbiotischer »Wir-Brei« trägt nichts mehr aus. Jeder versteht jede und jede ist mit jedem einverstanden und lässt ihn auch in Ruhe. Das ist die Gefahr. Bisweilen habe ich in Ausbildungskursen so eine Atmosphäre gespürt. Auseinandersetzungen finden so kaum mehr statt. Aus Respekt vor dem Gegenüber, wie es Teilnehmende meistens begründen, wird Konfrontation vermieden. Mir ist wichtig, darauf hinzuweisen, dass es zu einer guten und vertieften Beziehung gehört, wahrhaftiges Gegenüber zu bleiben, sich auch emotional einzulassen und zu konfrontieren, nämlich einen Einblick dessen zu gewähren, was sich hinter der eigenen frons (Stirn) verbirgt.

Welche Kriterien hast Du für den Einsatz von Methoden in der Supervision? (43)
Die Aneignung verschiedener Methoden, nicht zuletzt auch bei Weiterbildungen anderer Supervisionsrichtungen, sind mir heute eine solide Grundlage eigener Tätigkeit. Ich halte es für unbedingt notwendig, dass Supervisorinnen eine Vielfalt an Methoden zur Verfügung steht, die in Aus- und Weiterbildungen theoretisch vermittelt, praktisch sicher beherrscht werden und mit denen zielorientiert gearbeitet werden kann. Kornelia Rappe-Giesecke meint: «…, dass zum ›state of art‹ der Supervision gehört, diese verschiedenen Theorie- und Praxismodelle zu kennen, sie situationsadäquat anwenden zu können und sie so aufeinander zu beziehen, dass sie eine gute und stabile Basis für die eigene professionelle Identität liefern.«[24]

Ein wichtiges Kriterium für den Einsatz von Methoden ist für mich ist die Frage, aus welchem Grund und mit welchem Ziel will ich diese Methode jetzt in der

---

24 Rappe-Giesecke, Kornelia: Der Nutzen der Psychoanalyse für die Supervision. In: *Deutsche Gesellschaft für Supervision e. V.*, 2004, S. 8. (Zugriff am 06.03.2025 unter: https://rappe-giesecke.com/media/dokumente/veroeffentlichungen/text_der_nutzen_der_psychoanalyse.pdf)

Supervision anwenden. Kann sie etwas deutlich machen, ist sie für die Reflexion geeignet? Oft erkläre ich es auch, warum ich dies jetzt tue.

Hast Du Methoden, die sich in Deiner Arbeit (immer wieder) bewähren? Kannst Du ein Beispiel oder auch mehrere nennen? (44)
Ich arbeite gern mit systemischen Methoden. Systemtheoretisches Denken ist für Supervision außerordentlich hilfreich, da es ein Denken in Zusammenhängen ist, dass der Komplexität des supervisorischen Gegenstandes gerecht wird. Eine systemisch orientierte Supervision basiert auf den Erkenntnissen der Systemischen Beratung und Therapie. Sie geht z. B. davon aus, dass es keine objektiven Wahrheiten über den Klienten gibt, bezieht die jeweiligen relevanten Kontexte mit ein und arbeitet ausgesprochen lösungs- und ressourcenorientiert. Martin Ferel hat Systemische Supervision einmal als »Konstruktion neuer Sichtweisen« bezeichnet.[25]

Insofern nutze ich Methoden, die zu einer solchen neuen Sichtweise verhelfen können. Gern nutze ich kleine Aufstellungen mit Figuren, ähnlich dem Familienbrett, um ein berufliches Umfeld und dessen Beziehungen zu verdeutlichen.

In Gruppen- und Teamsupervisionen nutze ich z. B. Rollenspiele, die Methode des Reflecting Team und in der Ausbildung gern auch die Methode der Genosoziogrammarbeit, bzw. der spirituellen Biographiearbeit. Auch aus dem Psychodrama entleihe ich mir gern Methoden für meine Supervision, »psychodramatisch angereichert«, wie Ferdinand Buer es benennt.[26] Es sind geeignete Methoden, etwas in Szene zu setzen und zu verdeutlichen.

Kannst Du Dir vorstellen, dass Supervisoren durch die Anwendung von hilfreichen Methoden (oder Methodenabfolgen) überflüssig werden? Anders gefragt: Worin siehst Du die spezifische Kunst eines Supervisors/einer Supervisorin, die über das, was perfekt angewandte Methoden vermögen, hinausgehen könnte? (45)
Überflüssig werden Supervisorinnen wohl nicht. Denn es liegt nach wie vor viel auch an der Beziehung und Beziehungsgestaltung zwischen Supervisorinnen und Supervisandinnen, ob eine Supervision als hilfreich erlebt wird. Es ist neben aller Methodik, die Haltung und die Beziehungsfähigkeit der Supervisorin, die eine Supervision prägt und als konstruktiv erlebbar macht.

Hast Du ein Beispiel für die förderliche Kraft von Humor in der SV? (46)
Nach Frank Farrelly und seinem Entwurf zur »Provokativen Therapie«[27] eignet sich Humor dafür, alles zu sagen, was wahrgenommen wird, unter der Vorbedingung liebevoller Annahme des Gegenübers. Und die Kunst des Humors besteht wohl darin, zuerst über sich selbst lachen zu können.

---

25 a. a. O. (Überschrift)
26 Buer, Ferdinand (Hrsg.): *Praxis der Psychodramatischen Supervision. Ein Handbuch.* 2. Aufl. 2004. S. 103 ff.
27 Farrelly, Frank und Brandsma, Jeffrey M.: *Provokative Therapie.* Springer, 2009.

Die förderliche Kraft des Humors liegt m. E. darin, dass Supervisanden bei Problemen in eine Distanz zum Erlebten bzw. zu sich selbst gehen können, die befreiend wirkt.

In einem festgefahrenen Beziehungskonflikt unter Kollegen verglich der Supervisor die Situation mit der Situation in einem Sandkasten, wo sich Kleinkinder über die Förmchen streiten und sich gegenseitig die Sandfiguren kaputtmachten. Dem Supervisanden gelang es, sich als Erwachsener an den Sandkastenrand zu setzen und die spielenden Kinder, sich selbst und seinen Kollegen, zu beobachten. Plötzlich fing er zu lachen an, weil er daran dachte, seinem Kollegen ein paar Sandspielzeuge zu schenken und sich mit ihm in den Sandkasten seiner Kinder zu setzen. Das Problem war nicht beseitigt, der Beziehungskonflikt nicht geklärt, aber er relativierte sich. Die humorvolle Vorstellung veränderte die Blickrichtung und schuf eine Möglichkeit, sich selbst auch einmal auf die Schippe zu nehmen und so vielleicht eine Klärung zu eröffnen.

Welche Rolle spielt die spirituelle Dimension für Dich in der Supervision? (47)
Mir war immer schon die schematische Darstellung pastoraler Supervision von Michael Klessmann wichtig, in der er die spirituelle Dimension verortet.[28] Er charakterisiert fünf Ebenen, die in einem Supervisionsprozess auftauchen können:

1. Berufliche Rolle = die berufliche Ebene. Hier geht es um die professionelle Identität, die sichtbar werden soll.
2. Person = die persönliche Ebene. Biographie, Lebensgeschichte haben hier ihren Platz.
3. Arbeitsfeld/Organisation = die strukturelle oder institutionelle Ebene, hier steht die Arbeitssituation im Vordergrund.
4. Klient = die Arbeitsebene, hier geht es um die Aspekte, die direkt die berufliche Arbeit ausmachen.
5. Religiöse/theologische Ebene = das Spezifische der pastoralen Supervision.

Das oben beschriebene Konzept von Supervision von Weigand und das von Klessmann zur pastoralpsychologischen Supervision unterscheiden sich durch den von Klessmann hinzugefügten alles umschließenden Kreis, den er die religiöse/theologische Ebene nennt. In einem anderen Zusammenhang bezeichnete er diese Ebene als »Sinndimension/Lebens- und Weltdeutung«.[29] Die religiöse bzw. Sinnebene in den Blick zu nehmen zeichnet pastoralpsychologische Supervision aus. Hier können die Themen zur Sprache kommen, die Glauben, Frömmigkeit, Spiritualität, Gottesvorstellungen, pastorale Identität und Arbeit, Liturgie und Gebet in pastoraler Arbeit betreffen.

---

28 Darstellung zu finden in: Klessmann, Michael: *Pastoralpsychologie.* Neukirchener Verlag 2004. S. 651. Damals hieß es noch »Pastorale Supervision«. Seit ein paar Jahren spricht er von »Pastoralpsychologischer Supervision«.
29 Klessmann, Michael: Die Sinndimension der Supervision. In: *Die Zukunft der Supervision zwischen Person und Organisation.* Vorträge der Tagung der Verbändeforums Supervision 2004 in Montabaur. Herausgegeben vom Verbändeforum Supervision, Mai 2005. S. 19.

Hast Du spirituelle Erfahrungen im Rahmen deiner supervisorischen Tätigkeit gemacht und welchen Einfluss hatten sie auf die Prozessentwicklung? (48)
Wenn Supervisandinnen vor allem in Biographiearbeit von ihren Entwicklungen erzählten oder von wieder gelungener Kommunikation in ihren privaten und beruflichen Beziehungen, sich innerlich bewegt und berührt zeigten, war ich nicht selten mit berührt. Dieses Berührtsein gehört für mich mit zu den spirituellen Erfahrungen. Ebenso waren es für mich oft persönlich gestaltete Morgenimpulse bzw. Andachten in den Ausbildungskursen, die in mir ein Berührtsein auslösten. Bisweilen habe ich einen Menschen darin noch anders, erweitert und tiefer gesehen und verstanden als durch angewandte Supervisionsmethoden. Es sind und bleiben die persönlichen Geschichten, die uns berühren und die uns als Menschen verbinden, was für mich auch ein Aspekt spiritueller Erfahrung ist. Ebenso waren es für mich spirituelle Erfahrungen von Supervisandinnen, die sie vertrauensvoll mit mir geteilt haben. Und natürlich muss ich auch Bibelgespräche und Bibliodrama erwähnen. Diesen einmal anderen Zugang zu biblischen Geschichten, die Übernahme einer biblischen Rolle mit ihren Emotionen und ihrem Agieren hat nicht selten tiefe spirituelle Erfahrungen ermöglicht.

Hast Du manchmal ein Flow-Erleben in der Supervision? Wodurch stellt es sich ein? (49)
Ein Flow-Erleben stellte sich für mich ein, wenn Menschen sich selbst begegnen und ich miterleben durfte, wie sie sich in dem Prozess weiterentwickeln und entfalten konnten.

Welche Wertmaßstäbe bzw. ethischen Grundsätze sind Dir heilig oder bedeuten Dir persönlich viel – unbenommen dessen, dass die hier geltenden Standards Deines Berufsverbandes nicht diskutiert werden müssen, weil sie selbstverständlich eingehalten werden? (50)
Immer wieder steht für mich oben an, dass jeder Mensch seine bzw. ihre eigene Geschichte hat, die es zu respektieren gilt. Jedes Geworden-Sein und jeder Lebensentwurf verdient Respekt. Die Andersartigkeit des Anderen ist mir heilig, weil sie schöpfungsbedingt angelegt ist. Es steht mir nicht zu, darüber bewertend oder gar eingreifend zu befinden. Dort, wo jemand spürt, dass sein Gewordensein hinderlich für seine Kommunikation ist und sich Resonanz und evtl. Veränderung wünscht, kann es ein Mandat für hilfreiche supervisorische Begleitung geben.

Weiter ist mir unbedingt heilig, Menschen in ihren unterschiedlichen Bedürfnissen wahrzunehmen und entsprechend ihrer persönlichen Kompetenzen und Lernziele in Supervision zu begleiten. Die Wahrung eigener und fremder Grenzen ist mir dabei ebenso heilig, wie die Wahrung zumutbarer Resonanz und Konfrontation. Heilig ist mir deshalb auch ein wahrhaftiges und glaubwürdiges Gegenüber zu sein und zu bleiben.

Gibt es eine Frage, die Du Dir selbst in Bezug auf das supervisorische Arbeitsfeld stellst und die hier nicht vorkommt? Und: Hast Du auch schon eine (erste bzw. vorläufige) Antwort darauf? (Zusatzfrage)
Der Supervision wird bisweilen vorgeworfen, dass sie systemstabilisierend arbeite,

Menschen in Konfliktsituationen eher wieder arbeitsfähig machen möchte und zu wenig auch an systembedingten »Übeln« ansetze. Wie und wo könnte auch ein »revolutionierendes« Moment von Supervision deutlich werden, um auf evtl. zu verbessernde Bedingungen und Sichtweisen in Einrichtungen, Institutionen, Organisationen u. a. hinzuwirken?

Umgesetzt werden könnte dies m. E. gut in den sogenannten Dreiecksverträgen, wo Entscheidungsträger entsprechende vereinbarte Rückmeldungen erhalten können. Diese sollten sich allerdings an den Grundsatz halten: »Verschwiegenheit im Persönlichen und Offenheit im Strukturellen.«[30]

Eine zweite Frage, die sich mir in Bezug zu Frage 11 und 15 stellt, lautet: Wie politisch soll/darf Supervision im Sinne einer »demokratieorientierten Beratung«[31] sein?

Angesichts gegenwärtiger gesellschaftlicher Herausforderungen halte ich diese Frage für sehr bedeutsam und die Auseinandersetzung damit für dringend geboten.

Supervisoren haben keine politische Macht. Dennoch bin ich überzeugt, dass Supervision eine politische Dimension und Verantwortung hat im Sinne demokratieorientierter Beratung, Aufklärung und Bildung.

Ein lesenswerter Artikel zu diesem Thema, allerdings für den Bereich der Psychoanalyse, wurde 2004 von Hort-Eberhard Richter verfasst.[32] Und hingewiesen sei auf die Zeitschrift »Supervision – Mensch Arbeit Organisation« zur Fragestellung des Politischen in der Supervision.[33]

Darüber möchte ich mit Kolleginnen und Kollegen gern im Austausch bleiben.

Praxisbeispiel: Entscheidung Team- oder Einzelsupervision? – Chancen und Grenzen

Ein Stellenleiter bei einem freigemeinnützigen Träger der Freien Wohlfahrtspflege fragt nach Supervision für sein Team an. Konflikte hätten sich in letzter Zeit gehäuft, er käme mit den Kollegen und Kolleginnen nicht mehr zurecht. Er habe sich vor einiger Zeit auf eine andere Leitungsstelle beworben, diese aber nicht bekommen. Er sei sehr gekränkt, regelrecht krank geworden. Er fände nicht mehr so richtig zu sich.

---

30 Merkblatt für Supervision. (Herausgeber: Ev.-Luth. Landeskirchenamt Sachsens in Zusammenarbeit mit dem Seelsorgebeirat der Landeskirche), Punkt 7.
31 Siehe dazu Anmerkung 7.
32 Horst-Eberhard Richter: Psychoanalyse und Politik: Das Unbehagen für kritische Aufklärung nutzen. Deutsches Ärzteblatt PP 6/2004, S. 275.
33 *Supervision – Mensch Arbeit Organisation*, Psychosozial-Verlag, 41. Jg., 2023, Heft 2: Positionieren!? Wie geht »politisch« in der Supervision konkret?

In einer ersten Sitzung möchte ich mit dem Team Anliegen und Auftrag klären, gewissermaßen eine Beratung vor der Beratung, auch um zu klären, ob der Wunsch des Leiters nach Teamsupervision von allen mitgetragen wird. Es zeigt sich bald, dass innerhalb des Teams von acht Beratern und Beraterinnen nur drei daran interessiert sind und diese nur an Fallsupervision. Im anschließenden Gespräch mit dem Leiter entscheidet dieser sich zunächst für eine Einzelsupervision.

In ersten Sitzungen erzählt er Begebenheiten aus seinem Team, aber es baut sich keine Beziehung zwischen uns auf. Seine Beispiele reihen sich für mich wie Perlen an eine Kette. Die Teammitglieder verstünden ihn nicht, kritisierten seine Leitung. Er ziehe sich zurück, fühle sich unsicher. Er berichtet, wie er sich eigentlich Teamarbeit vorstelle, aber in diesem Team damit scheitere.

Es sind Beispiele einer fortwährender Kränkungsgeschichte. Nur langsam fängt er an zu reflektieren, wie es ihm mit Scheitern geht. Er habe sich darüber noch nie Gedanken gemacht und stelle fest, dass ihn das auch gar nicht so berühren sollte. Das sei normal, dass nicht alles glückt. Und als Leitung müsse man das aushalten, dass Mitarbeitende gegen einen seien. Er setze ja auch nur um, was ihm vorgegeben werde. Aber die Ablehnung der neuen Stelle, das hätte ihn jetzt eben so richtig erwischt.

Auf meine Frage, ob er dies aus anderen Zusammenhängen her kenne, erzählt er von seiner Kindheit und von dem Anspruch, den er von seinem Vater, Direktor einer größeren Firma, her spüre: Man müsse Menschen gut leiten und führen. Alte Versagensängste vor seinem Vater tauchen auf, die er mit Mitte Vierzig glaubte längst hinter sich zu haben. Unerfüllt gebliebene väterliche Erwartungen beschäftigten ihn, dass er »nur« Sozialpädagoge geworden sei. Und jetzt noch so einer, der nicht zurechtkomme. Ein daraus resultierendes Leistungsverhalten, das sich auch in der Beziehung zu mir widerspiegelt, in dem er mir gegenüber betont, wie er sich abmühe, konnte hier mittels der Übertragung und Gegenübertragung bewusst gemacht werden.

Ich spüre Interesse, an diesem Thema weiterzuarbeiten. Doch habe ich dazu keinen Auftrag. Der anfängliche hieß: »Hilfe zur Bearbeitung von Problemen in der Leitung.« Wir nehmen uns Zeit, für die erneute Auftragsklärung. Ich versuche ihm anzudeuten, dass es hier vermutlich um mehr geht, als in Supervision zu bearbeiten möglich ist und er sich dafür auch anderweitige professionelle Hilfe suchen kann.

In der nächsten Stunde teilt er mit, dass er es einsähe und sich eine Therapie suchen wolle. Er spüre, wie sein Vater ihn beschäftige, vor allem der Anspruch, unter den er sich selbst setzt. Letztlich hätte dies ja auch etwas mit seinem Leitungsbild zu tun, anders als sein Vater, der autoritär leite, kollegial leiten zu wollen. Doch sein Team erwarte auch klare Entscheidungen. Er wisse das ja eigentlich alles. Über sein Leitungshandeln will er mit mir weiterarbeiten.

Ich konfrontiere ihn damit, dass ich beeindruckt bin, wie viel er über sich reflektiert hat, mir diese »Erkenntnis« aber fast zu schnell kommt. Wir klären nochmals den Auftrag. Er lautet jetzt: »Helfen Sie mir herauszufinden, ob ich mit meiner Haltung Menschen verprelle und sie mich deshalb ablehnen.«

Die nächsten Supervisionssitzungen bringen nichts Neues. Er erzählt weiter Beispiele und benennt es jetzt nur eindeutig, wie sehr ihn manches kränke und er sich abgelehnt fühle. In einer der nächsten Supervisionsstunden berichtet er, dass er sich auf eine Ausschreibung hin spontan für eine andere Leitungsstelle bei einem anderen Träger beworben habe. Diese Aussicht, neu anfangen zu können, mache ihm Mut. Doch beschäftige ihn gegenwärtig noch ein »harter Mitarbeiterkonflikt« gepaart mit starker Ablehnung seiner Person. Unfähig, den Konflikt auszuhandeln, fühlt er sich dem älteren Kollegen unterlegen und koche vor Wut. Alte Ängste sind wieder da. Die Situation verschlechtere sich zunehmend. Er spüre, dass er mehr tun müsse, würde jetzt erst einmal einen Psychologen aufsuchen und wir verabreden uns für eine spätere Zeit. Er wolle sich wieder melden.

Soweit die Schilderung. Bemerkenswert an dieser Supervision ist für mich folgendes: Zunächst die Klärung Team- oder Einzelsupervision. Dann inhaltlich:

1. Die frühen Erfahrungen mit seinem Vater in Verbindung zu seinem heutigen Leitungsverständnis und seinem Leitungsstil. (Wir besprechen eine Teamberatung, wo solche versteckten väterlichen Erwartungen auftauchen.) = Ebene der Person
2. Welches Potential (Ressource) steckt in ihm, dass er gegen den Willen des Vaters Soziale Arbeit studiert habe? Was ist seine berufliche Identität? = Ebene der beruflichen Rolle
3. Sein Arbeitsfeld, in das er eingebunden ist, in dem es immer wieder zu gehäuften Misserfolgen kommt. = Ebene der Organisation
4. Wie sieht sein Umgang mit Kränkung und Ablehnung aus, welche Strategien sind für ihn überlebensnotwendig geworden, mit denen er auch seine berufliche Rolle ausfüllt? = Die Arbeitsebene. Aspekte, die direkt seine berufliche Arbeit ausmachen

An diesem Beispiel zeigt sich mir, wo Chancen und Grenzen einer Supervision liegen. Supervision beschäftigt sich mit Erlebnissen im Praxisfeld und mit der Person des Supervisanden bzw. der Supervisandin. Supervision hat aber auch das Supervisionsgeschehen selbst im Blick, die Beziehung zwischen dem anderen und mir, ebenso den Prozess. Es geht also nicht allein darum, dass dem Leiter nach der Supervision eine bessere Leitungspraxis gelingt. Das wäre, um nochmals auf die o. g. Schemata zu verweisen, nur eine Seite. Eine vertiefte Beschäftigung mit seiner Person und biographischen Erlebnissen wäre die andere Seite. Für mich sind es zwei Pole einer Ellipse. Dazwischen bewegt sich Supervision.

Und was könnte das Pastorale an dieser Supervision sein? Nicht, dass ein Supervisand sich vielleicht als Christ versteht und der Supervisor Pfarrer ist, sondern ich möchte der Frage nachgehen: Wie steht es hier mit dem pastoralen bzw. religiösen Deutungshorizont?

Neben den Themen von Kränkung, Ablehnung, Krise im Beruf usw. tauchen Themen auf, die pastorale Deutung verlangen könnten im Hinblick auf eine weitere Dimension menschlichen Lebens. Da der Supervisand für diese ansprechbar war und sich vielleicht gerade auch deshalb einen Pfarrer als Supervisor gesucht hat, habe ich vorsichtig einige Deutungen anklingen lassen. Als Beispiele wären hier zu nennen: biblische Erfahrungen mit Scheitern, Ablehnung, aber auch von Getragensein und Gnade, aber auch das von der Vaterbeziehung abgeleitete Gottesverständnis, letztlich persönlich gelebter Glaube, der fordernde Gott, den ich nicht enttäuschen darf usw. Das wäre die religiöse/theologische Ebene, eben das Spezifikum pastoralpsychologischer Supervision.

Das alles macht mir die Supervision immer wieder spannend und meinem Gegenüber hoffentlich Lust, sich weiter mit sich auseinander zu setzen und mit mir seine beruflichen und persönlichen Problemsituationen zu reflektieren, nach Lösungsansätzen zu suchen und an einer Stärkung seiner beruflichen Identität zu arbeiten.

Literatur zum Interview von Christoph Lasch

Alfert, D; Beyer & Jahn. R. (Hg.). Andriessen, H.C.I., Miethner, R. (1985). *Praxis der Supervision. Beispiel: Pastorale Supervision.* Eschborn: Fachbuchhandlung für Psychologie, Verl. Abt. S. 50 ff.Berker, Peter (2017). Externe und Interne Supervision – Ein Vergleich. In: Pühl, Harald (Hg.), *Das aktuelle Handbuch der Supervision. Unveränderte Neuauflage des Handbuchs Supervision 3.* Psychosozial-Verlag. S. 334 ff.

Berker: Peter (2017). Externe und Interne Supervision – Ein Vergleich. In: Pühl, Harald (Hg.). *Das aktuelle Handbuch der* Buer, Ferdinand (Hrsg.) (2004). *Praxis der Psychodramatischen Supervision. Ein Handbuch.* 2. Aufl. 2004..

Deutsche Gesellschaft für Supervision e.V. (2006). *Supervision ein Beitrag zur Qualifizierung beruflicher Arbeit,* 5.überarb. Auflage, Februar 2006. S.19.

Drechsel, W. (2002). Und das Pastorale? Zur Frage nach dem Spezifikum pastoralpsychologischer Supervision. *Überarbeiteter Vortrag zur KSA-Jahrestagung in Speyer.*

Farrelly, Frank und Brandsma, Jeffrey M. (2009). *Provokative Therapie.* Springer.

Fengler, J. (2003). Triffst du nur das Zauberwort. Die Konstruktion wirksamer therapeutischer Interventionen. *Report Psychologie 28,* 7/8. S. 446 ff. Zugriff am 06.03.2025 unter: https://bvppt.org/media/report_psychologie_0708-2003_2.pdf).

Fengler, Jörg (2003). Triffst du nur das Zauberwort. Die Konstruktion wirksamer therapeutischer Interventionen. Ferel, Martin. *Neue Schläuche in altem Wein …oder alles kann auch ganz anders sein.* Vortrag KSA Tagung. Hamburg /Rissen.

Kemmesies, U. (2020). Begriffe, theoretische Bezüge und praktische Implikationen. In: Slama, Ben, Kemmesies, B. & Uwe E. (Hrsg.), *Handbuch Extremismusprävention. Gesamtgesellschaftlich. Phänomenübergreifend,* S. 33–55. Wiesbaden: Bundeskriminalamt.

Klessmann, Michael & Lammer, Kerstin (Hg.) (2007). *Das Kreuz mit dem Beruf. Supervision in Kirche und Diakonie.* Neukirchener Verlag. S. 52 ff.

Klessmann, Michael (2004). *Pastoralpsychologie.* Neukirchener Verlag.

Klessmann, Michael (2004). *Pastoralpsychologie.* Neukirchner Verlag.

Klessmann, Michael (2005). Die Sinndimension der Supervision. In: *Die Zukunft der Supervision zwischen Person und Organisation.* Vorträge der Tagung der Verbändeforums Supervision 2004 in Montabaur. Herausgegeben vom Verbändeforum Supervision, Mai 2005.

Lammer, Kerstin (2005). *Supervisorische Interventionen.* Arbeitsblatt zur KSA-Herbsttagung 2005 in Wuppertal.

Morgenthaler, Christoph (2014). *Systemische Seelsorge.* 5. Aufl., S. 72. Stuttgart: Kohlhammer.

Publikation Pastoralpsychologisches Institut im Norden e.V. Punkt 2.3., S. 5.

Rappe-Giesecke, Kornelia (2002). Die konzeptionelle Entwicklung der Supervision in den letzten zwanzig Jahren. Überarbeitete Fassung des Aufsatzes aus: *Supervision: Supervision im Spiegel der Zeit,* 2/2002, S. 55–65 – Heft zum 20-jährigen Bestehen der Zeitschrift. Zugriff am 06.03.2025 unter: https://rappe-giesecke.com/media/dokumente/veroeffentlichungen/text_die_konzeptionelle_entwicklung1.pdf.

Rappe-Giesecke, Kornelia (2004). Der Nutzen der Psychoanalyse für die Supervision. *DGSv aktuell Nr. 2*, S. 6–9. Reihe Konzepte der Supervision. Zugriff am 06.03.2025 unter: https://rappe-giesecke.com/media/dokumente/veroeffentlichungen/text_der_nutzen_der_psychoanalyse.pdf.

Rappe-Giesecke, Kornelia (2004). Der Nutzen der Psychoanalyse für die Supervision. In: *Deutsche Gesellschaft für Supervision e. V., 2004*, S. 8. Zugriff am 06.03.2025 unter: https://rappe-giesecke.com/media/dokumente/veroeffentlichungen/text_der_nutzen_der_psychoanalyse.pdf.

Rauch, Thea u. a. (2020). Denkanstoß zu extremistischen Ansichten bei Patient*innen. *Psychotherapeutenjournal 1/2024*, S. 44–49.

Reichmann, Anne: *Veränderung braucht Struktur, Struktur braucht Veränderung. Pastorale Supervision auf psychoanalytischer Basis.* Zugriff am 06.03.2025 unter: https://ppi.dev.churchtools.website/assets/texte/anne_reichmann/anne-reichmann-veranderung-braucht-struktur.pdf)

Richter, Horst-Eberhard. Psychoanalyse und Politik (2004). Das Unbehagen für kritische Aufklärung nutzen. *Deutsches Ärzteblatt PP 6/2004*, S. 275.

Schlippe von, A./Schweizer, J. (2012). Lehrbuch der systemischen Therapie und Beratung I. Grundlagenwissen. *Göttingen. Vandenhoeck & Ruprecht.*

Supervision – Mensch Arbeit Organisation. *Psychosozial-Verlag, 41.* Jg., 2023, Heft 2: Positionieren!? Wie geht »politisch« in der Supervision konkret?

Transformationen – Pastoralpsychologische Werkstattberichte. Herausgegeben im Auftrag der Deutschen Gesellschaft für Pastoralpsychologie, 4/2004. S. 25 ff.

Weiß, Kersti (2008). *Konzepte für Supervision. Neun theoretische und methodische Ansätze*, S. 43. Deutsche Gesellschaft für Supervision e. V Zugriff am 06.03.2025 unter: https://www.dgsv.de/wp-content/uploads/2019/03/Konzepte_2_Auflage_2008_07.pdf.

Ziemer, Jürgen (2015): *Seelsorgelehre*. Vandenhoeck und Ruprecht. 4. Aufl., S. 204 ff.

Es gibt nichts Praktischeres als eine gute Theorie

Anne Grohn

Bitte gib eine kurze Visitenkarte von Dir mit persönlicher Note zum beruflichen Profil: Was bist Du für eine Supervisorin? (1)
Ich bin Diplom-Psychologin, Psychotherapeutin (VT), Supervisorin (DGSv), Coach und Trainerin (dvct). Von 1997 bis 2024 war ich Professorin für Psychologie an der Evangelischen Hochschule Berlin. Dort war ich im Studiengang Evangelische Religionspädagogik & Diakonik und im Master Studiengang Beratung in der Sozialen Arbeit tätig. Daneben arbeite ich seit 1997 in eigener Praxis. Neben der Praxistätigkeit gebe ich Seminare im Bereich Coaching und Supervision.

Ich habe in meiner Diplomarbeit in Klinischer Psychologie 1983 evangelische Gemeindepfarrerinnen interviewt, wie sie den Widerspruch aushalten, einerseits den Fortschritt zu repräsentieren, indem sie als Frau neuerdings ein geistliches Amt gleichberechtigt ausüben dürfen, andererseits aber eine patriarchale Theologie und Kirche vertreten müssen. Vierzig Jahre später bin ich der Supervision mit Pfarrerinnen oft beim gleichen Thema.[34] Meine Dissertation habe ich im Kontext der Debatten über Ethik- und Religionsunterricht über die Frage geschrieben, was »Glauben« aus sozial- und erziehungswissenschaftlicher Sicht eigentlich ist und wie eine ressourcenorientierte Sicht auf »Glauben« aussehen kann.[35]

Meine Felder an der Hochschule sind Entwicklungstheorien, Kommunikationskünste für Leitung, Beratung und Seelsorge. Seit 2006 leite ich Coaching Ausbildungen für Führungskräfte im Non Profit Bereich. Ich bin auch Gutachterin für Coaching Zertifizierungen im Deutschen Verband für Coaching und Training (dvct). Ich mag es, wenn Theorien praktisch sind und theoretisches Wissen wirklich etwas im Leben erleichtert und verändert. Komplizierte Sachverhalte erkläre ich gern mit möglichst einfachen Bildern. Meine Supervision ist von der Ressourcen- und Zielorientierung geprägt. Ich habe viel Freude daran Menschen zu ermutigen, dass sie ihren individuellen Weg mit Freude gehen. Aber auch die Schattenseiten, Verletzungen und Traumata haben ihren Raum. Durch meine psychotherapeutische Qualifikation gibt es kein Thema, vor dem ich mich fürchte. Im Einzelnen

---

34 Grohn, Anne (2019): Everything changes. Dreieinhalb Jahrzehnte Theologinnen aus der Sicht einer Supervisorin. In: EKBO (Hg. Rajah Scheepers): *Vorgängerinnen. Der Weg von Frauen ins geistliche Amt.* S. 66–71.
35 Böhmer, A. (2003): Psychologische Theorien in den Diskussionen um Ethikunterricht. Ein Blick über den Zaun: Religionspsychologie. (Zugriff am 06.03.2025 unter: www.diss.fu-berlin.de/2004/48).

kann dann geschaut werden, welches Format oder welches Arbeitsbündnis am besten für ein Thema passt. Oder auch welche Kollegin besser passt als ich.

Was hat Dich dazu gebracht, Supervisor/Supervisorin zu werden und jahrelang zu bleiben? (2)
Ich mag die psychologische Arbeit mit gesunden Menschen. Auch starke Menschen brauchen Unterstützung. Da ist die berufliche Beratung ein sehr fruchtbares Feld.

Worin bist Du Dir treu geblieben? Was hast Du verändert (im Laufe deiner supervisorischen Entwicklung)? (3)
Es hat sich nie geändert, dass ich von meinen Supervisandinnen irgendwie begeistert bin und dass die Arbeit mir sehr viel Freude macht. Ich habe einen für mich sehr passenden Kreis von Supervisandinnen, die Leitungskräfte in kirchlichen oder pädagogischen Feldern sind, deren Themen auch eng mit den Themen verbunden sind, die ich in meiner Professur behandle. Oder ich habe Supervisandinnen aus Berufen, die ich spannend finde und respektiere, z.B. aus der Sozialen Arbeit, Medizin, Polizei oder Kulturarbeit.

Hältst Du es für nötig, dass Supervisoren und Supervisorinnen selbst zur Supervision gehen? (4)
Ja, besonders am Anfang ist regelmäßige formalisierte Supervision sehr wichtig, gut ist es auch Supervisoren verschiedener Theorieschulen zu wählen. Nach mehr als 25 Jahren Tätigkeit habe ich inzwischen eine recht versierte »innere Supervisorin« und verschiedene Kollegen und Freunde, die ich bei Bedarf konsultiere.

Grundsätzlich steckt ja hinter dieser Frage für mich die Tatsache, dass ich selbst mit meiner eigenen Lebensgeschichte, meinen Höhen und Tiefen, Aufbrüchen und Abbrüchen ein wichtiger Faktor in der Begegnung bin. Dessen bin ich mir immer bewusst. Ich kann das auch nicht ausblenden, nur möglichst dezent und transparent damit umgehen. Um das kontinuierlich zu reflektieren, gibt es Supervision, aber auch andere Möglichkeiten mit sich selbst ins Reine zu kommen und den richtigen Abstand zu finden. Für mich ist es das Wandern, Kanu fahren, die Gemeinschaft mit Tieren, kreative Tätigkeiten, Gartenarbeit, vor allem aber der offene Austausch mit privaten Freunden.

Erinnerst Du Dich an Deine schwierigste Supervision? Kennst Du Scheitern? Wie bist Du damit umgegangen? Gibt es Schlussfolgerungen, die Du weitergeben willst? (5)
Es gab mal eine Situation, bei der zwei Kolleginnen, die ich beide schon kannte, und die Probleme miteinander hatten, darum gestritten haben, wer nun mit dem Thema bei mir zur Supervision gehen könne. Da war ich ziemlich erschüttert, weil ich mir wie eine Ware vorkam. Und ich habe dann mit beiden nicht gearbeitet. Als Schlussfolgerung habe ich öfter mal Aufträge abgelehnt, die mir zu nahe vorkamen.

Wie hat sich deine Kultur im Umgang mit Fehlern und mit Erfolgen entwickelt – in Bezug auf Deine Supervisanden und Supervisandinnen und auf Dich? (6)
Was ist ein Fehler? Je nachdem. Das interessiert mich nicht so.

Erfolg ist für mich erfülltes, lebendiges Leben, in der ein Mensch seinen je individuellen Beitrag für das Ganze leistet. Ich liebe diese Art von Erfolg und tue viel dafür. Nach der eigenen persönlichen Bestleistung zu streben ist für mich kein neoliberaler Wachstumsstress, sondern die Frage, durch was sich das Leben sinnvoll und richtig anfühlt. Wenn wir dem auf der Spur sind, dann ist Energie da. Das gilt für mich und es macht mir sehr viel Spaß auch andere dazu anzustiften. Weg von »ich muss«, hin zu »wozu bist Du eigentlich geboren?«

Gibst Du (manchmal) etwas von Deinem Privatleben preis? Hast Du dafür Kriterien? (7)
Privates erzähle ich, wenn es für die andere Person möglicherweise eine neue Sichtweise eröffnen kann. Ich spreche über meine persönlichen »Erfolgs«-Strategien (s. o.), in Bezug auf Zeitmanagement, humorvolle Distanz, trickreiche Strategien zur Zielerreichung und ähnliches, als zusätzliche Denkoption. Dazu habe ich das innere Bild des »Hypothesenmülleimers«. Meine Kenntnisse kann ich als Hypothese, als Möglichkeit für die andere Person anbieten. Wenn es nicht passt, ab in den Mülleimer damit. Das ist der Unterschied zum Ratgeben, was ja bekanntlich nichts nützt.

Über meine eigenen aktuellen Probleme spreche ich nicht. Die interessieren die Supervisandinnen wirklich nicht. Im Gegenteil, das zerstört das supervisorische Rollenspiel. Als Ausnahme erzähle ich über eigene vergangene Probleme, die sich gut aufgelöst haben. Beispiel: Auch ich hatte mal Kolleginnen, die ich wirklich schwierig fand und deren unsoziales Verhalten ich nicht ändern konnte. Und siehe da! Plötzlich haben die sich woanders hin beworben und waren aus dem Feld. So kann es gehen!

Wie ist dein eigenes aktuelles Supervisionsverständnis und wie hat es sich entwickelt?/Worum geht es Dir heute in der Supervision? (8)
Supervision ist berufliche Beratung, einzeln, in Gruppen oder Teams. Das Themenspektrum variiert zwischen Organisationsfragen und persönlichen, biographischen Fragen. Supervision ist Arbeit am eigenen Bewusstsein und ein Beitrag zur Qualitätsentwicklung in der Arbeit mit Menschen. Supervision hilft Ziele zu erreichen und unterstützt ebenso Menschen, die in nicht lösbaren Widersprüchen arbeiten.

Was glaubst Du, was Supervision im besten Falle vermag? Was kann sie nicht? (9)
Supervision kann begleiten, empowern, Selbstreflexion fördern[36], Konflikte bear-

---
36 Grohn, Anne (2020): Position, Rolle, Identität, Professionalität. Klarheit in Rollenkon-

beiten, ein Raum und Container für jegliche Gefühle sein. Sie kann helfen individuell gesunde Grenzen zu finden.[37] Supervision kann nicht Leitung ersetzen. Supervision ist keine Psychotherapie.

Wann betrachtest Du eine Supervision als gelungen? (10)
Wenn die Menschen erleichtert und lächelnd aus der Tür gehen, ihre nächsten Schritte im Blick haben und sich auch auf das Wiederkommen freuen.

Welche Themen können in der Supervision besprochen werden und welche nicht? (11)
Grundsätzlich kann alles besprochen werden, wenn zwei Individuen sich damit gut fühlen.

Es ist sehr wichtig, eigenes Unwohlsein in einem Gespräch wahrzunehmen und sich als Supervisorin auch zu erlauben ein Thema zu beenden. Das ging mir z. B. einmal so, als mir ein Supervisand von seinen Bordellbesuchen erzählt hat. Ich wusste nicht, ob er beichten wollte oder ein Art Erlaubnis erwartet hat. Jedenfalls wollte ich darüber nicht sprechen und habe das dann gesagt.

Gibt es Lehrsätze/Theorien, die sich in Deiner Praxis bewährt haben oder die Du im Laufe der Jahre über Bord geworfen hast? (12)
Es gibt nichts Praktischeres als eine gute Theorie. Und es gibt so viele spannende, erhellende Theorien! Deshalb habe ich in meiner Arbeit keine Festlegung auf Schulen oder Sektionen der Beratungslandschaft. Das erscheint mir wie an einem voll gedeckten Tisch nur eine bestimmte, kleine Auswahl zu nehmen. Das nützt den Klientinnen nicht. Aber ich sollte stets erklären können, was ich gerade anbiete oder genau tue. Grundsätzlich sollten professionell Beratende sich stets über den Zusammenhang von Theorie-Modell-Intervention klar sein. Methoden »Tools« haben alle einen Hintergrund, ein Menschenbild. Es ist gut, den zu kennen.

Im Folgenden versuche ich meine wichtigsten theoretischen Bezugspunkte aufzulisten. Lücken sind in diesem Kontext unvermeidbar.

Basis für jede professionelle Kommunikationslehre ist für mich die Kunst des aktiven Zuhörens, der humanistische personzentrierte Ansatz von Carl Rogers.

Bewährt hat sich im Blick auf Biografien die psychoanalytische Entwicklungstheorie in der Variante von Erik H. Erikson, die dieser übrigens mit seiner – zumeist unerwähnten – Ehefrau Joan entwickelt hat. Die tiefenpsychologische Sicht, dass wir lebenslang Entwicklungsphasen durchlaufen, die uns je besonders fordern und deren Durchleben auch Spuren hinterlässt, zum Guten wie zum Schwierigen, ist

---

flikten durch den richtigen Abstand. In: *Self-management in role? Seelsorge und Dienstvorgesetztenverhältnis. Texte aus der VELKD Nr. 185*, S. 3–9.
37 Grohn, Anne / Miehe-Heger, Heidrun (2023): Grenzen: Umgang mit Grenzen und Abstand im kirchlichen Umfeld. In: Dieckmann, Detlef u. a.: *Führen und Leiten in der Kirche. Ein Handbuch für die Praxis*. Göttingen, S. 172–185.

heute Alltagspsychologie geworden und jederzeit diskutierbar. Ich verwende zur Visualisierung dazu gern das Modell der russischen Puppen, Matrjoschkas. Viele zunächst als Probleme geschilderte Sachverhalte lassen sich mit dieser Theorie als Wachstumsbeschwerden deuten und reframen. Aus welcher Lebensphase und -situation komme ich? Auf welche gehe ich zu? Welche Kompetenzen werden sich erst mit der Zeit normal und organisch entwickeln? Aber auch: Welche Hindernisse aus früheren Lebensphasen machen mir noch heute zu schaffen? Wie kann ich nachreifen, heilen, mich entwickeln? Wer unterstützt mich dabei?

Ebenso aus dem Menschenbild der Psychoanalyse und aus der jüdisch-christlichen Tradition stammt die Anerkenntnis, dass es dem Menschen bei aller Anstrengung in dieser Existenz nicht möglich ist, nur das Gute zu tun und das Gute zu erleben. Das Leben ist immer eine Mixtur aus erwünschten und schwierigen Aspekten. Ambivalenz zu erleben, auszuhalten, in eigener Verantwortung zu balancieren, das lehrt die Psychoanalyse. Ambiguitätstoleranz ist im Arbeitsleben unerlässlich. Sehr oft wird in der Supervision über Enttäuschungen gesprochen. Nach dem Anerkennen der Enttäuschung kann dann die zielorientierte Sicht helfen, mit der Frage: Welcher Schritt ist in dieser Situation in meiner eigenen Kontrolle?

Alternativ zu dem Bild der russischen Puppen für Entwicklung, aber auch für innere Pluralität, arbeite ich mit dem Persönlichkeitsbild vom Inneren Team. Es gibt ja inzwischen viele Modelle für innere Pluralität (Ego State Therapie, Modus/Schematherapie). Aus meiner Sicht ist für die Supervision Schulz von Thuns Variante die passendste, niedrigschwelligste. Ich arbeite mit Playmobilfiguren, Schleichtieren oder Gummibärchen. Auf jeden Fall ist die Möglichkeit zu Visualisierung innerer Pluralität ein Königinnenweg, um zu innerem Frieden und Selbstakzeptanz zu finden

Dazu passt der Konstruktivismus als Philosophie und als Grundsatz individuelles Erleben zu respektieren. Ich verwende als Visualisierung dafür das Bild der Glaskugeln, Schneekugeln.[38]

Die Verwendung verschiedener solcher Kugeln hilft sehr bei der Teamsupervision oder der Konfliktmoderation von Gremien, zur Veranschaulichung der Diversität von Meinungen.

Wichtig sind mir alle Kenntnisse aus der Organisationsanalyse, Aufbau und Ablauforganisationen, Arbeitsabläufe zu durchschauen ist oft Thema der Supervision. Den Unterschied zwischen Organisationen und Institutionen zu berücksichtigen, erspart viele Mühen.[39] Wenn ich Supervisandinnen aus mir neuen Arbeitsfeldern

---

[38] Klappenbach, Doris / Böhmer, Annegret (2015): Das Glaskugelmodell. Subjektive Wirklichkeiten verstehen. S. 253–258 in Knapp, Peter (Hg): *Konfliktlösungstools*. 4. Aufl. Bonn.
[39] Böhmer, Annegret / Klappenbach, Doris (2007): *Mit Humor und Eleganz. Supervision und Coaching in Organisationen und Institutionen*. Paderborn.

habe, versuche ich so viel wie möglich über die entsprechenden Organisationen zu erfahren. Denn oft sieht man das Problem schon im Organigramm.

Ganz besonders liebe ich als Ergänzung dazu die Verhaltensbiologie. Zu Beginn meiner Studienzeit habe ich vier Semester Biologie studiert. Ich wollte zu der Zeit Affenforscherin werden. Seither habe ich viel Respekt und Interesse für unsere nahen Verwandten. Sehr viele Situationen in Organisationen, formellen und informellen Hierarchien lassen sich mit Verständnis und Humor nehmen, wenn man einiges über Affen weiß. Manche Supervisandinnen können mit den Bezügen etwas anfangen. Manche reagieren aber auch sehr beleidigt. Damit ist es besser sparsam explizit umzugehen. Ganz besonders lehrreich sind Tiere, die in Gruppen leben, in Bezug auf die Gleichzeitigkeit von Kooperation und Konkurrenz. In sozialen, kirchlichen Kontexten leiden viele Menschen unter der Konkurrenz und dem Machtstreben von anderen. Sie wünschen sich Gemeinschaft und Kooperation. Das eine gibt es nicht ohne das andere. Ein wichtiger Glaubenssatz von mir ist: »Es gibt keine netten Kollegen und Kolleginnen«. Ich kann alle Mitspielerinnen mal als kooperativ und mal als konkurrent oder eigennützig erleben. Das ist ganz normal. Zum Glück habe ich jahrzehntelang an der Hochschule sehr viel mehr Kooperation als Missgunst erfahren dürfen.

Auch die Neurobiologie gehört für mich zu den wichtigen Informationsquellen. Unser Gehirn ist ein Problemsucher. Die Evolution des Menschen hat es als Vorteil hervorgebracht, dass wir Probleme vorhersehen können. Der Mensch repariert im Sommer die Heizung und spart im Alter von dreißig Jahren für den Ruhestand. Es passiert ohne, dass wir es wollen, dass das Gehirn Probleme, Schwierigkeiten scannt und dann Alarmmeldungen sendet. Dadurch passiert es, dass wir immer vergeblich darauf warten, dass endlich alles leichter wird: Nach dem Abitur, nach dem Studium, wenn wir einen guten Job haben, wenn die Kinder groß sind u. s. w. Aber leider führen keine äußeren Veränderungen zur ersehnten Seelenruhe. So ist unser Gehirn nicht. Der gleiche Mechanismus führt dazu, dass wir Schwierigkeiten meist total überbewerten. Z. B. gibt ein Dozent ein Seminar, bei dem alle Teilnehmenden sich am Ende sehr zufrieden äußern. Beim Abschied sagt nur ein Einziger: »Ich bin total enttäuscht. Ich hatte einen Fachmann erwartet«. Die ganze Nacht kann der Dozent nicht schlafen, weil dieser Satz ihn verfolgt. Ein Fall für Supervision, bei der man über unser oft lästiges Gehirn sprechen kann. Oft gehört zur Selbstkompetenz die Überlistung des eigenen Gehirns. »Glaube nicht alles, was Du denkst«.

Die vielfältigen, gewitzten Ansätze, vor allem das Fragenrepertoire und die Aufstellungsvarianten aus der Systemischen Beratung, gehören ebenso zu den von mir geschätzte Theorien. Besonders die hypnosystemische Variante stellt eine lebensfreundliche Hilfe dar, weil wenige Worte viel bewirken können.[40] Zu verstehen, dass bestimmte Probleme nur unter bestimmten Bedingungen in bestimmten Kontexten auftauchen, ist eine enorme Entlastung, weil wir in Zuständen, die die

---

40 Domanski, Jean-Otto (2022): *Worte, die wirken. Einführung in die hypnosystemische Seelsorge.* Gütersloh.

Systemische Theorie Problemtrance nennt, zum Generalisieren des negativen Zustandes neigen.

Aus der kognitiven Verhaltenstherapie ist der Dreiklang von Gedanken, Gefühlen und Verhalten eine zentrale und jedem verständliche Hilfe. Dieses Konzept ist nicht nur im therapeutischen Bereich, sondern überall anwendbar. Gefühle kann man nicht so einfach ändern. Sie sind aufgrund ihrer körperlichen Komponente nicht wegzureden. »Sei nicht so enttäuscht« als Appell funktioniert einfach nicht, wenn jemand bei einer wichtigen Bewerbung die Stelle nicht bekommen hat. Es ist wichtig, das Gefühl wahrzunehmen und anzuerkennen. Jetzt kann ich aber nach dem Gedanken fragen. Was denkst Du zu Deiner Situation? »Ich werde nie wieder so ein interessantes Angebot finden«. Diesen Gedanken kann man variieren. »Vielleicht wird es eine Zeit dauern, bis Du das Richtige findest«, »Vielleicht ist es wichtig, dass Du etwas Bestimmtes tust oder lernst bevor Du wieder eine Bewerbung startest«, »Vielleicht lässt Du Dich mal überraschen, was das Schicksal Dir bringt und wer dich fragen wird«. Allein ein anderer Gedanke kann das Gefühl ändern. Auch von der Seite des Verhaltens lassen sich Gefühle ändern. Sport, Bewegung, Aktivitäten mit anderen führen in der Regel zu schnellen Gefühlsänderungen.

Aus der kognitiven Psychologie kommt auch die in Supervision und Coaching viel verwendete Arbeit mit Glaubenssätzen. Während viele moderne Menschen den Glauben in religiöser Hinsicht ablehnen, haben sie unmittelbar Zugang zur Relevanz eigener Glaubenssätze in psychologischer Hinsicht. Konstruktivistisch gesehen macht das, was ich glaube, die Farbe, Temperatur und Melodie meines Lebens aus. Was glaube ich über mich selbst? Was glaube ich über andere Menschen? Was glaube ich über das Große und Ganze des Lebens, des Universums? In der Supervision kann ich – wenn ich dazu ein Arbeitsbündnis habe – an jeder dieser Dimensionen arbeiten.

Oft kommt dann die Frage auf, was der Unterschied zur Psychotherapie ist. Ganz einfach: Psychotherapie ist die Behandlung psychischer Krankheiten. Supervision kann und darf Veränderungsarbeit sein und durchaus mächtige Bewegungen in den Sichtweisen einer Person hervorrufen. Es können Tränen der Erschütterung oder der Erleichterung auch in der Supervision fließen.

Nicht nur am Ende, wie jetzt in dieser Auflistung, sondern immer ist mir, neben den psychologischen Ansätzen eine soziologische und politische Sicht auf die Situation meiner Supervisandinnen wichtig. Die soziale Herkunft von Supervisandinnen hat so viel mit ihrem Erleben in der Arbeitswelt zu tun. Ganz besonders die Ungerechtigkeiten und Gewaltverhältnisse in Bezug auf Frauen und Männer (m/w/d) prägen viele Supervisionsfälle. Ich gehöre biografisch zur Kohorte der »Feministinnen der zweiten Frauenbewegung«. Damit bin ich für den aktuellen Geschlechterdiskurs irgendwie altmodisch und in der Zweigeschlechtlichkeit verhaftet. Allerdings erlebe ich auch, dass jüngere Frauen meine politischen Positionen durchaus passend finden und eine Radikalität entdecken, die sich aus meiner Sicht bei zu vielen Frauen eher verflüchtigt hat. Eine weitere wichtige Dimension, die für mich zum Thema Politik gehört, ist die Bewertung von Erwerbsarbeit allgemein. Ist denn Arbeit so wichtig für ein erfülltes Leben?

Ich habe, noch unter meinem ersten Namen Annegret Böhmer, zusammen mit einer Kollegin das Buch »Mit Humor und Eleganz. Supervision und Coaching in Organisationen und Institutionen« geschrieben (siehe Fußnote 35). Darin findet sich mein theoretisches und methodisches Handwerkzeug mit vielen Literaturverweisen dargestellt. Eine aktualisierte Neuauflage ist in Arbeit.

Welche Erkenntnisse hast Du zu förderlichen Äußerungs- und Sprachformen von Seiten des Supervisors bzw. der Supervisorin gewonnen? Welche Art von Interventionen und Impulssetzungen erscheinen Dir sinnvoll? (13)
Jeder Impuls kann passen, wenn er dem Arbeitsbündnis entspricht. Stuhltausch, Bewegung im Raum, Arbeit mit Visualisierungen jeder Art. Eine sehr förderliche Sprachform ist das Schweigen. Das fällt mir aber nicht leicht. Durch meine Tätigkeit als Dozentin fallen mir oft Inhalte ein, von denen ich denke, mein Supervisand sollte das wissen. Oft empfinde ich, dass der gerade geschilderte Sachverhalt kein psychologisches persönliches Thema ist, sondern eher der Mangel an Knowhow. In diesen Fällen kündige ich den möglichen Rollenwechsel zum Trainer an. »Mir fällt da etwas für solche Situationen Hilfreiches ein. Darf ich Ihnen zu dem Thema mal einen kurzen Input geben?« Bei Zustimmung stelle ich mich kurz ans Flip Chart und stelle bestimmte Modelle oder kommunikative Handwerkszeuge dar (z. B. TZI, GFK, Wertequadrat, Organigramme…) Danach wechsle ich bewusst die Rolle, setze mich wieder und gehe zurück in die Welt und zu den Gedanken des Supervisanden. Ich bin sehr gern und bewusst im Deutschen Verband für Coaching und Training (dvct) engagiert, weil in meiner Arbeitswelt die Verbindung von beiden Formaten sehr hilfreich ist.

Kannst Du Dir vorstellen, dass der Einsatz Künstlicher Intelligenz Supervisoren und Supervisorinnen eines Tages ersetzt, oder zumindest unterstützen kann? (14)
Das wird passieren, ist aber aus meiner Sicht kein Fortschritt. »Nichts energetisiert Menschen mehr als die analoge Präsenz freundlicher anderer Menschen.«[41]

Welches Thema beschäftigt Dich aktuell besonders in Bezug auf Supervision? (15)
Die Folgen der Forum Studie über sexualisierte Gewalt in der Evangelischen Kirche (forum-studie.de), die Problematik des Seelsorgegeheimnisses in Bezug auf den Schutz der Täter.

Wie kamst Du zu Deiner ersten Supervisionserfahrung und welche Erinnerung hast Du daran? Was war das Besondere? Welches Resümee ziehst Du heute

---

41 Bauer, Joachim (2023): *Realitätsverlust. Wie KI und virtuelle Welten von uns Besitz ergreifen und die Menschlichkeit bedrohen.* München, S. 162

daraus? (16)
Ich bin mit dem Thema Gesundheitspsychologie in meine Praxistätigkeit gestartet. Zu dem Thema »Religiosität und Gesundheit« habe ich Vorträge gehalten und daraus haben sich Anfragen entwickelt. Es ist sehr empfehlenswert, wenn man mit einem bestimmten Thema in eine bestimmte Zielgruppe hinein kommunizieren kann. Selbst zu wissen, dass man sich mit etwas wirklich Relevantem beschäftigt, dabei aber lebenslang Lernende bleibt, gibt ein sicheres Gefühl.

Was gehört für Dich zu einer guten Akquise? Gibt es Tipps, die Du Menschen, die neu in den Beruf hineingehen, diesbezüglich mit auf den Weg geben willst? (17)
Aus meiner Sicht ist es ein großer Vorteil, wenn man Feldkompetenz und Beratungskompetenz verbinden kann. Ein sehr wichtiger Tipp für Akquise, den ich mal bekommen habe und an den ich sehr oft denke, ist: »Wenn es an Deiner Praxistür klingelt, wen möchtest Du gern als Klienten begrüßen? Mit welchen Menschen möchtest Du arbeiten? Wer interessiert Dich? Auf welche Klienten freust Du Dich regelrecht?« Wenn es dann klingelt und solche Menschen hereinkommen, dann macht Arbeit Spaß. Dazu gehört auch der schöne Satz »Jeder findet seinen Meister« (Der Spruch ist nicht gegendert, weil alt). Das heißt, du bist für manche Menschen vielleicht hilfreich, aber für andere auch nicht. Sicher ist man wahrscheinlicher hilfreich für Menschen, die man respektiert und mag. Professionelle Distanz versteht sich dabei dennoch von selbst.

Für Berufsanfänger empfehle ich auf jeden Fall Supervision nur in Teilzeit anzubieten, ein sicheres anderes Standbein zu haben und sich um gute Kooperation mit anderen Kollegen zu bemühen. Es ist niemals gut, sich finanziell abhängig von Beratungskontakten zu fühlen.

Hattest Du jemals Lampenfieber vor bzw. während einer Supervision? Wenn ja, warum? Und wie gehst Du damit um? (18)
Das habe ich oft. Lampenfieber ist Respekt vor dem Publikum, hat mal eine erfahrene Schauspielerin gesagt.

Was machst Du vor und nach einer Sitzung und was hältst Du diesbezüglich für empfehlenswert? (19)
Ich versuche möglichst immer eine halbe Stunde Zeit vor jeder Sitzung zu haben, um mich einzustellen auf das, was kommt, die Aufzeichnungen zu lesen und in einem guten Zustand zu sein. Idealerweise langweile ich mich ein bisschen, bevor es an der Tür klingelt.

Mein Gefühl ist vergleichbar mit der Situation, wenn ich privat Gäste erwarte. Es ist alles vorbereitet, ich bin eingestellt auf den Besuch und hoffe, dass es erfreulich wird. Aber es bleibt eine kleine Aufregung, weil zu einer schönen Begegnung eben viele Faktoren gehören, die nicht alle in meiner Kontrolle sind. Um möglichst viel in diesem offenen Zustand zu sein, verzichte ich in meinen Praxisräumen soweit es geht auf die Ablenkung durch digitale Medien. Ich lese in den Pausen keine E-Mails und verrichte keine anderen Arbeiten.

Nach einer Sitzung gehe ich die Küche, höre Radio und trinke Kaffee. Da ich wichtige Dinge während der Sitzung mitschreibe, habe ich dann frei und bin wieder ganz bei meinen Bedürfnissen.

Woran erkennst Du, dass es in der Supervision einen Fortschritt gibt? *(20)*
Die Definitionsmacht überlasse ich den Supervisandinnen. Ich arbeite gern mit Skalierungsfragen.

Wie lang sollten supervisorische Beziehungen sinnvoller Weise dauern? *(24)*
Das kann sehr unterschiedlich sein. Manche kommen zu mir für drei Sitzungen, andere in großen Abständen über viele Jahre.

Wie evaluierst Du Deine Supervisionsprozesse? *(25)*
Durch die Auswertungsgespräche mit den Supervisandinnen.

Was ist Dir wichtig für die Beendigung des supervisorischen Prozesses? *(26)*
Mir ist wichtig den Fortschritt zu würdigen, die Person als vollumfänglich selbständig zu sehen, aber gleichzeitig die Beziehung nicht zu beenden. Ich sage gern zum Abschied: »Wenn Sie es sinnvoll finden, dann wissen Sie ja wo Sie mich finden.« Und ich freue mich sehr, wenn Menschen nach zehn Jahren wiederkommen oder deren inzwischen erwachsenen Kinder.

Was hat Dich Deine Erfahrung gelehrt, welche Besonderheiten sinnvoller Weise zu berücksichtigen sind in Einzel-, Gruppen-, Team-SV über die formellen und in allen Lehrbüchern nachzulesenden Kriterien hinaus? *(29)*
Es gibt nicht selten Teams im sozialen und kirchlichen Bereich, die sich eine Teamsupervision wünschen, weil alle unzufrieden sind. Oft wollen die zusammen mit ihrer Leitung eine Teamsupervision machen. Und die Leitung selbst weiß nicht, ob es besser vielleicht eine Mediation sein sollte. In solchen Fällen interveniere ich oft vorab und schlage vor, mit der Leitung ein Leitungscoaching zu machen und mit dem Team eine Teamsupervision.

Wie erlebst Du den Unterschied zwischen analoger und digitaler Supervision? *(30)*
Ich bin positiv erstaunt, wie viel digital auch möglich ist.

Was ist Dir wichtig für die Beziehungsgestaltung in der Supervision? *(31)*
Oft arbeite ich mit sehr klugen Menschen, die auch meine Supervisoren sein könnten. Das Setting ist also ein Rollenspiel. Die Beziehung ist eine, in der die Rollen festgelegt sind und die dann fruchtbar ist, wenn beide in diesem Setting diese Rollen haben möchten.

Wie hältst Du es mit Bestätigung, Lob, Würdigung… Deiner Supervisandinnen und Supervisanden? *(40)*
Das passiert oft, aus echtem Gefühl heraus. Und damit geize ich nicht.

Hast Du nicht vielleicht doch schon einmal jemanden zu seinem Glück gezwungen oder wenigstens zwingen wollen? (41)
Selbstverständlich! Ich gebe schon mal Gas, wenn Menschen mutlos werden, z. B. damit ein Wissenschaftler seine Habilitation fertig schreibt. Oder in anderen Fällen von Prüfungsangst oder Prokrastination. Und wie schön, wenn die Aufgabe dann vollbracht ist.

Hast Du ein Beispiel für die förderliche Kraft von Humor in der Supervision? (46)
In einer sehr vertrauten Gruppensupervisionsgruppe schildert eine Kollegin ein sehr missachtendes Gespräch mit der Vorgesetzten. »Und, nimmst Du dieses Kränkungsangebot an?« fragt die andere Kollegin.

Welche Rolle spielt die spirituelle Dimension für Dich in der Supervision? (47)
In meiner wissenschaftlichen und supervisorischen Tätigkeit ist ein bio-psychosozial-spirituelles Menschenbild die Grundlage.[42] Die Formate Supervision, Coaching, Seelsorge und geistliche Begleitung haben historische und berufspolitische Herkünfte, die sich aus verschiedenen Gegebenheiten erklären lassen. Die Menschen, die in diesen jeweiligen Formaten aufeinandertreffen sind aber immer die gleichen, ganzen Menschen: Menschen, die arbeiten, die glauben, die Beziehungen haben, die einen Körper haben. Welches Thema, welcher Bereich gerade wichtig ist, weiterführt, lebendiger machen kann, das ist situationsabhängig. Nicht ich definiere allgemeingültig, was in einer Supervision möglich ist, sondern das zeigt sich im aktuellen Miteinander. Manchmal geht es viel um die spirituelle Dimension und oft gar nicht.

Gibt es eine Frage, die Du Dir selbst in Bezug auf das supervisorische Arbeitsfeld stellst und die hier nicht vorkommt? Und: Hast Du auch schon eine (erste bzw. vorläufige) Antwort darauf? (Zusatzfrage)
Welche Fortbildung könnte ich mal als nächstes machen? Antwort noch offen.

Praxisbeispiel: Empowerment in der Einzelsupervision

Es war eher am Anfang meiner supervisorischen Tätigkeit, vielleicht vor zwanzig Jahren. Eine sehr qualifizierte jüngere Supervisandin hatte nach einer erfolgreichen Berufstätigkeit in einer Forschungseinrichtung eine leitende wissenschaftliche Stelle in einer kirchlichen Bildungseinrichtung bekommen. Zuerst war sie froh in einer werteorientierten Sphäre zu sein. Aber sehr schnell war sie irritiert und unzufrieden. Sie kam mit der Organisationskultur innerhalb der kirchlichen Ar-

---

42 Lübeck, D. & Böhmer, A. (2017). Spiritualität als professionelle Dimension in der Sozialen Arbeit? *Soziale Arbeit 11/2017*, S. 410–417.

beitsstelle nicht klar. Es fehlten ihr klare Leistungsvorgaben. Die Leitung war kaum wahrnehmbar und gab ihr keine Orientierung. Die Kollegen und Kolleginnen »machten alle ihr Ding«. Ihr war eigentlich nicht klar, wofür genau sie bezahlt wurde. Sie konnte machen, was sie wollte.

Hier war zunächst in der Supervision eine Information über die Kirche als Organisation und Institution auf dem Plan.[43] Sehr oft wird es für demokratische Leitung gehalten, wenn es keine Vorgaben oder Qualitätsstandards gibt. Der Versuch wurde gestartet mit der Leitung klare Pläne für ihre Tätigkeit zu erstellen, aber das gelang nicht. »Da sind Sie doch Expertin!«, sagte der Chef und verweigerte jegliche Top-Down Orientierung. Es war auch klar, dass die Supervisandin die Unzufriedenheit im Beruf nicht durch private Pläne oder Projekte ausgleichen wollte. Sehr schnell war für sie entschieden, dass Sie in dieser Arbeitskultur nicht glücklich werden könnte. Sie wechselte nach kurzer Zeit die Stelle und ging in ein Ministerium.

Es fiel mir leicht, die Supervisandin zu diesem Schritt zu ermutigen. Ich selbst hatte die gleiche Irritation, den gleichen Kulturschock erlebt, nachdem ich nur wenige Jahre davor aus einer selbständigen Tätigkeit in eine ähnliche kirchliche Stelle gewechselt war. Auch wenn seit diesem Beispiel viel Zeit vergangen ist, so erlebe ich in vielen Supervisionen mit kirchlichen Mitarbeitenden und auch zum Teil in der Sozialen Arbeit das gleiche Vakuum. Es ist Freiheit, aber auch Beliebigkeit, die sehr unzufrieden machen kann.

Literatur zum Interview von Anne Grohn

Bauer, Joachim (2023). *Realitätsverlust. Wie KI und virtuelle Welten von uns Besitz ergreifen und die Menschlichkeit bedrohen.* München: Heyne.
Böhmer, A. (1995). Arbeitsplatz evangelische Kirche. S. 281–307 in: Bauer, A. und Gröning, K. (Hg.) *Institutionsgeschichten, Institutionsanalysen.* Tübingen.
Böhmer, A. (2003). Psychologische Theorien in den Diskussionen um Ethikunterricht. Ein Blick über den Zaun: *Religionspsychologie.* Zugriff am 06.03.2025 unter: www.diss.fu-berlin.de/2004/48
Böhmer, Annegret / Klappenbach, Doris (2007). *Mit Humor und Eleganz. Supervision und Coaching in Organisationen und Institutionen.* Paderborn.
Domanski, Jean-Otto (2022). *Worte, die wirken. Einführung in die hypnosystemische Seelsorge.* Gütersloh.
Grohn, Anne (2019). Everything changes. Dreieinhalb Jahrzehnte Theologinnen aus der Sicht einer Supervisorin. In: EKBO (Hg. Rajah Scheepers), *Vorgängerinnen. Der Weg von Frauen ins geistliche Amt.*
Grohn, Anne (2020). Position, Rolle, Identität, Professionalität. Klarheit in Rollenkonflikten durch den richtigen Abstand. In: *Self-management in role? Seelsorge und Dienstvorgesetztenverhältnis.Texte aus der VELKD* Nr. 185.

---

43 Böhmer, A. (1995): Arbeitsplatz evangelische Kirche. S.281–307 in: Bauer, A. und Gröning, K. (Hg.) *Institutionsgeschichten, Institutionsanalysen.* Tübingen.

Grohn, Anne / Miehe-Heger, Heidrun (2023). Grenzen: Umgang mit Grenzen und Abstand im kirchlichen Umfeld. In: Dieckmann, Detlef u. a. (Hrsg.): *Führen und Leiten in der Kirche. Ein Handbuch für die Praxis.* Göttingen.

Klappenbach, Doris / Böhmer, Annegret (2015). Das Glaskugelmodell. Subjektive Wirklichkeiten verstehen. S. 253–258 in Knapp, Peter (Hg): *Konfliktlösungstools.* 4. Aufl. Bonn.

Lübeck, D. & Böhmer, A. (2017). Spiritualität als professionelle Dimension in der Sozialen Arbeit? *Soziale Arbeit 11/2017.*

Keine Angst vor Konfrontation

Michael Klessmann

Bitte gib eine kurze Visitenkarte von Dir mit persönlicher Note zum beruflichen Profil: Was bist Du für ein Supervisor? (1)
Diese Frage beantworte ich, indem ich einen kurzen Blick auf meinen supervisorischen Werdegang werfe:

Supervision (einzeln und in einer Gruppe) habe ich zum ersten Mal 1970 in den USA kennengelernt, als ich dort für zwei Jahre zur Seelsorgeausbildung (Clinical Pastoral Education, CPE; in Deutschland: Klinische Seelsorgeausbildung, KSA) nach Richmond, Virginia gefahren bin: Humorvoll, locker und zugleich zupackend und konfrontativ habe ich meine beiden Supervisoren erlebt[44].

Da war Supervision nicht nur ein Werkzeug, mit dessen Hilfe vorwiegend methodische Aspekte meiner Seelsorgepraxis in einem großen Charity-Hospital aufgehellt wurden, sondern in dem es immer auch um mich als konkrete Person ging: Wer bist du in dieser seelsorglichen Begegnung? Welche Hemmungen, Ängste, Sympathien haben dich motiviert, dich hier so, und nicht anders, zu verhalten? Und wer und wie bist du jetzt, in der konkreten Begegnung mit deinem Supervisor (ich habe zunächst nur männliche Supervisoren erlebt) und den anderen Gruppenmitgliedern? Welche Gefühle und Motive leiten dich jetzt? Wie kommen Erfahrungen aus deiner Biografie dabei ins Spiel? Das fand ich für mich anregend und aufregend, manchmal auch schmerzlich, es hat mich neugierig gemacht auf mich selbst und andere, weil ich diese Art, in eine Begegnung/Kontakt zu gehen und sie zu reflektieren, aus meiner Herkunftsfamilie und aus dem Theologiestudium nicht kannte.

Gleichzeitig hat mir die Klarheit der Kommunikation gefallen: Im Unterschied zu Alltagsgesprächen (oder den harmonisierenden Tendenzen in meiner Familie und in der Kirche) wurden angedeutete Themen angesprochen, nicht vermieden, nicht geglättet, sondern explizit fokussiert und vertieft. Ich habe dort die Grundlagen der Personzentrierten Psychotherapie (Carl Rogers) gelernt, eine entsprechende Haltung verinnerlicht, dann aber in Deutschland noch eine dreijährige Ausbildung in Gestalttherapie in Würzburg und ein Jahr Gestaltpädagogik in Santa Barbara, USA,

---

44 Konfrontation bringe ich von daher nicht primär mit Aggression in Verbindung; es bedeutet für mich eher, auf Übersehenes, nicht Wahrgenommenes aufmerksam zu machen und anscheinend selbstverständliche Bedeutungen zu hinterfragen; wichtig ist, Klarheit in ein Thema zu bringen, das der / die andere im Unklaren gelassen hat und im besten Fall die Gründe dafür zu erforschen.

angeschlossen (ich wollte besser qualifiziert sein für die intensiven Prozesse in den Selbsterfahrungsgruppen und Einzelsupervisionen) und dort den Wert der »Begegnung« (im Sinn von Martin Buber und Fritz Perls) noch einmal neu schätzen gelernt: Einander begegnen und spüren, hingucken, gerade die nonverbalen Signale wahrnehmen und ansprechen, auch konfrontieren, oder, wie ein anderer amerikanischer Supervisor sagte: »To make the implicit explicit«. In einer solchen Begegnung wird auch meine emotionale Beteiligung sichtbar und spürbar, ich bin als Supervisor kein völlig abstinentes Gegenüber, wenngleich Abstinenz natürlich eine Grundvoraussetzung bildet.

Ich habe die Ausbildung in Gestalttherapie gewählt, weil ich, in der Terminologie von Fritz Riemann, eher ein schizoider Typ bin, und das stärker Depressive, Erlebnisorientierte und Direkte mich anzog und mir gut tat. Mit dieser Ausbildung kam ich ans Seelsorgeinstitut an der Kirchlichen Hochschule Bethel, das Dietrich Stollberg (später Klaus Winkler) mit einem Team begründet hatte, war dort Supervisor für Klinische Seelsorgeausbildung (KSA) in den vielen Kursen, die ich im Lauf von zwanzig Jahren, immer mit einem Kollegen oder einer Kollegin zusammen, geleitet habe. Das dortige Team von sechs Kollegen und Kolleginnen (die ganz unterschiedliche therapeutische Ausbildungen absolviert hatten: Psychoanalyse, Gestalttherapie, Psychodrama, TZI, Systemische Familientherapie) fand ich entscheidend wichtig, weil wir in den wöchentlichen Intervisionen regelmäßig unsere Kursarbeit durchgesprochen und reflektiert haben. Ohne eine solche regelmäßige kritische Kontrolle, Anregung und Ermutigung kann ich mir Supervision überhaupt nicht vorstellen. Jede Person hat blinde Flecken und Einseitigkeiten, erst in der Begegnung mit anderen können sie mir bewusst werden. In diesem Team spielte die religiös-spirituelle Dimension unserer Weiterbildungsangebote zunächst eine relativ geringe Rolle, das hat sich im Lauf der Jahre geändert: Inzwischen ist mir in Supervisionen mit Pfarrpersonen eigentlich immer diese besondere Dimension präsent, auch wenn ich sie von mir aus nicht explizit zum Thema mache.

Neben der KSA-Arbeit habe ich dann noch Teamsupervisionen in Kliniken oder Heimen der von Bodelschwingh'schen Anstalten Bethel durchgeführt sowie einige Einzelsupervisionen. Die Tatsache, dass ich vom Grundberuf her Theologe/Pfarrer bin, habe ich immer ausgesprochen; die Reaktionen waren manchmal zustimmend, manchmal eher ablehnend.

Ich arbeite eher selten mit bestimmten (gestalttherapeutischen) Methoden, sondern vor allem mit der Wahrnehmung des aktuellen Falles und wie er sich im Hier und Jetzt darstellt und in der supervisorischen Beziehung (oder im Team) abbildet.

Meine Supervisionserfahrungen beziehen sich auf Einzelne, Gruppen und Teams in Bielefeld, Wuppertal, Ansbach und Berlin. Explizit Organisationsberatung habe ich nie gemacht; aber bei Teams oder bei Leitungssupervisionen kommt natürlich den aktuellen organisatorischen Bedingungen und Voraussetzungen (z.B. dem Rollengefüge!) eine herausragende Bedeutung zu.

Wichtig für die folgenden Ausführungen ist noch, dass ich von meinem Anstellungsauftrag her Supervision hauptsächlich als Bestandteil der Seelsorge-Ausbildung betrieben habe (also Ausbildungssupervision); die erwähnten zusätzlichen Team-, Gruppen und Einzelsupervisionen habe ich privat durchgeführt, konnte sie frei annehmen oder ablehnen. Ich musste nicht meinen Lebensunterhalt davon bestreiten; das ist nicht nur im Blick auf das Thema Akquise entscheidend wichtig.

Was hat Dich dazu gebracht, Supervisor/Supervisorin zu werden und jahrelang zu bleiben? (2)
Ich habe, wie erwähnt, die produktiven Seiten von Supervision in den USA kennen gelernt, und diese Tätigkeit immer gerne ausgeübt: Von Anfang an hatte ich den Eindruck, dass alle sozialen Berufe, weil sie Beziehungsberufe sind, eine solche Art der externen kritisch-wohlwollenden Begleitung brauchen. Die immer neue Erfahrung, dass Menschen von Supervision für ihren Beruf und für sich persönlich profitieren, hat mich motiviert, in diesem Feld über so lange Zeit zu arbeiten.

Ich gehöre zur ersten Generation von pastoralpsychologisch orientierten Supervisorinnen, die die Standards, die wir in den ersten Jahren in den Sektionen der Deutschen Gesellschaft für Pastoralpsychologie (DGfP) entwickelt haben, selbst zunächst nicht erfüllten. Deshalb habe ich einzeln und haben wir als Team des Seelsorgeinstituts viele Fortbildungen besucht bzw. für uns arrangiert.

Dazu gehörten für mich eine ganze Reihe von gruppendynamischen Seminaren, in denen ich die klassische, weitgehend abstinente und konfrontative Haltung der Gruppenleitung kennen gelernt habe; davon habe ich (und auch unser Team in Bethel) zunächst einiges übernommen.

Das hat sich jedoch in den weiteren Jahren verändert: Meine Haltung ist durch die Erfahrungen aus der Gestalttherapie und aus der Zusammenarbeit mit systemisch orientierten Kolleginnen weniger konfrontativ und deutlicher wertschätzend geworden. Hilfreich war auch, dass ich mit Kerstin Lammer zusammen ein Buch geschrieben bzw. herausgegeben habe[45], durch das wir noch einmal sehr gründlich viele verschiedene Facetten von Supervision reflektiert haben.

Worin bis Du Dir treu geblieben, was hast Du verändert im Lauf Deiner supervisorischen Entwicklung? (3)
Immer wieder mache ich die Beobachtung, wie schwer sich viele Leute, vor allem aus dem Bereich Kirche, mit Gefühlen von Ärger, Aggression, Konfrontation und Konkurrenz tun. Für mich ist das ein zentrales Thema, für das ich ein gutes Gespür habe (vielleicht weil ich es als Jüngster von fünf Geschwistern gut kannte), auf das ich die Betroffenen aufmerksam mache und mit ihnen die in diesem Zusammenhang immer vorhandenen Ängste bespreche und versuche, neue Verhaltensmög-

---

45 Das Kreuz mit dem Beruf. Supervision in Kirche und Diakonie, Neukirchen 2007.

lichkeiten durchzuspielen. Klarheit im Blick auf die eigene Rollenwahrnehmung und -ausübung halte ich im Pfarrberuf und in der Seelsorge für zentral wichtig.

Hältst Du es für nötig, dass Supervisoren und Supervisorinnen selbst zur Supervision gehen? (4)
Unbedingt! Jeder hat doch blinde Flecken und (unbewusste) Gegenübertragungen, die nach Möglichkeit bewusst gemacht und verstanden werden sollten.

Erinnerst Du Dich an Deine schwierigste Supervision? Kennst Du Scheitern? Wie bist Du damit umgegangen? Gibt es Schlussfolgerungen, die Du weitergeben willst? (5)
Ich erinnere mich an die nicht gut funktionierende Zusammenarbeit in der gemeinsamen Leitung eines KSA-Kurses mit einem direkten Kollegen. Wir haben unsere Beziehung mehrfach in Intervisionen in unserem Team thematisiert, wir haben mehrere externe Supervisionen dazu aufgesucht. Es hat letztlich nichts gebracht – außer dass wir schließlich gelernt haben, dass wir uns, soweit das in einem gemeinsamen Team geht, am besten aus dem Weg gehen und keine Gruppe mehr gemeinsam leiten. Und ich kenne natürlich gescheiterte Supervisionen, z. B. mit dem Team einer KiTa. Meine Schlussfolgerung: Loslassen lernen, und die Erkenntnis: Es gibt offensichtlich Situationen, in denen ich nicht der richtige Supervisor bin oder bei der Kontraktbildung nicht genau und differenziert genug gearbeitet habe. Und: Supervision ist kein Allheilmittel für alle schwierigen beruflichen Situationen!

Wie hat sich deine Kultur im Umgang mit Fehlern und mit Erfolgen entwickelt – in Bezug auf Deine Supervisanden und Supervisandinnen und auf Dich? (6)
Über Erfolge freue ich mich, dass ich Fehler mache, halte ich für naheliegend und selbstverständlich. Entscheidend finde ich, dass ich über von mir gemachte Fehler mit Kolleginnen (auch mit den Supervisandinnen!) sprechen und versuchen kann, ihre Bedeutung zu verstehen. Erst dann habe ich aus einem Fehler etwas gelernt. In diesem Sinn fand ich immer die Methode des »time out«, in dem sich die beiden die Gruppe Leitenden *vor* der Gruppe austauschen über das, was gerade passiert, ihre unterschiedlichen Sichtweisen der aktuellen Situation, vielleicht auch gemachte Fehler – und dann damit weiterarbeiten – besonders wichtig und lehrreich.

Gibst Du (manchmal) etwas von Deinem Privatleben preis? Hast Du dafür Kriterien? (7)
Es gibt Supervisanden, die zu Beginn fragen, wie es mir geht oder wie mein Urlaub war etc. Dann gebe ich ehrlich, aber knapp Antwort, und lenke zu den Anliegen des Supervisanden zurück. Kriterium: Es handelt sich um eine professionelle Beziehung, aber auch darin bin ich individuelle Person, und die darf und soll zum Vorschein kommen, aber die Priorität liegt klar in der berufsbezogenen Arbeit des Supervisanden. Ansonsten sind Erfahrungen aus meinem persönlichen Leben natürlich immer auch Anstöße, um Gegenübertragungen auszulösen: Ich bemühe mich, sie wahrzunehmen und zu verstehen, gelegentlich lasse ich sie auch expressis verbis in den Prozess einfließen.

Wie ist dein eigenes aktuelles Supervisionsverständnis und wie hat es sich entwickelt? (8)
Supervision wird im Allgemeinen verstanden als Beratung von beruflich relevanten Themen und Problemstellungen. Im Bereich Kirche wie in allen sozialen Berufen ist es mir wichtig, dass die Supervisandinnen begreifen, dass ihr Beruf vor allem aus Beziehungsarbeit besteht; diese Beziehungsdimensionen (neben Identitäts- und Rollenfragen) gilt es immer wieder zu bearbeiten. Deswegen habe ich besonders die Person und ihre biografischen Prägungen im Blick (z. B. an Hand der Frage: Aus welchen Zusammenhängen in Ihrem Leben kennen Sie das?) und wie sich daraus Übertragungen und Gegenübertragungen (z. B. im Umgang mit Vorgesetzten oder in der Rolle als Vorgesetzte) erkennen und verstehen lassen. Darüber hinaus finde ich die institutionelle Einbindung der Arbeit der Supervisandin sowie der Klientinnen, mit denen sie vorrangig zu tun hat, wichtig zu berücksichtigen. Das Ganze ist eingebettet in den Sinnhorizont oder die Spiritualität, die Supervisandin und Supervisorin mitbringen[46]. In welchem Ausmaß das explizit wird, hängt von der aktuellen Situation ab; früher war ich da zurückhaltend, inzwischen frage ich direkter oder bringe eigene Assoziationen/Fragen ein. Im Übrigen kann ich nur mit dem Material arbeiten, das mir die Supervisandin anbietet. Da liegen die Grenzen von Supervision. Ihre Chancen sehe ich darin, dass Supervisandinnen besser verstehen, was sie tun und warum sie es tun und sich insgesamt darin wertgeschätzt und in ihrer Arbeit ermutigt fühlen.

Was glaubst Du, was Supervision im besten Falle vermag? Was kann sie nicht? (9)
Supervision kann die Wahrnehmung beruflichen Handelns, sowohl für Beziehungsprobleme (Gefühle!) als auch für Rollen- und Strukturfragen, sensibilisieren und differenzieren, kann neue, veränderte Perspektiven öffnen. Bereits das Erzählen /Darstellen einer Problematik schafft inneren Abstand, der wiederum eine erste Klärung des eigenen Verstehens, der eigenen Gefühlseinstellungen in Gang setzt, die im Lauf des weiteren Supervisionsprozesses vertieft und differenziert werden können. In welchem Maß daraus tatsächliche Verhaltensänderungen folgen, bekomme ich manchmal im Nachhinein zu hören, oft aber auch nicht. Ich neige dazu, die Wirkungen von Supervision eher zurückhaltend einzuschätzen: Supervision ist so etwas wie eine hilfreiche und anregende zweite Meinung, nicht mehr, aber auch nicht weniger.

Wann betrachtest Du eine Supervision als gelungen? (10)
Wenn Supervisandinnen (und ich selbst!) auf neue Weise angeregt, engagiert und lebendig wirken; wenn sie zu erkennen geben (und das sieht man oft am Gesichtsausdruck, das muss nicht immer ausgesprochen werden!), dass sich ihre Sicht auf das präsentierte Thema/Problem verändert hat und sie sich zutrauen, noch einmal neu an einen Konflikt, an die Begegnung mit einer Klientin etc. heranzugehen. Im Übrigen vertraue ich darauf, dass ein Supervisionsgespräch auch nach-

---

46 Vgl. dazu ausführlich Michael Klessmann, Die Sinndimension in der Supervision. In: *Supervision, Mensch, Arbeit, Organisation. 32.Jg, H 4*, 2014, 4–11.

träglich noch Wirkung entfaltet und mehr anstößt oder anregt, als direkt am Ende einer Sitzung ersichtlich ist.

Welche Themen können in der Supervision besprochen werden und welche nicht? (11)
Supervision ist keine Psychotherapie und keine Seelsorge, das ist mir wichtig; biographische Themen können so etwas wie Exkurse sein, um eine berufliche Konstellation besser zu verstehen; sie bilden aber nicht den primären Fokus.

Gibt es Lehrsätze/Theorien, die sich in Deiner Praxis bewährt haben oder die Du im Laufe der Jahre über Bord geworfen hast? (12)
Sei du selbst so weit wie möglich. Nimm wahr, was du siehst, hörst und spürst beim Gegenüber und bei dir selbst (awareness) und arbeite damit. Versteck dich nicht hinter Methoden! Über Bord geworfen habe ich im Lauf der Jahre ein stark abstinentes (poker face) Verhalten.

Welche Erkenntnisse hast Du zu förderlichen Äußerungs- und Sprachformen von Seiten des Supervisors bzw. der Supervisorin gewonnen? Welche Art von Interventionen und Impulssetzungen erscheinen Dir sinnvoll? (13)
Ich teile meine Beobachtungen (z. B. von Gestik und Mimik), meine Einfälle und gegebenenfalls auch meine aktuellen Gefühle mit.
Ich achte genau auf die Sprache, die jemand verwendet, wie er sich ausdrückt.
Ich stelle Fragen, um genauer zu verstehen.
Ich bin interessiert, das berufliche Thema mit biografischen Zusammenhängen zu verknüpfen.
Ich achte auf den beruflich-organisatorischen Kontext und die Vorgaben, die sich daraus ergeben.
Ich stelle Hypothesen auf (»Könnte es sein, dass...?«).
Ich stelle Verbindungen zu früher in der Supervision geäußerten Themen her.
Wenn ich mich während der Supervision langweile oder irgendwie genervt fühle, spreche ich das an, denn dann stimmt etwas nicht mit dem Kontakt zwischen uns oder mit der Präsentation des Themas.

Kannst Du Dir vorstellen, dass der Einsatz Künstlicher Intelligenz Supervisoren und Supervisorinnen eines Tages ersetzt, oder zumindest unterstützen kann? (14)
Keine Ahnung.

Welches Thema beschäftigt Dich aktuell besonders in Bezug auf Supervision? (15)
Wir leben gegenwärtig in einer sehr krisenhaften gesellschaftlich-globalen Situation. In welchem Maß muss dieser »globe« (wie es in der TZI heißt) in die Prozesse der Wahrnehmung einbezogen werden, oder können wir diesen Kontext (vorübergehend) ausblenden? Welche Konsequenzen hat es, wenn wir sie ausblenden?

Was gehört für Dich zu einer guten Akquise? Gibt es Tipps, die Du Menschen, die neu in den Beruf hineingehen, diesbezüglich mit auf den Weg geben willst? (17)
Ich habe mehrfach den Wohnort gewechselt, mir von einem kompetenten Kollegen einen schönen Flyer machen lassen, das genügte, um eine kleine Anzahl von Supervisandinnen zu gewinnen. Dabei habe ich davon profitiert, dass mein Name durch Veröffentlichungen ziemlich bekannt war.

Was machst Du vor und nach einer Sitzung und was hältst Du diesbezüglich für empfehlenswert? (19)
Ich mache mir immer Notizen zu einer Supervisionssitzung (ganz grob die Inhalte, aber auch meine zentralen Eindrücke, Emotionen und Fragen). Diese Notizen lese ich vor jeder folgenden Sitzung noch mal durch, so dass der Prozess mir präsent wird, und schreibe anschließend die neuen Erfahrungen wieder auf.

Woran erkennst Du, dass es in der Supervision einen Fortschritt gibt? (20)
Was bedeutet Fortschritt? Bestimmte Schwierigkeiten und Themen tauchen immer wieder auf. Ein Fortschritt besteht vielleicht darin, dass einem Supervisanden bestimmte Zusammenhänge von sich aus schneller auffallen und er lockerer und im besten Fall anders damit umgehen kann (also nicht noch mal exakt in dieselbe Falle tappt). Aber bestimmte Persönlichkeits- und Verhaltensprägungen gehen ja nicht weg, man lernt nur, sie schneller wahrzunehmen und insofern bewusster mit ihnen umzugehen.

Wie erfasst und beschreibst Du die Beziehung von Einsicht und Veränderung? (21)
Salopp gesagt: Einsicht ist die halbe Miete. Aber ob es den Supervisandinnen gelingt, sie in Verhalten umzusetzen, ist oft fraglich und bedarf beharrlicher Wiederholung. Persönliche Prägungen oder Eigenarten sind häufig sehr stabil und es bedarf langjähriger Arbeit, um anders mit ihnen umgehen zu können.

Vermeidest Du Ratschläge tatsächlich? (22)
Meistens.

Was verunsichert Dich im supervisorischen Prozess? Siehst Du da eine Entwicklung im Laufe Deiner Tätigkeit? (23)
Ich bin im Lauf der vielen Jahre wesentlich sicherer geworden und habe das Grundgefühl, dass ich aus einem reichen Erfahrungsschatz schöpfen kann, so dass ich auch mit schwierigen Konstellationen zurechtkomme (was nicht ausschließt, dass eine andere Supervisionsperson vielleicht »besser« mit einer bestimmten Problemstellung umgegangen wäre). In Teamsupervisionen im Krankenhaus sind wir öfter an strukturelle Grenzen gekommen, wenn z. B. Forderungen eines Teams an die Klinikleitung nicht erfüllt wurden etc. Da hatte ich manchmal ein schlechtes Gefühl, weil wir Aspekte angeregt haben, die dann nicht umgesetzt werden konnten.

Wie lang sollten supervisorische Beziehungen sinnvoller Weise dauern? (24)
Das hängt sehr von der Frequenz der Sitzungen ab.

Wie evaluierst Du Deine Supervisionsprozesse? (25)
Durch regelmäßige Kontrollsupervisionen oder Intervisionen mit Kolleginnen. Und: Indem ich jede Supervisionssitzung anschließend kurz reflektiere und mir am Jahresende auch noch mal durch meine Notizen den Gesamtprozess anschaue.

Was ist Dir wichtig für die Beendigung des supervisorischen Prozesses? (26)
Dass man sich wechselseitig Rechenschaft gibt über das, was gelungen erscheint, und was offen geblieben ist.

Vor welchem supervisorischen Format hast du den meisten Respekt und warum? (28)
Teamsupervisionen habe ich wiederholt als besonders schwierig erlebt, vor allem, wenn es explizit um die Teamdynamik ging. Immer wieder habe ich erlebt, dass manche Teammitglieder (trotz gegenteiliger Beteuerung nach außen) nicht wirklich motiviert schienen, nicht wirklich engagiert mitgemacht und damit auf subtile Art und Weise den Prozess gehemmt oder gar blockiert haben.

Was hat Dich Deine Erfahrung gelehrt, welche Besonderheiten sinnvoller Weise zu berücksichtigen sind in Einzel-, Gruppen-, Team-SV über die formellen und in allen Lehrbüchern nachzulesenden Kriterien hinaus? (29)
Als Vorstandsmitglied der DGfP war ich in den 1990er Jahren beteiligt an Gesprächen mit Leitungspersonen von der DGSv (Deutsche Gesellschaft für Supervision) zu Fragen der wechselseitigen Anerkennung beider Verbände. Die DGSv-Leute haben uns wiederholt kritisch angefragt, ob wir bei der Art »interner Supervision«, wie wir sie vorrangig machen (also Pfarrer geben Supervision für andere Pfarrer und bringen natürlich entsprechende typische, berufsspezifische Selbstverständlichkeiten und Blindheiten mit, die Außenstehende erst mal hinterfragen würden) nicht viel zu nah dran sind und die notwendige und produktive Distanz und Fremdheit, die eine externe Supervision bedeuten kann, vermissen lassen. Diese Frage hat mich immer wieder beschäftigt, ich halte sie für berechtigt und wertvoll; sie hat mich veranlasst, in Supervisionen bestimmte Themen sozusagen stellvertretend aus »fremder« Perspektive (z. B. aus dem Blickwinkel eines kirchendistanzierten Menschen) anzusehen. Auf der anderen Seite haben wir als »Kircheninsider« eine Feldkompetenz nicht nur im Blick auf kirchliche Strukturen, sondern überhaupt mit Bezug auf religiös-spirituelle Themen, die manchmal von großem Vorteil ist.

Wie erlebst Du den Unterschied zwischen analoger und digitaler Supervision? (30)
Ich habe nur sehr wenige digitale Supervisionen gemacht: Mir hat dieses Format nicht gefallen, weil ich immer nur einen kleinen Teil der anderen Person sehe, die Wahrnehmungsmöglichkeiten dadurch als deutlich eingeschränkt empfinde.

Was ist Dir (bzw. aus Deiner Sicht) wichtig für die Beziehungsgestaltung in der Supervision? (31)
Präsent sein, Freundlichkeit, Aufmerksamkeit, Zuhören, Ansprechen dessen, was ist (s.o.: make the implicit explicit!), Respektieren, dass die andere Person anders »tickt« als ich; Übertragungen und Gegenübertragungen spüren, erkennen, evtl. ansprechen; Widerstand stehen lassen oder thematisieren.

Was macht Deiner Meinung nach einen guten Supervisor/ eine gute Supervisorin aus? (32)
s.o. Frage 31
Abgrenzung zur Seelsorge ist mir wichtig. Es kann sein, dass eine Supervisandin mit einem seelsorglichen Thema kommt, das darf natürlich sein, ich definiere dann aber den vorübergehend anderen Rahmen als solchen.

Welche Verantwortung trägt der Supervisor/die Supervisorin und welche der Supervisand/die Supervisandin zum Gelingen eines Supervisionsprozesses? (33)
Die deutlich größere Verantwortung. Es hängt ja sehr an meiner Art der Präsenz, ob sich ein Supervisand so aufgehoben und gleichzeitig herausgefordert fühlt, dass es produktiv für ihn werden kann.

Was vermeidest Du und was förderst Du aus welchen Gründen? (34)
Ich fördere Selbstexploration, Selbstständigkeit (wenn eine Supervisandin meiner Deutung/Sicht widerspricht, kann das ein positives Zeichen von Unabhängigkeit sein), Differenzierung, Wahrnehmung von Gefühlen und das Verstehen, was sie in diesem Kontext bedeuten können.

Wie siehst Du die Gewichtung von Zuhören und Selberreden bei Supervisoren? (36)
Zurückhaltung als Supervisor scheint mir sehr wichtig, aber auch nicht »poker face« als Extrem. Ich möchte als Person erkennbar werden, teile auch meine Reaktionen und Einfälle mit, versuche aber auch, sie zu begrenzen, da die Hauptarbeit ja der Supervisand leisten soll.

Welche Bedeutung misst Du Gefühlen bei im supervisorischen Arbeiten? (37)
Sie sind zentral für das Erkennen von Übertragungen und Gegenübertragungen im Hier und Jetzt bzw. für die beruflichen Beziehungsgestaltungen.

Welche Rolle spielen Sym- und Antipathie für Dich in der Supervision und welche Schlussfolgerungen ziehst Du daraus? (38)
Sie spielen eine große Rolle – und wenn ich das sehr deutlich bei mir wahrnehme, brauche ich Supervision, um die Bedeutung zu klären.

Ist der supervisorische Raum tatsächlich eine machtfreie Zone? Oder? (39)
Natürlich nicht! Wer hat denn das behauptet? Auch Supervision impliziert (wie Psychotherapie oder Seelsorge) eine asymmetrische Beziehung. Im besten Fall kann man die Machtverteilung oder -ausübung transparent machen.

Wie hältst Du es mit Bestätigung, Lob, Würdigung... Deiner Supervisanden? (40)
Ich achte darauf, dass ich Supervisandinnen anerkenne, bestätige oder lobe, weil ich sie insgesamt stärken und ermutigen möchte (vgl. auch 8); gleichzeitig sollen sie davon natürlich nicht quasi abhängig werden.

Hast Du nicht vielleicht doch schon einmal jemanden zu seinem Glück gezwungen oder wenigstens zwingen wollen? (41)
Ja, in meinen Anfangsjahren gab es Prozesse im Rahmen von KSA-Kursen, wo ich, im Rückblick, zu viel oder etwas Spezifisches gewollt habe und den Widerstand oder die Fremdheit der anderen Person nicht genügend respektiert habe.

Welche Kriterien hast Du für den Einsatz von Methoden in der SV? (43)
Ich arbeite mit einer personzentrierten Grundhaltung, psychoanalytischen Annahmen (bewusst – unbewusst, Übertragung, Gegenübertragung, Widerstand) und gestalttherapeutischen Ansätzen: Begegnung, Kontakt im Hier und Jetzt, leerer Stuhl, Rollenspiel, Rollenwechsel, sowie Berücksichtigen des jeweiligen Kontextes, des Systems.

Ich entscheide über den Einsatz von Methoden zumeist intuitiv; dazu gehört meine Einschätzung, was bei dieser Person und einer bestimmten Problemstellung besonders förderlich für eine neue Erkenntnis oder Verhaltensänderung sein könnte. (vgl. auch 44)

Hast Du Methoden, die sich in Deiner Arbeit (immer wieder) bewähren? Kannst Du ein Beispiel oder auch mehrere nennen? (44)
Wenn Supervisanden eine komplexe berufliche Situation schildern, bitte ich sie, die Beziehungsstruktur einer Arbeitsgruppe/eines Teams oder ein Organigramm der Institution aufzuzeichnen und anhand der Skizze das Problem zu verdeutlichen. Oder ich benutze aus der Gestalttherapie die Arbeit mit dem leeren Stuhl, um Ambivalenzen in Bezug auf ein Thema, oder einen Konflikt deutlicher sichtbar zu machen und so konkreter bearbeiten zu können; oder ich mache mit dem Supervisanden spontan ein kurzes Rollenspiel, um die Problemstellung nachzuempfinden und dann in einem zweiten Durchlauf mögliche alternative Reaktionsweisen auszuprobieren.

Kannst Du Dir vorstellen, dass Supervisoren/Supervisorinnen durch die Anwendung von hilfreichen Methoden (oder Methodenabfolgen) überflüssig werden? Anders gefragt: Worin siehst Du die spezifische Kunst eines Supervisors/einer Supervisorin, die über das, was perfekt angewandte Methoden vermögen, hinausgehen könnte? (45)
In der Art und Weise der persönlichen Präsenz und Wahrnehmungsfähigkeit. Die ist durch keine Methode zu ersetzen.

Hast Du ein Beispiel für die förderliche Kraft von Humor in der SV? (46)
Nein, im Moment nicht; aber ich lache gerne und viel mit Supervisanden. Humor/

Lachen kann natürlich Abwehr emotionaler Betroffenheit ausdrücken, aber auch anzeigen, dass man nicht Alles todernst nehmen muss und Vieles auch ganz anders sein könnte.

Welche Rolle spielt die spirituelle Dimension für Dich in der Supervision? (47)
Je nach Problemstellung spielt sie oft gar keine explizite Rolle, in anderen Situationen ist sie wichtig. Meistens achte ich darauf, ob diese Dimension vom Supervisandinnen angesprochen wird; aber es gibt natürlich auch Situationen, ich denen ich danach frage oder darauf aufmerksam mache.

Hast Du spirituelle Erfahrungen im Rahmen deiner supervisorischen Tätigkeit gemacht und welchen Einfluss hatten sie auf die Prozessentwicklung? (48)
Ich bin geprägt durch die Anfänge der Seelsorgebewegung, in der »wir« uns scharf von der kerygmatischen Seelsorge und ihren Methodisierungen des Seelsorgeprozesses (Unterscheidung von Vorläufigem und Eigentlichem, Notwendigkeit von Gebet etc.) abgrenzen wollten. Dieser Impuls hat sich im Lauf der Zeit bei mir abgemildert, ich bin inzwischen wesentlich offener dafür, spirituelle Dimensionen wahrzunehmen oder auch anzuregen, s. u. das Beispiel.

Hast Du manchmal ein Flow-Erleben in der Supervision? Wodurch stellt es sich ein? (49)
Gelegentlich hat mich ein Supervisionsgespräch tief berührt. Dieses Berührtsein stellt sich ein, wenn ich das Gefühl bekomme, dass wir eine wirklich existentielle Dimension im Leben/im Beruf der Supervisandin besprochen haben.

Welche Wertmaßstäbe bzw. ethischen Grundsätze sind Dir heilig oder bedeuten Dir persönlich viel – unbenommen dessen, dass die hier geltenden Standards Deines Berufsverbandes nicht diskutiert werden müssen, weil sie selbstverständlich eingehalten werden? (50)
Wertschätzenden Respekt gegenüber der persönlichen Eigenart und Andersartigkeit meines Gegenübers finde ich die unbedingte Voraussetzung für supervisorische Arbeit.

Gibt es eine Frage, die Du Dir selbst in Bezug auf das supervisorische Arbeitsfeld stellst und die hier nicht vorkommt? Und: Hast Du auch schon eine (erste bzw. vorläufige) Antwort darauf? (Zusatzfrage)
Ich habe es verschiedentlich als Dilemma erlebt: Einerseits ist die Kontraktbildung und Auftragsklärung wichtig (für die Supervision als Ganze, bzw. für einzelne Sitzungen, für Fallbesprechungen); je detaillierter und präziser der Kontrakt jedoch ausfällt, desto mehr fokussiert er die Aufmerksamkeit und schränkt damit die Breite, Spontaneität und Vielfalt der möglichen Wahrnehmungen bei allen Beteiligten ein. Die »freischwebende Aufmerksamkeit«, von der Freud für die Psychoanalyse gesprochen hat, ist manchmal auch in der Supervision wichtig – statt einer vorschnellen Fokussierung.

Praxisbeispiel: Die spirituelle Dimension in der Einzelsupervision

Das folgende Beispiel ist nicht unbedingt lehrreich, es ist eher Anschauung für die Fragen 48 und 49.:

Es geht um eine Einzelsupervision mit einem Gemeindepfarrer (etwa 45 Jahre alt), der in der großen Gemeinde (mit zwei anderen Pfarrern) die Geschäftsführung hat, und in Supervisionsausbildung ist: Er hatte sich gewünscht, die Frage seiner Identität als Pfarrer und Supervisor zum Thema zu machen.

Er hat im Wesentlichen mit schwarzen Linien ein Bild gemalt und mitgebracht: Ein großer Kreis stellt sein Handeln und seine Identität als Pfarrer als Ganzes dar; der große Kreis wird von einem kleinen Kreis (seine Supervisionsausbildung) geschnitten; der kleine Kreis strahlt in den großen aus.

Ich bitte ihn, das Bild zu erläutern. Er beginnt damit zu beschreiben, was er als Pfarrer eigentlich so alles macht. Einen großen Teil seiner Zeit verbringt er damit, Sitzungen vor- oder nachzubereiten, Beschlüsse auszuführen, etc. »Ich mache das gerne – aber manchmal beschleicht mich das Gefühl, dass ich dazu nicht eigentlich da bin. Wozu bin ich dann da?« Er schaut noch mal auf die Zeichnung und stellt überrascht fest: »Meine Spiritualität kommt darin gar nicht vor«. Ich: »Wie würden Sie sie in das Bild einzeichnen?« Er zieht eine deutliche Linie *unterhalb* des großen Kreises. »Das ist etwas sehr Elementares«. Ich: »Wie können Sie das beschreiben?« Er (langsam und nach passenden Worten suchend, mit vielen Pausen): »Es ist ein Gefühl, gehalten und geliebt zu sein, ein Grundvertrauen, das nicht verloren geht. Das ist sehr existentiell.... Aber reicht es für meinen Beruf als Pfarrer und Theologe?« Er schweigt und sagt dann zögernd: »Das Grundvertrauen ist wie ein kleines Licht, das in mir brennt. Es ist immer bei mir oder in mir und geht nicht aus.« (Wir schweigen. Ich finde das ein sehr ansprechendes Bild, muss an die Quäker denken, bei deren Meetings ich den USA oft war, die dieses Bild vom inneren Licht haben und sich davon für ihre engagierte soziale Arbeit in einer Weise motivieren lassen, die ich sehr bewundert habe.)

Ich: »Wie können andere sehen, dass dieses Licht in Ihnen brennt?« Er: »Ich krame gern in Kisten, das sind die vielen konkreten Pfarramtsaufgaben, und diese Kisten verstellen das Licht, so dass andere es nicht wahrnehmen und auch ich selbst es nicht mehr spüre, ich verliere mich in diesem Kram, in diesem Kramen. Manchmal möchte ich bestimmte Frömmigkeitsformen leben, regelmäßig in der Bibel oder die Losungen lesen, aber ich hab' das nie regelmäßig durchgehalten und kriege dann ein schlechtes Gewissen. Aber es ist wie mit der Liebe zu meiner Frau, meine Liebe muss ich ausdrücken, indem ich sie öfter umarme... Wie kann ich Gott umarmen?« (Schweigen) Ich: »Ich möchte die Frage umdrehen und fragen: Wie können Sie sich von Gott umarmen lassen?«

Er blickt auf und wirkt plötzlich neu lebendig: »Da fällt mir 'ne ganze Menge ein: Vor allem in lebendigen Kontakten, wie auch in diesem Moment, da fühle ich mich von Gott umarmt, da kriege ich Nahrung, damit ich nicht austrockne... Vielleicht ist das der Kern des Reformatorischen«, fügt er nachdenklich hinzu: »Offen und aufmerksam zu sein für das, was wir empfangen, wo wir umarmt werden – statt selber ständig umarmen zu wollen und zu müssen«.

Nach einer Pause: »Ich vertraue darauf, dass alles da ist, was ich brauche«, er wirkt ganz angerührt. »Aber manchmal bin ich auch wieder unsicher: Ist wirklich alles da? Geht das Licht vielleicht doch irgendwann mal aus? Muss ich nicht mehr tun, um es zu kultivieren? Kann ich es überhaupt kultivieren?« Schweigen. Er:« Die Menschen merken etwas von diesem Licht in meiner Menschenfreundlichkeit; ich mag die Leute in meiner Gemeinde... Gleichzeitig stimmt auch das andere: Die Rolle als Pfarrer verstellt dieses Persönliche und Existentielle. Ständig muss ich reden, habe zu wenig Zeit für mich und wenn ich Zeit habe, weiß ich zu wenig mit mir anzufangen. Aber Gespräche wie dieses sind Ausdruck meiner Sehnsucht und dass da etwas in mir ist, dessen ich nur gewahr werden muss. Awareness, Wahrnehmung, merken auf das, was mich bewegt – wenn diese Awareness gelingt, bin ich durchlässig: Durchlässig, dass andere mich anrühren und ich andere.«

Wir sind beide sehr bewegt von diesem Gespräch und sitzen noch eine ganze Weile schweigend zusammen. Die Frage nach seiner Identität als Pastor ist damit zu einem erheblichen Teil narrativ und symbolisch beantwortet, die als Supervisor noch nicht.

Literatur zum Interview von Michael Klessmann

Klessmann, Michael & Lammer, Kerstin (2007). *Das Kreuz mit dem Beruf. Supervision in Kirche und Diakonie,* Neukirchen.
Klessmann, Michael (2014). Die Sinndimension in der Supervision. In: *Supervision, Mensch, Arbeit, Organisation. 32,* 4, 4–11.

Im Mittelpunkt steht die Einzigartigkeit der Person

Winfried Hess

Bitte gib eine kurze Visitenkarte von Dir mit persönlicher Note zum beruflichen Profil: Was bist Du für ein Supervisor? (1)
Ich bin ein Supervisor, der sich über diese Frage freut. Sie zeigt Interesse an mir. Es ist eine meiner zentralen Erfahrungen in der Supervision, dass allein schon offene, echte und ungeteilte Aufmerksamkeit für das Gegenüber und ihre Anliegen einen zentralen Baustein der supervisorischen Beziehung und Arbeit bilden. Also, danke für diese Frage und nun ein Antwortversuch.

Ich bin ein Supervisor, der durch seine eigenen Erfahrungen als Supervisand tief geprägt wurde. Ich wurde schmerzhaft mit meinen Unfähigkeiten im Arbeitsfeld und in der Kommunikation konfrontiert und durch die darauffolgende Krise zu neuer Selbstwahrnehmung und zu neuen Möglichkeiten begleitet. Dies war eine erschütternde aber dann auch befreiende Erfahrung für mich. Sie brachte mich schließlich dazu, Supervisor zu werden, um auch andere in solchem Erleben zu begleiten..

Dieser befreiende Impuls ist mir im konkreten Rahmen der Klinischen Seelsorgeausbildung (KSA) begegnet, die Menschen für die Seelsorgearbeit ausbildet. Eine Tätigkeit, wo die Person, ihre Selbstwahrnehmung und Fremdwahrnehmung und Kommunikationsfähigkeit von zentraler Bedeutung sind. Man kann vermutlich auch in anderen Kontexten und Supervisionsausbildungen solche Erfahrungen machen, aber mein Kontext, in dem ich auch im Wesentlichen geblieben bin, war der der Ausbildungssupervision in diesem Bereich. Das macht vielleicht verständlich, warum im Folgenden ein solcher Schwerpunkt bei Fragen der Person, Haltung, Wahrnehmung, Emotion und Kommunikation liegt und andere Fragen, wie z.B. Strukturanalysen, Methodik und ähnliches zurücktreten.[47] Ich möchte mein berufliches Profil als DGfP/KSA Lehrsupervisor deshalb auch zuhöchst individuell vorstellen, weil ich denke, je näher ich an der einzigartigen eigenen Erfahrung bin, desto näher bin ich auch an der einzigartigen eigenen Erfahrung meines Gegenübers, auch wenn sie in einem ganzen anderen Arbeitsfeld liegen mag.

Zu meinem Profil gehört es also, dass mir die individuelle Einzigartigkeit des Gegenübers, ihre Wahrnehmung und Wertschätzung, egal durch welchen kulturellen oder religiösen oder Gender Kontext jemand geprägt ist, zentrale Orientierung gibt.

---

47 Eine gute Beschreibung des praktischen und theoretischen Hintergrundes bietet das Buch von Helmut Weiß, 2011, *Seelsorge Supervision Pastoralpsychologie*.

Was hat Dich dazu gebracht, Supervisor/Supervisorin zu werden und jahrelang zu bleiben? (2)
Wie schon angedeutet, war es eine tief bewegende und befreiende Erfahrung, die ich als 21-jähriger Theologiestudent in meinem ersten Seelsorgeausbildungskurs erlebt habe. Der Ausbildungskurs sollte die Möglichkeit geben, mit intensiver Gruppen- und Einzelsupervision erste Erfahrungen in Seelsorge zu sammeln. Ich wollte unbedingt als Seelsorger in der Psychiatrie arbeiten, weil ich schon viel dazu gelesen hatte und dachte, da wäre ich bestimmt gut geeignet und könnte Menschen helfen. Es brauchte die erste Hälfte dieses Dreimonatskurses mit intensiver Konfrontation durch die Gruppe und meinen Supervisor, bis ich eingestehen konnte, dass mir trotz all meiner Theorien einfachste Kommunikations- und Wahrnehmungsfähigkeiten fehlten. Dies führte zu einem Zusammenbruch meines alten Selbstbildes und vor die Alternative, den Kurs zu verlassen oder noch mal ganz neu zu beginnen. Diese Zeit des Zusammenbruchs und der Orientierungslosigkeit gehört zu den kostbarsten meines Lebens. Die Gruppe und mein Supervisor halfen mir, langsam und behutsam zu entdecken, wer ich nun war, wo ich nicht mehr der war, der ich vorher war. Ich konnte beginnen, ein Bedürfnis nach Nähe zu formulieren, ein Gefühl der Orientierungslosigkeit zum Ausdruck zu bringen und mich mit meiner Unfähigkeit und Selbstüberschätzung auszuhalten. Die Erfahrung, vom Supervisor und der Gruppe mit Wärme und Wertschätzung begleitet zu werden, wo ich mich ganz und gar zerbrochen fühlte, war für mich zutiefst heilend und befreiend und auch wie eine Gotteserfahrung. In theologischer Sprache war es eine Erfahrung der »Rechtfertigung des Gottlosen« für mich, eine Rechtfertigung und Annahme, die nichts mehr mit meiner Leistung, meinen »Werken« zu tun hatte. Ich war zerbrochen und ich durfte zerbrochen sein und konnte nun langsam beginnen zu schauen, was da auftaucht, wenn ein Bild, was ich so lange mühsam aufrechterhalten hatte, nun nicht mehr da ist. Wer bin ich nun, wer werde ich, wie begegne ich jemandem im Gespräch, wenn ich nicht mehr die Theorien habe, um zu Lösungen zu kommen? Es war zutiefst befreiend, sich selbst so annehmen zu lernen und anderen Menschen auch so begegnen zu können, mit ihnen aushalten, wo sie sich finden. Es war einerseits viel schwerer, weil der scheinbar sichere Abstand von früher fehlte und andererseits viel leichter, weil der Druck, etwas lösen zu müssen und Antworten haben zu müssen, weg war.

In dieser Zeit spielte Supervision eine entscheidende Rolle für mich, einerseits die klare Konfrontation mit einer Realität, die alle anderen wohl sehen konnten, aber ich nicht sehen wollte, andererseits das einfühlsame Mitgehen und mit mir sein, als ich nicht mehr wusste, wer ich bin.

In dieser Erfahrung bin ich mir selbst nähergekommen und habe gespürt, wie sehr dies bedeutet, auch anderen näherzukommen. Sie hat mich geprägt und für den Weg der Supervision in der Seelsorgeausbildung begeistert und es hat mich getragen, dass ich ähnliche Erfahrungen mit anderen Supervisoren und Supervisanden machen durfte. So war diese zuhöchst persönliche Erfahrung doch gleichzeitig auch eine der wichtigsten Erfahrungen im Blick auf meine Haltung und Präsenz im Arbeitsfeld. Supervision in der Klinischen Seelsorgeausbildung mit ihrer engen Vernetzung zwischen Gruppensupervision, Einzelsupervision und

Praxisfeld in der Intensität eines Vollzeit-Dreimonatskurses ist sicher ein Spezialfall von Supervision, aber ich hatte eben das Glück, sie so kennenlernen und erleben zu dürfen.

Ich versuche hier, den Kern meiner ganz persönlichen Erfahrung zu beschreiben, die sicher in einen größeren Kontext gehört, den ich jetzt nur kurz andeuten möchte: Es war die Zeit der Entdeckung des Einzelnen und der Befreiung von Traditionen, die weder Interesse hatten, die Realität des Einzelnen zu respektieren, wahrzunehmen und zur Sprache zu bringen, noch bereit waren, ihre Macht, Autorität und Moral hinterfragen zu lassen. Eine der Wurzeln der Seelsorgebewegung war der amerikanische Pragmatismus[48]. So bedeutete die Seelsorgebewegung mit ihrer Betonung der Erfahrung der Einzelnen, des Lernens durch das Tun und die Reflexion dieses Tuns, mit ihrem Ansatz Theologie durch das Studium der Erfahrung der Menschen zu studieren, eine tiefgreifende Veränderung.

Zusammen mit anderen ähnlichen Bewegungen hat diese Seelsorge und Supervisionsbewegung sehr dazu beigetragen, dass sich Einzelne ihrer Selbst bewusstwerden konnten, ihre Verschiedenartigkeit wahrnehmen und feiern, ihre Individualität wertschätzen konnten, bis hin in die Differenzierung des Genderbewusstseins der letzten Jahre. In diesen Jahren entwickelte sich auch das, was heute Supervision genannt wird im psychosozialen Bereich in Deutschland und die Deutsche Gesellschaft für Pastoralpsychologie, die 1972 gegründet wurde, hat dazu sicherlich auch einen guten Beitrag geleistet.[49]

Ich möchte noch zwei zentrale Lernerfahrungen, die mit zu diesem ersten Kurs gehörten, benennen:

Die Verweigerung der Übernahme der Verantwortung für mein Lernen durch die beiden Supervisoren, die unsere Gruppe begleiteten. Wollte ich einfach von ihnen als Autoritäten hören, wie man Seelsorge am besten macht, saßen sie schweigend da und warteten darauf, bis jemand aus der Gruppe Verantwortung für ihren Lernprozess übernahm. Dies führte mich tatsächlich zu der klaren Einsicht, dass ich mich auf die Reflexion meiner Erfahrung verlassen muss und meine Haltung des mich von »Autoritäten füttern Lassens« aufgeben musste. Für den Supervisionsprozess ist es für mich von zentraler Bedeutung geblieben, dass der

---

48 Siehe z. B. Richard Rorty, 2021, *Pragmatism as Anti Authoritarianism.*
49 Man könnte vor diesem Hintergrund die befreiende Erfahrung, die ich ganz persönlich gemacht habe, auch als winzigen Teil des Übergangs aus einer traditionsgeleiteten Gesellschaft (wo man eine verbindliche Theorie hat und weiß, wie der Einzelne zu sein hat) zu einer eher demokratischen, am Dialog zwischen mündigen Bürgerinnen orientierten Gesellschaft sehen. Im kirchlichen Kontext bedeutete dies den Übergang von einer Art der Seelsorge, die Menschen in die Tradition einpassen sollte z. B. mit ermahnenden oder tröstenden Worten der Bibel oder Tradition, zu einer Art von Seelsorge, in der im Seelsorgegespräch in freilassender und wertschätzender Aufmerksamkeit die Erfahrung des Gegenübers ernst genommen wurde. Darin konnte man sogar eine Möglichkeit der impliziten Kommunikation des Evangeliums sehen. Hier wurde nun die Beziehungsebene und die emotionale Ebene im Gespräch mindestens genauso wichtig wie die Inhaltsebene oder kognitive Ebene. Supervision spielte für mich dabei die Rolle eines Katalysators!

Supervisand die Wege und Lösungen findet, die zu ihm passen und ich nicht meine »besseren« Lösungen anbiete. Das bedeutet keineswegs, dass ich die alte Lehrmethode (Vermittlung von Theorie und Erfahrungen) nicht mehr nutze. Es ist einfach wichtig zu sehen, was an der Zeit ist.

Eine andere Lernerfahrung, die mir auch heute noch sehr wichtig ist, lässt sich so zusammenfassen: Indem ich etwas für mich tue, tue ich gleichzeitig auch etwas für mein Gegenüber. Ich spürte im zweiten Teil des Kurses wie wohltuend es für die ganze Gruppe war, wenn ich meine Ängste, Unfähigkeiten und Verletzungen im Blick auf den konkreten Prozess im Arbeitsfeld aussprechen und mit der Gruppe teilen konnte. So öffnete sich ein Raum auch für andere, über die Realität ihres Scheiterns und ihrer Unfähigkeiten sprechen zu können. Ich achte also immer noch sehr stark darauf, wie es mir in der Beziehung zum Supervisanden gerade geht und äußere mein Befinden, wenn mir das wichtig erscheint. Oft hilft das zu Klärungen. Auch das Äußern eigener Unsicherheiten, Unklarheiten usw. hat sich nicht nur als beziehungsfördernd, sondern auch als ermutigend für den Supervisanden erwiesen. Es trägt auch zum Aufbau partnerschaftlicher und kollegialer Zusammenarbeit bei, die den Supervisanden nun sozusagen am Modell erleben und in seiner Weise aufnehmen oder auch nicht aufnehmen kann.

Wie ist Dein eigenes aktuelles Supervisionsverständnis und wie hat es sich entwickelt?/Worum geht es Dir heute in der Supervision? (8)
Mein aktuelles Supervisionsverständnis ist weiterhin zutiefst vom Interesse an der Wahrnehmung der Realität des einzelnen Individuums und ihrer Einzigartigkeit geprägt.[50] In einer Zeit, in der selbst im psychosozialen Bereich immer mehr von künstlicher Intelligenz oder Dummheit übernommen wird, halte ich das Interesse an der Unverwechselbarkeit der Einzelnen für zutiefst wichtig. Mir geht es also in der Supervision darum, das Gegenüber darin zu begleiten, den Weg zu finden, der ihr entspricht, der zu ihr passt, der ihr hilft, ihren ganz eigenen Beitrag zur Aufgabe zu leisten oder ihre ganz eigene Weise des Seins mit der Aufgabe zu leben. Letztlich lebt auch die kreative Weiterentwicklung des Arbeitsfeldes, seiner Aufgaben und der entsprechenden Institutionen genau davon.

Ich vertraue darauf, dass mein Gegenüber im Supervisionsprozess aus ihren Möglichkeiten heraus Wege und Lösungen finden kann und ich nicht ich etwas vorgeben sollte, was dann evtl. gar nicht passt. Dabei gehören ökologische, politische, ökonomische, kulturelle Kontexte fest mit zum Prozess, der aber vom persönlichen Lernprozess der Supervisandin und dem, was sie dafür braucht, gesteuert wird. Für mich gibt es also im supervisorischen Dreieck zwischen Person, Arbeit und Institution/Organisation eine eindeutige Priorität bei den Lernanliegen der Person und bei ihrem möglichst freien und offenen Umgang mit den beiden anderen Elementen.

---

50 Wer hier an einem philosophischen Hintergrund interessiert ist, kann im Vorwort von Sören Kierkegaards Schrift, 1846 Purity Of Heart Is To Will One Thing, auf Deutsch, Reinheit des Herzens ist, in Wahrheit eines zu wollen, ein Plädoyer für die Bedeutung der Individualität des Einzeln lesen.

Ich erinnere aus einer Einzelsupervision, wo ein sehr begabter junger Theologe, der im Blick auf seine Berufswahl verunsichert war, meinte, »wissen Sie, alle sagen mir, dass ich Pfarrer werden sollte, weil ich so gut für den Dienst in der Kirche geeignet bin und so gut dahin passen würde.« Ich antwortete ihm, »das ist ja sehr schön, aber vielleicht ist die Frage noch wichtiger, ob die Kirche für sie passen würde; ob sie meinen, das sei der Weg, der Ihren Begabungen, Neigungen und Ihrer inneren Ausrichtung entspricht?«[51]

Man könnte diesen Zugang, den ich eigentlich fast nur in supervisorischen Prozessen im Rahmen der Seelsorgeausbildung nutze, als sowohl person- wie beziehungsorientiert beschreiben. Entwickelt hat sich mein Supervisionsverständnis weg vom Suchen nach Lösungen hin zur Entdeckung der eigenen Weise des Seins. Den Fragestellungen, die dabei auftreten, begegne ich mit einer gewissen Gelassenheit und Offenheit im Blick auf »Unlösbares«. Also: Worum geht es mir heute in der Supervision? Dass die Realität, wie das Gegenüber sie erlebt, möglichst so offen und genau dargestellt werden kann, wie es das braucht, um den eigenen Weg damit zu finden.

In meiner Sicht der Darstellung orientiere ich mich am Modell des kanadischen Philosophen und Theologen Bernard Lonergan 1991, der die Erkenntnis der Realität in vier Stufen beschreibt:

1. Möglichst genaue Wahrnehmung dessen, was ist. (Sinneswahrnehmungen, »Fakten«, erste Gefühle, Erleben, so nahe am »Ding an sich« wie möglich.)
2. Möglichst offene Modellbildung. Fragen, versuchen zu verstehen, was könnte es sein? Wie war es?
3. Urteilen: Ist das Modell, was ich mir von der Erfahrung, von dem sinnlich Wahrgenommenen gebaut habe, richtig? Gibt es noch offene Fragen? Wenn es keine mehr gibt, ist die Basis für ein vorläufiges Urteil gegeben.
4. Welche Verantwortung folgt aus diesem Urteil? Was ist nun zu tun?

Es geht mir also zentral um eine möglichst offene und differenzierte Wahrnehmung der Realität und um das Vertrauen von beiden Seiten, ihre Wahrnehmung auch mitteilen zu können, sich also miteinander auf einen Suchprozess einzulassen.

Was glaubst Du, was Supervision im besten Falle vermag? Was kann sie nicht? (9)

Was Supervision im besten Fall vermag, habe ich an meiner eigenen Erfahrung in dem ersten Seelsorgeausbildungskurs beschrieben. Sie kann Hilfestellung geben, zu

---

51 Hier liegt der Gedanke zugrunde, dass es wichtiger ist, dass Einzelne ihren unverwechselbaren Beitrag zum Gesamtprozess leisten können, als dass institutionelle Eigeninteressen – z. B. wir brauchen Mitarbeiter – gestützt werden, die hier genau gegen das arbeiten könnten, was sie eigentlich als – im Falle der Kirche – ihre inhaltliche Botschaft vertreten. Anders gewendet, die *Institution* sollte dem *Menschen* dienen und nicht der Mensch durch die Eigendynamik der Institution zum Anhängsel dieser werden und durch diese in Entfremdung gedrängt werden.

einer realistischen, ganzheitlichen Selbstwahrnehmung zu kommen, sie kann der Freude oder dem Leid, die damit verbunden sind, Raum geben und dabei unterstützen in eine realistischere Beziehung zu sich selbst, zum Gegenüber, zur jeweiligen Aufgabe, zur jeweiligen Organisation zu kommen. Sie kann helfen dies einzuüben und in der supervisorischen Beziehung erfahrbar werden zu lassen. Sie kann die Kreativität des Einzelnen im Blick auf die Aufgabe entwickeln helfen, ermutigen, stützen.

Supervision kann das, der einzelne Supervisor nicht unbedingt, weil es hier auch um Dinge geht – wie z.B. Vertrauen – die nicht einfach machbar oder verfügbar sind, sondern immer einen Geschenkcharakter behalten. Als Supervisor kann ich – wenn es mir geschenkt ist – dem Gegenüber mit ehrlicher Wertschätzung und mit Vertrauen begegnen. Wie der Supervisand mir begegnet – bleibt offen und hat einen Geschenkcharakter, der unverfügbar bleibt. Supervision kann im besten Fall die Möglichkeit zu ehrlicher, offener und vertrauensvoller zwischenmenschlicher Beziehung eröffnen und eine gemeinsame Hinwendung zur Realität fördern, die diese unverstellt gelten lassen kann, im Sinne des Satzes Jesu im Johannesevangelium: »Und ihr werdet die Wahrheit erkennen und die Wahrheit wird euch frei machen« (Joh.8,32).

Dies ist meine ganz spezifische Erfahrung und weltanschaulich geprägte Interpretation und hier gibt es sicher eine große Diversität. Gleichwohl hat diese persönlichste Erfahrung vielleicht auch etwas von der allgemeinsten oder persönlichsten Möglichkeit jedes Menschen. Ich möchte den Leser dieses Interviews hier nicht überfordern, aber auch nicht unterfordern, denn ich hatte versprochen, von meiner »ureigensten« Erfahrung auszugehen, in der Hoffnung, dass dies näher an der »ureigensten« Erfahrung des Gegenübers in der Kommunikation ist.

Was kann Supervision nicht? Sie kann nicht das Dreieck zwischen Person, Rolle/Arbeit und Institution aus den Augen verlieren, weil sie sonst nicht mehr Supervision ist und sich in Psychotherapie, Seelsorge oder was auch immer verwandelt. Sie kann auch nicht Seelsorge oder Psychotherapie ersetzen, weil in ihr die Bezogenheit der Themen auf das Arbeitsfeld von zentraler Bedeutung ist. Wenn es in meinen sehr grundlegenden Äußerungen zur Supervision und der Bedeutung der Person, Wahrnehmungsfähigkeit und Kommunikation in ihr doch so scheint, dann hat das sicher damit zu tun, dass diese Elemente in dem Feld, für das ich in der Supervision ausbilde, von so zentraler Bedeutung sind. Vielleicht liegt hier eine große Nähe z.B. zur Ausbildungssupervision im gesprächspsychotherapeutischen Bereich.

Gibt es Lehrsätze/Theorien, die sich in Deiner Praxis bewährt haben oder die Du im Lauf der Jahre über Bord geworfen hast? (12)
Ich hatte zu Anfang ein recht starkes Abstinenzmodell, das durch meine ersten Erfahrungen und psychoanalytische Theorie geprägt war, in dem ich die Beziehung zwischen mir und der Supervisandin kaum entwickelt habe. Das habe ich immer mehr relativiert und nutze nun sehr stark das, was ich fühle und in der Beziehung erlebe, um den Arbeitsprozess klar zu behalten. Wenn also an bestimmten Stellen

ein starker Druck im Gespräch entsteht und ich mich nicht mehr wohlfühle, sorge ich für mich und teile dem Gegenüber meine Wahrnehmungen und Gefühle mit, einerseits um selbst frei zu bleiben für den Prozess und andererseits, um dieses Material für den weiteren Prozess zu nutzen. Ich habe einige Jahre als Seelsorger in einer psychiatrischen Klinik gearbeitet und dabei gelernt, wie wichtig und kostbar es in einer Beziehung ist, wenn wenigstens eine von beiden klar bei sich bleibt und klar kommuniziert. Das ist gewöhnlich sehr hilfreich und wohltuend und orientierungsgebend für das Gegenüber.

Welches Thema beschäftigt Dich aktuell besonders in Bezug auf Supervision? (15)
Es sind zwei Themen, einerseits die Rolle, die Supervision im emanzipatorischen Lernen und andererseits im interkulturellen Dialog spielen kann.

Supervision im emanzipatorischen Lernen
Dr. Dagmar Kreitzschek sagt in einem Vortrag 2023, dass das KSA-Modell mit seiner Weise der Supervision und dem Hintergrund im Pragmatismus auch ein Lernmodell zur Befähigung für demokratische Dialogprozesse ist. Befreiung von Autoritäten und Befreiung zum partnerschaftlichen Dialog miteinander. Miteinander – auf der Basis der unterschiedlichen Erfahrungen – gemeinsam in der Reflexion dieser Erfahrung Gesellschaft und Welt gestalten. In der heutigen Zeit, in der viel an Dialogfähigkeit verloren gegangen ist, weil sich starre, ideologisch geprägte Gruppen gebildet haben, wird es eine der zentralen Fragen sein, wie das Gespräch wieder stattfinden kann. Supervision, wenn sie in ihrem kleinen Bereich bei der konkreten, einzigartigen individuellen Erfahrung einsetzt, könnte hier ein Beitrag sein, der hilft, Feindbilder abzubauen und gemeinsam an den konkreten Aufgaben zu arbeiten.

Supervision im Lernen des interkulturellen/interreligiösen Dialogs
Ich habe während meines beruflichen Weges zweieinhalb Jahre für eine gemeinnützige Firma in Manhattan, NY, gearbeitet, in der Supervisoren aus ganz unterschiedlichen religiösen Traditionen in der Seelsorgeausbildung zusammenarbeiteten. Das gemeinsame Ziel war, »building a caring community« im Raum New York, durch Seelsorge, Seelsorgeausbildung (Supervision) und Theoriebildung. Diese Arbeit hat mich sehr beeindruckt und ich habe starke Gemeinsamkeiten entdeckt, wenn es um die Supervision der Seelsorger aus den unterschiedlichsten religiösen Traditionen ging, die Menschen in tiefstem Leid begleiteten. Wenn ein Kind mit einer schweren Krebserkrankung weinte, dann war es nicht so wichtig, ob die Rabbinerin oder der protestantische Pfarrer oder die Buddhistin es im Arm hielt...

Für mich als Supervisor bedeutete dies auch das Erlernen von »cultural humility«, ACPE Standards 2020. *Cultural humility* ist die Fähigkeit, Personen aus anderen Kulturen auf Augenhöhe zu begegnen und die eigene Kultur angesichts der wertschätzenden Begegnung mit der anderen Kultur relativieren zu können. Dabei ist mir sehr bewusst geworden, wie sehr ein eurozentrisches, kolonialistisches und imperialistisches (bis hin zu Resten des nationalsozialistischen) Weltbild sich mir eingeprägt hat und wie es ganz und gar nicht leicht ist, echte Partnerschaft mit Menschen aus mir sehr fremden kulturellen Hintergründen zu entwickeln. Wo dies gelungen ist, habe ich dies als tiefes Geschenk erlebt, z. B. in der Konfrontation mit einem jüdischen Kollegen, dessen Großteil seiner Herkunftsfamilie in einem deutschen Konzentrationslager umgebracht wurde und der große Schwierigkeiten mit meinem deutschen Akzent hatte. Wir haben dann miteinander geweint, über diese furchtbare gemeinsame Geschichte.

Oft ist es sehr schwer durch die kulturell geprägten weltanschaulichen Bilder hindurch zu einer echten und persönlichen Begegnung mit diesem einzigartigen Menschen zu finden. Wo es aber gelungen ist, entstand eine gewisse Freiheit und manchmal sogar Leichtigkeit gegenüber den üblichen interkulturellen Vorurteilen.

Supervision habe ich in diesem Kontext sehr stark als Hilfe zur Klärung des Dialogprozesses erlebt und als Ermutigung, nicht aufzugeben, angesichts der dicken Mauern der Vorurteile. Hier ist die freie und ehrliche zwischenmenschliche Begegnung ein sozusagen »revolutionärer Raum«, der dazu beitragen kann, jenseits von gesellschaftlich fest geprägten und genutzten Feindbildern, gemeinsame menschliche Anliegen zu formulieren und von daher die vertrauten Abwertungsschablonen zu entwerten und zu entmachten.

Diese Erfahrungen haben mir geholfen, Supervision als sinnvollen Beitrag zur Entwicklung des Dialogs zwischen Kulturen wertzuschätzen und in verschiedenen Seelsorgeausbildungskursen auch so zu erleben. Dies waren interkonfessionell und interreligiös gemischte Kurse in New York und interreligiös gemischte Kurse in Frankfurt, sowie Kurse, die in Kooperation mit anderen religiösen Traditionen durchgeführt wurden. Zentrale Elemente dabei waren immer die »cultural humility« und die Betonung des einzigartigen biografischen und persönlichen Weges der Supervisanden. Manche Methoden z. B. Genogramm o. ä. erwiesen sich dabei als besonders hilfreich.

Woran erkennst Du, dass es in der Supervision einen Fortschritt gibt? *(20)*
Ich nehme eine Bewegung in Richtung dessen wahr, was wir im Supervisionskontrakt als erstrebenswert formuliert haben, bzw. was sich im Supervisionsverlauf als neues Anzustrebendes entwickelt hat. Wichtig ist hier vor allem auch die Rückmeldung und Wahrnehmung der Supervisandin.

Dies hat oft mit Gefühlen von Klarheit, Entlastung, Orientierung oder auch einfacher realistischer Gegenwart zu tun. In der Supervision im Seelsorgebereich ist dies oft mit einer Art »Einkehr« im Hier und Jetzt verbunden, wo die Realität in ihrer Ambivalenz und Widersprüchlichkeit ganz gegenwärtig und die Supervisandin ganz Fragment sein kann.

Was ist Dir wichtig für die Beziehungsgestaltung in der Supervision? *(31)*
Miteinander die Regeln für den gemeinsamen Arbeitsprozess so klar wie möglich zu formulieren. Von der Offenheit des gewünschten Feedbacks bis zu klarem zeitlichem Rahmen und Umgang mit Störungen ist es gut, klare Absprachen zu

haben. Bei Dietrich Stollberg hieß es früher: »Kein Kontakt ohne Kontrakt«, das ist sicher etwas überzogen, aber ein klar formulierter Supervisionskontrakt ist von unschätzbarem Wert und jede Minute, die man am Anfang mit solchen Klärungen verbringt, zahlt sich vielfach im Laufe des Prozesses aus.[52]

Welche Kriterien hast Du für den Einsatz von Methoden in der Supervision? (43)

In meinem Supervisionsfeld, nämlich der Ausbildung von Haupt- und Ehrenamtlichen in der christlichen, muslimischen, buddhistischen Seelsorge, ist die Wahl der Methoden ganz und gar vom Ziel des Prozesses bestimmt. Das Ziel des Ausbildungsprozesses, dem die Supervision dient, ist die Freiheit zu einer zwischenmenschlichen Begegnung, die dem Gegenüber den Raum lässt, das mitzuteilen, was es bewegt und umtreibt. Zu dieser Mitteilung gehört Vertrauen, dass das Mitgeteilte als zwischenmenschliche Gabe, geschätzt, geachtet und respektiert wird und nicht in einer Weise bearbeitet wird, die nicht verabredet war. Die Ermöglichung von Vertrauen ist verbunden mit der Verantwortung, das Geschenkte zu schützen und die Person des Schenkenden in den Momenten der Verletzlichkeit so anzunehmen, wie sie sich gibt.

Wo eine Methode diesem Prozess hilfreich sein kann, ist sie herzlich willkommen, ansonsten halte ich nicht viel von Methoden als »Bearbeitungswegen«, insbesondere dann, wenn sie benutzt werden, um den kostbaren Prozess echter, ehrlicher und verletzlicher zwischenmenschlicher Begegnung zu verstellen oder nur die Supervisorin zu schützen und nicht die Supervisandin.

Welche Rolle spielt die spirituelle Dimension für Dich in der Supervision? (47)

Sie spielt eigentlich die zentrale Rolle, weil sie das Vertrauen speist, das mir Supervision sinnvoll erscheinen lässt. Zu meinen Anfängen in der Erfahrung von Supervision gehörte der Satz von Dietrich Stollberg: »Mein Auftrag – Deine Freiheit«. Supervision als eine Begegnung, in der der Supervisor an meiner Freiheit interessiert ist. Der Supervisor ist also nicht nur an sich selbst und seinem Supervisionserfolg interessiert, sondern auch an einem Auftrag und seinem Ziel: »Meine Freiheit«. Im Seelsorgeausbildungsbereich ist die Supervision damit eingebunden in den größeren Zusammenhang einer Geschichte, wo die Quelle von Spiritualität und Vertrauen in einem Gegenüber, in einem Geheimnis gefunden wird, das seit dem Beginn der Evolution und schon vorher sein Ziel in der Freiheit des einzelnen Menschen hat. Gewöhnlich ist mit diesem Ziel die Befreiung aus den unterschiedlichsten Arten von Knechtschaft verbunden, aus »der selbstverschuldeten Unmündigkeit« (Kant), aus ökonomischer Abhängigkeit und Entfremdung (Marx), aus allen möglichen Arten von Götzendienst, »wem ihr euch zu Knechten macht, … dessen Knechte seid ihr« (Paulus, Röm 6,16), auch aus der Knechtschaft, die die Angst vor dem Tod mit sich bringt (Paulus, Heb 2,15).

Spiritualität ist also in meiner Supervision ein zentrales Element, weil es das Woher und das Wohin meiner Arbeit beschreibt; die, wenn es so geschenkt wird,

---

52 Siehe Helmut Weiß 2011, S.177.

gewürdigt sein darf, einem größeren Befreiungsprozess zu dienen, der ganz bestimmt nicht auf die westliche Kultur, oder christliche Religion beschränkt ist. Er sucht die Freiheit jedes Menschen und strebt für das zwischenmenschliche und ökologische Miteinander Gerechtigkeit, Frieden und Fairness an. Falls der Freiheitsbegriff, von dem ich hier ausgehe, unklar sein sollte, dann möchte ich nur kurz darauf hinweisen, dass Freiheit im Rahmen meiner Denktradition bedeutet, die Möglichkeit, der Liebe entsprechend zu leben, wahr werden zu lassen.

Manche der schönsten spirituellen Erfahrungen meines Lebens habe ich so auch in der Begegnung mit Befreiungsprozessen in anderen religiösen Traditionen gemacht, wo das einfache Menschsein wieder in den Vordergrund treten darf und Menschen wieder begreifen, nicht sie sind für die Religion gemacht, sondern die Religion ist im besten Falle, eine Hilfe und Kraft für sie auf dem Weg zur Freiheit. Eine Freiheit, die sich nicht in erster Linie in unbeschränkter Konsumfähigkeit vollendet, sondern eher in einer vertrauens- und liebevollen Beziehung, zu dieser Welt, zum Nächsten, zu sich selbst, zum Geheimnis dieses Universums.

Praxisbeispiel: Interreligiöse Begegnung in der Einzelsupervision

Es ist ein Beispiel aus der interkulturellen Ausbildungssupervision, in der ich mit einem Kollegen zusammen den »fachlichen« Teil der Ausbildung übernommen hatte und muslimische Kolleginnen und Kollegen den »religiösen« Teil übernommen hatten. Insgesamt sollte sich die Ausbildung fachlich an den Standards der DGfP orientieren und im Blick auf die konkrete Seelsorgetätigkeit an den Standards, die der Rat der Religionen in Frankfurt für die Seelsorgetätigkeit in Frankfurter Krankenhäusern empfohlen hatte[53].Die Orientierung an diesen Standards bzw. Empfehlungen war von entscheidender Bedeutung, da nur in einem guten und klaren gemeinsam verabredeten Rahmen eine solide Basis für den Umgang mit all den Schwierigkeiten interkultureller und interreligiöser Kooperation gegeben ist.

Das Fallbeispiel bezieht sich auf die Einzelsupervision einer muslimischen Frau, ca. 30 Jahre alt, verheiratet, mehrfache Mutter. Sie lebte schon sehr lange in Deutschland. Als sie über ihre Herkunftsfamiliengeschichte sprach, näherte sie sich auch schmerzlichen Erfahrungen, die sie sehr bewegten. Sie schilderte, dass sie bei diesen leidvollen Erfahrungen aus religiösen Gründen immer stark sein musste und die vielen Gefühle, die in ihr auftauchten, nicht hätte ausdrücken dürfen, weil das für eine gläubige Muslima Gott gegenüber nicht angemessen gewesen wäre.

---

53 Rat der Religionen FFM, 2012.

Sie geriet nun in diesem Kurs in einen Konflikt, weil es zum fachlichen Teil des Kurses gehörte, eigene Gefühle wahrnehmen und ausdrücken zu lernen und sie genau damit auch schon positive Erfahrungen in der Seelsorgepraxis im Krankenhaus gemacht hatte. Anfangs hatte sie sich auf die Begegnungen mit den Patienten und Patientinnen gut vorbereitet mit Texten aus dem Koran und vielem, was sie zum Trost hätte sagen können. Doch dann kam es so, dass die Patientin eigentlich nur hatte erzählen wollen, was sie bewegte und woran sie litt und dann hätte sie geweint und wäre ihr so dankbar gewesen, einmal alles sagen zu dürfen. Als ich ihr bestätigte, dass das gute Seelsorge im Rahmen dieser Ausbildung sei und sie für sich auch theologisch nachvollziehen konnte, dass dieser Umgang mit der Patientin »barmherziger« war, als wenn sie ihr viele religiöse Texte gesagt hätte, konnte sie auch in der Supervision immer ehrlicher von ihrer Trauer und ihrem Verlust in der Kindheit sprechen und dem nun den Raum geben, den dies für sie brauchte. Sie kannte viele Geschichten, in denen in der muslimischen Tradition die Barmherzigkeit hoch geschätzt wurde und konnte diese und ihre Erfahrungen nun mit ihrer Gottesbeziehung verbinden und in dieser Wandlung eine große Stärkung dieser Beziehung und ihrer Person erleben.

Wenn ich diese Supervisionsgeschichte mit meiner eigenen Supervisionsgeschichte verbinde, dann fällt vielleicht auf, wie ähnlich die Prozesse sind. Für mich wurde die befreiende Supervisionserfahrung durch die Begegnung mit der noch sehr vom amerikanischen kulturellen Kontext geprägten Seelsorgebewegung ermöglicht und dies führte mich aus der Enge meiner Tradition. Für die muslimische Teilnehmerin an der Seelsorgeausbildung wurde durch die Begegnung mit einer anderen Sichtweise, das eigene Weltbild und der eigene Glaube relativiert und von ihrer Person und ihrer persönlichen Erfahrung her neu geordnet. In beiden Fällen war es aus meiner Sicht von zentraler Bedeutung, dass die Person in der Supervision die Aufmerksamkeit und Wertschätzung für ihre eigene Realität erfährt und gleichzeitig darin einen neuen Umgang mit dieser selbst erlernt. Womit wir wieder beim Anfang wären!

Ich bedanke mich herzlich für die Aufmerksamkeit und wünsche viel Kraft für den »Ausgang aus selbstverschuldeter Unmündigkeit«, die Befreiung aus ökonomischen Verhältnissen der Entfremdung und eine Beziehung zum Kosmos, oder zum Geheimnis dieser Welt, die begeistert.

Literatur zum Interview von Winfried Hess

ACPE *Standards and Manuals (2020)*. Atlanta , GA.
Deutsche Gesellschaft für Pastoralpsychologie (2014). *Standards der Sektion KSA 2014*. Freising.

Kierkegaard, S. (1846/1956). *Purity Of The Heart Is To Will One Thing.* New York; Harper Collins.

Kreitzscheck, D. (2023). *Dann machen Sie doch mal einen KSA Kurs – Was hilft denn das?* Vortrag zum fünfzigjährigen Jubiläum des KSA-Instituts der Evangelischen Landeskirche in Württemberg.

Lonergan, B. (1991). *Methode in der Theologie,* (Übersetzung aus dem Englischen, Method in Theology, (1971). Leipzig: St. Benno Verlag.

Rat der Religionen Frankfurt (2012). *Seelsorge Interreligiös, Empfehlungen.* Frankfurt.

Rorty, R. (2021). *Pragmatism As Anti-Authoritarianism.* Cambridge MA.

Stollberg, D. (1971). *Mein Auftrag-Deine Freiheit.* München: Claudius Verlag.

Weiß, H. (2011). *Seelsorge Supervision Pastoralpsychologie.* Neukirchen.

Die Menschen stärken, die Sachen klären

Werner Posner

Bitte gib eine kurze Visitenkarte von Dir mit persönlicher Note zum beruflichen Profil: Was bist Du für ein Supervisor? (1)
Geboren bin ich vor 73 Jahren im südlichen Westfalen in einem bäuerlichen Milieu. Seit 1978 lebe ich im Ruhrgebiet. Ich war Gemeindepfarrer, danach Psychiatrie-Seelsorger und zuletzt Stellv. Leiter einer Telefonseelsorgestelle. Ich habe auch einige Jahre in einer Lebens- und in einer Krisenberatungsstelle gearbeitet. Seit über 20 Jahren bin ich als pastoralpsychologischer Supervisor tätig. Man schätzt an mir meine ruhige und besonnene Art, meine Verlässlichkeit und Gründlichkeit, meinen Humor und meine wertschätzende Haltung. Ich bin immer noch ein Lernender und bewahre mir die Fähigkeit zum Staunen: »Noch lange nicht alles verstehen, nein. Aber anfangen, aber lieben, aber ahnen, aber zusammenhängen mit Fernem und Unsagbarem, bis in die Sterne hinein«[54]. Ich fahre leidenschaftlich Rad, höre gern Musik und lese viel. Was ich über Leben-in-Beziehung lernen kann, interessiert und inspiriert mich. Die »gesellige Gottheit« (Kurt Marti) als Grund allen Seins und »Geheimnis der Welt« (Eberhard Jüngel) wird mir allmählich vertrauter und bleibt mir zugleich unergründlich.

Was hat Dich dazu gebracht, Supervisor/Supervisorin zu werden und jahrelang zu bleiben? (2)
Ich habe schon immer gerne Menschen und ihre Interaktionen beobachtet. Als Jugendlicher saß ich oft auf einem Hügel oberhalb meines Heimatortes und freute mich an dem lebendigen »Wimmelbild«, das sich mir darbot. Auch beim Spielen mit meinen Kameraden in den Wäldern und Höfen habe ich beobachtet, wer mit wem agierte und was sich im Miteinander entwickelte. Ich war in der kirchlichen Jugendarbeit aktiv. Als Gemeindepfarrer ließ ich mich in pastoralpsychologischer Seelsorge ausbilden. Da ich viel mit Gruppen arbeitete, schloss ich eine gruppendynamische Ausbildung an. Um ein zweites Standbein neben der Seelsorgearbeit zu haben, absolvierte ich eine Weiterbildung in Supervision und eine darauf aufbauende Weiterbildung zur Leitung von Kursen in Klinischer Seelsorgeausbildung (KSA) bei der DGfP. Dass ich später auch Lehrsupervisor wurde, verdanke ich dem Anstoß einer Kollegin: »Mach das. Du kannst das.« Die Nachwuchsförderung ist mir inzwischen sehr wichtig, deshalb bin ich heute vor allem lehrsupervisorisch tätig.

---

54 Rilke, in: Peters, 2019.

Erinnerst Du Dich an Deine schwierigste Supervision? Kennst Du Scheitern? Wie bist Du damit umgegangen? Gibt es Schlussfolgerungen, die Du weitergeben willst? (5)

Von 2017 bis 2020 habe ich Ehrenamtliche in der Flüchtlingsbegleitung supervidiert. Die Anfrage kam von der Geschäftsführerin eines Vereins zur Förderung der stadtteilbezogenen Gemeinwesenarbeit. Der Auftrag bestand darin, die vier bis acht Teammitglieder des Begegnungscafés zu unterstützen, ihre Aufgaben und Rollen zu klären.

Wir begannen damit, dass die Teilnehmenden von ihrer Arbeit erzählten und beschrieben, worin sie ihre Aufgaben sehen und wie sie ihre Rollen verstehen. Wir entwickelten ein mehrstufiges Modell ehrenamtlichen Engagements: geselliges Beisammensein; seelsorgliches Zuhören; Rat und Orientierung geben; Hilfen und Begleitung im Umgang mit Ämtern und Behörden. Wir reflektierten komplizierte Familiendynamiken und psychosoziale Krisenfälle der Geflüchteten sowie Konflikte auf Grund von kultureller Diversität. Die Supervisionen waren für das Team anregend und fruchtbar. Es gab auch kleine »Erfolge« zu feiern. Auch konnten die Möglichkeiten und Grenzen zu helfen realistischer gesehen und – von den meisten – akzeptiert werden.

Die Schwierigkeiten zeigten sich erst im Verlauf: So gab es Mitarbeitende, die aus meiner Sicht nicht die notwendigen Kompetenzen im Blick auf Teamfähigkeit und Belastbarkeit besaßen. Eine Auswahl der Mitarbeitenden und Vorgaben für deren Eignung hatte es nicht gegeben. Wer Lust hatte und sich engagieren wollte, konnte einfach mitmachen. Der Verein stellte Räume, Geld sowie eine teilzeitbeschäftigte Sozialarbeiterin als Ansprechpartnerin zur Verfügung. Als diese Mitarbeiterin wegen eines schweren Zerwürfnisses und Vertrauensbruchs seitens der Geschäftsführerin ihre Stelle kündigte, fehlte der Gruppe eine kontinuierliche Begleitung und Leitung. Die Gruppe entwickelte eine aggressive und in sich widersprüchliche Haltung. »Wir wollen besser geleitet werden« – »Wir wollen autonom und selbständig arbeiten und uns nicht hineinreden lassen.« Die Beziehung zur Geschäftsführerin war zunehmend von Vorbehalten, Ärger und mangelndem Vertrauen bestimmt. Deshalb lud ich nach einem Gespräch mit der Geschäftsführerin diese zu zwei Teamsupervisionen ein. Die dort ausgehandelten Vereinbarungen erwiesen sich aber nicht als tragfähig. Hinzu kam, dass die »komplizierte« Persönlichkeit eines dominanten Teammitglieds im Rahmen der Supervision nicht bearbeitet werden konnte.

In der Corona-Pandemie musste das Café vorübergehend geschlossen werden. Die Supervisionen wurden vom Team abgesagt und später trotz meines Angebotes nicht wieder angefragt. So beendete ich einige Zeit später die Supervision mit einem Auswertungsgespräch mit der Geschäftsführerin. Ich sagte ihr bei dieser Gelegenheit, dass ich ein Leitungs-Coaching hinsichtlich der Arbeit mit Ehrenamtlichen für ratsam hielte.

In meiner eigenen Supervision habe ich den gesamten Prozess mehrfach reflektiert. Dies hat mir am Ende auch geholfen, mich mit dem aus meiner Sicht unbefriedigenden Ausgang zu versöhnen. Ich habe selbstkritisch überprüft, ob ich Fehler gemacht habe. Und ich habe erkannt: Die Verantwortung für eine gelingende Supervision liegt nicht allein bei mir. Gelernt habe ich, dass eine hohe Motivation für ein ehrenamtliches Engagement allein nicht ausreicht. Mitarbeitende müssen für die Aufgabe geeignet, das heißt belastbar, reflexions- und teamfähig sein und geschult werden. Und es muss eine kontinuierliche Begleitung seitens der Organisation sichergestellt werden. Unklare Konzeptionen und Regeln in einer Organisation können durch Supervision allein nicht kompensiert werden. Zerstörtes Vertrauen kann ein Team und eine Organisation schwer belasten und eine Supervision letztlich scheitern lassen.

Wie hat sich deine Kultur im Umgang mit Fehlern und mit Erfolgen entwickelt – in Bezug auf Deine Supervisanden und Supervisandinnen und auf Dich? (6)
Als gewissenhafter Mensch haben mich oft Selbstzweifel geplagt, wenn ich (meinen eigenen) Erwartungen nicht gerecht wurde oder etwas falsch gemacht hatte. Inzwischen bin ich entspannter und gelassener. Denn wo gearbeitet wird, werden auch Fehler gemacht oder Erwartungen enttäuscht. Ich habe gelernt, meine Arbeit freundlicher zu betrachten. Geholfen hat mir dabei der Gedanke: »Ich muss nicht vollkommen sein«[55]. Denn: »Wer perfekt ist, ist tot«[56]. Man kann alles »richtig« machen – und doch kommt nicht immer Gutes dabei heraus. Man kann manches »falsch« machen, und trotzdem kann Gutes dabei entstehen. Mir hilft auch eine Erkenntnis der Hirnforschung: »Unser Gehirn hat den Fehler gewissermaßen systematisiert. Es ist nicht darauf bedacht, von vornherein komplett perfekt zu denken, sondern gesteht sich zu, auch mal einen Lapsus zuzulassen. Das kann schiefgehen oder erfolgreich sein – das weiß man aber vorher nicht«[57].

Hier eine kleine Auswahl von Fehlern in der Supervision: nicht für die notwendigen Rahmenbedingungen sorgen; den Auftrag nicht genau klären; unaufmerksam sein; sich zu einseitiger Parteinahme hinreißen lassen; einen Supervisanden beschämen; einen Falleinbringer aus den Augen verlieren; unbedingt Recht haben wollen; zu viel erreichen wollen; zu früh oder zu spät eine Methode vorschlagen; das Vertrauen gegenüber den Supervisanden und den Auftraggebern verletzen.

Wie gehe ich mit Fehlern anderer um? Ich versuche, den Supervisanden nicht zu beschämen. Ich werte ihre Arbeit nicht ab. Ich suche mit ihm nach Gründen für sein Verhalten und begreife Fehler als Lerngelegenheiten: Wie ging es dem Supervisanden mit der Situation? Was waren ihre Intentionen? Was hat sie zu wenig beachtet? Wie kam es dazu? Am Ende läuft es immer wieder auf die Frage hinaus: Was will der Supervisand aus der Angelegenheit lernen?

---
55 Winkelmann, 2019.
56 Mündliche Mitteilung von Thomas Gessner, Weiterbildner für Systemaufstellungen (DGfS), in einem Aufstellungs-Seminar in Halle/Saale.
57 Beck, 2018, 321.

Auch das Würdigen von Erfolgen sollte nicht zu kurz kommen. Gelungenes soll auch in der Supervision Raum bekommen, eingedenk des Paulus-Wortes: »Freut euch mit den Fröhlichen« (Römerbrief 12,15). Das Teilen von Erfolgserlebnissen stärkt ein Team, eine Gruppe, jeden Einzelnen. Es fördert Zufriedenheit und Resilienz.

Gibst Du (manchmal) etwas von Deinem Privatleben preis? Hast Du dafür Kriterien? (7)

Gelegentlich teile ich Privates mit, vor allem, wenn wir uns schon eine Weile kennen. Da ergibt sich ein persönliches Wort bei der Begrüßung oder der Verabschiedung wie von selbst. Generell verhalte ich mich aber abstinent hinsichtlich der Mitteilung persönlicher Probleme oder Belastungen, um nicht mich selbst zum Thema zu machen. Mir ist allerdings wichtig, als Person mit meinen Gefühlen und Resonanzen präsent zu sein und erkennbar zu werden. Transparenz und Authentizität tragen zu einer vertrauensvollen Arbeitsbeziehung bei und beflügeln den Erkenntnis- und Lernprozess in der Supervision. Werde ich von etwas sehr berührt, sage ich: »Ich merke, wie mich Ihr Thema gerade sehr bewegt, weil es mich an eine eigene Erfahrung erinnert.« Meist gelingt es nach dieser Intervention gut, mich von meiner Betroffenheit zu distanzieren und wieder in meiner Rolle zu sein. Meine Lektüre der Bücher von Irvin D. Yalom hat mich in dieser Haltung bestärkt[58].

Wie ist Dein eigenes aktuelles Supervisionsverständnis und wie hat es sich entwickelt?/Worum geht es Dir heute in der Supervision? (8)

In der Supervision wird berufliche Arbeit besprochen, um die Zusammenarbeit zu verbessern, die Arbeitszufriedenheit und -qualität zu erhöhen, Motivation und Rollen zu klären, Entscheidungen zu treffen, Beziehungen zu verstehen und Konflikte zu bearbeiten. Manchmal geht es auch »nur« darum, einem anderen zu zeigen, was und wie man arbeitet, was einem wichtig ist und worunter man leidet. Konkret geht es also um Fragen wie: »Was ist grad zu viel? Und warum? Kann ich was lassen? Passen privat und beruflich zusammen? Wie verabschiede ich Auslaufmodelle meiner Arbeit? Warum ärgert mich X, während Y mich anzieht? Wie bekomme ich Feedback? Will ich das überhaupt? Wie gelingt mir Leitung? Wie organisiere ich mich? Wie kooperiere ich? Wie geht Team? Wie erhalte ich mir meine Motivation?«[59] Supervision hat auch Anteile von Kontrolle, Anleitung, Personal- und Organisationsentwicklung, manchmal auch von Seelsorge und ethischer Beratung.

Auf dem Weg zu meinem Supervisionszimmer kommen die Supervisanden am Foto eines Wegweisers mit der Aufschrift »Klärwerk« vorbei. Manche schmunzeln,

---

58 Irvin D. Yalom, geb.1931, US-amerikanischer Psychotherapeut und Schriftsteller. In seinen Büchern, die sich wie spannende Romane lesen, beschreibt er seine Arbeit anhand von Fallberichten. Bemerkenswert finde ich, dass er sich reflektiert auch als Person mit seinen Gefühlen in Bezug auf die therapeutische Beziehung zeigt, ohne seine Rolle als Therapeut zu verwässern oder zu verlassen.
59 Wolfgang Roth, Pfr. i. R., Lehrsupervisor DGfP, in einem unveröffentlichten Manuskript.

wenn sie das Bild sehen. In meiner Supervisionsarbeit leitet mich das Motto »*Die Menschen stärken, die Sachen klären*« (von Hentig, 1985). Menschen sollen in ihrem beruflichen Miteinander, in ihrer Kommunikations- und Konfliktfähigkeit, im respektvollen und transparenten Miteinander sowie in der Achtung der eigenen Grenzen gestärkt werden – und wesentliche Themen in ihrer Arbeit sollen geklärt werden.

Beispiel: »Die Menschen stärken«
Pfarrer A. will einige Arbeitsprobleme mit mir besprechen. Unter anderem ist er mit der Zusammenarbeit mit einem neuen Kollegen unzufrieden. Pfarrer A. berichtet in der Supervision von verschiedenen Vorfällen mit dem neuen Kollegen. Ich werde beim Zuhören zunehmend ungeduldig und sage: »Herr A., ich merke, dass ich ungeduldig werde. Ich weiß gar nicht, worum es eigentlich geht und worauf Sie hinauswollen.« Pfarrer A. blickt mich überrascht an und erzählt noch eine weitere Episode. Ich interveniere wieder: »Herr A., kann es sein, dass Sie mit Ihrem Kollegen auch so sprechen wie jetzt mit mir? Und dass auch er Ihre Intention nicht versteht?« Pfarrer A. wird nachdenklich. Ich schlage vor, dass er in einem kleinen Rollenspiel mit mir ausprobiert, wie er sich seinem Kollegen mit seinem eigenen Anliegen besser verständlich machen kann. Anschließend werten wir das Rollenspiel aus, wobei ich einiges zur »Gewaltfreien Kommunikation« einfließen lasse. Zuletzt werfen wir einen Blick darauf, woher es möglicherweise kommt, dass Pfarrer A. mit seinen Gefühlen, Erwartungen und Anliegen meist so unklar bleibt.

Beispiel: »Die Sachen klären«
Ich supervidiere das Team einer psychosozialen Selbsthilfe- und Beratungsstelle, die von einem Verein getragen wird. Das Team besteht aus dem ehrenamtlichen Vorstand, ehrenamtlichen Gesprächsgruppen-Leiterinnen und drei angestellten Fachkräften. Es gibt keine akuten Probleme. Die Supervision soll der Begleitung der Arbeit und damit der Qualitätssicherung dienen. In der Anfangsphase rege ich an, dass die Teilnehmerinnen ihr Bild vom Team malen. Dafür habe ich Zeichenblöcke und Wachsmalstifte mitgebracht.[60] Über die Betrachtung der Bilder kommt es zu einem lebhaften Austausch, und es ergeben sich Themen für die weitere Arbeit. Im weiteren Prozess geht es um die Klärung von Zuständigkeiten, gegenseitiges Feedback auf Veranstaltungen, Besprechung von Vorfällen in den Gesprächsgruppen, Verarbeitung persönlicher Betroffenheiten und interne Kommunikationshindernisse. Allmählich zeigt sich auch, dass die Konstruktion »ehrenamtlicher Vorstand« und »angestellte Fachkräfte« nicht konfliktfrei ist. Die »Expertenmacht« der einen steht in Spannung zur »Positionsmacht« der anderen. Diesen Sachverhalt klar zu benennen und mit den daraus folgenden Spannungen umgehen zu können,

---

60 Zur Anleitung sage ich: »Stellen Sie bitte in einem kleinen Bild dar, wie Sie Ihr Team sehen. Sie können sich und die anderen zum Beispiel als ›Strichmännchen‹ darstellen oder mit einem Symbol. Wer ist wie groß? Wie stehen die Einzelnen zueinander? Zu wem passt welche Farbe? Es soll kein Kunstwerk entstehen, sondern Ihr inneres Bild vom Team. Sie haben dazu 15 Minuten Zeit.«

ist für die Arbeit der Beratungsstelle wichtig. Erfreulich ist, dass das Team all dies vertrauensvoll besprechen und kooperativ klären kann.

Was glaubst Du, was Supervision im besten Falle vermag? Was kann sie nicht? (9)
Ich meinen ersten Berufsjahren im Gemeindepfarramt war Supervision ein Fremdwort für mich. Ich war auf mich allein gestellt, musste irgendwie »durchkommen« und bekam wenig Resonanz. Ich blieb mit meinen Ansprüchen, Unsicherheiten und Fragen allein. Die unstillbaren Erwartungen der Gemeinde setzten mich unter Druck. Mein älterer Kollege hatte kein Interesse an einer Zusammenarbeit. Ich arbeitete pausenlos und vernachlässigte mein Familienleben. In meiner Not suchte ich eine Lebensberatungsstelle auf und fand dort Verständnis und Unterstützung. In mir entstand daraufhin der Wunsch, mich persönlich und beruflich weiterzuentwickeln. Ich meldete mich zu einer Seelsorgeweiterbildung an und erlebte Supervision als entlastend und nützlich für meinen Umgang mit mir und anderen. Regelmäßige Supervision hilft mir seitdem, mich selbst und meine Arbeits-Beziehungen zu verstehen und mutiger das eine zu tun und anderes zu lassen.

Supervision ist aber kein Allheilmittel. Sie ersetzt keinen Freundeskreis und keine Psychotherapie. Sie entbindet nicht von eigenverantwortlichen Entscheidungen, von Fortbildung oder geregelter Freizeit. Sie kann nichts bewirken, wenn die Supervisandin nichts lernen oder verändern will oder die Lösungen von der Supervisorin erwartet. Sie kann in einer Organisation auch keine unzureichende Leitung ersetzen. Sie kann nichts bewirken, wenn eine Supervisandin oder ein Team es darauf anlegen, die Supervision – warum auch immer – scheitern zu lassen.

Beispiel: Was Supervision nicht kann
Pfarrer B. kommt zur Supervision auf Empfehlung seiner Frau, die mich kennt. Er leidet an Erschöpfungszuständen, verbunden mit einer somatischen Grunderkrankung. Er sagt, dass er sich selbst ausbeutet, und er sucht Strategien, um mit den Anforderungen seines Berufes und seinen eigenen Ansprüchen besser umzugehen. Im Laufe der Zeit stelle ich fest, dass Pfarrer B. es nicht schafft, die kleinen Veränderungsideen, die wir erarbeiten, umzusetzen. Ich spreche dies an und versuche mit ihm seinen Widerstand zu ergründen. Auch dies bringt keine Veränderung. Pfarrer B. entscheidet sich schließlich, so weiterzuleben und zu arbeiten wie bisher und die damit verbundenen Risiken zu tragen. Im Nachhinein habe ich mich gefragt, ob er die Supervision seiner Frau zuliebe oder gar auf ihren Druck hin gemacht hat. Vielleicht wäre eine Paarberatung eher angesagt gewesen.

Gibt es Lehrsätze/Theorien, die sich in Deiner Praxis bewährt haben oder die Du im Lauf der Jahre über Bord geworfen hast? (12)
Theorien sind aus Erfahrungen abgeleitete und zu neuen Erfahrungen führende Erkenntnisse. Sie sind Perspektiven auf die Wirklichkeit und nützliche Deutungshilfen. Ich habe in verschiedenen Fortbildungen unterschiedliche Theorien kennen- und schätzen gelernt und mir einige ihrer spezifischen Methoden angeeignet.

Das psychoanalytische Konzept von *Übertragung und Gegenübertragung* macht sensibel für Beziehungen und ihre Dynamiken: Im »Hier und Jetzt« der Supervision entstehen manchmal Gefühle, die Beziehungskonstellationen im »Da und Dort« spiegeln. Eine Analyse der Übertragung im Supervisionssystem (Supervisor-Supervisand) kann also dabei helfen, Beziehungsphänomene im Arbeitssystem des Supervisanden (Supervisand-Klient) zu verstehen.

Zum Verstehen von Dynamiken von Gruppen ist die Theorie vom *»gruppendynamischen Raum« sehr* nützlich. Diese besagt, dass es in jeder Gruppe um drei konstitutive Themen geht: Zugehörigkeit; Nähe; Macht. Die Wahrnehmung und Analyse dieser drei Phänomene hilft, Gruppenprozesse zu verstehen.

Die *Systemik* weist darauf hin, dass Systeme nicht kausal gesteuert werden können, da sie eine selbststeuernde Eigendynamik besitzen, die nur indirekt von außen beeinflusst werden kann. Außerdem lehrt die Systemik, dass sich soziale Systeme im Wesentlichen durch Kommunikation konstituieren. Daraus folgt, dass eine verbesserte (und z.B. in Supervision zu lernende) Kommunikation auch zu Systemveränderungen führen kann.

Die soziologische *Rollentheorie* schärft den Blick für Rollen sowie Rollenerwartungen in einem spezifischen Kontext. Das hilft dabei zu klären, welche Rollen man wie übernimmt und wie man mit Rollenkonflikten umgehen kann.

Lange schon begleitet mich die *Theorie der Persönlichkeit* nach Fritz Riemann, die mir hilft, mich und andere mit unseren Eigenarten, Fähigkeiten und Grenzen wahr- und anzunehmen. Dabei geht es nicht um Festlegungen, sondern um spielerisches Erkunden von (veränderbaren) Persönlichkeits-Anteilen.

Neurowissenschaftliche *Lerntheorien* bestätigen, dass nachhaltiges Lernen durch die Verbindung von rationaler Einsicht, emotionaler Berührtheit, körperlichem Erleben und sozialer Interaktion ermöglicht wird.

Aus all diesen theoretischen Konzepten ergibt sich für die Supervision ein methodenpluraler Ansatz[61].

Ich möchte noch einige »Weisheiten« zum Besten geben. »*Ein Supervisor ist langsam, dumm, faul und frech.*« Dieser flotte Spruch warnt vor falschem Eifer und übermäßigem Engagement. Er rät zum Verlangsamen, um ins Spüren und Erleben zu kommen. Ebenso warnt er davor, die – durchaus verführerische – Rolle des allwissenden Experten oder weisen Ratgebers anzunehmen. Besser ist es, durch die »Expertise des Nichtwissens«[62] die Supervisanden dazu zu bringen, ihre Situation zu erhellen. »Frech« dürfen Interventionen sein, um Unausgesprochenes, Vermie-

---

61 Boeckh, 2017.
62 Buchinger, 1998, 147 ff.

denes zur Sprache zu bringen. Solche konfrontativen Interventionen brauchen allerdings eine geklärte und gute Arbeitsbeziehung.

»Strukturen entlasten Beziehungen.« Darauf weise ich hin, wenn Supervisanden ihre Arbeitsprobleme allein auf der Beziehungsebene erklären und lösen wollen.

»Ich tue, was ich kann, damit müssen andere und ich selbst zufrieden sein.« Dieser Gedanke schützt vor überzogenen Ansprüchen und lädt ein, in kreativer Gelassenheit fehlerfreundlich zu arbeiten.

Welches Thema beschäftigt Dich aktuell besonders in Bezug auf Supervision? (15)

Der Philosoph Byung-Chul Han stellt fest: »Hast, Hektik, Unruhe, Nervosität und diffuse Angst bestimmen das Leben heute«.[63] Und: »Wir fahren überall hin, ohne eine Erfahrung zu machen. Wir kommunizieren ununterbrochen, ohne an einer Gemeinschaft teilzunehmen. Wir speichern Unmengen von Daten, ohne Erinnerungen nachzugehen«.[64] Vieles davon zeigt sich auch in der Supervision. Denn die meisten meiner Supervisanden leiden an *defizitärer Kommunikation* sowie unter *Zeitknappheit, Arbeitsdruck, fragmentierten Stellenkonstruktionen und geringer werdenden Ressourcen.* Ein Supervisand kam immer abgehetzt zur Sitzung und sprang am Ende eilig davon. Er erwartete schnelle und pragmatische Lösungen und Ratschläge von mir, und es brauchte lange, bis er in einer ruhigeren »Gangart« sein Erleben, seine Ängste, Unsicherheiten, Zweifel und gelungene Interaktionen anschauen und reflektieren konnte.

Ich denke auch an den rasanten *Vertrauens- und Bedeutungsverlust* der Kirchen. Dies führt zu tiefen Verunsicherungen, Frustrationen und Identitätskrisen bei den verantwortlichen Akteuren. Durch Aktionismus versuchen viele, sich dagegen zu stemmen. Damit aber überfordern und überlasten sie sich.[65] Oft versucht man, den Veränderungen und *Umstrukturierungen* in der Kirche und in der Gesellschaft allein mit organisatorischen Maßnahmen zu begegnen. Gefühle wie Trauer, Enttäuschung, Wut, Sorge werden vermieden oder verdrängt. Manchmal gelingt es, in der Supervision einen geschützten Raum für derartige Befindlichkeiten, Ängste und Hoffnungen zu öffnen.

Wie kamst Du zu Deiner ersten Supervisionserfahrung und welche Erinnerung hast Du daran? Was war das Besondere? Welches Resümee ziehst Du heute daraus? (16)

Mein erster Supervisand war Pfarrer C., den ich als Seelsorger während seines Klinikaufenthaltes begleitet hatte. Da ich in der Supervisionsweiterbildung war und Supervisanden suchte, fragte ich ihn, ob er nach dem Klinikaufenthalt zu mir zur Supervision kommen möchte. Pfarrer C. war einverstanden, und wir begannen mit der Supervision. Doch das funktionierte nicht. Es gelang mir nicht, aus der stützenden Seelsorger-Rolle in eine reflektierende und teilweise konfrontierende

---

63 Han, 2015, 37.
64 Han, 2021, 16.
65 Well, 2023.

Supervisoren-Rolle zu kommen. Gleichzeitig entstand bei Pfarrer C. der Wunsch nach einer freundschaftlichen Beziehung mit gemeinsamen Freizeitaktivitäten. Nach einigen Sitzungen beendeten wir die Supervision. Eine private Beziehung ging ich nicht ein. Mein Resümee: Uns beiden ist der Rollenwechsel nicht gelungen. Ich überlege heute, ob die Supervision anders verlaufen wäre, wenn die Anfrage vom Supervisanden ausgegangen wäre und wir unsere veränderten Rollen gut besprochen und eingehalten hätten.

Woran erkennst Du, dass es in der Supervision einen Fortschritt gibt? (20)
Es ist nicht einfach abzuschätzen, ob Fortschritte in der Supervision auch im Alltag der Supervisandin oder des Teams Bestand haben. Außerdem verlaufen Veränderungsprozesse eher unmerklich und langsam, wie ich aus eigener Erfahrung weiß. *Hinweise* auf Fortschritte innerhalb eines Supervisionsprozesses sind erkennbar, wenn in einer Gruppe Vertrauen wächst und die Mitglieder beginnen, von einer mehr sachlichen Ebene auf die (berufliche) Beziehungsebene zu wechseln; wenn sie sich mit ihren Gefühlen und auch mit eigenem Scheitern zeigen und die Erfahrung machen, nicht beschämt zu werden.

Fortschritte bei einem Team sehe ich, wenn Vorbehalte gegeneinander, Missverständnisse und Konflikte in einer wertschätzenden Atmosphäre besprochen werden und Negativität und Depression einer neuen Zuversicht weichen. Bei euphorischen Zuständen bin ich eher skeptisch, weil sie meist nicht nachhaltig sind. Jesus illustriert dies in einem Gleichnis (Matthäusevangelium 13, 19–21).

Fortschritte sehe ich auch, wenn eine Supervisandin ihre eigenen Lösungen findet (die ich als Supervisor nicht vorhersehen kann) oder eine Entscheidung trifft, zu der sie insgeheim längst entschlossen ist, aber bisher keinen Mut fand, sie umzusetzen.

Wie erfasst und beschreibst Du die Beziehung von Einsicht und Veränderung? (21)
Einsicht ist eine notwendige, aber nicht die alleinige Voraussetzung für Veränderung, da sie hauptsächlich auf der kognitiven Ebene angesiedelt ist. Veränderungen aber benötigen auch eine starke Motivation und einen lohnenden Anreiz. Durch Druck erzwungene Veränderungen sind wenig tragfähig und werden oft sabotiert. Eine intrinsische Motivation hingegen verspricht mehr Erfolg. Wenn ein Einzelner oder ein Team die Notwendigkeit einer Veränderung einsieht und anstrebt, frage ich gerne mit Hilfe einer Skala von 1–10 nach der Stärke der Motivation. Danach rege ich an, das Veränderungsziel zu imaginieren und es sprachlich, leiblich und emotional auszudrücken. So werden Ziele konkret fühlbar und imaginativ antizipiert. Schließlich müssen innere oder äußere Hindernisse beachtet werden. Dabei kommen oft Ambivalenzen zu Tage, die es sorgsam zu erkunden gilt. So können schrittweise Einstellungen, Haltungen und Verhaltensweisen aufgeklärt und verändert werden. Die Veränderungen müssen schließlich auch eingeübt werden.

Einem Supervisanden, der gelassener werden und loslassen lernen wollte, empfahl ich eine kleine Körperübung und machte sie auch mit ihm gemeinsam am

Beginn unserer Sitzungen[66]. Da sein Leidensdruck groß und seine Motivation hoch waren, hat er diese Übung zur Einübung einer neuen Haltung nutzen können.

Was hat Dich Deine Erfahrung gelehrt, welche Besonderheiten sinnvoller Weise zu berücksichtigen sind in Einzel-, Gruppen-, Team-SV über die formellen und in allen Lehrbüchern nachzulesenden Kriterien hinaus? (29)

Vereinbarkeit von Familien- und Berufsleben: An einer Gruppensupervision mit Pfarrerinnen in den ersten Berufsjahren nimmt Pfarrerin D. teil. Sie hat nach dem Mutterschutz ihre Arbeit wieder aufgenommen. In die erste Sitzung bringt sie ihren Säugling mit, den sie zwischendurch abseits im Raum stillt. Nach meiner anfänglichen Verblüffung und einem inneren Widerstand habe ich mich auf dieses Arrangement eingelassen. Die Frauen-Gruppe war übrigens nicht blockiert, sondern arbeitete konzentriert an ihren supervisorischen Themen.

Supervision mit und in Familienbetrieben: Frau E., eine Lehrsupervisandin, führte eine Supervision mit einer Bauernfamilie durch, bei der sich Konflikte in den beiden Generationen mit unterschiedlichen betrieblichen Vorstellungen mischten. Nach einigen gemeinsamen Sitzungen sowie Einzelgesprächen mit beiden Parteien gelang es, einige Abmachungen auszuhandeln. Supervision in und mit Familienbetrieben ist bisher selten reflektiert[67].

»Familienarbeit« ist auch Arbeit: Frau F. supervidierte eine Frau, die sich auf den Wiedereinstieg in ihren Beruf vorbereiten wollte. Vorrangig beschäftigten sie aber familiäre Themen. Die Supervisorin hat sich zunächst auf die Besprechung dieser Themen eingelassen. Inzwischen arbeitet sie mit ihrer Supervisandin an deren beruflichen Fragen.

Supervision mit Ehrenamtlichen: Zunehmend suchen Ehrenamtliche supervisorische Begleitung. Dazu gibt es nur wenig Literatur[68]. Supervision mit Ehrenamtlichen oder Teams von Ehren- und Hauptamtlichen braucht meines Erachtens spezielle Kenntnisse und eine spezifische Didaktik. Ehrenamtliche haben oft ein unreflektiertes Rollenverständnis, andere Bedürfnisse und Motivationen als hauptberuflich Arbeitende.

---

66 Die Übung geht so: Setzen Sie sich bequem hin. – Ihre Unterarme liegen auf den Oberschenkeln. – Wenn Sie wollen, schließen Sie die Augen. – Beobachten Sie Ihren Atem, wie er in Sie hinein- und aus Ihnen herausströmt. – Nun ballen Sie beim Einatmen beide Hände kräftig zur Faust. – Beim Ausatmen öffnen Sie die Hände. – Machen Sie nach dem Ausatmen eine kleine Pause. – Nun wiederholen Sie die Übung zehn Mal. – Am besten wiederholen Sie sie zwei- bis dreimal am Tag.
67 Dazu Buchinger, 1998, 56 ff.
68 Mir sind bisher nur zwei DGfP-interne Abschlussarbeiten aus der Supervisionsweiterbildung bekannt.
   In einer mir bekannten Masterarbeit in Supervision wird auch eine Serie von Supervisionen mit Ehrenamtlichen dargestellt.

Was ist Dir wichtig für die Beziehungsgestaltung in der Supervision? (31)
Ich versuche, meinen Supervisandinnen mit Interesse, Kollegialität, Transparenz und Wertschätzung zu begegnen. Und ich hoffe, dass Sie dadurch etwas für die Gestaltung von Beziehungen in ihrer Arbeit lernen. Eine gute Feedbackkultur ist mir wichtig. Denn daran mangelt es vielerorts. Deshalb frage ich meine Supervisandin manchmal: »Wie haben Sie heute unsere Arbeit erlebt? Wie ist es Ihnen (mit mir) ergangen?« Ich selber gebe auch eine Rückmeldung. Dieses Vorgehen ist mir in der Literatur bei Irvin D. Yalom begegnet.[69]

Wichtig ist mir auch, die Aufmerksamkeit für Übertragungen und Gegenübertragungen zu schulen: Wie geht es mir mit meiner Supervisandin? Wie sehe ich mich, wie sieht mich die Supervisandin? Wie interagieren wir miteinander? Welche Rolle(n) nehme ich ein? Für welche Rolle(n) werde ich in Anspruch genommen: weiser Ratgeber oder gefürchteter Kontrolleur, wohlwollender oder strenger Vater, fördernder oder zensierender Lehrer? Ich reflektiere dies in meiner eigenen Supervision und in einer Balintgruppe. Dass die Supervisionsbeziehung eine »komplementäre« ist, ändert nichts an der »Augenhöhe« und der Kollegialität im Umgang miteinander. Ich achte auch darauf, die Supervisionsbeziehung nicht zur Befriedigung meiner eigenen Bedürfnisse zu gebrauchen. Dies erfordert immer wieder eine ehrliche Selbstprüfung[70].

Ist der supervisorische Raum tatsächlich eine machtfreie Zone? Oder? (39)
Oft wird Macht mit Vorstellungen von Gewalt und Destruktivität verbunden. Und in der Kirche ist Macht oft tabuisiert. Macht ist aber in allen menschlichen Beziehungen wirksam. Mein Leitgedanke dazu lautet: »Soziales Leben insgesamt ist nicht möglich, ohne dass Menschen *Macht, Einfluss oder Wirkung* aufeinander sowie auf ihre Mit- und Umwelt ausüben«[71]. Macht hat also damit zu tun, etwas zu vermögen und Einfluss nehmen zu können.

Insofern ist auch die Supervision kein machtfreier Raum. Die Supervisorin hat z. B. Macht durch ihre Sach-, Beziehungs- und Methodenkompetenz. Sie übt Macht aus durch Deutungen, die sie vorschlägt. Auch mit dem Einsatz einer Methode beeinflusst sie das Geschehen. Diese Macht wird ihr seitens der Supervisanden in der Regel zugestanden oder gar zugeschrieben, was narzisstische Machtbedürfnisse oder -fantasien bei dem Supervisoren verstärken kann. Im Ausbildungskontext hat der Supervisor u. a. auch eine Beurteilungsmacht[72]. Supervisanden sollen und dürfen nicht indoktriniert oder manipuliert werden. Das Ziel soll immer sein, sie zu »empowern«, d. h. sie für ein selbst verantwortetes Tun und Lassen zu stärken. Dazu gehört auch, mit Ohnmachtserfahrungen umgehen zu lernen.

---

69 Yalom, 1996, 22 ff.
70 Menschik-Bendele, 2014, 28.
71 Klessmann, 2023, 13.
72 Posner, 2014.

Auch Supervisanden haben Macht. Sie beeinflussen die Supervision mit dem, was sie erzählen oder verschweigen. Ein Supervisand kann mit seinen hohen Erwartungen implizit Macht auf den Supervisor ausüben. Ein Team hat die Macht, eine Supervision scheitern zu lassen und auf diese Weise einen Machtkampf mit der Organisation zu führen. Ebenso hat die Arbeit gebende Organisation mit ihren Strukturen, Erwartungen und ihrer Kultur Einfluss auf die Supervision.

Da Supervision kein machtfreier Raum ist, müssen solche Machtphänomene wahrgenommen, reflektiert und kommuniziert werden.

Hast Du nicht vielleicht doch schon einmal jemanden zu seinem Glück gezwungen oder wenigstens zwingen wollen? (41)
Es kann vorkommen, dass ich eine Supervisandin zu einer bestimmten Entscheidung oder Handlung zu bewegen versuche; vor allem, wenn ich sie schon lange kenne und ihre Entwicklung forcieren möchte. Ich schäme mich zugleich wegen meines Versuches, Macht auszuüben, zumal dies meist keine Wirkung hat. Einem Supervisanden, der in seiner Arbeit von übermäßigen Ängsten blockiert wurde, habe ich einmal mitgeteilt, dass mir eine Fortsetzung der Supervision nur vorstellen könne, wenn er zunächst eine Psychotherapie mache. Er hat sich darauf eingelassen. Meine (machtvolle) Intervention erwies sich in diesem Fall als hilfreich.

Welche Kriterien hast Du für den Einsatz von Methoden in der Supervision? (43)
Erzählen lässt Themen, Einstellungen, Gefühle, Sinndeutungen hörbar und spürbar werden. Wahrnehmungen dessen, was und wie erzählt und was bei den Zuhörenden ausgelöst wird, werden durch das Feedback der Gruppe oder des Supervisors zur Verfügung gestellt und erschließen neue Perspektiven und Handlungsoptionen.

Veranschaulichungen und Aufstellungen sprechen tiefere Bewusstseins-Ebenen an. Gerne lasse ich deshalb eine Organisation am Flipchart skizzieren oder Beziehungen mit Tierfiguren oder Gegenständen veranschaulichen. Visualisierte Beziehungen korrespondieren mit inneren Bildern und können Unterbewusstes bewusst machen. Um Ambivalenzen zu bearbeiten, arbeite ich gern mit der *Aufstellung* des »Inneren Teams« mit Personen, Figuren oder Zetteln. Auch Team- oder Gruppenkonstellationen lasse ich gern mit Tierfiguren nachstellen.

Rollentausch ermöglicht Konfliktbearbeitung; Rollenspiele fördern kommunikative Kompetenzen. Zur Bearbeitung von Konflikten rege ich einen Rollentausch an, bei dem der Supervisand sich in seinen Konfliktpartner versetzt. Auch bei der Suche nach alternativen Ideen zur Kommunikation sind Rollenspiele ausgesprochen nützlich. In der Einzelsupervision arbeite ich mit zwei Stühlen, auf denen der Supervisand sich abwechselnd setzt, oder ich übernehme selbst eine Rolle.

An dieser Stelle warne ich aber vor »Tooliganismus«[73]. Methoden sind kein Selbstzweck und dienen nicht dazu, eine Supervision unterhaltsamer zu machen oder die Kreativität des Supervisors zu demonstrieren. Sie müssen um der Sache willen reflektiert eingesetzt und klar und sicher angeleitet werden.

Herausfordernd bleibt für mich, eine Methode im »rechten« Moment anzubieten. Manchmal zögere ich und verpasse diesen Moment. In der Lehrsupervision überlege ich auch manchmal gemeinsam mit dem Supervisanden, welche Methode für sein Anliegen geeignet wäre.

Zuletzt noch ein wichtiger Hinweis: Vom Erzählen über das Visualisieren bis zur Arbeit mit Körpererfahrung entsteht eine zunehmende Intensität des Erlebens. Dies muss beim Einsatz einer Methode unbedingt bedacht und berücksichtigt werden. Dabei muss man die Person des Supervisanden und den »Vertrautheitsstatus« der Gruppe im Blick haben. Denn bei der Arbeit mit unbewussten Inhalten und bei der Einbeziehung des Körpers ist mit Scham zu rechnen.

Welche Rolle spielt die spirituelle Dimension für Dich in der Supervision? (47)

Meine Spiritualität gründet im christlichen Glauben: Ich verstehe das Leben als unverdientes Geschenk und als ein Verwobenseins in resonante Lebenszusammenhänge. Ich vertraue auf das Getragensein von einer unbedingten Liebe und übe mich in der »Ehrfurcht vor dem Leben« (Albert Schweitzer).

Meine Spiritualität beeinflusst auch meine supervisorischen Beziehungen, die ich wertschätzend und authentisch zu gestalten versuche und in denen ich nicht zu wenig, aber auch nicht zu viel von mir und anderen erwarte. Ich bin offen für existentielle Themen wie Macht und Ohnmacht, Grenzen und Kraftquellen, Versagen und Schuld, Angst und Vertrauen, Freiheit und Verantwortung. Wenn wir diesen Themen Aufmerksamkeit schenken, bewegen wir uns im Raum der Spiritualität.

Ich rechne damit, dass auch im Misslingen Segenskräfte wirken und Fragmentarisches gewisse Entwicklungen ermöglicht. Matthias Claudius schreibt in einem Lied: »Seht ihr den Mond dort stehen? Er ist nur halb zu sehen, und ist doch rund und schön. So sind wohl manche Sachen, die wir getrost belachen, weil unsre Augen sie nicht sehn« (Claudius, 1779).

---

73 Klaas, 2018.

Praxisbeispiel: Eine Aufstellungsarbeit in der Einzelsupervision

Frau G. ist Gemeindepfarrerin, 55 Jahre alt, verheiratet. Sie kommt in eine Sitzung und sagt, dass es ihr schlecht gehe, dass sie schlecht schlafe und sich eine Klärung ihrer Situation erhoffe. Ich spüre ihre Not und sage ihr dies auch. Pfarrerin G. möchte ihre Situation mit Gegenständen aufstellen und wählt aus meinem Spielemagazin zunächst als Figur für sich selbst die Schachfigur der weißen Dame und stellt sie in die Mitte. Dann legt sie mit Wollfäden drei Kreise: einen schwarzen für ihr Team, einen rosafarbenen für ihr privates Leben, einen roten für die Gemeinde und bestückt die Kreise mit ausgewählten Symbolen. Wir betrachten das entstandene Bild ihrer »Life-Domains«. Alles wirkt eng und bedrängend.

Pfarrerin G. erzählt: Ihre beiden Kollegen verlassen die Gemeinde, sie bleibt allein zurück, der Superintendent verspricht, sich um eine Vertretungslösung zu kümmern, aber eine Neubesetzung der vakanten Stellen steht in den Sternen. Auch die Presbyterinnen und Presbyter sind frustriert und erschöpft. Ich spüre ihre Wut und Verzweiflung und sehe die Tränen. Frau G. erinnert sich plötzlich an ihre Herkunftsfamilie. Ihr jüngerer (kranker) Bruder bekam, was er wollte, sie aber musste oft zurückstehen. Und Frau G. spürt weitere Gefühle. Da ist neben der Traurigkeit über den Weggang der beiden Kollegen auch Ärger darüber, dass sie auch jetzt nicht gesehen wird mit ihrer Anstrengung und ihrer Leistung. Sie hat Angst vor der Arbeit, die auf sie zukommt. Ich spiegele ihre Gefühle und halte sie mit ihr aus. Nun frage ich: »Wie können Sie in dieser Situation gut für sich sorgen?« Frau G. betrachtet im Kreis ihres Privatlebens den musizierenden Engel, der sie (die »Dame« in der Mitte) ermutigend anschaut. Frau G. nimmt dieses Bild ruhig wahr und atmet auf. Ich bitte sie, diesen Moment bewusst zu erleben. Dann schaut Frau G. auf den roten Kreis der Gemeinde und erzählt, wie sie kürzlich mit einer Presbyterin eine Regelung für die Zukunft des Kindergottesdienstes finden konnte. Schließlich schiebt Frau G. die »Gemeinde« ein Stück von sich selbst weg. Wir schauen auf den schwarzen Kreis und dort auf den Superintendenten (als »Schachkönig« aufgestellt). Was kann sie realistisch von ihm erwarten beziehungsweise von ihm einfordern? Braucht und hat sie »Verbündete«? Frau G. fällt ein, dass die scheidende Kollegin angeboten hat, über Weihnachten in der Gemeinde mitzuhelfen, was der Superintendent bisher abgelehnt hatte. Ein gemeinsamer »Vorstoß« mit der Kollegin ist vorstellbar. Frau G. wendet sich nun dem Presbyterium zu und nimmt sich vor, ihre Arbeitsstunden aufzulisten und mit dem Presbyterium auszuhandeln, was in Zukunft von ihr geleistet werden kann und was nicht. Der Raum um sie herum ist inzwischen freier geworden, es atmet sich leichter. Ich weise auf eine schwarze Figur hin, die sich in Frau G.'s Privatleben »eingeschmuggelt« hat. »Was ist mit dieser Figur?« frage ich. Frau G. stellt sie entschlossen zurück hinter die Grenze. »Bis hierhin darf sie kommen, aber nicht weiter«, sagt sie. Worum es konkret geht, behält Frau G. für sich. Ich will nachfragen, entscheide aber, dass ich das jetzt nicht verstehen muss.

Unsere vereinbarte Zeit ist um. Frau G. fotografiert die Aufstellung und fasst zusammen: »Jetzt fühle ich mich wieder freier und sicherer. Ich weiß, wo ich stehe und was ich tun werde.« Auch ich sage, wie ich unsere Arbeit erlebt habe: »Frau G., ich bin sehr beeindruckt von dem Weg, den Sie heute gegangen sind. Ich habe mich gefreut mich, mit welcher Lust Sie Ihre Situation aufgestellt haben. Und ich bin froh, dass Sie wieder Kontakt zu Ihrer Stärke gefunden haben.« Dann verabschieden wir uns.

Literatur zum Interview von Werner Posner

Beck, H. (2018). *Irren ist nützlich. Warum die Schwächen des Gehirns unsere Stärken sind.* München: Goldmann
Boeckh, A. (2017). *Methodenintegrative Supervision.* Stuttgart: Klett-Cotta.
Buchinger, K. (1998). *Supervision in Organisationen.* Heidelberg: Auer.
Claudius, M. (1779/1996). Der Mond ist aufgegangen. In: Evangelisches Gesangbuch für die Ev. Kirche im Rheinland, die Ev. Kirche von Westfalen, die Lippische Landeskirche. () Nr. 482. Gütersloh, Bielefeld, Neukirchen-Vluyn.
Han, B.-C. (2015). *Duft der Zeit.* Bielefeld: transcript-Verlag.
Han, B.-C. (2021). *Undinge.* Berlin: Ullstein.
Hentig, H. v. (1985). *Die Menschen stärken, die Sachen klären. Ein Plädoyer für die Wiederherstellung der Aufklärung.* Stuttgart: Reclam.
Klaas, D. (2018). Tooliganismus in der Seelsorge. In: Dagmar Kreitzscheck|Heike Springhart (Hrsg.), *Geschichten vom Leben* (377–387). Leipzig: Evang. Verlagsanstalt.
Klessmann, M. (2023). *Verschwiegene Macht. Figurationen von Macht und Ohnmacht in der Kirche.* Göttingen: Vandenhoeck & Ruprecht.
Menschik-Bendele, J. (2014). Abschied. Vom guten Ende supervisorischer Beziehungen. *Supervision* (24–28).
Peters, C. (2019) (Hrsg.). *Wenn das Leben in die Jahre kommt.* Ostfildern (49): Verlag am Eschbach.
Posner, W. (2014). Rolle und Macht in der KSA-Kursleitung. *Transformationen 20* (153–170).
Well, J. (2023). Gemeinschaft der Erschöpften? Ein Zwischenfazit zur Salutogenese im Pfarrberuf, Deutsches Pfarrerinnen- und Pfarrerblatt (338–344).
Winkelmann, J. (2019). *Weil wir nicht vollkommen sein müssen. Zum Umgang mit Belastungen im Pfarrberuf.* Stuttgart: Kohlhammer.
Yalom, I. D. (1996). *Theorie und Praxis der Gruppenpsychotherapie.* München: Pfeiffer.

Beziehungsgestaltung ist mein Cantus firmus

Gertraude Kühnle-Hahn

Bitte gib eine kurze Visitenkarte von Dir mit persönlicher Note zum beruflichen Profil: Was bist Du für eine Supervisorin? (1)
Ich bin eine Supervisorin, die Interesse an und Empathie für die Geschichte der Menschen hat, für ihr Gewordensein, ihre Wurzeln, ihre Bilder und Werte, ihre Themen, Haltungen, Konflikte, ihre Widerstände und Hoffnungen. Trotz reichhaltiger Erfahrung und gewachsener Professionalität bin ich nach wie vor »leidenschaftlich neugierig« (Albert Einstein), gerade auch denen gegenüber, die schon länger zu mir in Supervision kommen. Das heißt für mich, in die Supervision mit der inneren Frage zu gehen: Was kann ich heute neu entdecken? Ich bin offen für Menschen verschiedenster Prägung und schrecke auch vor komplizierten Konstellationen nicht zurück. Mir ist wichtig, mit Menschen in anderen Kategorien als »richtig« und »falsch«, »gut« und »schlecht« auf das zu blicken, was sie erleben und tun.

Das Verlassen der Problemtrance – diesen Begriff aus der Hypnosetherapie finde ich sehr erhellend – und das Weiten der Sichtweise liegt mir am Herzen. Im Abstand auf etwas blicken, gehört für mich zum Kern der »Super-Vision«. Ich nenne das gern den »Voyager I–Blick«. Die Raumsonde Voyager I hat ein beeindruckendes Foto gesendet, das die Erde aus der bisher größten Distanz zeigt (6,4 Mrd km).

Zu mir gehört auch eine gute Portion Geduld. Manche Prozesse brauchen ihre Zeit, v. a. auch dann, wenn darin der persönliche Bereich der Menschen, die zur Supervision kommen, berührt ist. Und dann habe ich viel Vertrauen in die inneren Kräfte der Supervisandinnen. Die zeigen sich ja nicht zuletzt in dem, wie lange sie oft schwierigste Verhältnisse aushalten. Diese Kraft als Ressource zu betrachten und zu überlegen, ob und wie sie auch anderweitig eingesetzt werden kann, das erlebe ich als befreiend und lösend.

Was hat Dich dazu gebracht, Supervisor/Supervisorin zu werden und jahrelang zu bleiben? (2)
Ich habe selbst wirklich gute Supervisionserfahrungen gemacht, vor allem am Anfang meines Berufslebens, und habe mir immer wieder Supervision gegönnt (siehe Frage 4). Aber auch bereits als junger Mensch habe ich erfahren, dass es mich weiterbringt, wenn ich zu bestimmten (Lebens-)Fragen die Sichtweise anderer höre und mich damit auseinandersetze. Im Rückblick denke ich, dass meine Patentante meine erste Supervisorin war. Sie war mir eine wichtige Begleiterin in meinen Jugendjahren, unvoreingenommen, verschwiegen (meinen Eltern gegenüber!), mit mir suchend, was für mich stimmte.

Meine Motivation speist sich hauptsächlich aus der Resonanz der Menschen, die in Supervision kommen. Manchmal höre ich nach Jahren, was jemandem in einer bestimmten Situation geholfen hat. Es ist einfach immer wieder schön und bestärkend zu erleben, wie wirksam Supervision sein kann. Und ich denke hierbei nicht nur an die großen Schritte und Veränderungen. Wenn sich etwas in meiner supervisorischen Praxis entwickelt hat, dann auf jeden Fall dies, die kleinen Schritte zu achten.

Ich frage gerne am Ende einer Supervisionssitzung, ob sich etwas verändert hat. Wenn dann ein seufzendes »Es ist doch alles immer noch gleich schwierig« kommt, lege ich gern meine Wahrnehmung dazu, wo ich eine Veränderung gesehen habe.

Zu meiner Motivation tragen auch die kritischen Rückmeldungen bei. Wenn ich höre, was Supervisandinnen gefehlt hat, was für sie schwierig war, dann ist mir das Ansporn, mich nicht behaglich einzurichten, sondern zu schauen, woran es gehakt hat.

Hältst Du es für nötig, dass Supervisoren und Supervisorinnen selbst zur Supervision gehen? (4)
Eindeutig ja. Bis zur Verabschiedung aus meiner letzten beruflichen Stelle habe ich mir immer wieder supervisorische Begleitung gesucht. Der Supervisor und Coach Dr. Wolfgang Loos hat einmal in einer Fortbildung gemeint, Supervision sei so sinnvoll wie Zähneputzen. (Nebenbei gesagt hat er Coaching mit einem Zahnarztbesuch verglichen.) Ich glaube, es ist einfach hilfreich, immer wieder selbst zu erleben, wie gut eine Außensicht tut, die nicht in das involviert ist, was ich mitbringe.

Wie hat sich deine Kultur im Umgang mit Fehlern und mit Erfolgen entwickelt – in Bezug auf Deine Supervisanden und Supervisandinnen und auf Dich? (6)
Ganz kurz gesagt: Ich bin fehlerfreundlicher geworden, mit mir selbst und mit den anderen. In meiner Anfangszeit als Supervisorin war ich sehr bemüht, es richtig zu machen, nicht unsicher zu wirken, nichts zu übersehen. Mit der Zeit habe ich gemerkt, dass das, was für die eine Person in der Supervision passt, bei der anderen vielleicht nicht stimmig ist. Es ist selten eindeutig, was richtig und was falsch ist.

Im Übrigen erinnere ich mich selbst und andere gern an Thomas Edison, den Erfinder der Glühbirne. Der erlebte ca. 4 000 Pleiten bei der Entwicklung der Glühbirne. Gefragt, ob ihn die vielen Misserfolge nicht entmutigt hätten, sagte er: »Was heißt hier Misserfolg? Jeder Versuch war ein Erfolg, denn er zeigte mir, wie es nicht geht.«

Gibst Du (manchmal) etwas von Deinem Privatleben preis? Hast Du dafür Kriterien? (7)
Insgesamt bin ich damit sparsam. Aber war ich zum Anfang meiner Supervisionstätigkeit darin geradezu asketisch, geleitet von der Devise, es geht nicht um mich, es geht nur um die andere Person, so bin ich hier großzügiger geworden.

Kriterium ist für mich, ein möglichst stimmiges Verhältnis von Nähe und Distanz zu haben. Etwas aus dem Privatleben zu zeigen, dient oft der Vertrauensbildung. Ich werde dadurch sichtbarer und spürbarer als Person und bin nicht nur »die Supervisorin« oder gar eine Unbekannte.

Wenn es um Überschneidung von Beruflichem und Privaten geht, wie es bei der Vereinbarkeit von Beruf und Familie der Fall ist, bringe ich gerne ein, dass ich dieses Spannungsfeld aus vielen Jahren sehr gut kenne. Ich erinnere mich, wie erleichtert eine Supervisandin war, von mir zu hören, dass ich mich auch oft gefragt habe, wie ich es schaffe, beiden Polen gerecht zu werden. Und dass ich trotz allen Spannungen und trotz mancher Überbelastung und gegen Anfragen von Außenstehenden an meiner Berufstätigkeit festgehalten habe, weil sie wichtiger Teil meiner Identität war.

Auch Solidarität im Sinne von »du bist nicht allein« kann eine stärkende supervisorische Intervention sein.

Wie ist dein eigenes aktuelles Supervisionsverständnis und wie hat es sich entwickelt? (8)

»Lernen ist Erfahrung. Alles andere ist nur Information«. Diese Erkenntnis Albert Einsteins drückt für mich kurz und knapp aus, wie ich Supervision verstehe. Es ist Lernen an der Erfahrung, Reflexion und Verstehen des eigenen Handelns und Fühlens, Wahrnehmen der kognitiven und emotionalen Hintergründe. Dafür stelle ich mich zur Verfügung: mit meiner Person, meiner Wahrnehmung, meiner Intuition, meinem Wissen. Ich bin wach für Nichtgesagtes, Nebensätze, Angedeutetes, Unklares. Ich frage nach vermeintlich Selbstverständlichem und scheue mich nicht, Störungen anzusprechen.

Mir liegt viel daran, dass Supervision ein geschützter Raum ist, zum einen im wörtlichen Sinn, dass niemand hören kann, was dort gesprochen wird, zum andern, dass die Verschwiegenheit wirklich gewahrt ist. Dies ist besonders auch für Gruppensupervisionen relevant. Es mag selbstverständlich klingen. Meine Erfahrung ist, dass es gut tut, das immer wieder sehr klar auszusprechen angesichts einer geschwätzigen, von den sozialen Medien dominierten Welt.

Der Supervisionskontrakt ist für mich zunehmend wichtiger geworden, das Sich-Klarwerden, mit welchen Erwartungen und Zielen jemand in Supervision kommt. Es lohnt sich, sich mit dem Gesagten nicht zu schnell zufrieden zu geben. Hat jemand sehr hehre Ziele (z. B. »Ich will die Konflikte mit meinem Kirchenvorstand lösen«), dann ermutige ich zu kleinen Schritten. Immer wieder auf die Ziele zu schauen und zu überprüfen, ob sie noch stimmen oder ob sie sich verändert haben (was nicht selten geschieht), ist wichtiger Bestandteil des Prozesses.

Ich verstehe meine Supervision pastoralpsychologisch, und dies nicht nur deshalb, weil ich die Ausbildung bei der Deutschen Gesellschaft für Pastoralpsychologie gemacht habe. Im Pastoralpsychologischen sind für mich zweierlei Schwerpunkte enthalten: Zum einen die Reflexion von (beruflichen) Prozessen aus psychologischer Perspektive. Dazu dient eine Breite von psychologischen Ansätzen und Erkenntnissen (von den tiefenpsychologischen über die kommunikationspsychologischen bis hin zu den systemischen). Der andere Schwerpunkt ist die Reflexion der religiösen und kirchlichen Identität, die Begleitung von Personen in ihrer Berufsrolle, in ihrer Vision von Kirche, in ihren Enttäuschungen mit der

Institution und ihren Vertretern, im Wahrnehmen des eigenen Menschen- und Gottesbildes.

Zur pastoralpsychologischen Supervision gehört für mich in besonderer Weise die Wahrnehmung von Konflikten, von Ärger und Aggression, ein Thema, das gerade (aber nicht nur) im kirchlichen Kontext recht unterbelichtet ist, da angstbesetzt. Für mich hat dieses Thema auch eine geistliche Dimension, nämlich die Frage, wie ehrlich und echt ich jemandem begegne und was ich jemandem vorenthalte, wenn ich Konflikthaftes vermeide. Dass die Wahrheit frei macht (Johannes 8,32), auch wenn es klar ist, dass es meine Wahrheit ist, und auch, wenn sie schmerzt – das ist eine wesentliche Erfahrung.

Es gibt beim Pastoralpsychologischen auch noch einen gewissermaßen inneren Aspekt, der sich in meiner Haltung ausdrückt. Ich bin Supervisorin und Theologin/Pfarrerin. Ich gebe mich zu erkennen als eine, die von Gott angesprochen ist. Ich gehe von einer Akzeptanz Gottes aus, die über unser aller Leben ausgesprochen ist. Das hilft mir zu einer Achtung meines Gegenübers, das über die Sympathie hinausgeht. Ich weiß mich und all das, was ich tue, in einer größeren Wirklichkeit aufgehoben, die ich nicht selbst schaffen muss. Das ermöglicht mir, meine Grenzen zu sehen, gerade auch meine Grenzen der Wahrnehmung. »Unser Wissen ist Stückwerk«. Dieser nüchterne Satz aus 1. Korinther 13,9 entlastet mich vom Druck, in der Supervision möglichst immer das Richtige zu wissen. Und ich gebe diese Haltung gerne an die Supervisanden weiter, mit sich selbst gnädig umzugehen.

Was glaubst Du, was Supervision im besten Falle vermag? Was kann sie nicht? (9)

Was Supervision nicht kann, ist andere Menschen, die nicht an der Supervision teilnehmen, die aber in den supervisorischen Anliegen eine große Rolle spielen, verändern. Sie kann ebensowenig Gremien oder Institutionen verändern. Das mag man als Selbstverständlichkeit verbuchen, aber ich stelle immer wieder fest, dass nicht wenige Menschen auch in der Supervision geneigt sind, sich an anderen abzuarbeiten. Da fließt dann ungeheuer viel Energie hin. Es ist schon viel wert, wenn Supervision dazu verhilft, dieses Muster wahrzunehmen und zu unterbrechen. Manche empfinden das als richtig befreiend. Befreiend ist es auch, wenn die Supervision das Gefühl auflöst, Opfer zu sein von schwierigen Menschen oder ungerechten Strukturen oder von beidem zugleich. Aus dieser Lähmung herauszukommen und wahrzunehmen, wo die eigenen Möglichkeiten sind, sei es auf der Handlungs- oder der Haltungsebene, das setzt Lebendigkeit frei und verschleißt weniger Kräfte. Im besten Fall erleben Supervisandinnen, dass sie ihre Arbeit freier, selbstbestimmter und das bedeutet immer auch selbstbewusster tun können. Für mich ist das eine Kompetenz, die ich so hoch ansiedle wie andere arbeitsrelevante Kompetenzen.

Wann betrachtest Du eine Supervision als gelungen? (10)

Salopp gesagt, wenn ein Supervisand außerhalb der Supervision einen »Pikser« verspürt. Das muss ich etwas beschreiben:

Eine Supervisandin hat in der Supervision entdeckt, dass sie in ihrem beruflichen Feld, in dem sie viel mit anderen Menschen zu tun hat, immer ganz stark bei der anderen Person ist und sich selbst dabei vergisst. Im Nachhinein spürte sie oft Erschöpfung und hatte das Gefühl, übergangen zu sein. Sie hat viele solche Situationen geschildert. Immer wieder fiel sie in dieses Muster. Dann kam sie in die Supervision und erzählte, bei einer schwierigen Gesprächssituation hätte sie an die Supervision gedacht und sie hätte das wie einen Pikser gespürt und gewusst, ich muss für mich eintreten. Sie hat es dann auch getan und war richtig stolz, dass sie es konnte.

Wenn das, was in der Supervision wahrgenommen und erkannt wurde, wirksam ist im Erleben und Handeln der betreffenden Person, erlebe ich das als Gelingen. Und ich werde nicht müde zu betonen, es geht nicht um die großen Würfe, sondern um die kleinen Schritte.

Ich kann es auch so ausdrücken: Wenn ein Supervisand in sich immer wieder eine supervisorische Stimme entdeckt und diese dann umsetzen kann, d. h. wenn ich als Supervisorin überflüssig werde, dann ist die Supervision aus meiner Sicht gelungen.

Welche Themen können in der Supervision besprochen werden und welche nicht? (11)

Angesprochen werden können in der Supervision grundsätzlich alle Themen, da möchte ich nicht von vornherein auswählen. Die Frage ist, ob sie dann weiterhin Gegenstand und Inhalt der Supervision sein werden.

Es gibt Grenzbereiche zur Supervision, die in die Supervisionsprozesse immer wieder hereinspielen. Mir liegt daran, für die offen zu sein, aber auch bewusst damit umzugehen und zu markieren, wenn es in diesen Bereich geht. Ich denke an dreierlei:

Das eine ist das Coaching, worunter ich ein gezieltes Beratungs- und Trainingskonzept verstehe. Wenn sich z. B. eine Supervisandin während der Supervision auf eine Stelle bewirbt, dann kann es sein, dass ich mit ihr sehr fokussiert auf diese Bewerbungssituation hinarbeite. Da bleiben dann auch manche Punkte liegen, auf die ich sonst im Supervisionsprozess eingehen würde.

Der andere Bereich ist der der Therapie. Wenn jemand gerade im Beruf immer neu an denselben Schmerzpunkt kommt bzw. entdeckt, dass die eigene Persönlichkeit zu schwierigen Konstellationen beiträgt, kann es sein, dass es sinnvoll ist, dem intensiver auf die Spur zu kommen. In diesem Fall schaue ich mit der Person, welche Wege sie beschreiten kann. Es ist oft so schnell gesagt: Geh mal in Therapie. Aber man muss erst mal eine geeignete Person finden, die keine Wartezeit von zwei Jahren hat. Wichtig ist mir aber gerade in diesem Bereich, klar die Grenze der Supervision zu markieren. Ich kann und will nicht therapeutisch arbeiten.

Der dritte Bereich ist für mich der der Seelsorge. Für den bin ich sicher deshalb sensibel, weil ich aus diesem Bereich ursprünglich komme und ich ihn nach wie vor für ein großartiges Angebot halte. Menschen können in Situationen kommen, wo sie ein hohes Bedürfnis nach Gespräch und Zuwendung haben und weniger nach

Reflexion und Selbstdistanzierung, wie es die Supervision auch vorsieht. Dann ist zu schauen, was jetzt dran ist und wer das geben kann.

Ich will hier nicht sagen, dass ich Menschen immer gleich wegschicke und sozusagen »sortenrein« Supervision machen will. Das gibt es gar nicht. Wichtig ist mir aber, dass ich weiß, was ich tue, und dass ich das auch kommuniziere.

Gibt es Lehrsätze/Theorien, die sich in Deiner Praxis bewährt haben oder die Du im Lauf der Jahre über Bord geworfen hast? (12)
Meine Supervisionsausbildung bei der Deutschen Gesellschaft für Pastoralpsychologie war vom Ansatz her stark erfahrungs- und praxisorientiert. Von daher war ich nicht mit Lehrsätzen und Theorien überfüttert, im Gegenteil, ich habe mich im Lauf der Jahre erst mit manchen Supervisionstheorien auseinandergesetzt. Mir hat dieser Ansatz und dieser Weg in die Supervision sehr entsprochen.

Bewährt hat sich der Ansatz, dass es gerade auch in der Supervision um Beziehungsgestaltung geht. Wenn ich nicht im Kontakt bin mit meinem Gegenüber in der Supervision, hilft alles theoretische Wissen nicht. Wenn die Beziehung stimmt und tragfähig ist, ist vieles möglich. Dann kann ich auch jemanden konfrontieren, gegebenenfalls unangenehme Punkte ansprechen. Das hört sich vielleicht einfach an. Aber Beziehungsgestaltung ist eine Kunst. Sie braucht viel Wachheit, Aufmerksamkeit, Achtsamkeit, Bewusstheit. Und dies den ganzen supervisorischen Prozess über. Das ist nicht einmal erarbeitet, sondern bleibt etwas Fragiles.

Von der Seelsorgeausbildung herkommend war für mich dieser Aspekt nichts grundlegend Neues. Interessant und bestätigend ist für mich, diese Sicht auch außerhalb des sozialen und kirchlichen Bereichs zu finden. »Wirksam wird man in Beziehungen, im Kontakt. Sie können methodische Kunstgriffe jeglicher Art draufhaben, Sie können reden wie ein Spitzenrhetoriker – wenn Sie nicht ›in Kontakt‹ sind, werden Sie nicht wirksam.«[74]

Von Mechthild Erpenbeck habe ich auch den Begriff der »bezogenen Konfrontation« aufgenommen, der mir zunehmend wichtig geworden ist. Wir sind ja meist vom Entweder/Oder geprägt. Entweder man ist nett und freundlich zu jemandem oder man konfrontiert ihn oder sie. Und dann wird es schwierig und ungut. Das möchte man möglichst vermeiden, übrigens nicht nur im kirchlichen und sozialen Milieu. Diese Vermeidungshaltung ist weit verbreitet und hat konfliktträchtige Folgen. Umso wichtiger ist es, den geschützten Raum der Supervision zu nutzen, jemanden bezogen mit dem zu konfrontieren, was ich wahrnehme. Wenn mir an jemandem liegt, kann ich ihm oder ihr das nicht vorenthalten.

Ich weiß nun nicht, ob das zu den supervisorischen Lehrsätzen oder Theorien zu zählen ist, zu meiner erfahrungsgesättigten Theorie gehört es auf jeden Fall.

Welches Thema beschäftigt Dich aktuell besonders in Bezug auf Supervision? (15)
Da ich mehrere Teams aus dem kirchlichen Bereich supervisorisch begleite, beschäftigt mich, wie sehr diese vom kirchlichen Umbauprozess dominiert werden.

---

74 Mechthild Erpenbeck, Executive Coach v. a. in der Wirtschaft, in: *Journal Supervision 1/2020*, 17 ff.

Strukturell ändert sich enorm viel. Dabei handelt es sich wirklich um Umwälzungen, um viel Abschied von Vertrautem, Gewohntem. Mich bewegt besonders die Frage, wie sich die Supervisandinnen noch Freude an ihrer Arbeit erhalten können, wenn sie mit Enttäuschung und Frustration aus den Gremien bombardiert werden, für die sie zuständig sind, wobei die Enttäuschung und Frustration ja meist auf die eigene trifft. Die Gefahr, dass die ganzen strukturellen Probleme personalisiert werden und zu persönlichen Konflikten führen, ist sehr hoch. Wo ist da noch Raum für eigene Ideen, für das, was einem am Herzen liegt, für die Kür, wenn einen die Pflicht erdrückt? Mir ist es wichtig, dass diese Fragen in der Supervision einen Platz haben und diese nicht nur das widerspiegelt, was im beruflichen Alltag übermächtig ist.

Wie kamst Du zu Deiner ersten Supervisionserfahrung und welche Erinnerung hast Du daran? Was war das Besondere? Welches Resümee ziehst Du heute daraus? *(16)*
Meine erste Supervisandin kam durch die Vermittlung eines Kollegen, der sie an mich verwies. Das Besondere war, dass sie aus einem anderen beruflichen Feld kam als dem meinen. Das fand ich sehr erleichternd, da so die Gefahr der Identifikation geringer ist. Herausfordernd war, dass sie immer sehr viel redete. Darüber war ich zum einen froh, da ich natürlich auch noch unsicher war. Doch zunehmend fand ich es schwierig. So war mein erster Lernpunkt, mich im Begrenzen zu üben.

Interessant war, dass diese Supervisandin sich nach ein paar Jahren nochmals meldete, um in einer schwierigen beruflichen Phase Supervision zu haben. Das fand ich im Nachhinein eine schöne Rückmeldung.

Was machst Du vor und nach einer Sitzung und was hältst Du diesbezüglich für empfehlenswert? *(19)*
Während einer Sitzung mache ich mir Stichworte, die ich nach der Sitzung ergänze. Ich notiere mir auch, worauf ich das nächste Mal besonders achten oder wonach ich fragen will. Ebenso reflektiere ich, wie es mir ging im Lauf der Sitzung. Meine Empfindungen sind mir wichtige Impulsgeberinnen.

Vor der Sitzung lese ich dann eben diese Notizen und stelle mich auf die kommende Person ein. Mit zunehmender Supervisionserfahrung habe ich dafür gesorgt, eine Atempause davor zu haben und nicht zwei Supervisionssitzungen direkt hintereinanderzuschalten.

Woran erkennst Du, dass es in der Supervision einen Fortschritt gibt? *(20)*
Wenn jemand das von sich aus formuliert, ist es natürlich am einfachsten zu erkennen. Aber ich merke es auch an anderen Anzeichen: an der Stimme, am Blick, an der Haltung. Da kommt vielleicht jemand ziemlich beladen mit Problemen in die Supervision. Die Stimmung und die Stimme sind gedrückt. Und dann fällt mir irgendwann auf, dass die Person aufrechter vor mir sitzt. Oder dass die Stimme fester und entschlossener klingt. Diese Wahrnehmung bringe ich ein und nicht selten wird deutlich, dass etwas oder noch besser mein Gegenüber in Bewegung gekommen ist, mehr Kraft spürt und dies sich auf das Umfeld auswirkt.

Mein Wort dafür ist eher die Veränderung als der Fortschritt, wie ich unter der Frage 2 schon sagte. Fortschritt wird oft leistungsorientiert verstanden im Sinne von: Ich muss besser werden.

Wenn ich etwas anders betrachte, wenn ich eine andere Haltung dazu einnehmen kann, passiert schon viel, auch wenn die Sachlage noch dieselbe ist.

Vermeidest Du Ratschläge tatsächlich? (22)
Im Großen und Ganzen ja, aber mit Ausnahmen.

Ich erinnere mich an eine Supervisandin, deren beruflicher Alltag randvoll war. Dazu hatte sie noch zwei aufwändige Ehrenämter. Die Fülle war in der Supervision häufig Thema. Nun stand eine Wahl zu einem Ehrenamt an. Sie überlegte, ob sie wieder kandidieren sollte. Ich sagte zu ihr, ich würde das an ihrer Stelle nicht tun, um endlich etwas Luft zu haben. Ich konnte da nicht anders, es war so evident. Interessanterweise hat sie meinen Rat nicht befolgt und doch wieder kandidiert. So wirksam sind Ratschläge, wenn man sie schon mal gibt, dann doch nicht.

Was ist Dir wichtig für die Beendigung des supervisorischen Prozesses? (26)
Kurz gesagt: Dass der Prozess klar beendet wird. Es gibt manche, die schleichen sich gerne raus. Da wird zuerst der Termin ein paar Mal verschoben, dann melden sie sich länger nicht und man fragt sich, was los ist. Das sind nicht viele, aber ich beobachte, dass es denen leichter fällt, die die Supervision nicht selbst bezahlen müssen, sondern bezahlt bekommen. Supervision wird in unserer Landeskirche erfreulicherweise sehr unterstützt, und das nicht nur ideell, sondern auch finanziell.

Vor kurzem hatte ich einen Supervisanden, bei dem auch die Frage im Raum stand, ob er sich um eine Therapie bemüht. Nach einiger Zeit schrieb er mir eine Mail, er habe jetzt einen Therapieplatz und würde nicht mehr in Supervision kommen. Ich schrieb zurück, drückte meine Freude über die Therapie aus und bat ihn, zu einer abschließenden Supervision zu kommen. Daran liegt mir, wie ich mich auch sonst gern ordentlich von Menschen verabschiede.

Wie gehst Du mit dem um, was Du Deinen Supervisanden und Supervisandinnen schuldig geblieben bist und sie Dir? (27)
Nach einer Supervision reflektiere ich für mich den Prozess. Manchmal fällt mir auf, dass ich etwas nicht gesagt habe, was mir eigentlich aufgefallen ist. Zuerst frage ich mich, warum ich mir das »verkniffen« habe. Wenn ich das Gefühl habe, das ist wichtig für den Prozess, schreibe ich mir das auf und bringe es in der nächsten Supervision ein. Ich mache dann auch transparent, dass ich es vermieden habe und warum.

Wenn mir Supervisanden etwas schuldig bleiben, spreche ich das auch an. Siehe das Beispiel bei der vorigen Frage: Ich habe dem Supervisanden gesagt, warum ich einen Supervisionsprozess nicht mit einer E-Mail beendet haben will.

Was hat Dich Deine Erfahrung gelehrt, welche Besonderheiten sinnvoller Weise zu berücksichtigen sind in Einzel-, Gruppen-, Team-SV über die formellen und in allen Lehrbüchern nachzulesenden Kriterien hinaus? (29)
Je länger ich im supervisorischen Geschäft bin, desto mehr habe ich Respekt vor dem, was da geschieht, dass sich Menschen einem anvertrauen mit dem, was sie beschäftigt und belastet, mit ihren Licht- und Schattenseiten, mit dem, was ihnen gelingt, und dem, woran sie scheitern. Auch wenn Supervision inzwischen nicht mehr den Charakter des Außergewöhnlichen hat, bleibt mir die Achtung vor dem, was dadurch möglich ist und wird, und auch vor den Grenzen. Dies gilt für mich für die Einzel-, Gruppen und Team-Supervision. Manchmal bedanken sich Supervisandinnen am Ende einer Supervision. Diesen Impuls spüre ich auch bei mir selbst, gerade dann, wenn in Gruppen oder Teams Menschen sich öffnen können und ehrlich sagen, wie es ihnen geht und was sie brauchen. Das ermöglicht meist vieles in der Folge.

Im Blick auf die Team-Supervision ist für mich die Tatsache, dass die Supervisanden nach der Supervision weiterhin miteinander arbeiten müssen oder wollen, immer wichtiger geworden. D. h. ich habe in der Supervision nicht nur im Blick, was dort geschieht, sondern auch das Danach. Dies ist besonders relevant, wenn es um Konflikte im Team geht, was ja häufig vorkommt.

Was ist Dir (bzw. aus Deiner Sicht) wichtig für die Beziehungsgestaltung in der Supervision? (31)
Für mich ist die Beziehungsgestaltung der Cantus firmus einer Supervision. Es ist vieles möglich, wenn der Kontakt stimmt und diese Melodie sozusagen immer wieder gespielt wird. Mehr dazu habe ich unter 12. gesagt, weil es sich bei diesem Punkt für mich um eine sehr bewährte Theorie handelt, auch wenn es letztlich keine Theorie, sondern gelebte Praxis ist.

Ergänzen möchte ich noch, dass mir die drei Grundhaltungen des Psychologen und Psychotherapeuten Carl Rogers, die ich in meiner Seelsorgeausbildung geradezu eingesogen habe, für die Beziehungsgestaltung in der Supervision eine wesentliche Grundlage sind: Kongruenz, Empathie und Wertschätzung.

Was macht Deiner Meinung nach einen guten Supervisor/ eine gute Supervisorin aus? (32)
Eine gute Balance von Nähe und Distanz, Echtheit in der Begegnung, Transparenz der eigenen Wahrnehmung und des Vorgehens – das fällt mir als Erstes ein. Eine gute Prise Humor kann immer wieder lösend wirken.

Was vermeidest Du und was förderst Du aus welchen Gründen? (34)
Ich vermeide möglichst Deutungen meinerseits, da die recht machtvoll sein können. Ich frage lieber nach, ob jemand eine Ahnung hat, warum er oder sie so handelt, so denkt, so empfindet.

Ich fördere gerne die Selbstermächtigung, gerade bei Menschen, die sich sehr fremdbestimmt fühlen, dass sie wieder ein Gefühl dafür bekommen, wo sie die Fäden in die Hand nehmen können, und sei es, dass sie überlegen, wie sie anders in eine Sitzung gehen, von der sie sich nichts als Frustration erwarten. Sich klein und machtlos zu fühlen, tut niemandem gut.

Wie siehst Du die Gewichtung von Zuhören und Selberreden bei Supervisorinnen und Supervisoren? (36)
Summa summarum höre ich mehr zu, als dass ich rede. Ich sehe bei mir selbst eine Entwicklung dahingehend, mehr zu reden, als am Anfang meiner supervisorischen Tätigkeit, d. h. meine Wahrnehmung und Resonanz stärker einzubringen. Ich kann aber auch jemandem Zeit lassen, die eigenen Worte zu suchen.

Welche Bedeutung misst Du Gefühlen bei im supervisorischen Arbeiten? (37)
Eine sehr große. Menschen haben Gefühle und wirken sie auch noch so strukturiert und rational. Der Zugang dazu ist manchmal mühsam. Ich treffe auch auf innere Verbote wie: In Strukturdiskussionen und in Gremien haben Gefühle nichts zu suchen. Und immer wieder neu begegnet mir die Vorstellung, dass Gefühle zu haben, Schwäche bedeutet.

Ich spreche die Menschen in der Supervision auf ihre Gefühle an, sage ihnen, welche ich wahrnehme oder auch welche ich vermisse. Ich bringe auch meine Gefühle ein, wenn die sich melden, wenn ich sie zuweilen stellvertretend spüre. Das erlebe ich nicht selten beim Gefühl des Ärgers. Wenn ich dann sage, dass der bei mir aufkommt, dann höre ich manchmal: Stimmt, eigentlich habe ich den auch. Ich bringe mich da aber nur ein, wenn ich selbst das Gefühl wirklich habe. Ich mache daraus kein Rollenspiel. Häufig erlebe ich, dass es Menschen entlastet, wenn sie ihre Gefühle spüren und zu ihnen stehen können. Dann geht die supervisorische Arbeit natürlich noch weiter: Was mache ich mit dem Gefühl? Äußere ich es? Und wenn ja, wie? Welches Bedürfnis steckt dahinter? Was brauche ich? Wie komme ich dazu?

Ist der supervisorische Raum tatsächlich eine machtfreie Zone? Oder? (39)
Machtfrei ist er gewiss nicht. Denn es ist ja von vorneherein ein Gefälle da: Eine oder mehrere Personen bringen sich und ihre Themen ein. Die Supervisorin erfährt viel, nimmt auf, reagiert, setzt Impulse. Dabei wird – oft unbewusst – eine Wahl getroffen: Was nehme ich auf, was lasse ich liegen, was verstärke ich? All das ist bei allem Bemühen nicht frei von Macht. Umso wichtiger finde ich es deshalb, sich immer wieder zu fragen: Warum interveniere ich so bzw. warum nicht? Ebenso wichtig ist, sich der eigenen Grenzen bewusst zu sein.

Wenn der britische Psychoanalytiker Wilfred Bion daran erinnert, dass die Sicht der Supervisorinnen keine bessere ist, sondern eine andere, eine »zweite Meinung«, dann fällt mir das Wort »Demut« ein. Es mag für manche strapaziert sein, mir ist es als eine wesentliche supervisorische Haltung nahe.

Wie hältst Du es mit Bestätigung, Lob, Würdigung... Deiner Supervisandinnen und Supervisanden? (40)
Ich mache das nicht überschwänglich, weil ich mich nicht als Lehrerin sehe, die vermittelt: Das hast du gut gemacht. Ich drücke gerne meine (echte) Freude aus, wenn jemand z. B. einen Schritt machen konnte, der ihm schwer fiel. Und wichtig

ist mir, dass sich jemand selbst anerkennen und würdigen kann, ich möglicherweise frage: Haben Sie sich da schon auf die Schulter geklopft?

Welche Kriterien hast Du für den Einsatz von Methoden in der Supervision? (43)
Methoden sollen »Wege zum Menschen sein und diese nicht verstellen«.[75] Dies ist für mich leitend. Insgesamt bin ich mit dem Einsatz von Methoden eher sparsam. Das mag an einer Erfahrung liegen, als ich selbst Teilnehmende einer Gruppensupervision war, in der viel Methodisches eingesetzt wurde und ich immer wieder den Eindruck hatte, das geschah weniger mit einer supervisorischen Zielsetzung, als vielmehr – etwas platt gesagt – um etwas loszumachen.

Methoden haben oft eine belebende Wirkung und fördern die Kreativität, die nicht selten mit rein verbalen Äußerungen eingeschränkt wird. Gleichzeitig steckt in vielen Methoden ein Gutteil Selbstoffenbarung. Deshalb ist mir gerade beim Methodeneinsatz ein guter Kontakt zu den Supervisandinnen wichtig, damit das »Mehr« an Informationen eine verantwortliche Basis hat.

Passt die Methode? Gibt es Widerstände? Ängste? Das sind wichtige Fragen. Gerade in Gruppen kann die Einstellung zu Methoden sehr differieren.

Hast Du Methoden, die sich in Deiner Arbeit (immer wieder) bewähren? Kannst Du ein Beispiel oder auch mehrere nennen? (44)
Mir liegen v. a. systemische Methoden nahe, die ich meiner Zusatzausbildung als Systemische Beraterin gelernt habe.

Das Skalieren finde ich beispielsweise eine einfache, aber aussagekräftige Methode, um die momentane Einschätzung und Befindlichkeit zu erfahren. Ein Beispiel dafür:

In einer Teamsupervision mit mehreren Pfarrerinnen, die ihre Zusammenarbeit reflektieren wollten, habe ich am Beginn der Supervisionssitzung darum gebeten, auf einer Skala zwischen 0 und 10 zu benennen, wie die einzelnen im Moment die Zusammenarbeit im Team empfinden. Dafür bekommt jede einen Zettel, auf den sie eine Zahl schreibt. Dann wird die Zahl in der Runde genannt und begründet. Wenn man das nicht aufschreiben lässt, läuft man Gefahr, dass sich manche an ihren Vorrednerinnen orientieren. Beim ersten Mal gab es von einer Supervisandin Widerstand gegen die Methode. Sie wollte sich nicht festlegen und schon gar nicht wollte sie das aufschreiben. Mein Hinweis, dass es sich wirklich um eine Momentaufnahme handelt und nicht um ein Festschreiben eines Zustands hat ihr geholfen, sich darauf einzulassen.

Eine weitere Methode, die ich hilfreich finde, ist das Doppeln. Es ist eine zentrale Methode aus dem Psychodrama. Ich habe es in meiner Weiterbildung in Klärungshilfe, einer besonderen Form der Konfliktmoderation, kennengelernt. Das Doppeln ermöglicht es, für jemanden Bedürfnisse, Gefühle oder Gedanken aus-

---

75 Albrecht Boeckh, *Methodenintegrative Supervision. Ein Leitfaden für Ausbildung und Praxis*, Stuttgart 2008. 13.

zusprechen, die der Person vielleicht nicht bewusst sind oder die sie sich nicht auszusprechen getraut.

Wichtig ist natürlich, dass man diese Methode gut einführt und die Person um Erlaubnis bittet. In meiner Weiterbildung ging mir der einleitende Satz »Darf ich mal neben Sie treten und an Ihrer Stelle etwas sagen, und Sie sagen dann, ob das stimmt oder nicht?« in Fleisch und Blut über. In diesem Satz ist das Wesentliche enthalten und die andere Person kann auch immer »nein« sagen. In einer Konfliktmoderation wendet man sich mit dieser Methode an die Konfliktpartei, aber man kann das Doppeln auch in einer Team- oder Gruppensupervision einsetzen, um mehr Klarheit zu schaffen.

Erwähnen möchte ich noch die Ich-Zustände aus der Transaktionsanalyse. In einer Supervision mit den Beteiligten zu überlegen, aus welchem Ich-Zustand sie in dem, was inhaltlich eingebracht wurde, reagierten, welche Wirkung das hatte und wie es möglich sein könnte, aus der Ebene des Erwachsenen-Ichs heraus zu handeln oder zu reden, das erfahre ich oft als weiterführend. Für manche ist es immer wieder neu ein Aha-Erlebnis zu erkennen, wie rasch sie gegenüber einer Leitungsperson in die Kind-Ich-Ebene rutschen.

Kannst Du Dir vorstellen, dass Supervisoren/Supervisorinnen durch die Anwendung von hilfreichen Methoden (oder Methodenabfolgen) überflüssig werden? Anders gefragt: Worin siehst Du die spezifische Kunst eines Supervisors/einer Supervisorin, die über das, was perfekt angewandte Methoden vermögen, hinausgehen könnte? (45)
Die spezifische Kunst einer Supervisorin ist für mich eindeutig die Beziehungsgestaltung. Jemand kann ein randvolles Repertoire an den besten Methoden haben. Wenn die Beziehung nicht stimmt, wird sich wenig entwickeln. Ich kann da nur wiederholen, was ich zur Frage 12 gesagt habe.

Welche Rolle spielt die spirituelle Dimension für Dich in der Supervision? (47)
Sie spielt zunächst eine wichtige Rolle in meiner Haltung, wie ich es in meinem Supervisionsverständnis in Frage 9 schon ausgedrückt habe. Das Vertrauen, dass es eine größere Wirklichkeit gibt als die vorfindliche, und das Wissen um das Fragmentarische im Erkennen und Handeln sind mir wesentliche Stützen in meiner supervisorischen Identität. Es gibt Situationen, in denen ich das auch ausspreche, nicht am Anfang und auch nicht statt eines Prozesses. Aber sozusagen nach getaner Arbeit den Blick auf die Dimension zu richten, die außerhalb unserer Verfügbarkeit ist, das kann der Supervision nochmals eine andere Tiefe geben. Dies ist für mich abhängig von der Beziehung, in der ich zum Supervisanden stehe. Ich habe damit berührende Erfahrungen gemacht.

Hast Du spirituelle Erfahrungen im Rahmen deiner supervisorischen Tätigkeit gemacht und welchen Einfluss hatten sie auf die Prozessentwicklung? (48)
Zu erleben, was sich in Menschen bewegt und entwickelt und wie sich das auswirkt in vielleicht verhärteten Strukturen, das ist für mich auch eine spirituelle Erfah-

rung. Die macht mich dankbar. Das sind dann Momente besonderer Dichte, wenn das in der Supervision zwischen mir und der Supervisandin geteilt werden kann.

Welche Wertmaßstäbe bzw. ethischen Grundsätze sind Dir heilig oder bedeuten Dir persönlich viel? (50)
Klarheit, Echtheit und Transparenz (meines Vorgehens) stehen bei mir an oberster Stelle. Das resultiert auch aus manchen Erfahrungen, die ich selbst als Supervisandin gemacht habe. Ich habe Supervisoren erlebt (hier kann ich getrost die männliche Form verwenden), die sich gerne mit dem Nimbus des Geheimnisvollen umgeben haben. Ich hatte immer wieder das Gefühl, die wissen mehr und sehen mehr und sagen nicht alles. Manches kam über (An-)Deutungen zu mir. Ich hatte damals nicht den Mut zu fragen: Was soll das? Was wollen Sie damit sagen? Diese Erfahrungen waren und sind mir Lehrmeister für mein eigenes Supervisorinsein.

Praxisbeispiel: Gruppensupervision mit Leitungspersonen

Aus meinen Erfahrungen in der *Leitungssupervision* möchte ich eine Gruppensupervision mit sechs Dekanen[76] vorstellen. Die Gruppe hatte sich selbst organisiert. Die Teilnehmenden waren alle im Anfangsstadium ihres Leitungsamtes, wollten sich darin supervisorisch begleiten lassen und kamen mit diesem Anliegen auf mich zu.

Zu den Rahmenbedingungen:
Ort: Die Gruppe traf sich in dem Bildungshaus, in dem ich damals in der Fortbildung arbeitete. Für manche bedeutete das eine lange Anfahrt (über eine Stunde). Bemerkenswert fand ich, dass darüber nie eine Klage kam, sondern alle immer wieder äußerten, wie gut es ihnen täte, aus ihrem Kirchenbezirk herauszukommen.
Zeit: Die Gruppe traf sich im Rhythmus von 4–6 Wochen für 3 Stunden. In sehr verdichteten Zeiten wurden daraus 8 Wochen. Die Termine wurden halbjährlich abgesprochen.
Kontrakt: Es wurde immer für ein Jahr ein Kontrakt abgeschlossen, d.h. es bestand nach einem Jahr die Möglichkeit auszusteigen, was niemand machte. Die Gruppensupervision ging über 6 Jahre in dieser konstanten Gruppe. Es gab zwei Mal Überlegungen, ob die Gruppe geöffnet werden sollte für neue Kolleginnen und Kollegen, die angefragt hatten. Die Gruppe entschied sich dagegen, da sie zu dem Zeitpunkt schon einen längeren Prozess miteinander hatte.
Zusammensetzung der Gruppe: Es waren lauter Männer, vom Alter her unter-

---

76 Dekane leiten einen Kirchenbezirk. Sie haben die Dienstaufsicht über die Pfarrerinnen und Pfarrer sowie über die Kirchengemeinden, die sie visitieren.

schiedlich. Zwei kamen relativ jung in dieses Leitungsamt, für drei bedeutete dieses Amt die letzte Stelle, einer war im Alter so dazwischen.

Ich kannte einen Teilnehmer aus der Zeit des Ausbildungsvikariats, einen anderen aus einer Fortbildung, die zehn Jahre zurücklag. Mit beiden duzte ich mich. Das hatte ich in der ersten Sitzung offengelegt. Mit den anderen blieb ich beim »Sie«. Dieser Unterschied war nicht störend.

Ich skizziere den *Prozessverlauf* über die Jahre in groben Zügen. Ich sehe drei große Phasen:

Vertrauensbildung war das Hauptthema im ersten Jahr. Zum einen das Vertrauen zu mir, der Supervisorin. Hier war das Thema »Verschwiegenheit« ganz wesentlich, da ich als Pfarrerin ja auch Teil des Systems Landeskirche war und viele Menschen kannte. Zudem kamen manchmal Pfarrer und Pfarrerinnen aus den Bezirken der Dekane in Fortbildungskurse, die ich leitete. Für mich war klar und das habe ich auch in die Gruppe kommuniziert, nicht in anderen Zusammenhängen über die Gruppe zu sprechen, auch nicht anonymisiert. Zum Thema »Vertrauensbildung« gehörte auch, dass ich mich als Supervisorin und Person spürbar zeigte. Ein Teilnehmer, der lange vorsichtig und zurückhaltend war, äußerte einmal, ich sei so normal. Ich spürte, dass er das anerkennend meinte, fragte ihn aber zurück, was er damit ausdrücken wollte. Er nannte, dass ich keine Psychologensprache hätte und nicht so viel deutete. Es stellte sich heraus, dass er mit Supervision etwas Geheimnisvolles verband, das Gefühl, der Supervisor weiß ganz viel über mich und sagt nicht alles. Mit diesem Erleben, das ich nicht vertieft habe, kam er in die Gruppe. Erfreulich war, dass er sich zunehmend öffnete, treffende Feedbacks gab und im Lauf der Zeit auch immer wieder Motor der Gruppe war.

Das Vertrauen bildete sich auch untereinander. Es gab niemanden, der besserwisserisch auftrat. Es entstand ein Raum, in dem die Teilnehmer ehrlich und offen von sich reden konnten, besonders auch von dem, was ihnen schwer fiel, wo sie scheiterten. Die Tatsache, dass alle trotz unterschiedlichen Alters und unterschiedlicher Lebens- und Berufserfahrung, am Beginn eines herausfordernden Leitungsamtes waren, stiftete Solidarität. Für die Gruppe war das auch deshalb so wichtig, weil sie im Konvent, wo sämtliche Dekane und Dekaninnen sich trafen, auf Kolleginnen und Kollegen stießen, die zum großen Teil viel Leitungserfahrung hatten und in der Regel immer Bescheid wussten.

Alle – die einen mehr, die anderen weniger, je nach Persönlichkeitsstruktur – empfanden die Einsamkeit des Leitungsamtes, nicht mehr Kollege unter anderen zu sein, sondern Dienstvorgesetzter. Die Frage, welche Übertragungen bekomme ich in diesem Amt, war oft Thema.

Die Anfangsrunde in der Supervision, in der jeder berichtete, wie es ihm ging, nahm einen großen Raum ein. Für mich war das ein Lernprozess. Anfangs war ich manchmal ungeduldig und dachte, wir müssten doch jetzt mal »zur Sache« kommen, sprich zu den supervisorischen Anliegen. Bis ich dann verstanden hatte, dass eben dies ein wichtiger Teil der Supervision war, unzensiert von sich sprechen zu können, abzuladen, was man alles bewältigen musste, und dies in einem Kreis von Menschen, die das nachvollziehen konnten. Bei der Schlussfrage an die Teilnehmer, was sie aus der Supervision mitnehmen, kam nicht selten der Satz »Ich bin nicht allein. Das hilft mir schon.« Mich hat das immer wieder berührt, dass auch die Bedürftigkeit ihren Ausdruck finden konnte.

In der Mitte der Supervisionszeit war viel Lebendigkeit und gegenseitiges Feedback in der Gruppe. Dieses war in der Regel sehr unterstützend und bestärkend, aber auch mit kritischen Anfragen und Hinweisen verbunden, wo sich manche selbst im Weg standen. Besonders ein Kollege war hier Vorreiter im Ausprobieren, was in der Gruppe möglich ist. Damit hat er den anderen viel ermöglicht. Er brachte Konflikte mit einzelnen Pfarrpersonen ein, ebenso Konflikte in Gremien, die zum Teil äußerst komplex waren.

Überhaupt war das Thema Konflikte zentral, häufig die unselige Vermischung von persönlichen und strukturellen Konflikten. Hier war ich froh über meine Weiterbildung in der Klärungshilfe, einer besonderen Art der Konfliktmediation. Auch wenn die Konfliktpartner nicht mit am Tisch saßen, konnte ich manches an Wissen und Verstehen einbringen.[77]

Konflikte innerhalb der Gruppe kamen keine zur Sprache und ich habe auch keine unterschwelligen wahrgenommen. Die kritischen Anfragen wurden immer recht wertschätzend geäußert. Mein Eindruck war, dass die schwierigen Konstellationen im Außen so fordernd waren, dass dafür kein Raum und keine Kraft war. Hier zeigte sich auch, dass neben aller Reflexion die spürbare Solidarität ein wesentlicher Mehrwert der Supervision für die Leitungspersonen war, die sich nicht selten als Einzelkämpfer erlebten.

Meine supervisorische Aufgabe war anspruchsvoll. Sie lag immer im Strukturieren und Begrenzen. Die Teilnehmer, die in ihrem Amt eben diese Aufgabe auch hatten, waren froh, dieser in der Supervision nicht nachkommen zu müssen, was oft dazu führte, selbst viel zu reden und die eigene Erfahrung zu der des Einbringers gleich dazuzulegen. So war besonders das Sortieren gefragt: was gehört wohin, was ist hilfreich für das Anliegen, was nicht. Reduktion der Komplexität war vielleicht meine wichtigste Aufgabe, besonders dann, wenn die eingebrachten Fälle in ihrer vollen Vielschichtigkeit dargestellt wurden und die anderen dazulegten, was noch bedacht werden muss. Mit der Zeit lernte ich, gleich zu fragen, wenn ich etwas nicht verstand, und nicht zu meinen, ich müsste das doch wissen. Häufig stellte sich heraus, dass mein Nichtverstehen mit dem Fall zu tun hatte, zum einen, weil manche Fragen wirklich nicht genug geklärt waren, zum anderen weil manches als selbstverständlich und unhinterfragbar vorausgesetzt wurde, was aber doch zu hinterfragen war.

Die Auftragsklärung am Anfang, was will und braucht der Einbringer, warum bringt er gerade diesen Fall, diesen Konflikt ein, erwies sich als A und O, ebenso diesen Auftrag nicht aus dem Auge zu verlieren, sondern ihn immer wieder einzubringen oder auch zu klären, ob der Auftrag sich verändert hat.

---

77 Ein wichtiger Grundsatz in der Klärungshilfe ist beispielsweise, dass Führungskräfte sich an Konfliktklärungen ihrer Mitarbeitenden beteiligen und diese nicht einfach an externe Supervisoren delegieren und sich selbst raushalten. Der oder die Dienstvorgesetzte muss die Klärung wollen. Nach meiner Erfahrung ist dieser Grundsatz gerade im kirchlichen Kontext eher unterbelichtet.

Bei manchen Fällen, in denen es mehr um Umstrukturierungen bis hin zu diffizilen (kirchen-)rechtlichen Fragen ging, profitierten die Teilnehmer gegenseitig vom unterschiedlichen Wissen und von den Kompetenzen der anderen (einer hatte eine betriebswirtschaftliche Ausbildung). Hier nahm ich mich bewusst zurück, beschränkte mich auf die Moderation und gab der kollegialen Beratung Raum.

Insgesamt war die Gruppe sehr vital. An Themen mangelte es nie.

Ein wichtiger Lernpunkt war für mich die Balance zwischen Strukturieren/Moderieren und dem Einbringen meiner Wahrnehmung. Anfangs war ich so mit Ersterem beschäftigt, dass mir manchmal erst hinterher klar wurde, dass Zweiteres unter den Tisch gefallen ist. Dem habe ich bewusst entgegengesteuert, indem ich immer wieder den Prozess unterbrach und markierte, dass ich meine Beobachtung oder meine Frage einbringen wollte. Die Gruppe hat das insgesamt geschätzt und bekräftigt, dass sie gerade die Sicht und die Fragen von außen weiterbringt.

Eine der wichtigsten Methoden in dieser Phase war das »in Distanz gehen«. Manchmal ließ ich die Teilnehmer aufstehen, bewusst einige Schritte zurücktreten und auf das Ganze schauen. Es war immer wieder verblüffend zu sehen, was eine solch schlichte körperliche Methode bewirkte.[78]

War diese mittlere Phase der Gruppe sehr von den Herausforderungen von außen bestimmt, so richtete sich *die letzte Phase* mehr nach innen, bedingt durch das Thema Krankheit und Ruhestand. Es ging um eine schwere Erkrankung eines Familienangehörigen und um eine ebenso schwere Erkrankung eines Teilnehmers. Dazu kam die Überlegung angesichts der immensen Anforderungen früher in den Ruhestand zu gehen. In dieser Phase hatten die Gespräche zuweilen seelsorglichen Charakter. Die Kraft der Auseinandersetzung hatte spürbar nachgelassen.

Mir war wichtig, in der Gruppe mit diesen Veränderungen bewusst umzugehen, wahrzunehmen, wie sich die Prioritäten verschieben, auch Abschied zu nehmen von der Vorstellung, immer mit Elan die Herausforderungen bewältigen zu können.

Als ein Teilnehmer den Weg in den Ruhestand antrat, haben wir miteinander entschieden, dies als Zäsur zu betrachten und die Gruppe zu beenden.

Literatur zum Interview von Gertraude Kühnle-Hahn

Albrecht Boeckh (2008). *Methodenintegrative Supervision. Ein Leitfaden für Ausbildung und Praxis.* Stuttgart 2008.
Mechthild Erpenbeck (2020). Executive Coach v. a. in der Wirtschaft. In: *Journal Supervision 1/2020*, 17 ff.

---

[78] Ein Beispiel: Ein Teilnehmer, der in der Supervision stark mit den streitbaren Alpha-Personen eines Gremiums beschäftigt war, entdeckte im Abstand, dass ihm die ruhigeren, aber konstruktiven Personen im Gremium aus der Wahrnehmung entschwunden waren. Er nahm sich vor, ihnen in der Sitzungsleitung mehr Aufmerksamkeit zu geben.

Die Supervisions-Beziehung muss angstfrei sein

Roswitha Wogenstein

Bitte gib eine kurze Visitenkarte von Dir mit persönlicher Note zum beruflichen Profil: Was bist Du für eine Supervisorin? (1)
Ich bin nur *auch* Supervisorin. In erster Linie bin ich Seelsorgerin, Pfarrerin, Leiterin von KSA-Kursen. Jetzt bin ich vor allem Ruheständlerin, die »es« – und damit meine ich auch die Supervision – nicht lassen kann.

Was hat Dich dazu gebracht, Supervisorin zu werden und jahrelang zu bleiben? (2)
Ich hatte nie vor, Supervisorin zu werden. Ich wollte als Krankenhausseelsorgerin eine Weiterbildung für die Gespräche mit psychisch belasteten Patienten. So gelang es mir, an dem erstmalig von der Diakonie (Innere Mission und Hilfswerk) in Ostberlin von westlichen Ausbildnern durchgeführten Kurs der Pastoralpsychologischen Fortbildung »Psychiatrie-Seminar« teilzunehmen. Daraus erfolgte eine Auswahl für den ersten Seelsorgeberaterkurs. Aus diesem gingen die ersten pastoralpsychologischen Supervisoren (»Seelsorgeberater« mussten sie in der DDR heißen) hervor. Nach der Wende wurden wir unter großen Vorbehalten als Supervisoren anerkannt. Wir teilten das Schicksal vieler Fürsorger (Sozialarbeiter), Gemeindeschwestern, Fachkräfte in der Behinderten- und Altenarbeit, die, um anerkannt zu werden, noch viele Weiterbildungskurse absolvieren mussten. Diese suchten dann bei uns Supervision.

Leider bewarb ich mich zu früh bei der Berliner DGSV um Mitgliedschaft (Damals hätte ich noch einmal eine volle Ausbildung durchlaufen müssen). Erst Jahre später erkannten DGSV und DGfP einander an.

Dass ich außer meinen Tätigkeiten als Pfarrerin und Kursleiterin immer auch Supervisorin blieb, lag an den Notwendigkeiten. Es gab einfach zu wenig ausgebildete Supervisoren und zu viel Supervisionsbedarf. Die westsozialisierten Supervisoren hatten Schwierigkeiten, die ostsozialisierten Gemeindemitarbeiter, Sozialarbeiter, Pfarrer, Mitarbeiter in Alten- und Pflegeheimen... aus ihrem Umfeld heraus zu verstehen.

Das hat sich im Laufe der Zeit verändert, so dass ich nicht mehr die Notwendigkeit sehe, für diese Berufsgruppen Supervision anzubieten. Einzig die Seelsorger liegen mir noch immer am Herzen, so dass ich noch eine Fallbesprechungsgruppe leite und einige Einzelsupervisionen durchführe.

Worin bis Du Dir treu geblieben, was hast Du verändert im Lauf Deiner supervisorischen Entwicklung? (3)
Seelsorgerinnen brauchen auch jemanden, der für ihre Seele sorgt. So liegt der

Akzent meiner Supervision zunehmend darauf, tragen zu helfen, was meine Supervisandinnen überfordert und mit ihnen einen Weg aus der Überforderung zu finden. »Wie geht es Ihnen damit?« ist meine wichtigste Frage nach der Sichtung, Einordnung und Interpretation des Materials. Nicht die Menschen, die sie beruflich begleitet, sondern sie, die Supervisandin selbst, ist in meinem Fokus.

Hältst Du es für nötig, dass Supervisoren und Supervisorinnen selbst zur Supervision gehen? (4)
Ich halte es für unabdingbar, dass sie auch zur Supervision gehen. Nur so ist die Qualität ihres individuellen Stils zu beurteilen und zu verhindern, dass sie sich zu sehr auf ihre bestimmte Art festlegen und sich nicht mehr flexibel auf die jeweiligen Erfordernisse und Bedürfnisse einstellen können. Supervision kann Erfolgs- und Misserfolgserlebnisse relativieren und bei letzterem helfen, die Gründe herauszufinden und zu neuen Schritten zu ermutigen.

Erinnerst Du Dich an Deine schwierigste Supervision? Kennst Du Scheitern? Wie bist Du damit umgegangen? Gibt es Schlussfolgerungen, die Du weitergeben willst? (5)
Ich erinnere mich an zwei »schwierigste« Situationen, bei denen ich gescheitert bin. Ich skizziere sie hier kurz:

Ein Stations-Team litt unter seiner leitenden Ärztin, ein Gemeindekirchenrat unter seiner Pfarrerin. Beide waren aber nicht bereit, sich auf eine Supervision einzulassen, weder mit dem Team noch in Einzelgesprächen. So konnten viele Beschwerden, Verletzungen, Behinderungen der Arbeit zwar benannt werden, doch es fand sich niemand bereit, um ein vertrauliches Gespräch mit der jeweiligen Leiterin zu bitten. Für mich war das bitter. Das jeweilige Team fiel dann auch auseinander. Doch ich weiß, ich muss diese Grenze akzeptieren, ich habe als Supervisorin keine Verantwortung.

Wie hat sich deine Kultur im Umgang mit Fehlern und mit Erfolgen entwickelt – in Bezug auf Deine Supervisanden und Supervisandinnen und auf Dich? (6)
Fehler als solche zu benennen, gehört nicht zu meinem Vorgehen. Wer bin ich, etwas als richtig oder falsch zu beurteilen! Ich stelle in solcher Situation viele Fragen, so dass der Supervisand erkennt, warum er so und nicht anders reagiert hat. Manchmal versetze ich mich stark in seine Situation und sage dann auch mal vorsichtig: »Ich hätte vielleicht dies oder das anders gemacht – aber das wäre meine und nicht Ihre Art des Vorgehens.« Je besser ich den Supervisanden kenne, umso häufiger mute ich ihm eine solche Intervention zu und freue mich, wenn wir beginnen, verschiedene Wege zu diskutieren.

Gibst Du (manchmal) etwas von Deinem Privatleben preis? Hast Du dafür Kriterien? (7)
Ja. Denn mit 80 Jahren hat sich so einiges an Lebenserfahrung angesammelt. Doch ich spreche davon nicht, um selbst Verständnis und Hilfe zu finden (dafür habe ich Freundinnen und meinen eigenen Supervisor). Wenn ich damit jemandem mein

Verständnis für seine Situation und meine Solidarität vermitteln kann, tue ich es (aber im Sinne der begrenzten Authentizität).

Wie ist Dein eigenes aktuelles Supervisionsverständnis und wie hat es sich entwickelt?/Worum geht es Dir heute in der Supervision? *(8)*
Supervision hat für mich heute den Sinn, das Erleben des Supervisanden sowohl in das soziale und organisatorische Umfeld zu stellen, in dem es sich ereignet hat, die offiziellen und heimlichen Rollen zu erkennen, als auch sein inneres Reagieren auf das Erlebte und ihre daraufolgenden Interaktionen zu verstehen. Letzteres birgt allerdings auch die Gefahr, zu tief in seine Biographie, seine Prägungen, gar seine Traumata einzutauchen. Besonders fällt mir das bei erlittenen Kränkungen auf, wenn der Supervisand depressiv, aggressiv oder mit Selbstabwertung reagiert oder den Kontrahenten (Kollegen, Vorgesetzten, usw.) diffamiert, beschimpft, herabsetzt.

Was glaubst Du, was Supervision im besten Falle vermag? Was kann sie nicht? *(9)*
Supervision dient dazu, sich selbst und andere besser zu verstehen und daraus Schlussfolgerungen für das weitere Vorgehen zu ziehen bzw. zu der Einsicht zu kommen, dass das aktuelle Vorgehen nicht zur Problemlösung beiträgt. Mein Verständnis von Supervision folgt nicht dem Systemischen Ansatz, eine Problemlösung zu erarbeiten. Das möchte ich nach wie vor der Supervisandin überlassen. Wenn sie diese Arbeit in meiner Anwesenheit leisten will, unterstütze ich sie höchstens mit Fragen.

Wann betrachtest Du eine Supervision als gelungen? *(10)*
Dafür bin ich auf das Feedback des Supervisanden angewiesen, oft Monate später. Mein Gefühl kann sehr irren!

Welche Themen können in der Supervision besprochen werden und welche nicht? *(11)*
Alle Themen können in der Supervision besprochen werden. Aber bei manchem Thema muss ich offenlegen, dass wir jetzt in ein anderes Gesprächsformat wechseln (z. B. aktuelle Konflikte mit An- und Zugehörigen, Theologisches Verständnis von Texten oder Glaubenssätzen, Wertediskussionen, Anzeichen von körperlichen oder psychischen Erkrankungen, politische Einstellungen…).

Gibt es Lehrsätze/Theorien, die sich in Deiner Praxis bewährt haben oder die Du im Lauf der Jahre über Bord geworfen hast? *(12)*
Als ich meine ersten Schritte in der Pastoralpsychologischen Ausbildung machte, war Carl Rogers *der* Lehrer. Er ist es bis heute noch, doch hat sich für mich der Akzent verschoben: Empathie, Authentizität, Verbalisierung emotionaler Erlebnisinhalte gehören nach wie vor zusammen. Doch zunächst war Empathie für mich das Wichtigste. Von Irvin Yalom habe ich gelernt, dass die Authentizität am heikelsten aber auch am erfolgreichsten ist, sowohl in der Seelsorge und der Beratung als auch in der Supervision. Noch immer bilden die vier Ebenen das Fundament

meines Zuhörens: Sachebene, Emotionale Ebene, Beziehungsebene, Existentielle Ebene. Hier hat sich mein Schwerpunkt von der Gefühls- auf die Beziehungsebene verlagert – sowohl die im dargestellten Material als auch die zwischen der Supervisandin und mir. Anfangs habe ich viele Methoden und Theorien gelernt und angewandt. Das war auch nötig und hilfreich. Doch bin ich da viel lockerer, ja manchmal sogar nachlässig geworden. Wichtig ist mir zunehmend: Mich ganz und intensiv einzulassen auf das Material und die Art, mit der die Supervisandin es vorträgt.

Welche Erkenntnisse hast Du zu förderlichen Äußerungs- und Sprachformen von Seiten des Supervisors bzw. der Supervisorin gewonnen? Welche Art von Interventionen und Impulssetzungen erscheinen Dir sinnvoll? (13)
Meine vorrangige Sprachform ist die Frage – nicht als Infragestellung, sondern um zu verstehen – mit der Zuversicht, dass der Supervisand sich dann auch selbst besser verstehen kann, die Situation umfassender wahrnimmt, Verständnis gewinnt für die Protagonisten seines Problems. Für meine Aufmerksamkeit und das Signal »ich verstehe« habe ich vor allem den Blickkontakt. Ich fürchte, an meinem Gesichtsausdruck könnten auch Wertungen abgelesen werden. Eine Intervention lautet: »Hätte es eine Alternative gegeben?« oder »Was hätten Sie am liebsten gesagt?« Weitere: Sich mit Gelungenem mitfreuen, den Ärger über Misslungenes teilen und miteinander fantasieren, wie der Fall weitergehen könnte. Manchmal kann ich auch hart konfrontieren, um unbewusste Motivationen zu erkennen (z. B.: »Was haben Sie damit bezweckt?«) Wenn ich längere Zeit mit einer Gruppe oder einem Einzelnen gearbeitet habe, mache ich auf ähnliche Verhaltensweisen in früheren Fällen aufmerksam mit dem Ziel, herauszufinden, aus welchen Quellen das Problem gespeist wird. Ungemütlich werde ich, wenn die Schuld ausschließlich bei dem Kontrahenten oder in den Strukturen gesucht wird. Dann frage ich auch mal provokativ nach dem eigenen Anteil.

Kannst Du Dir vorstellen, dass der Einsatz Künstlicher Intelligenz Supervisoren und Supervisorinnen eines Tages ersetzt, oder zumindest unterstützen kann? (14)
Nein. Aber Gott und der Künstlichen Intelligenz ist nichts unmöglich.

Welches Thema beschäftigt Dich aktuell besonders in Bezug auf Supervision? (15)
Für meine Generation war Supervision eine »Offenbarung«. Wir waren ja fleißige Arbeiter. Doch die Zeit für nachträgliche Reflektion nahmen wir uns nicht. Deshalb haben wir so dankbar und eifrig die Chance zur Einzel- und Gruppensupervision ergriffen, als sie uns möglich wurde; auch in Peergroups, wenn kein Supervisor zu finden war. Heute ist Supervision in vielen sozialen Berufen ein fest etabliertes Angebot, doch wird sie nach meiner Beobachtung vorrangig dann in Anspruch genommen, wenn es gilt, effizient nach Lösungsmustern für Problem- und Konfliktkonstellationen zu suchen.

Anders ist das bei Konflikten in der Team-Arbeit. Da ist das Bemühen um Supervision ein Weg zur Lösung eines akuten Konflikts zwischen Teammitgliedern, Team und Leitung, oder bezüglich der Arbeitsanforderungen und Arbeitsbedingungen usw. Hier scheint der Mut zur Auseinandersetzung und Veränderung gewachsen zu sein.

Wie kamst Du zu Deiner ersten Supervisionserfahrung und welche Erinnerung hast Du daran? Was war das Besondere? Welches Resümee ziehst Du heute daraus? (16)
Meine ersten Supervisionen außerhalb der KSA-Ausbildung waren Gruppen von Telefonseelsorgerinnen. Ich war damals bestimmt viel zu eifrig und zu streng. Heute würde ich eher ermutigen und die emotionale Belastung durch die Gespräche würdigen. Mit den oft eingesetzten Rollenspielen habe ich sie überfordert, vielleicht auch beschämt. Damals – Google gab es noch nicht – fühlte ich mich auch verpflichtet, Theorie-Elemente (z. B. über psychische Erkrankungen) einzubauen. Das damals beliebte »Göttinger Stufenmodell« zur Fallanalyse war hilfreich, engte aber auch die Fantasie für andere Gesprächsverläufe ein.

Was gehört für Dich zu einer guten Akquise? Gibt es Tipps, die Du Menschen, die neu in den Beruf hineingehen, diesbezüglich mit auf den Weg geben willst? (17)
Da ich nie ausschließlich als Supervisorin gearbeitet habe, kann ich diese Frage nicht beantworten. Ich stelle es mir aber schwierig vor, mich und meine Art der Supervision so darzustellen, dass so viele Menschen mich anfordern, damit ich davon leben könnte. Da bewundere ich die neue Generation. Ich weiß, dass die Kunst der Akquise heute in das Curriculum der Supervisionsausbildung gehört.

Hattest Du jemals Lampenfieber vor bzw. während einer Supervision? Wenn ja, warum? Und wie gehst Du damit um? (18)
Spannung und Neugier, ja. Lampenfieber, nein. Verunsicherung vor allem in – meiner Erfahrung fremden – Arbeitsbereichen (einer Kinderintensiv-Station z. B.) Ich betone dann am Anfang, dass die Fachkompetenz bei ihnen liegt und sie mich mit den Rahmenbedingungen ihrer Tätigkeit erst vertraut machen müssen.

Was machst Du vor und nach einer Sitzung und was hältst Du diesbezüglich für empfehlenswert? (19)
Handelt es sich um eine Folge mehrerer Sitzungen, lese ich die Aufzeichnungen der letzten Sitzung durch, präge mir in Gruppen- und Teamsupervisionen noch einmal die Namen ein, vergegenwärtige mir die Atmosphäre, erinnere mich an das, was noch ausstand. Nach einer Sitzung entspanne ich mich, belohne mich mit einem guten Buch, einer Radtour o. ä. Am Abend schreibe ich aus der Erinnerung auf, was der Inhalt, der Verlauf, die Atmosphäre der Sitzung war, was (oder wer) mich geärgert hat, was erfreulich war, was offengeblieben ist. Ist der Prozess beendet, wird das Material vernichtet. Bei Einzel-Supervisionen überlasse ich das Protokoll der Supervisandin. Ich schreibe mir nur meine Eindrücke auf. Bleibt mir eine Situation undurchsichtig, stelle ich sie in der nächsten eigenen Supervision vor.

Woran erkennst Du, dass es in der Supervision einen Fortschritt gibt? (20)
Ich erkenne, ob das Vertrauensverhältnis gewachsen ist, und ob es eine Offenheit, eine Konzentration auf die Fallarbeit gibt. In einem längeren Prozess erkenne ich, ob der Supervisand auf seine Aufgabe bezogen, ob er ihr gewachsen ist, weniger belastet wirkt und kreativer geworden ist. Aber ob das mit »Fortschritt« durch die Supervision zu tun hat, erkenne ich nicht. Vielleicht hat er einfach nur Routine oder Spaß oder Kompetenz erworben.

Wie erfasst und beschreibst Du die Beziehung von Einsicht und Veränderung? (21)
Da kann ich nur von mir ausgehen. So manches erkenne ich – aus mir selbst oder von anderen gesagt. Aber ich setze wenig von dem Erkannten um. Die Veränderung ergibt sich eher durch äußere Faktoren, die sie mir aufzwingen. So hoffe ich zwar, dass in der Supervision die Veränderung der Einsicht folgt. Aber das wäre ein Geschenk! Das habe ich als Supervisorin nicht in der Hand. Wenn die Einsicht im Protokoll festgehalten ist, frage ich manchmal, ob sich etwas davon umsetzen ließ. Das kann – positiv oder negativ beantwortet – einen Prozess anstoßen.

Vermeidest Du Ratschläge tatsächlich? (22)
Nein, ich vermeide Ratschläge nicht. Mit der berüchtigten Einleitung: »Ich an Ihrer Stelle würde …« oder »meine Idee wäre…« oder »probieren Sie doch mal …« gebe ich so manchen handfesten Ratschlag, jedoch nicht ohne sofort zu relativieren: »das wäre meins und muss nicht Ihres sein«.

Was verunsichert Dich im supervisorischen Prozess? Siehst Du da eine Entwicklung im Laufe Deiner Tätigkeit? (23)
Wenn ich zu spüren meine, dass der eingebrachte Fall sich so nicht zugetragen hat, dass der Supervisand nicht offen ist, verunsichert mich das. Soll ich meine Vermutung aussprechen oder den Fall so bearbeiten, wie er vorgetragen wurde? Ebenso bin ich verunsichert, wenn in jeder Sitzung bis ins Wörtliche hinein das Gleiche passiert. Da bin ich mutiger geworden, es anzusprechen. Wenn keine positive Beziehung entsteht, beende ich den Prozess.

Wie lang sollten supervisorische Beziehungen sinnvoller Weise dauern? (24)
Beim Aushandeln des Kontraktes nenne ich eine Anzahl von Sitzungen, zwischen fünf und zehn. Ob es dabei bleibt, wird zur rechten Zeit angesprochen. Allerdings weiß ich aus meiner Biografie, dass ich selbst acht Jahre lang monatlich bei einem alten Supervisor war, bis er starb. Das hat mir Halt gegeben. Da würde ich keine Regeln aufstellen.

Wie evaluierst Du Deine Supervisionsprozesse? (25)
Indem ich selbst zur Supervision gehe und dort einen laufenden Prozess vorstelle, meine Fragen anbringe und ein Echo bekomme. Mein Supervisor überrascht mich immer wieder mit seinen Einfällen und seiner anderen Sichtweise und anderen Bewertung. Das ist sehr kreativ.

Was ist Dir wichtig für die Beendigung des supervisorischen Prozesses? (26)
Die Beendigung wird angekündigt (das intensiviert manchmal noch einmal den Prozess). Die Einzel-Supervisandin muss ein Feedback geben zu verschiedenen Fragen. Ich fertige einen Bericht über den erfolgten Prozess an und bespreche ihn mit ihr. Je nach Beziehung gibt es ein kleines Abschiedsritual. Nicht gut ertragen kann ich, wenn jemand sich einige Male entschuldigt und dann nichts mehr von sich hören lässt. Der Abschluss einer Gruppensupervision wird gefeiert. Eine Teamsupervision endet mit einem ausführlichen Feedback und der Ergebnis-Sicherung.

Wie gehst Du mit dem um, was Du Deinen Supervisanden und Supervisandinnen schuldig geblieben bist und sie Dir? (27)
Ist es mir bewusst, spreche ich es an. Bin ich dem Supervisanden etwas schuldig geblieben, z. B. Konfrontation, erlebte ich es dann meist als Erleichterung, wenn wir darüber geredet haben. Einmal entstand aus der Frage, an welcher Stelle ich hätte konfrontieren können und warum ich es nicht tat, ein in die Tiefe gehendes Gespräch. Häufiger kam es zu einer abschließenden Beziehungsklärung. Doch nicht immer wird es uns bewusst. Da lebe ich in der Gewissheit, dass es keine menschliche Beziehung gibt, in der wir einander nichts schuldig bleiben. Wir können einander nie alle Bedürfnisse und Erwartungen erfüllen. Dennoch können wir uns dankbar voneinander verabschieden.

Vor welchem supervisorischen Format hast du den meisten Respekt und warum? (28)
Vor der Team- Supervision. Hier treffen in besonderer Weise persönliche, strukturelle und der aktuell zur Supervision veranlassende Konflikt aufeinander. Die Teilnehmerinnen scheuen oft zu große Offenheit und Direktheit aus Angst, dass es nach der Supervision-Sitzung zu verstärkter Auseinandersetzung bis zu Mobbing kommt. Habe ich mit diesem Team erstmals zu tun, wird es schwierig, alles zu durchschauen und ich gerate in die Gefahr, wunde Punkte zu benennen, die bewusst unter der Decke gehalten werden (So geschehen bei einer GKR – Supervision). Das kann gegebenenfalls den Prozess beschleunigen, aber auch Verlegenheit und Vorsicht bewirken.

Was hat Dich Deine Erfahrung gelehrt, welche Besonderheiten sinnvoller Weise zu berücksichtigen sind in Einzel-, Gruppen-, Team-SV über die formellen und in allen Lehrbüchern nachzulesenden Kriterien hinaus? (29)
In der *Einzel-Supervision* ist die immer wieder notwendige Aufgabe des Supervisors, in dem geschilderten Sachverhalt die durch die beruflichen Anforderungen entstehenden Probleme und die durch die persönlichen Faktoren bedingten auseinanderzuhalten. (z. B. Überforderung, Enttäuschung, sich durch hierarchische Strukturen ergebende Ungerechtigkeit, Kränkung …bis hin zu charakterlich bedingten Eigenschaften – Ehrgeiz, starke Leistungsorientierung, penible Genauigkeit oder ihr Gegenteil…).

In der *Gruppen-Supervision* muss darauf geachtet werden, dass jeder sowohl eigene Fallberichte als auch die eigenen Einfälle zu den Problemstellungen der anderen beiträgt. Der Supervisor wird ständig ermutigen oder dämpfen, aus dem Versteck in der Gruppe hervorlocken oder starke Selbstdarstellungs-Tendenzen bremsen. Für beides wird sie nicht unbedingt geliebt werden. Überlässt sie diesen Vorgang jedoch der Gruppendynamik, wird diese bald die Sacharbeit behindern.

Für die *Team-Supervision* habe ich zunehmend erkannt, dass ich nicht die Feldkompetenz besitze, um die vorgetragenen Probleme einzuordnen. Ich werde ständig Fragen stellen müssen und mich belehren lassen. Doch gerade dieses Vorgehen bringt Umfeld, Hintergründe, persönliche Animositäten, letztlich die Ursache der angesprochenen Probleme zutage. Lösungsvorschläge muss ich ebenfalls dem Team überlassen, da meine oft nicht durchführbar sind, z. B. an hierarchischen Strukturen scheitern. So beschränkt sich meine Leitung einer Team-Supervision zunächst auf die Moderation, dann auf die Widergabe dessen, was ich zusammenfassend verstanden habe und den Abgleich mit dem, was die Sicht der einzelnen Teammitglieder (oft sehr unterschiedlich) ist. Später müssen Lösungsvorschläge auf ihre Realisierbarkeit geprüft und darauf geachtet werden, dass die Mehrzahl des Teams ihnen zustimmt.

Was ist Dir wichtig für die Beziehungsgestaltung in der Supervision? (31)

Die Supervisions-Beziehung muss angstfrei sein. Dazu können am Anfang Befürchtungen angesprochen und ausgeräumt werden. Missverständnisse sind nicht zu vermeiden. Darum gehört die Frage »Habe ich Sie gut verstanden?« zur beziehungsfördernden Grundhaltung. Die Supervisandin bleibt Souverän über ihr Erleben, selbst, wenn die Supervisorin anbietet, eine Situation anders zu interpretieren. Ständig sind Nähe (Empathie, Wertschätzung, Verständnis usw.) und Distanz (Konfrontation, Hinterfragen, Unverständnis usw.) neu auszubalancieren. Bewertung, Tadel, Vermutungen, Ausdruck von Erschrecken u. a. gefährden die Beziehung, können aber – angesprochen – auch zu einer beschleunigten und tieferen Dynamik führen. Ein Übermaß an Bestätigung und Lob bringt ein Machtgefälle zum Ausdruck und infantilisiert die Supervisandin. Oft ist der Supervisorin nicht klar, worin für die Supervisandin das Problem liegt, warum sie sich unbehaglich fühlt, warum sie sich in Frage stellt usw. Hier sind Hartnäckigkeit und Geduld der Supervisorin gefragt, es können tiefere Gründe (z. B. zu hoher Selbstanspruch) eine Rolle spielen, die in eine kurze therapeutische Phase innerhalb der Supervision führen.

Was macht Deiner Meinung nach einen guten Supervisor/eine gute Supervisorin aus? (32)

Bei einem guten Supervisor scheint durch seine Fachkompetenz, die er ständig erweitert und derer er sich sicher ist, immer auch seine unverwechselbare Persönlichkeit hindurch. Er weiß um seine Grenzen und ist bereit, diese auch zu benennen. Ein guter Supervisor sollte nicht zu sehr auf Anerkennung und Bestätigung angewiesen sein.

Welche Verantwortung trägt der Supervisor/die Supervisorin und welche der Supervisand/die Supervisandin zum Gelingen eines Supervisionsprozesses? (33)
Beide tragen Verantwortung durch ihre Bereitschaft, sich aufeinander einzulassen. Die Verantwortung der Supervisandin liegt vor allem darin, Arbeitsmaterial zur Verfügung zu stellen. Wenn sie nichts »mitbringt«, kann keine Supervision stattfinden. Die Verantwortung der Supervisorin liegt darin, das Material fachgerecht zu bearbeiten, selbst, wenn ihm die Problemstellung fremd vorkommt. Angesprochen, kann aus beiden Störungen tiefgehende Arbeit werden (was Mut und Einsatz erfordert).

Was vermeidest Du und was förderst Du aus welchen Gründen? (34)
Ich vermeide es, mich zu sehr mit einem Fall, den der Supervisand belastet, zu identifizieren (z.B. ein Familienstreit am Sterbebett o.a. emotional besetzte Situationen). Es wird sonst zu »meinem Fall« und ich gebe zu viel hinein. Der Supervisand muss die Gelegenheit bekommen, alle mit diesem Fall verbundenen Gefühle, Gedanken, Assoziationen zu erkennen und auszusprechen.

Wie siehst Du die Gewichtung von Zuhören und Selberreden bei Supervisorinnen und Supervisoren? (36)
Eindeutig beim Zuhören. (Wenn es auch eine Übung in Selbstbeschränkung ist, die vielen eigenen klugen Gedanken nicht anzusprechen).

Welche Bedeutung misst Du Gefühlen bei im supervisorischen Arbeiten? (37)
Gefühlen weise ich eine große Bedeutung zu, sowohl denen, die bei der Schilderung des Materials beim Supervisanden zum Ausdruck kommen als auch meinen antwortenden Gefühlen. Würde ich sie nicht berücksichtigen, würden sie untergründig mitspielen und die Situation verfälschen und damit die Lösung verunmöglichen. Meine antwortenden Gefühle zu benennen, ist nur auswahlsweise möglich; nur, soweit sie dem Supervisions-Prozess dienen. Doch um diese Auswahl zu treffen, müssen sie mir bewusst sein.

Welche Rolle spielen Sym- und Antipathie für Dich in der Supervision und welche Schlussfolgerungen ziehst Du daraus? (38)
Sympathie-Trägerinnen zu supervidieren ist einfacher, birgt aber die Gefahr, nicht sorgfältig genug hinzuschauen. Menschen, die mir nicht von vornherein sympathisch sind, erfordern größere Anstrengung, vor allem an Empathie. Doch meistens legt sich das nach einigen Sitzungen. Und es fordert meine Selbstreflexion: Warum ist mir diese Supervisandin wenig sympathisch?

Ist der supervisorische Raum tatsächlich eine machtfreie Zone? Oder? (39)
Worte haben Macht. Manchmal erschrecke ich, wenn mir jemand Jahrzehnte später sagt, welcher Satz von mir ihm so wichtig war, dass er ihn noch immer weiß. Das muss ich mir bewusst machen und auf meine Worte achten. Bei aller Bemühung um Begegnung auf Augenhöhe bleibt in der Supervision ein Gefälle ähnlich wie zwischen Lehrer und Schüler. Dies nicht auszunutzen, ist selbstverständlich.

Wie hältst Du es mit Bestätigung, Lob, Würdigung... Deiner Supervisandinnen und Supervisanden? (40)
Würdigung immer, Bestätigung, wenn die Supervisandin sie braucht, Lob sparsam (siehe 31).

Hast Du nicht vielleicht doch schon einmal jemanden zu seinem Glück gezwungen oder wenigstens zwingen wollen? (41)
Davor hüte ich mich, aber wenn ich z. B. den Supervisanden darauf aufmerksam mache, dass seine Art zu reden, es seinem Gesprächspartner schwer macht, ihm zuzuhören, möchte ich ja, dass er etwas ändert. Ich zwinge ihn nicht, aber ich setze einen Impuls in eine Richtung, die ich richtig finde.

Was hältst Du davon, dass zunehmend gegenseitiges Verstehen auch »zum süßen Gift symbiotischer Sprachlosigkeit« (I.Riedel) werden kann und was bedeutet es für Deine Art der Beziehungsgestaltung in der Supervision? (42)
Dass lange Supervisions-Beziehungen auch in Freundschaft münden können, habe ich beglückend erfahren. Doch zu einem »süßen Gift der Symbiose« fehlt mir die Fähigkeit.

Welche Kriterien hast Du für den Einsatz von Methoden in der Supervision? (43)
Methoden sollten angezeigt sein, sich quasi aus dem Prozess ergeben. Ich gehe sparsam damit um, obwohl sie belebend wirken können und neue Perspektiven eröffnen. Ich muss mir klar sein, mit welchem Ziel ich sie in diesem Stadium einsetze, welche Blockade sie durchbrechen oder zu welcher Erkenntnis sie führen sollen. Mancher Supervisand scheut sich, auf einen methodischen Vorschlag einzugehen. Dann versuche ich, ihm zu begründen, was diese Methode bewirken könnte. Doch ich zwinge sie ihm nicht auf.

In der Gruppen- oder Team-Supervision bin ich noch vorsichtiger. Eine psychodramatische Sequenz kann z. B. eine Gruppendynamik in Gang setzen, durch die die eigentlich für diese Zeit verabredeten Arbeitsanliegen nicht mehr verfolgt werden können. Wage ich es aber dennoch, kann sich herausstellen, dass solch ein »Umweg« erst das wesentliche Material zur weiteren Bearbeitung hervorbringt, was Gruppe, Team oder Einzelne vielleicht sogar noch stärker profitieren lässt.

Anders handhabe ich Rituale. Zum Beginn einer Gruppensitzung fordere ich z. B. die Teilnehmer auf, auszusprechen, was sie gerade besonders bewegt (persönlich, familiär, dienstlich, politisch, theologisch, was auch immer). Meistens ergibt sich von selbst ein Zusammenhang zu dem mitgebrachten Material.

Hast Du Methoden, die sich in Deiner Arbeit (immer wieder) bewähren? Kannst Du ein Beispiel oder auch mehrere nennen? (44)
Gerne arbeite ich mit *Aufstellungen*, entweder mit Holz-Figuren oder auch mit Gruppenteilnehmerinnen. Das gibt nicht nur für mich ein anschauliches Bild des Problems. Meistens geht dem Aufstellenden selbst ein Licht auf.

Eine andere Methode ist der *leere Stuhl*, auf dem imaginär die Konfliktpartnerin sitzt. Zu diesem spricht die Supervisandin. Dann wechselt sie auf den leeren Stuhl und »versetzt« sich dabei in ihre Kontrahentin. Manchmal stell ich mich auch hinter sie, lege meine Hände auf ihre Schultern und spreche statt ihrer. Das sind stark emotionsbesetzte Momente, die Zeit zur Aufarbeitung benötigen.

In Entscheidungssituationen lasse ich eine *Pro- und Contra-Liste* erstellen. Dann fordere ich die Supervisandin auf, die einzelnen Argumente zu gewichten. Dabei achte ich darauf, dass die vier Ebenen (Sach-, Emotionale-, Beziehungs- Existielle Ebene) vorkommen.

In früheren Phasen meiner Tätigkeit arbeitete ich häufiger mit solchen und mehreren anderen Methoden. Heute bleibe ich lieber in der direkten Kommunikation.

Kannst Du Dir vorstellen, dass Supervisoren/Supervisorinnen durch die Anwendung von hilfreichen Methoden (oder Methodenabfolgen) überflüssig werden? Anders gefragt: Worin siehst Du die spezifische Kunst eines Supervisors/einer Supervisorin, die über das, was perfekt angewandte Methoden vermögen, hinausgehen könnte? (45)
Nein, die »Kunst« des Supervisors, die über alle Methoden hinausgeht, ist sein Menschsein, seine Fähigkeit, Nähe und Unterstützung zu geben und bei Misserfolgen, Scheitern und Selbstzweifeln aufzufangen.

Welche Rolle spielt die spirituelle Dimension für Dich in der Supervision? (47)
Nicht nur durch meinen Hauptberuf bedingt, ist die spirituelle Dimension für mich persönlich außerordentlich wichtig. Die Gewissheit, dass Gott dabei ist, wenn ich in die Kommunikation mit einer Supervisandin gehe, gibt mir Sicherheit und Zuversicht. Das muss ich nicht zur Sprache bringen. Das geschieht. Wenn ich mit haupt- oder ehrenamtlich im Kirchlichen Raum Arbeitenden zu tun habe, leihe ich mir auch Bibelworte zu Trost und Ermutigung oder ich benutze biblische Erzählungen zur Erhellung einer Situation. Jede Sitzung mit einer Gruppe Krankenhausseelsorgerinnen beginnt mit einem von ihnen gewählten Lied.

Hast Du spirituelle Erfahrungen im Rahmen deiner supervisorischen Tätigkeit gemacht und welchen Einfluss hatten sie auf die Prozessentwicklung? (48)
Manchmal berichten Supervisanden von einer glücklichen Fügung oder einem unerwarteten Einfall, von Dankbarkeit, in Verunsicherung Halt gefunden zu haben. Manchmal kann ich zu einem, über einen Fehler Untröstlichen von Vergebung sprechen. Solche Momente vertiefen die Beziehung auf gleicher Ebene, fördern Vertrauen und Offenheit.

Hast Du manchmal ein Flow-Erleben in der Supervision? Wodurch stellt es sich ein? (49)
Ja. Aber da muss ich aufpassen, dass es nicht zur Euphorie wird. Ich muss die Kontrolle und die Distanz bewahren. Sonst laufe ich Gefahr, mit meinem Flow die Supervisandin zu überfahren. Oder ich komme ins »Predigen«.

Welche Wertmaßstäbe bzw. ethischen Grundsätze sind Dir heilig oder bedeuten Dir persönlich viel – unbenommen dessen, dass die hier geltenden Standards

Deines Berufsverbandes nicht diskutiert werden müssen, weil sie selbstverständlich eingehalten werden? (50)
»Alles, was ihr tut, geschehe in Liebe« – das gilt auch für die Supervision. Daraus folgen meine Wertmaßstäbe und ethischen Grundsätze. Ich kann und weiß es generell nicht besser als mein Supervisand. Ich bin nur jetzt in einer anderen Rolle und habe mir darin einiges an Fachkompetenz angeeignet. Ich kann ihm Feedback geben, nicht aber ihn be- geschweige denn verurteilen.

Ich kann nur so lange meine Tätigkeit als Supervisorin ausüben, wie ich Interesse an Menschen habe und ihre unterschiedlichsten Arten in der Welt zu sein bzw. die Welt zu sehen, akzeptiere.

Gibt es eine Frage, die Du Dir selbst in Bezug auf das supervisorische Arbeitsfeld stellst und die hier nicht vorkommt? Und: Hast Du auch schon eine (erste bzw. vorläufige) Antwort darauf? (Zusatzfrage)
Wie sind die Generationen vor uns wohl ohne Supervision ausgekommen?

Praxisbeispiel: Arbeit mit Übertragungsphänomenen in der Einzel-Supervision

Die Supervisandin ist eine junge Frau, die ein Praktikum am Berliner Dom nach abgeschlossener Beraterausbildung macht und regelmäßig zu mir in Supervision kam.

Sie hatte am Vormittag zwei Beratungen und kam nach der Mittagspause nach telefonischer Absprache zu einer außerordentlichen Supervisions-Sitzung zu mir.
   Mein erster Eindruck war: Sie sieht mitgenommen aus und ist aufgeregt. Ich sagte ihr meine Wahrnehmung, sie bestätigte sie, dann beschrieb und benannte sie ihre Gefühle: Unverständnis, Ärger, Empörung, Erschrecken über ihre Reaktion, Ratlosigkeit, Überforderung – all das bezogen auf eine Beratung am Vormittag. Nach einer Weile stoppte ich sie und bat sie, mir genauer zu beschreiben, was geschehen war. Doch kaum dazu in der Lage, drängte sie mich, ihren Fall zu übernehmen und deutete nur an, mir dieses Paar in der letzten Sitzung schon vorgestellt zu haben – Stichwort: »die kranke, nun genesende Frau«.

Ich erinnere mich: Es ging um ein junges Paar. Sie litt an einer onkologischen Erkrankung und wurde periodisch operativ behandelt. Mehr als ein Jahr war sie größtenteils bettlägerig und hatte unerträgliche Schmerzen. Dazu kamen ab und an psychotische Episoden aufgrund von Gewalterfahrungen in der Kindheit. Ihr Mann hatte sie neben seiner Berufstätigkeit aufopferungsvoll gepflegt. Sie waren einander sehr nahe. Doch seit ihrer Genesung gerieten sie ständig in Konflikte. Vor allem er vermisste die Nähe. Darum hatten sie Beratung gesucht.

In der Supervision arbeiteten wir nun an den veränderten Rollen der beiden und machten uns klar: Er ist aktuell nicht mehr der starke Helfer, sondern auch Partner mit eigenen Bedürfnissen. Sie ist jetzt nicht mehr die Schwache, Pflegebedürftige, sondern eine lebendige junge Frau, die an ihrer Bachelor-Arbeit schreibt und mit Freundinnen ausgeht. Sie müssen sich und einander ganz neu kennenlernen. Eine neue Phase in ihrer Ehe hat begonnen.

Schon in dieser Supervisionsstunde fiel mir auf, dass die Beraterin viel Verständnis für den Mann, aber wenig Empathie für die Frau aufbrachte. Nun forderte ich die Supervisandin auf, die heutige Beratung zu schildern. Sie berichtete Folgendes: Es hatte eine große Auseinandersetzung zwischen den beiden gegeben in deren Verlauf sie ihn schließlich aufforderte, auszuziehen. Zuvor hatte er sie – wie immer – zur monatlichen Kontrolluntersuchung gebracht. Sie war mit guter Nachricht aus der Praxis gekommen. Doch im Auto war sie dissoziiert. Er war hilflos, verstand nicht und fühlte sich überfordert. Auch, als sie wieder bei sich war und ihm erklärte, welche Erinnerungen, Gefühle und Schmerzen sie überflutet hatten, konnte er nicht auf sie eingehen. Er könne es nicht mehr ertragen, würde sie auch nicht mehr zum Arzt begleiten.

Die Beraterin identifizierte sich mit dem Mann. Ich fragte sie noch einmal nach ihren Gefühlen. Dabei ging ihr auf, dass sie die Gefühle des Mannes übernommen hatte. Sie wurde langsam ruhiger, doch hielt sie an ihrem Gefühl der Überforderung fest. Nein, auch sie könne diese kranke Frau nicht mehr ertragen.

Doch dann hielt sie inne und fragte, was das sei »Dissoziieren« und was man in solcher Situation tun könne? Ich klärte den psychiatrischen Sachverhalt auf. Aus Erfahrungen sagte ich, dass man in solchen Momenten keine Klärung voranbringen könne, nur dabeibleiben, evtl. festhalten und warten, bis die akute Episode vorüber ist. Alles andere gehöre in die Hand des Psychiaters, bei dem die Frau ja in Behandlung sei.

Damit war die »Pause« vorbei und die Supervisandin bat erneut, dass ich den Fall übernehmen solle. Ich stellte es in Aussicht, blieb aber bei ihren überbordenden Gefühlen und der Identifikation mit dem Mann.

Jetzt kam sie auf ihre Reaktion in der Beratung zu sprechen. Sie hatte dem Mann ihr Mitgefühl ausgedrückt. Der Frau hatte sie zu verstehen gegeben, dass sie ihn nach allem, was er für sie getan hätte, doch nicht rausschmeißen könne. Die Frau gab ihr Recht, doch sie fühlte sich weder von ihrem Mann noch von der Beraterin verstanden. Sie hatte geweint, und die Beraterin fühlte sich schuldig.

An dieser Stelle kam mir eine Ahnung und ich fragte sie, ob sie eine solche Situation schon einmal erlebt hätte. Sie schwieg eine Weile. Dann sagte sie, in ihr wäre alles durcheinandergeraten. Sie hatte längere Zeit ihren eigenen krebskranken Mann bis zu seinem Tod gepflegt. Damals hatte sie erlebt, dass alles Mitgefühl ihrem Mann galt. Sie wurde zwar bewundert, aber niemand verstand, dass sie es eigentlich nicht mehr aushielt und sie ihn am liebsten verlassen hätte. Ich schwieg eine Weile und fragte sie, ob sie sich und ihre Reaktion nun besser verstehen könnte und darum die Schuldgefühle fehl am Platz seien. Sie hatte Tränen in den Augen und nickte, etwas erleichtert.

Jetzt kamen wir in eine Arbeitsphase, in der wir gemeinsam klärten, welche identifikatorischen Gefühle mit dem Mann richtig und verstehbar sind – vor allem die Überforderung, die Hilflosigkeit und das Mitgefühl. Als Deutungsangebot fügte ich noch hinzu: Ihr Mann konnte nicht mehr zurück ins Leben wie die Frau. Und Sie konnten sich mit ihrem sterbenskranken Mann auch nicht mehr auseinandersetzen, wenn es Missverständnisse und Meinungsverschiedenheiten gab. Sie atmete tief und sagte dann: Ja, aber die beiden haben eine Chance und eine Perspektive. Ich erwiderte: »Und Sie hätten die dankbare Aufgabe, sie dabei zu begleiten.«

Wir wurden uns einig, dass sie die Beratung unter Supervision weiterführen wird. Dann bedachten wir noch eine Möglichkeit: Die beiden könnten ja eine kleine Zeit nicht zusammenleben, sozusagen als Zäsur zwischen den beiden Phasen ihrer Ehe. Ein Urlaub – jeder für sich allein, eine Kur für die Frau oder Ähnliches... Damit konnten wir diese Supervision beenden.

P. S. In der folgenden Sitzung mit dem Paar war tatsächlich keine Rede mehr von endgültiger Trennung. Das Paar hatte für sich einen ganz ähnlichen Ausweg gefunden. Die Frau zog für die Zeit ihres Studienabschlusses zu einer Kommilitonin und würde ihren Mann einige Zeit nur am Wochenende sehen.

Gut ist, was wirksam ist und Entwicklung ermöglicht...

Peter Frör

Bitte gib eine kurze Visitenkarte von Dir mit persönlicher Note zum beruflichen Profil: Was bist Du für ein Supervisor? (1)
Es ist mir eine Ehre, hier mit dabei zu sein. Mein Name ist Peter Frör, ich bin evangelischer Pfarrer im Ruhestand, bin 81 Jahre alt und wohne seit 1985 wieder in meiner Geburtsstadt München. Die meisten Jahre meines Pfarrerlebens war ich in der Seelsorge im Krankenhaus engagiert, viele Jahre davon in verschiedenen psychiatrischen Kliniken, zuletzt 20 Jahre lang am Universitätsklinikum in München-Großhadern.

Supervision habe ich gelernt und ausgeübt, seit es Pastoralpsychologie und Klinische Seelsorgeausbildung (KSA) in Deutschland gibt. 1972 war ich bei der Gründung der Deutschen Gesellschaft für Pastoralpsychologie (DGfP) dabei.

So war von Anfang an meine seelsorgliche Tätigkeit auch der Hintergrund für die Supervision, die ich gegeben habe. Das gilt bis heute. Was ich in der eigenen Seelsorge erfahre, kann ich in der Supervision anwenden, und was bei Supervisionen aufleuchtet, ist fruchtbar für die Seelsorge und wirkt darauf zurück. So bleibt eine lebendige und immer wieder neu ins Spiel zu bringende Verbindung von Theologie, Seelsorge und Pastoralpsychologie möglich. Diese Verbindung prägt bis heute mein Supervisionsverständnis und meine supervisorische Praxis.

Die Supervisionen, die ich noch selbst anbiete, beschränken sich derzeit auf eine kleine aber feine Supervisionspraxis; hauptsächlich sind es Einzelsupervisionen, darunter mehrfach langjährige Begleitungen von Kollegen, die in der Krankenhausseelsorge, aber auch in anderen kirchlichen Feldern tätig sind.

Was hat Dich dazu gebracht, Supervisor/Supervisorin zu werden und jahrelang zu bleiben? (2)
Es gab, als ich angefangen habe, in Deutschland kaum etablierte Supervisionsangebote; alles musste – vor allem im Bereich der Seelsorgeausbildung – mehr oder weniger aus dem Nichts heraus erarbeitet und in der Praxis erprobt werden. Aber wir waren jung und zu Beginn dessen, was später »Seelsorgebewegung« hieß, hoch motiviert und von uns überzeugt.

Es lag damals in der Luft, für humanwissenschaftliche Impulse offen zu sein, ja geradezu darauf zu fliegen. Psychoanalyse, Gruppendynamik, Kommunikationstheorie: Am eigenen Leib haben wir gemerkt, wie uns das bereichert und voranbringt. Das wollten wir unbedingt weitergeben.

So haben wir Supervisionen zunächst im Rahmen von Kursen für Klinische Seelsorgeausbildung (KSA) gegeben, noch ohne ein ausgefeiltes theoretisches Konzept. Was wir bei der Begleitung von Kursteilnehmenden in unseren Supervisionen erlebt und praktiziert haben, das haben wir als Lernfeld genutzt und im Team ausgetauscht und reflektiert. Über viele Jahre haben wir dafür einmal pro Woche selbst Teamsupervision durch eine erfahrene Analytikerin erhalten. Im gruppendynamisch verstandenen Miteinander lag das Herz unserer Arbeit. Das war die Weise, wie ich Supervision gelernt habe.

Worin bis Du Dir treu geblieben, was hast Du verändert im Lauf Deiner supervisorischen Entwicklung? (3)
Die folgenden Jahre in der Psychiatrie, meinem Arbeitsplatz seit 1977, brachten Modifikationen und Erweiterungen, aber keinen grundsätzlichen Neuansatz. Meine Devise war vielmehr: Wenn sich das bis dahin erarbeitete Supervisionskonzept auch unter den völlig anderen Bedingungen einer riesigen Regelpsychiatric mit 1 500 Betten und 39 Stationen bewährt und mich trägt, dann taugt es tatsächlich etwas.

Auch der Blick weitete sich: Wer jetzt Supervision suchte, kam überwiegend aus Gemeinde, Schule, Diakonie u. a.

Aus meiner Sicht sind in dieser Zeit meine methodischen Ansätze vielfältiger und flexibler geworden, weil sich die ursprüngliche streng psychoanalytisch orientierte Ausrichtung nicht durchhalten ließ. Die Begleitung der Ehrenamtlichen, die im Nervenkrankenhaus Bayreuth auf unterschiedlichen Stationen tätig waren, die dort die abenteuerlichsten Sachen erlebten und in die wöchentlich sich treffende Gruppe mitbrachten, haben ihr Teil dazu beigetragen.

So habe ich Supervision nicht in geordneter Lern- und Lehrsupervision gelernt, wie viele heute, sondern im Praktizieren und ständigen Reflektieren dieser Praxis. Mit der Zeit wurde ich dann meiner Sache sicherer.

Die Praxis kam also vor dem Begriff, und die Erfahrung vor der Methode. Gut war, was wirksam war und was diejenigen, die zur Supervision kamen, dem Ziel näherbrachte, ihre Arbeit gut zu tun. Das sehe ich bis heute so. Ein pragmatischer Ansatz!

Wie ist Dein eigenes aktuelles Supervisionsverständnis und wie hat es sich entwickelt?/Worum geht es Dir heute in der Supervision? (8)
Supervision ist für mich nach wie vor ein geeignetes und hochwirksames Instrument, mit den eigenen Aufgaben nicht allein zu stehen und nur auf sich selbst angewiesen zu sein. Sie ermöglicht den Blick von außen auf sich und die eigene Arbeit. Einzelne, eine Gruppe von Menschen oder ein Team haben so die Mög-

lichkeit, sich und die eigene Arbeit von jemand anderem anschauen und begleiten zu lassen. Dadurch wird Reflexion ermöglicht. Fähigkeit zur Reflexion aber ist Voraussetzung für verantwortliches Tun. Ziel ist immer die Förderung der zu leistenden Tätigkeit und der Personen, die sie zu erfüllen haben.

Gemeinsam ist ein Dreiklang:

- die Ausrichtung auf die Person der Supervisandin, wie sie sich in ihrer Arbeit zeigt;
- die Beherrschung des supervisorischen Handwerkszeugs (am wichtigsten: die Impulse aus der Psychoanalyse, der Kommunikationstheorie und neuerdings systemischer Sichtweisen und organisationsrelevanter Fragestellungen) sowie
- die immer wieder mögliche Rückbindung an biblische und theologische Zusammenhänge.

Das alles geschieht im Rahmen eines Supervisionskontrakts, in dem Einzelheiten geregelt sind: Häufigkeit und Dauer, Ziele, Finanzierung etc. Mit der Zeit ist das Instrument Supervision immer professioneller geworden. Supervisorinnen sind in der Regel in Fachgesellschaften organisiert, die Weiterbildungen vorhalten und für die Qualitätssicherung sorgen.

Was glaubst Du, was Supervision im besten Fall vermag? Was kann sie nicht? (9)
Supervision kann in jedem Fall dazu beitragen, dass jemand seine Arbeit besser, d.h. reflektierter und verantwortlicher leisten kann. Wenn in diesem Prozess ein Fortschritt auch in der Entwicklung der Person stattfindet, ein Mensch also auch für sich selbst und in anderen Lebensvollzügen »vorankommt«, umso besser. Supervision ist aber niemals ein Ersatz für Therapie. Die Bearbeitung persönlicher Probleme steht nicht im Vordergrund.

Oft kommen ja Menschen in Supervision, wenn sich akute Schwierigkeiten aufgetan haben. Oder sie werden vom Arbeitgeber aus diesem Grund geschickt. Das ist problematisch. Denn ein Instrument für Problemlösung ist Supervision in erster Linie nicht. Hier können falsche Erwartungen zu Enttäuschungen führen.

Beispiel: Ein Ehepaar, sie Pfarrerin, er Pfarrer, teilt sich eine Pfarrstelle. Sie kommen gemeinsam in Supervision, um hier die Fragen ihrer Verantwortungsbereiche und ihrer Arbeitsaufteilung zu besprechen. Immer wieder treten dieselben Probleme bei den Absprachen auf. Als sich immer deutlicher herausstellt, dass der Hintergrund dafür nicht das Arbeitsfeld, sondern ihre problematische Ehebeziehung ist, beenden beide abrupt die Supervision.

Ohne einen gewissen Leidensdruck kommen die meisten Menschen nicht zur Supervision. Bis heute ist es so, dass nur die wenigsten Supervision als ein normales sinnvolles Instrument zur Begleitung ihrer täglichen Arbeit verstehen und nutzen.

Supervision ist dann angezeigt, wenn jemand im Prinzip seine Arbeit selbständig verrichten kann. Sie ersetzt nicht eine fehlende Grundausbildung, sie setzt im Gegenteil Fähigkeiten in Bezug auf Reflexionsfähigkeit voraus.

Eine wichtige Unterscheidung hat sich als nützlich erwiesen, als wir begonnen haben, Ehrenamtliche in die Seelsorgearbeit mit einzubeziehen und dafür auszubilden. Damit Ehrenamtliche ihre Arbeit gut machen können, brauchen sie m. E. nicht Supervision im strengen Sinn, sondern unterstützende Begleitung. Hier sind wir als Leitungsteam nicht abwartend (»Was haben Sie heute mitgebracht, woran sollen wir heute arbeiten?«), sondern bereiten Themen auf, geben Impulse, schalten uns in das Gespräch in der Gruppe ein. Die Qualität dieser beiden Ansätze »Supervision« und »Unterstützende Begleitung« unterscheidet sich überraschenderweise in nichts. Ausschlaggebend für das unterschiedliche Vorgehen ist die Ausgangssituation und die andere Zielsetzung.

Gibt es Lehrsätze/Theorien, die sich in Deiner Praxis bewährt haben oder die Du im Lauf der Jahre über Bord geworfen hast? (12)
Orientiert habe ich mich bis zum heutigen Tag an den immer gleichen Ausgangsfragen:

- Was ist der Fall? Was ist der Sachverhalt, von dem die Rede ist?
- Wie ist die Supervisandin in der konkreten Situation vorgegangen?
- Was hat sie dabei erlebt?
- Zu welchem Ergebnis hat das geführt?
- Was hat sich – bei genauem Hinschauen – in der Kommunikation abgespielt?
- Wo hätte etwas anders/besser laufen sollen/können?
- Was wäre dazu methodisch/persönlich/vom theoretischen Ansatz her nötig gewesen?
- Welches ist das Ziel/die Perspektive, die sich jetzt aus dieser Reflexion ergibt?

Ganz von selbst kommen so die berufliche Situation und die Person mit ihrer Charakteristik in den Blick, mit der jeweils speziellen Begabung, mit der Art zu kommunizieren sowie sich in Beziehungen zu bewegen, und damit das zugrunde liegende Verständnis der eigenen Arbeit.

Als ich 1985 am Klinikum in München anfing, habe ich darüber hinaus noch einmal eine neue Lektion gelernt. Meine dortige Kollegin mit ihrer langen Erfahrung als Seelsorgerin hat mich darauf gebracht:
»Seelsorgelernen ist nur schwer unter Angst-Bedingungen möglich.« Kann dieser Satz auch für Supervision allgemein gelten? Ich meine: Ja! Auch in Supervisionen begegnen einem ja nicht nur harmlose, sondern exemplarisch schwierige menschliche Situationen. Da sind Bedingungen, die Angst verstärken, ein schlechter Ratgeber. Dieser Aspekt war uns am Anfang ganz und gar nicht im Blick gewesen, und ich habe erst spät und im Laufe der folgenden Jahre die Qualität dieser Entdeckung verifizieren können. Vor allem die Ehrenamtlichen haben

davon profitiert. Seitdem achte ich gezielt darauf, dass in den Supervisionen eine offene vertrauensvolle Atmosphäre herrscht und durchgehalten wird.

Gleichwohl ist es ganz normal, dass man es in Supervisionen mit Widerständen zu tun bekommt: Vermeidungen, Ausweichen, Abschweifungen, um nur einige zu nennen. Widerstände haben immer eine Funktion. Oft ist es eine Schutzfunktion.

Widerstände sind wie (verschlossene) Scheunentore. Indikatoren für Widerstand sind neben anderem: wenn Unsicherheit sichtbar wird; wenn spekuliert wird; wenn im Irrealis geredet wird.

Widerstände sind aber auch ein »Tor« hin zu Neuem und für Entwicklung. Die Möglichkeiten: Das »Tor« bleibt zu, damit alles so bleibt, wie es ist. Oder das »Tor« geht auf und ich gehe damit das Wagnis einer Verhaltensänderung ein.
   In der Supervision arbeite ich mit dem Widerstand (nicht gegen ihn), also mit dem, was ist.

Auch bei einem sich zeigenden/eingespielten Problemkarussell ist es nicht meine Aufgabe als Supervisor, den Ausweg zu weisen. Das ist unmöglich. Auch wenn ich es noch so gerne anders hätte! Die Aufmerksamkeit sollte darauf gerichtet sein, die Entwicklung hin zum nächsten (kleinen) Entwicklungsschritt zu ermöglichen.

Dagegen steht: Oft ist einem Menschen das Leiden am vertrauten Problem lieber, als das unbekannte Neue. Es geht nicht um den großen Sprung, sondern um den kleinen Riss (im System).

Welche Erkenntnisse hast Du zu förderlichen Äußerungs- und Sprachformen von Seiten des Supervisors bzw. der Supervisorin gewonnen? Welche Art von Interventionen und Impulssetzungen erscheinen Dir sinnvoll? (13)
Ein wesentlicher Impuls, der über die üblichen und bekannten Formen supervisorischer Interventionen hinausweist, ist aus der Arbeit auf den Intensivstationen des Klinikums erwachsen, die in den letzten Jahren zu einem Schwerpunkt meiner Arbeit geworden sind. Da finden sich Menschen, die beatmet sind, die nicht im üblichen Sinn wach sind, die im Koma und in anderen unbekannten Bewusstseinszuständen sind. Das Sprechen ist ihnen nicht möglich. Was kann Seelsorge unter diesen Umständen leisten, wenn das Gegenüber offensichtlich weit weg ist? Welche Kommunikationsmöglichkeiten stehen jetzt zur Verfügung? Welche Art von Unterstützung gibt es in diesen Zuständen? Worauf ist zu achten, um in Kontakt zu kommen und in Kontakt zu bleiben?

Das hat neue Fragen aufgeworfen und neue Ansätze auch für die Supervision nötig gemacht. Ich nenne einige davon:

- Aus dem Reagieren heraustreten und selbst die Initiative ergreifen
- Kontaktaufnahme aktiv gestalten
- Schwierige Situationen und Unsicherheit wertschätzen

- Elementare Wahrnehmung und Aufmerksamkeit üben
- Verschiedene Kommunikationskanäle kennenlernen und damit arbeiten
- Körpersignale einbeziehen
- Propriozeption/Eigenwahrnehmung als Basiskanal für Kommunikation nutzen
- Feedbackorientierung praktizieren
- Den aktuellen Prozess unbedingt unterstützen
- Supervision und Kontemplation verbinden
- Der Dimension von »SPIRIT« Raum geben.

Weite Übungsfelder haben sich dabei aufgetan. Vor allem zwei supervisorische Interventionen sind dabei neu in den Fokus geraten: *Feedbackorientierung*, und eng damit verwandt: *Kommentieren*.

Kommentieren: Ich nehme Stellung zu dem, was da gerade vorgetragen wird oder was sich ereignet hat, entweder umfassend oder zu einer Einzelheit. Ich gebe meine Einschätzung und evtl. meine Einfälle. Eine exponierte Weise von Supervision.

Weil wir in den Kursen immer als Zweierteam Supervision gegeben haben, hat sich so etwas wie »Stereophonie« ergeben: Die Teilnehmenden haben zuerst den einen Kommentar gehört, dann vom anderen Kursleiter einen anderen, und so konnte erlebt werden, welche verschiedenen Perspektiven es zu ein und demselben Aspekt gibt und geben kann. Supervision als Erweiterung des Horizonts.

Das Kommentieren ist seitdem zu einem festen Bestandteil meiner supervisorischen Praxis geworden. Umso wirksamer, je mehr der Kommentar Feedbackcharakter behält und unmittelbar zu dem in Bezug steht, was gerade geschieht. Und »Geschehen« ist immer mehr als das, was gerade inhaltlich besprochen wird. Es bezeichnet die ganze »Welt«, die sich gerade auftut: Körpersignale, Gefühlswahrnehmungen, eigene Einfälle u.a.

Durch mein Feedback und meinen Kommentar wird die Gesamtwahrnehmung vergrößert. Supervision ist in diesem Sinn Amplifizierung dessen, was ist. So kann der aktuelle Prozess des Supervisanden bzw. der Supervisandin unterstützt werden.

Welches Thema beschäftigt Dich aktuell besonders in Bezug auf Supervision? (15)

Wir haben in den letzten Jahren vermehrt nach den sogenannten *Metaskills* gefragt und wollten herausfinden, welche Bedeutung ihnen für Kommunikationsprozesse zukommt. Metaskills heißen die Grundhaltungen, die hinter den einzelnen Fähigkeiten (»skills«), Methoden und Konzeptionen stehen, die sie wirksam machen und die letztlich über das Gelingen einer Kommunikation entscheiden. Man kann sie nicht lernen, man kann sie aber »üben« im Sinne von »praktizieren« und »im Sinn behalten«.

Zwei dieser Metaskills möchte ich hervorheben. Sie sind sowohl für Seelsorge als auch für Supervision bedeutsam.

Anfängergeist: Ich begegne einem Menschen/einer Situation, als wäre es das erste Mal: »Jetzt wird gleich etwas völlig Neues geschehen, etwas, was ich in meinem Leben noch nie erlebt habe.«

Expertentum: Ich bringe meine ganze Erfahrung und mein Können mit: »Mir kann so schnell niemand etwas vormachen. Ich kann jederzeit auf meine Expertise zurückgreifen.« Dazu gehört auch: »Ich bewahre den Überblick.«

Diese beiden Grundhaltungen in ihrer Gegensätzlichkeit gegenwärtig zu haben ist sehr fruchtbar.

Es gibt noch weitere Metaskills, ohne Anspruch auf Vollständigkeit:

- Mut (zum tiefsten Punkt zu gehen oder auch zu heftiger Intervention)
- Demut (sich etwas Größerem zur Verfügung stellen, auf einen großen Prozess einlassen – diese Form von Demut ist nicht Bescheidenheit)
- Wohlwollen
- Hartnäckigkeit (dranbleiben – Bibel: Die unverschämte Witwe, Lukas 18, 1 ff)
- Kreativität (für Selbsterneuerung offen sein)
- Humor
- Losgelöstheit
- Ruhe in der Turbulenz
- Gefäß/Container sein
- Flexibilität
- Geduld

In dem Miteinander dieser Grundhaltungen weht der Geist, in dem Supervision sich bewegen sollte.

Woran erkennst Du, dass es in der Supervision einen Fortschritt gibt? (20)

Das erkenne ich, wenn Supervisanden zunehmend gezielt auf ihre Themen zu sprechen kommen, wenn es ihnen immer besser gelingt, die Zusammenhänge zwischen der gestellten Aufgabe, die eigenen Anteile daran, die damit verbundenen Gefühle, die Schwierigkeiten damit zu benennen. Wenn sie verstehen, was sie so und nicht anders hat handeln lassen, welche Konsequenzen dies hatte oder welche Konsequenzen eben ausgeblieben sind. Auch daran, dass die Widerstände geringer werden, sich den nicht einfachen Aspekten einer Situation zu stellen. Im Grund freut es mich am meisten, wenn auch in meinem Gegenüber eine Lust und eine Freude wach wird, eine gegebene Situation als Anlass für Entdeckungen zu verstehen, sich gemeinsam auf die Suche zu machen, welche Qualität in einer Situation steckt, welche Handlungsspielräume sich auftun und zu welchem konkreten Handeln – vielleicht auch neu und bisher ungewohnt – sie herausfordern. Wenn eine Sitzung eine solche Ermutigung hervorbringt, war sie »erfolgreich«.

Aus der Praxis: Ein Pfarrer, Seelsorger an einem großen Schwerpunktklinikum mit 1 100 Betten, hat erfahren, dass mit Beginn des neuen Jahres die Stelle seiner bisherigen Kollegin, der zweiten Pfarrerin in seinem Haus, aus Geldmangel ersatzlos gestrichen ist. Von jetzt an wird er der einzige evangelische Hauptamtliche dort sein.

Er kommt völlig aufgelöst in die heutige Supervision: »Ich brauche Struktur!« Eine neue Situation! Alles steht infrage: Wie soll er das schaffen? Wie dabei gesund bleiben? Was bedeutet das für seine zukünftige Arbeit? Was hat das für Konsequenzen für die Seelsorgepräsenz in der Organisation Krankenhaus?

Der Kollege hat bis zu seinem Ruhestand noch einige Jahre. Wo beginnen? Welche Prioritäten setzen? Was in Zukunft weglassen? Worauf jetzt den Schwerpunkt legen? Selbst Klarheit in diesen Fragen zu bekommen wäre die Grundlage für weitere Schritte.

In dieser Supervision entfaltet sich daraufhin im gemeinsamen Suchen eine Liste der unterschiedlichen Tätigkeitsfelder, eine unterschiedliche Gewichtung derselben (Was ist unabdingbar? Was wäre wünschenswert? Was möchte ich unbedingt weitermachen? Wo gibt es festen Boden? etc.), und so entsteht im Rohkonzept eine der jetzigen Situation angepasste neue Dienstordnung. Dieses Konzept wird er in wenigen Tagen seinem Dekan vorlegen, und es stellt sich heraus: Dieser ist erleichtert. Der Dekan nämlich hätte selbst keine Idee gehabt, wie dem Kollegen zu helfen wäre. Jetzt, auf der Vorarbeit fußend, kann die neue Dienstordnung erstellt und unterschrieben werden. Man verzichtet dabei sogar auf die üblichen Formulare. Es geht einfach nur um die Sache.

Was hat Dich Deine Erfahrung gelehrt, welche Besonderheiten sinnvoller Weise zu berücksichtigen sind in Einzel-, Gruppen-, Team-SV über die formellen und in allen Lehrbüchern nachzulesenden Kriterien hinaus? (29)
Das Gemeinsame: In allen drei Fällen geht es darum, diejenigen zu unterstützen, die zur Supervision kommen:

- in ihrer Tätigkeit
- in ihrer Aufgabe
- in ihrer Kompetenz
- in ihrer Wahrnehmungs- und Entscheidungsfähigkeit.

Die Unterschiede liegen auf der Hand:

In der *Einzelsupervision* steht ein einzelner Mensch im Fokus, es geht darum, an den mitgebrachten Themen zu arbeiten und dabei die genannten Aspekte in dem Zusammenhang zu betrachten, wie sie sich bei ihm zeigen.

Gruppensupervision stellt dagegen ein Setting dar, in dem eine Gruppe zusammenkommt, um in und mit der Gruppe die eigene Arbeit zu reflektieren. Das Besondere ist hier, dass das Potential (Wahrnehmungsfähigkeit, Kompetenz, Erfahrungen, Einfälle) der anderen Teilnehmenden für die Arbeit am konkreten Fall, den jemand einbringt, im Supervisionsprozess genutzt und damit gearbeitet wird. Hier verdeutlicht sich exemplarisch, dass alle beteiligt sind und voneinander lernen und profitieren können. Es geht also um beides: zum einen darum, die Gruppe zu ermutigen, ihr Potential zu entfalten, zum anderen aber auch darum, den supervisorischen Abstand zu halten und die eigene Wahrnehmung aus dem Überblick heraus zur Verfügung zu stellen.

In der *Teamsupervision* liegt der Fokus auf dem gemeinsamen (Arbeits-)Auftrag des Teams. Im Vordergrund für die Supervision ist deshalb immer die Arbeitsfähigkeit des Gesamtteams. Einzelne Probleme, z. B. Schwierigkeiten in der Zusammenarbeit, unklare Solidarität und Verlässlichkeit bei Einzelnen o. ä., werden daraufhin reflektiert, wie sie sich auf die gemeinsame Arbeit auswirken. Das Besondere einer Teamsupervision ist es darüber hinaus, dass sie den geschützten Rahmen bieten kann, um heikle Dinge anzusprechen und zu bearbeiten, die sonst unter dem Teppich blieben oder sofort zu Konflikten führen würden.

Was ist Dir wichtig für die Beziehungsgestaltung in der Supervision? (31)
Supervision ist immer ein Beziehungsgeschehen. Ein Mensch, der zur Supervision kommt, öffnet sich. Das ist für ihn oft nicht leicht und nicht selbstverständlich. Denn dabei wird er sichtbar: die eigene Person, die Art, wie er sich und seine Arbeit versteht und tut, auch wie er darüber reflektiert und kommuniziert. Auf rein abstrakter und theoretischer Ebene ist Supervision nicht sinnvoll.

So ist Supervision, auch wenn sie den Arbeitsbezug behält, immer auch etwas sehr Persönliches. Sie setzt auf beiden Seiten Beziehungsfähigkeit voraus: sich öffnen können, Grenzen kennen und einhalten können, über den eigenen Schatten springen können, Zutrauen entwickeln und praktizieren können, um nur einiges zu nennen.

Für Supervisorinnen heißt das: andere in ihrer Arbeitswelt aufzusuchen, ihre Situation zu verstehen, auf sie zu hören, sich auf ihre Sichtweise einzulassen. Dieser Anspruch will Vertrauen erwecken und will eingelöst sein.

Ein guter Supervisor ist m. E. der, der durch sein Wesen und seine Art zu kommunizieren dazu ermutigt, dass sich diese Felder auftun, und der dazu beiträgt, die Arbeit daran zu ermöglichen und zu fördern. Dies geschieht am besten mit einer Grundhaltung, die etwas erkunden, erforschen, genauer anschauen und wissen will.

Instrumente dazu sind: Verlangsamung, Genauigkeit, Interesse an Einzelheiten etc., und zwar im gemeinsamen Such-Prozess. Manchmal ist in diesem Zusammenhang sogar der Satz hilfreich, auf den wir einmal während eines Trainings gestoßen sind: »*Ein guter Supervisor ist dumm, faul und langsam.*«

Dabei werden die unterschiedlichen Rollen gewahrt: Jemand bekommt Supervision – jemand gibt Supervision. Je klarer diese Rollen eingehalten werden, desto mehr kann Supervision respektvoll auf Augenhöhe geschehen.

Wie siehst Du die Gewichtung von Zuhören und Selbstreden bei Supervisoren?
(36)
In letzter Zeit spüre ich vermehrt meine Lust, Beiträge aus dem eigenen Leben, aus der Geschichte, der Theologie, der Kultur und Lebenserfahrung (»Weisheiten« und »Erkenntnisse«) einfließen zu lassen. Oft ausgelöst durch ein Stichwort, das im Gespräch gefallen ist. Meine Frau, die mich kennt, sagt deshalb manchmal im Scherz: »Lass bitte deine Supervisanden auch manchmal zu Wort kommen!« Das eigene Privatleben sollte aber eher draußen bleiben.

Es ist nicht nur die Lust, die mich treibt. Es ist auch eine Einsicht. Natürlich soll durch meinen eigenen Beitrag dem Supervisanden nicht der Raum zur eigenen Entfaltung genommen werden. Aber durch meine Beiträge kann das, was eingebracht wird oder zur Diskussion steht, erweitert und in neuem Licht gesehen werden. Das gibt dem Gegenüber wiederum die Möglichkeit, etwas aufzugreifen oder zu vertiefen, auch, etwas Eigenes, das bisher nicht im Blick war, hinzuzulegen. Supervision auf Augenhöhe entlastet, zeigt sich doch so, dass hier jemand Supervision praktiziert, der kein Unmensch und kein abstraktes Gegenüber ist, sondern der bereit ist, sich selbst zu zeigen, mitzudenken und Echo zu geben. Das ist ein wichtiger Abschied von der, lange Zeit üblichen, Problem- bzw. Defizitorientierung, auch – wenn strikt praktiziert – von einem non-direktiven Ansatz, wie er durch Carl Rogers seinerzeit in die Seelsorge- und Supervisionsszene gelangt ist.

Welche Bedeutung misst Du Gefühlen bei im supervisorischen Arbeiten? *(37)*
Ja, natürlich Gefühle. Aber Gefühle nicht als Selbstzweck. Wenn jemand ganz auf dem sachlichen Feld bleibt, frage ich nach einer Zeit nach den Gefühlen, die dazu gehören. Wenn er oder sie mit einem Gefühlsausbruch beginnt, warte ich ab, um dann evtl. danach zu fragen, was es ist, was zu diesem Gefühlsausbruch veranlasst. Gefühle also immer im Zusammenhang mit konkreten Sachverhalten/Lebenssituationen/Aufgabenstellungen.

Wenn ein Gefühl sich zeigt, wird die Frage nach dem Sachverhalt wichtig. Wenn ein Sachverhalt präsentiert wird, wird das dazugehörige Gefühl wichtig. Supervision heißt dann: Keine Ruhe geben, bis beides erkundet ist, und zwar in seiner Zusammengehörigkeit. Dann stellt sich Verstehen ein. Verstehen aber ist eine Voraussetzung für Fortschritt/Prozess/Erweiterung des Horizonts – und damit Voraussetzung für veränderte Handlungsoptionen.

Welche Kriterien hast Du für den Einsatz von Methoden in der Supervision?
(43)
Ich kann das am besten beantworten, wenn ich kurz darstelle, wie typischerweise eine Einzelsupervision beginnt, wie sie abläuft und wie sie endet.

Wir haben Platz genommen. Eine Tasse Kaffee steht auf dem Tisch. Ich habe mein Notizheft zum Mitschreiben der Stichpunkte auf dem Schoß. »Willkommen! Was gibt es heute? Können Sie mich auf den Stand der Dinge bringen?« Wer zur Supervision gekommen ist, hat jetzt das Wort und fängt an zu erzählen. Es muss nicht gleich um die Arbeit gehen. Vielleicht ist zunächst wichtig, dass die Ehefrau wieder eine neue Chemotherapie braucht oder dass der Urlaub schön war. Langsam öffnet sich das ganze Feld. Wie kommen wir ins Arbeiten?

Supervision ist Arbeit. Entdeckungsarbeit. Forschungsarbeit. Jede Situation, jedes Phänomen, »alles, was ist, alles, was sich zeigt« ist es wert, ernst genommen und genau angeschaut zu werden. Da gibt es nichts, was unwichtig wäre. Eine Praxis der Wertschätzung dessen, was ist.

Es ist immer angezeigt, zur Verlangsamung einzuladen: Innezuhalten, noch einmal der Reihe nach anzuschauen, im Anschauen genau zu sein, nichts zu übersehen oder zu übergehen, Lust an den dabei entstehenden Entdeckungen zu machen. Das eröffnet neue Einsichten und neue Erkenntnisse, kann am Anfang aber auch verunsichern und zum Staunen bringen.

Irgendwann im Lauf der Sitzung stellt sich wie von selbst heraus, was heute der springende Punkt sein wird. Oft ist dies nicht dasselbe wie die Absicht oder das Thema, das mitgebracht wurde. Es ist wie ein neuer Blick: »Aha, darauf kommt es an! Darauf muss ich in Zukunft besser achten! So kann ich es anpacken, um aus einer »unlösbaren« Situation herauszukommen. Unglaublich: Ich bin wieder meinen »alten Bekannten« begegnet, die so destruktiv sind. Aber es hat sich auch etwas Neues gezeigt, das ich im Auge behalten will.«

Die Beschäftigung mit einer speziellen konkreten Arbeitssituation (sehr oft der Ausgangspunkt) eröffnet Wege, Fragestellungen, die sich daraus ergeben, genauer zu erkunden:

- die vorgegebene Aufgabenstellung
- die jeweiligen Person-Anteile (Gefühle, Impulse, Hemmungen, Wahrnehmungsdefizite, biographische Wurzeln, Problemanzeigen)
- die Rolle in der gegebenen Situation (Rollenklarheit und Rollenflexibiliät)
- die institutionellen und organisatorischen Bedingungen in ihrer Besonderheit.

Die gegenseitigen Wechselwirkungen zu entdecken und zu erfassen, wie die einzelnen Aspekte aufeinander bezogen sind, das erweitert *Handlungsoptionen*. Auf dem Weg dahin ist die Aufmerksamkeit eine doppelte, nämlich zum einen aus der Fülle der unterschiedlichsten Aspekte ein gewisses Gesamtbild zu gewinnen, zum anderen, die einzelnen Aspekte in ihrer Besonderheit wahrzunehmen.

Ich bin kein Freund von Lösungs- sondern von *Prozessorientierung*. Eine komplexe Angelegenheit hat oft keine einfache/simple Lösung, die man nur entdecken muss. Vielmehr sollte Supervision dazu verhelfen, sich mit der Komplexität der gegebenen Situation anzufreunden, ihre Qualität zu entdecken und Handlungsspielräume auszuloten. In einer Lehrsupervision hat sich am Ende der Stunde als Einsicht gezeigt: »Wenn der liebe Gott ein Interesse an Lösungen hätte, gäbe es schon lange keine Probleme mehr.«

Im Lauf des Prozesses kommt es häufig dazu, dass sich ganz von selbst bei mir als Supervisor *Hypothesen* einstellen: »Das ist der Kern des Problems«, »Am besten sollte jener Weg eingeschlagen werden«, »Die Ursache liegt in der Persönlichkeitsstruktur«, »Hauptsächlich hätte das Gegenüber an diesen Aufgaben zu arbeiten« etc. Diese Hypothesen sind wichtig, weil sie einen Weg weisen, in welcher Richtung der Suchprozess gehen könnte. Ich werde eine Hypothese aber nicht sofort zur Verfügung stellen, sondern sie im Hintergrund behalten (supervisorische Merktasche) und ihr nur so lange folgen, bis sich herausstellt, dass sie inzwischen nicht weiterführt. Dann werde ich sie umgehend aufgeben. Die Hypothese war eine Zeitlang nützlich, aber ich hänge nicht an ihr.

Supervision ist konkret und zielgerichtet (im Unterschied zu rückwärtsgewandt und im Biographischen hängenbleibend). Sie ist aber auch nicht, wie schon gesagt, einfach lösungsorientiert oder im Sinne von Coaching ein Training für eine spezielle Aufgabe (obwohl davon auch immer wieder Anteile einfließen können). Sie ist daran interessiert, den Aufforderungscharakter einer Situation für das weitere Vorgehen im beruflichen Feld herauszuarbeiten.

Es ist offensichtlich unerheblich, mit welchem Aspekt eine Supervision beginnt: ob mit dem aktuellen Ergehen, ob mit einer ausführlicheren persönlichen Notiz, ob mit einer scheinbaren Nebensächlichkeit, ob mit einem Bericht (Was ist in der jüngsten Vergangenheit vorgefallen? Was ist gelungen, was war unerfreulich? Was wird in nächster Zeit zu erledigen sein? etc.) Weil alle Aspekte zusammenhängen, weil sie alle mit derselben Person zu tun haben, kommt es in der Regel nach einer gewissen Zeit wie von selbst zum »springenden Punkt«. Darauf zu vertrauen, erleichtert die Aufgabe sehr.

Je nach Situation können unterschiedliche *Interventionen* angezeigt sein: Nachfragen (»Das habe ich jetzt überhaupt nicht verstanden!«), Unterbrechen, Kommentieren (s. o.), einen speziellen Aspekt betonen, Konfrontieren, nicht locker lassen u. a.

Dieser supervisorische Ansatz unterscheidet sich, wie schon gesagt, von althergebrachter Problem- und Defizitorientierung, aber auch von jetzt weit verbreiteter Ressourcenorientierung!

Schließlich endet die Sitzung mit der Bitte, ein Resümee zu geben: »Wie war das heute hier? Worum ist es in den letzten 90 Minuten gegangen, was hat sich herausgestellt?« Oft sind es zwei oder drei Sätze, die dann gesagt werden und die ich mir notiere. Aus der Lektüre dieser Resümee-Sätze kann ich später den Prozess einer Supervision gut rekonstruieren.

Wie verbleiben wir? Es geht um Abmachungen: Wann wird das nächste Treffen stattfinden? Es wird ein neuer Termin, evtl. eine längere Pause o. ä. vereinbart.

Welche Rolle spielt die spirituelle Dimension für Dich in der Supervision? *(47)*
Erst relativ spät habe ich begriffen, dass zur Supervision wesentlich auch eine theologisch und geistlich verantwortete Haltung gehört, die man heute mit »Pastoraler Identität« beschreibt. Supervision ist einerseits überhaupt nichts Spirituelles, wenn sie sich denn mit dem alltäglichen Geschäft der zu erledigenden Arbeit beschäftigt. Andererseits umfasst sie tendenziell alle Bereiche des Lebens und weist gleichzeitig darüber hinaus. Wie ein Mensch letztlich gegründet ist und sich im Leben orientiert, das beeinflusst sein Tun auch in den ganz profanen Zusammenhängen. Die Notwendigkeit und Möglichkeit, diese geistliche Dimension einzubeziehen, sie immer wieder ins Spiel zu bringen, entsprechende Bezüge herzustellen und so mitzuhelfen, ein Verständnis für das zu entwickeln, was allem Sein und Tun zugrunde liegt, halte ich für ein großes Privileg Pastoralpsychologischer Supervision.

Dieser Aspekt steht nicht immer im Vordergrund, aber er schließt die Bereitschaft mit ein, darauf besonders zu achten, zu würdigen, wenn etwas davon sichtbar wird, Zusammenhänge herzustellen und zu benennen. Auf keinen Fall soll und darf der Eindruck entstehen, dass hier alles auf das »Spirituelle« hinausläuft, und schon gar nicht, dass explizit geistliches Handeln wesensmäßig zur Supervision gehört. Das unterscheidet Supervision von Seelsorge. Supervision ist ein »weltlich Ding«. Die konkreten irdischen Bedingungen stehen im Vordergrund, spirituelle Bezüge sollen aber auch Raum haben können. Beides will angesprochen, benannt, bewusstgemacht und immer wieder unterschieden werden.

Insofern sind die Erfahrungen aus der Seelsorge für mich immer Quelle und Inspiration gewesen und geblieben, viel mehr als andere »säkulare« oder therapeutisch gefärbte Supervisionsansätze.

Aus der Praxis: Ein Krankenhausseelsorger kommt zu mir und bittet um »Geistliche Begleitung«. Meine Antwort: Von geistlicher Begleitung habe ich keine Ahnung, die habe ich nicht gelernt und kann sie nicht geben. Aber was ich anbieten kann: Wenn er kommen will und einen Fall aus seiner Seelsorge mitbringt, dann können wir diesen auf dessen geistliche Dimension hin untersuchen. Und wenn er geistliche Fragen hat, dann können wir untersuchen, wie sich diese Fragestellungen auf seine Seelsorgepraxis auswirken. – So haben wir es dann auch gemacht.

Praxisbeispiel: Erkenntnisse aus einer Lehrsupervision

Ein Kollege, der für ein großes Seelsorgefeld in seiner Region die Verantwortung trägt und der jetzt auf dem letzten Abschnitt seiner Weiterbildung zum Supervisor ist, kommt seit eineinhalb Jahren einmal im Monat zur »Lehrsupervision«. Er ist bereits ein erfahrender Mann und auf seinem Weg hin zu seiner Anerkennung schon weit, auch mit einer inzwischen breiten Praxis eigener Supervisionen.

Was ist zu tun? Es wird hauptsächlich darum gehen, noch an einigen »Stellschrauben« zu drehen, Feinheiten zu vertiefen und Sichtweisen zu schärfen. Supervisorische Kleinarbeit! Mein Ehrgeiz: Auch wenn er schon sehr erfahren ist, soll er hier noch etwas lernen, was Substanz hat und was für ihn überraschend ist.

Zu den Sitzungen bringt er – wie es üblich ist – mit, was ihm bei den eigenen Supervisionen in der Zwischenzeit begegnet ist, und es werden die damit verbundenen Fragen im Detail und dann auch in ihrer speziellen supervisorischen Tragweite besprochen. Oft resultieren diese Gespräche in prägnanten Zusammenfassungen, in denen sich Einsichten bündeln.

Der Kollege hat sich angewöhnt, nach jeder Sitzung Notizen zu machen, in denen er den Prozess skizziert und vor allem am Ende festhält, was sich als wesentliches Ergebnis herausgestellt hat. Dankenswerterweise stellt er mir regelmäßig diese Notizen zur Verfügung. So bekomme auch ich einen Überblick über seinen Lernweg.

Aus den Zusammenfassungen geht hervor, wie vielschichtig supervisorisches Lernen ist und wie viele Aspekte es umfassen kann. Und auch: Wie viel Spaß es machen kann, in dieser Hinsicht auf Entdeckungsreise zu bleiben. Denn die Sätze wollen nicht einfach Richtigkeiten sein, sondern zum weiteren Nachdenken und Nachforschen anregen.

Im Folgenden ein kleiner Ausschnitt, auf welche teilweise zugespitzten Einsichten, aber auch auf welche grundsätzlichen Fragestellungen und Themen wir dabei gestoßen sind:

- Wichtige Haltung bei der Supervision: Erforschen und Verlangsamen: »Der Sache auf den Grund gehen«.
- Gefühle muss man sich leisten können. (Anmerkung: Zugang zu den eigenen Gefühlen zu haben, bedeutet einen gewissen Luxus, denn dies setzt voraus, genügend Abstand zu haben, um sie zu spüren und zeigen zu können. Es gibt Zustände, die eine Wahrnehmung der eigenen Gefühle erschweren oder unmöglich machen. Bekannte Beispiele: Drogenabhängige, Komapatienten.)
- Der Angst kann Vertrauen/Zutrauen entgegengesetzt werden.
- Als Supervisoren und Supervisorinnen sagen wir genau das Falsche zum richtigen Zeitpunkt oder das Richtige zum falschen Zeitpunkt: Irritation bewirkt Veränderung!
- Immer wieder sagen (abgleichen), was ich verstanden habe.
- Wenn eh schon viel Emotion im Raum ist, ist es die Aufgabe des Supervisors, sachlich zu bleiben. (Anmerkung: Was aber nicht bedeuten kann, den Gefühlen keine Aufmerksamkeit zu schenken, s. o.)
- Verlangsamen: Was ist es (genau), das ich meine, zu spüren?
- Supervision ist kein Dauerlauf, sondern ein Erkundungsgang.
- 1 000-mal wichtiger als Einfühlen (Seelsorge) ist Direktheit (Supervision).

- (Anmerkung: Hier hat der Lehrsupervisand die Gefahr benannt, aus seiner Rolle als Supervisor herauszufallen. Direktheit bedeutet: Im Gegenüber zu bleiben, herauszufordern, evtl. Unangenehmes zu benennen, zu kommentieren u. a.)
- Generell muss ich aufpassen, nicht zu viel für andere zu tun.
- In Supervision sollte die Arbeit 50/50 zwischen Supervisor und Klient aufgeteilt sein. Auch wenn sie unterschiedliche Arbeit leisten.
- Zur Supervision gehört:
  1. mich beliebt zu machen
  2. mich unbeliebt zu machen
  3. in beidem verlässlich zu sein!
- Manchmal ist es gut, im Supervisionsprozess genau das nicht zu geben, was die Supervisandin oder der Supervisand hören will.
- Supervision heißt oft, den Menschen zu lehren, mit unfähigen Vorgesetzten leben zu können.
- Grundkonsens: Ich meine es gut mit dir!
- Nur Empathie und Konfrontation ermöglichen Wachstum.

In meinen abschließenden Bericht über diese Lehrsupervision habe ich geschrieben: »Durchgängig hat sich gezeigt, dass es ihm gut gelingt, mit seinen Supervisandinnen und Supervisanden in guten Kontakt zu kommen. Klarheit in der Kontraktbildung ist ihm selbstverständlich. Seine Gegenüber verständnisvoll und bis ins Detail zu begleiten, fällt ihm leicht. Das Instrument, in der Supervision auch zu konfrontieren und manchmal »die Sache auf den Punkt zu bringen«, kann er noch weiterentwickeln.«

Supervision als sicherer Spielraum

Friedrich-Willhelm Lindemann

Bitte gib eine kurze Visitenkarte von Dir mit persönlicher Note zum beruflichen Profil: Was bist Du für ein Supervisor? (1)
Auf meiner aktuellen Visitenkarte ist zu lesen »Partner« in der »TRICON Unternehmensberatung GmbH, Berlin«. Die in Wirtschaft und öffentlichen Unternehmen tätige Firma suchte »einen Mann für die Werte«, als sie mich nach meiner Pensionierung 2006 zur freien Mitarbeit einlud. Arbeitsschwerpunkte sollten sein: »Coaching von Führungskräften und Teams; Krisenberatung; Work-Life-Balance«. Hintergrund war meine berufliche Erfahrung als Direktor des Evangelischen Zentralinstituts für Familienberatung, Berlin (EZI), des Aus- und Weiterbildungsinstituts für Psychologische Beratung und Supervision in der Evangelischen Kirche in Deutschland (1981–2005), als Pastoralpsychologe in der Aus- und Fortbildung für Pfarrer (1972–1981) sowie als Pastor (1969–1972) in Hannover.

Als junger Gemeindepastor hatte ich das große Glück, einmal wöchentlich von meinem Vorgänger Dr. Klaus Winkler, damals Pastor, praktizierender Psychoanalytiker und Leiter der Evangelischen Lebensberatungsstelle in Hannover, Supervision zu bekommen. Im Mittelpunkt der Arbeit standen die Kasualien, insbesondere die Beerdigungen. Aufgrund eigener Erfahrungen mit Tod und Trauer in der Familie war mir dieses Arbeitsfeld vertraut. In der Supervision lernte ich, dass und warum der Tod von Angehörigen sehr unterschiedlich erlebt werden kann. Ebenso unterschiedlich können die Reaktionen auf den Besuch des Pastors sein: zurückhaltend ja defensiv, damit am Grab bloß nichts Negatives gesagt wird, oder voller Klage, wie Gott das Unglück zugelassen habe, oder gleichgültig, unpersönlich (»machen Sie es kurz«), oder gesprächsbereit und offen für die gemeinsame Vorbereitung der Trauerfeier und der Ansprache mit persönlichen Berichten, Sorgen und Wünschen. Ich lernte also zwischen meinem Erleben und dem anderer zu unterscheiden. Ich lernte aber auch, dass ich in der sozialen Rolle als Pastor ganz bestimmten Erwartungen ausgesetzt war unabhängig von meinem Selbstverständnis. Ich nahm die Rollenzuweisungen persönlich, insbesondere die ablehnenden, die mich kränkten, und die anhaltend klagenden, die mich überforderten, da ich doch gerne helfen wollte, mich aber dazu nicht wirklich in der Lage sah. In der Supervision fragten wir nach den Hintergründen solcher Beziehungserfahrungen, welche Sorgen, Ängste, Aggressionen und Wünsche sich darin äußern und welche Schutzmaßnahmen sie bei anderen und bei mir unbemerkt auslösten, und wie ich bewusst meine Rolle gestalten könnte.[79] So suchten wir tieferliegende, nicht

---

79 Lindemann, 1972.

bewusste Konfliktdynamiken zu identifizieren und zu verstehen. Diese Überlegungen halfen mir, das institutionell vorgegebene Ritual der Trauerfeier, nämlich die Liturgie, Lieder, Texte, Ansprache und Gebete individuell auf die Situation der Trauernden zu beziehen. Dabei ist wichtig, dass der Pastor die Gefühlslage der Trauernden möglichst gut erfasst und nicht unabsichtlich mit seinen eigenen Erfahrungen mit Trennung, Aggression und Trauer verwechselt.[80]

Aus dem Zusammenhang dieser Supervisions-Arbeit bekam ich die Anregung, mich selbst in eine sechsjährige psychoanalytisch orientierte Weiterbildung zum Pastoralpsychologischen Berater[81] zu begeben, die zur Ausübung psychoanalytisch orientierter beratender Seelsorge und pastoralpsychologischer Beratung, Supervision und Fortbildung mit Einzelnen und Gruppen befähigt. Im Rahmen meiner weiteren Berufstätigkeit in Aus-, Fort- und Weiterbildung (1972–2005) habe ich in erster Linie psychoanalytische orientierte, berufsbezogene Selbsterfahrungsgruppen sowie Fallsupervision in Gruppen geleitet. Doch mit der Entwicklung einer eigenen Supervisionsweiterbildung im EZI Anfang der 1990er Jahre bekamen systemische Perspektiven[82] mehr Gewicht. Im Rahmen der Unternehmensberatung überwogen systemische Herangehensweisen in der Leitungs- und Teamsupervision.[83]

Wie ist dein eigenes aktuelles Supervisionsverständnis und wie hat es sich entwickelt? (8)
Zielt psychoanalytisch orientierte Selbsterfahrung auf die Entwicklung der Person, so zielt Leitungscoaching auf Leistungen und Entwicklung der Organisation. In der Supervision nun geht es, bezogen auf Person und Organisation, um ein klareres Verständnis der Rolle und der aktuellen Handlungsmöglichkeiten der Supervisandinnen.[84] Folgende Schritte sind sinnvoll: Herausarbeiten der aktuellen Schwierigkeiten und deren Hintergründe; genaue Erkundung des Umfeldes außerhalb und innerhalb der eigenen Organisation auf manifester wie latenter Ebene (Untergrundmusik); Erörterung von Handlungsstrategien anhand eigener Handlungstendenzen, Erfolge und Fehler; Anregung und Ermutigung zu eigenständiger kreativer Rollengestaltung[85] sowie des Berufslebens. »Konfrontation bringt in die Rolle« – eine Erfahrung, die ich sowohl als Supervisand als auch als Supervisor gemacht habe – unter Voraussetzung einer relativ angstfreien Arbeitsbeziehung.

Was glaubst Du, was Supervision im besten Falle vermag? Was kann sie nicht? (9)
Supervision kann berufliche Ängste bearbeiten und zu deren Überwindung helfen durch Aufklärung und Ermutigung. Tieferliegende, dysfunktionale Eigenheiten

---

80 Lindemann, 1984.
81 Lindner, 1974.
82 Nicht nur Person und interpersonale Beziehungen sondern auch der organisationale Rahmen und die dort herrschende Kultur werden betrachtet mit vier gleichwertigen »Brillen« für Person, Gruppe, Struktur und Kultur.
83 Obholzer&Roberts,1994/2002.
84 Hantschk, 2002.
85 Fürstenau, 2002.

der Supervisanden, die in die Therapie gehören, kann sie nicht bearbeiten. Sie kann jedoch bei wiederholt feststellbaren »blinden Flecken« und Entscheidungsschwierigkeiten auf dahinterliegende Konflikte aufmerksam machen. Das führt möglicherweise schon zu punktueller Einsicht und Verhaltensänderung.

Was hat Dich Deine Erfahrung gelehrt, welche Besonderheiten sinnvoller Weise zu berücksichtigen sind in Einzel-, Gruppen-, Team-SV über die formellen und in allen Lehrbüchern nachzulesenden Kriterien hinaus? (29)
Für die psychologische *Beratung* Einzelner ist für mich zunächst die szenische Darstellung[86] im Erstgespräch wichtiger als das Erfragen äußerer Daten. Das gilt auch für die *Einzelsupervision*, jedoch eigentlich für den Beginn jeder Supervisionssitzung, in der ich zunächst darauf achte, wie die offene Anfangssituation von den Supervisanden gestaltet wird.

Für die *Gruppensupervision oder berufsbezogene Selbsterfahrung in der Gruppe* führe ich als Supervisor in eigener Praxis mit den einzelnen Teilnehmenden ausführliche Vorgespräche über ihre Vorerfahrungen in Berufsfeld und Gruppenarbeit, über ihr aktuelles Anliegen aber auch über meine Art tiefenpsychologisch orientiert zu arbeiten. Denn sowohl die Gruppensituation, in der nicht vorausschaubar ist, wie andere auf das eigene Verhalten reagieren werden, als auch zurückhaltende Handlungsvorgaben durch die Leitung, rufen Unsicherheit und Befürchtungen unter den Teilnehmenden hervor. Damit die Gruppe arbeitsfähig wird und bleibt, bedarf es eines Rahmens (containment)[87], der Unsicherheiten reduziert, in dem er sowohl Halt und Orientierung gibt als auch Raum für die Äußerung eigener Empfindungen sowie antwortender Einfälle und Fantasien. Dazu gehört eine verlässliche Arbeitsbeziehung zwischen den einzelnen Teilnehmenden und der Gruppenleitung, deren Aufbau die Vorgespräche dienen, zusammen mit den vereinbarten Rahmenbedingungen (Ort, Zeit, Frequenz, Vertraulichkeit, Absage- und Bezahlungsregeln).

Für das *Coaching von Führungskräften* informiere ich mich über Struktur, Kultur und die aktuelle Position/Problemlage der Organisation im gesellschaftlichen Umfeld auch aus den Publikationen der Organisation im Netz und Berichten in den öffentlichen Medien. Trotz dieser Vorinformationen versuche ich jeweils im Gespräch möglichst vorurteilsfrei durch die Beobachtung meiner Gegenübertragungsantworten die latente Gesprächsdynamik aber auch die latente Kultur[88] der Organisation (Untergrundmusik) zu erfassen und in die gemeinsame Arbeit einzubringen.

---

86 Logisches Verstehen richtet sich auf den Sinn der Sätze, psychologisches auf die innerseelische Dramatik der Gesprächspartnerinnen, szenisches auf die Beziehung zwischen den Gesprächspartnerinnen, ausgehend von der aktuellen Gesprächssituation, dem Wechselspiel gegenseitiger Rollenzuweisungen und -übernahmen, das von ihnen bewusst und unbewusst inszeniert wird. Lindemann, 1974, 8589, grundlegend: Argelander, 1970.
87 Bion, 1970. T. Giernalczyk, R. Lazar, C. Albrecht: *Die Rolle der Führungskraft und des Beraters als Container*, in: Giernalczyk & Lohmer (2012), S. 25–37.
88 Deuerlein, I. (2012). *Von der Organisationskultur zur -diagnose*, in: Giernalzcyk&Lohmer (20212), S. 145–157.

In der *Leitungssupervision* ist wichtig, die Janusköpfigkeit der Rolle zu beachten[89]. Leitung ist auf der Grenze der Organisation positioniert, vertritt sie nach außen und leitet sie innen. Die Existenz einer Organisation hängt an der Erfüllung der Primäraufgabe, die immer wieder neu justiert werden muss. Denn die äußeren Umfeldbedingungen wandeln sich ständig. Das gilt für die Industrie ebenso wie für politische, soziale und kulturelle Organisationen und Institutionen. Unter den bekannten Schlagworten Globalisierung, Pluralisierung, Deinstitutionalisierung und Individualisierung[90] werden alte Organisationsformen und Ordnungen prekär. Damit schwinden Sicherheiten, die in der Gesellschaft Halt und Orientierung geben, wie z. B. das gewohnte politische 2-Parteien-System bürgerlicher und sozialistischer Parteien oder die überkommene und gewohnte Sozialform der Kirche[91].

Die Kirchen haben im gesellschaftlichen Umfeld an Relevanz verloren, das Identitätsgefühl innerhalb der Organisation ist angeschlagen. Wie die katholische hat die evangelische Kirche durch die Aufdeckung von Missbrauch in der Vergangenheit an Glaubwürdigkeit verloren. Wie kann Kirchenleitung auf diese Krise angemessen reagieren? Leitende Geistliche müssen dem äußeren Umfeld (der Gesellschaft, der Presse) und dem inneren Umfeld (den Mitgliedern und Gemeinden) das Verhalten der Kirchenleitung erklären, d. h. was getan und was versäumt wurde. Dabei gerät eine Leitungsperson, die symbolisch für die Institution steht, selbst in die Kritik. Ihre Aufgabe ist es, sowohl die öffentliche Kritik aufzugreifen, die eigene Verantwortlich- und Schuldigkeit ernst zu nehmen, das verursachte Leid an sich herankommen zu lassen, nicht vorschnell zu beschwichtigen oder in Entsetzen auszubrechen oder sich argumentativ verteidigen zu wollen, sondern es persönlich zu verarbeiten und zu bedenken, was in der Rolle jetzt und im Blick auf die zukünftige Ausrichtung kirchlicher Arbeit zu tun und zu lassen ist. Das gilt für den Umgang mit der Missbrauchsthematik ebenso wie für die komplexe Aufgabe der Neuordnung kirchlicher Strukturen unter den Bedingungen von öffentlichem Relevanz- und Finanzverlust. Das erfordert Mut und Unterstützung innerhalb des Leitungskollegiums. Containment. Aufgabe des Coachings ist in einem solchen Fall, beide Aspekte zusammenzuhalten: die motivierende, Hoffnung stärkende Sinnperspektive und die realistische von organisatorischer und ökonomischer Vernunft geleitete Wirklichkeitserfassung zur Neugestaltung der Organisation der jeweiligen Landeskirche, bzw. kirchlichen Organisationseinheit. Zweck dieser Neugestaltung ist, religiöses Leben im kirchlichen und gesellschaftlichen Kontext institutionell zu fördern. »Die Religion ist nicht für alles zuständig. Gleichwohl geht es mit ihr ums Ganze. Sie ist deshalb auch, wie aufmerksamer Gegenwartswahrnehmung nicht entgehen kann, im öffentlichen Diskurs präsent: Dort, wo die

---

89 Der römische Gott Janus hat ein Gesicht vorn und eins hinten. Er sitzt doppelgesichtig auf der Grenze der Organisation als ganzer und jeder Organisationseinheit, vertritt sie nach außen und leitet sie innen. In jeder Leitungsposition gibt es ein inneres Umfeld mit unterstellten Mitarbeitenden und ein äußeres, nämlich der übergeordneten Organisationseinheiten sowie das gemeinsame Handlungsfeld der gesamten Organisation, z. B. Patienten, Krankenkassen, Gesundheitspolitik.
90 Beck, 1986.
91 Brunning & Khaleelee, 2021.

aufs Ganze gehenden Sinnfragen gestellt werden, und erst recht dort, wo Ermutigung im Sinnvertrauen gesucht wird und Klarheit darüber, woraufhin ich eigentlich leben will.«[92]

Hast Du Methoden, die sich in Deiner Arbeit (immer wieder) bewähren? Kannst Du ein Beispiel oder auch mehrere nennen? (44)
Für die Gruppen-Supervision von Seelsorgegesprächen, Predigten, Gruppenverfahren in Unterricht oder Freizeit mit Personen, die mit tiefenpsychologischem Denken nicht vertraut sind, habe ich anfänglich ausschließlich die *Göttinger Stufentechnik der Supervision* zum Erlernen psychoanalytischer Beobachtung und Schlussbildung benutzt[93]. Nach dem Vortrag eines Fallberichts oder direkter Beobachtung einer Gruppensitzung werden mit der Supervisionsgruppe aus didaktischen Gründen in vier streng unterschiedenen Schritten ihre Reaktionen auf den Fallbericht erhoben und in vier Kolumnen an einer Tafel oder auf Flipcharts schriftlich festgehalten unter folgenden Fragen: 1. »Was habe ich wahrgenommen?« (Fremdwahrnehmung, objektiv benennbar), 2. »Wie war mein antwortendes Erleben?«, 3. »Welche Einfälle, Assoziationen, Bilder hatte ich dazu?«, 4. »Welche Schlüsse ziehe ich daraus?«. Was im Alltag schnell und automatisch erfolgt, wird hier künstlich auseinandergenommen, um die Unterscheidung zwischen »objektiver« Wahrnehmung von Sachverhalten und »subjektiver« Deutung einzuüben und die Bedeutung von antwortenden Einfällen für die Urteilsbildung zu zeigen und zu überprüfen. Um ein möglichst vielfältiges Echo aus der Gruppe zu erhalten, wird angeregt, dass die ersten drei Fragen mit nur je einem Begriff beantwortet werden. Für die vierte Kolumne werden einige wenige Schlussbildungen erfragt und auf ihre Plausibilität hin überprüft, indem sie zurückgeführt werden auf geäußerte Einfälle, die entsprechenden Erlebenselemente und schließlich die auslösenden Fakten in der ersten Kolumne. Die Falleinbringer beobachten die Arbeit der Gruppe über ihren Fall schweigend und äußern erst am Ende der Sitzung, was sie zu ihrem besseren Verständnis und weiteren Vorgehen aufgreifen möchten. Durch das Anschreiben an der Tafel wird die persönliche Note der Beiträge aus der Gruppe versachlicht. Doch steht die Methode in der Gefahr des Schulmeisterlichen, da die moderierende Person gegebenenfalls klären muss, ob es sich um eine Fremd- oder Selbstwahrnehmung oder eine Assoziation handelt. Mit Übung und Humor kann die Methode locker und klar gehandhabt werden. In der Folge kann auf das Aufschreiben der wahrgenommenen Fakten verzichtet und direkt mit den auf den Fallbericht antwortenden Gefühlen und Einfällen gearbeitet werden. So kann die »Göttinger Stufentechnik« zur Vorbereitung der Balint-Gruppenarbeit dienen aber auch für andere Verfahren, in denen es um das Einüben der Unterscheidung von Selbst- und Fremdwahrnehmung und um eine vertiefte Auseinandersetzung mit unbewusst induzierten Konfliktdynamiken und Prozessen geht.

---

92 Gräb, 2018, S. 13.
93 Hier bietet die Vorgabe einer Arbeitsstruktur das notwendige containment und erübrigt eine individuelle Vorbesprechung mit der Leitung.

Aus meinen Erfahrungen mit *Teamsupervision:* Für Teamsupervisionen[94] spreche ich in der Regel zu Beginn sowohl mit den Mitgliedern des Teams als auch mit den Auftraggebern über Anliegen, Themen und Ziele sowie Rahmenbedingungen der Supervision, auch über Fragen der Verschwiegenheit und möglicher Mitteilungen aus der Supervisionsarbeit an den Auftraggeber (Dreieckskontrakt).

Für die Supervision von multiprofessionellen Teams, in denen die Mitglieder in verschiedenen Rollen an einer gemeinsamen Aufgabe arbeiten, orientiere ich mich und die Arbeitsgruppe an dem Modell »Organisation-Rolle-Person«, dem Begriff der primären Aufgabe und des primären Risikos[95] der Organisation im Rahmen der Institution und des gesellschaftlichen Umfeldes, sowie der Kultur, die den Sinn und den Geist[96] der Praxis ausmacht.

Ein Praxisbeispiel[97]:
In einer *forensischen Ambulanz* arbeiteten unter der Leitung eines Psychiaters, eine Psychiaterin, zwei Psychologinnen, ein Psychologe; ein Sozialarbeiter, eine Sozialarbeiterin, ein Pfleger und eine Sekretärin, also fünf Frauen und vier Männer in einem Team zusammen. Die Einrichtung dient der Nachbetreuung von entlassenen Sexual- und Gewaltstraftätern mit der Aufgabe, durch geeignete psychiatrisch-psychotherapeutische Intervention Patienten vor Rückfällen zu bewahren sowie riskante Entwicklungen frühzeitig zu erkennen und darauf angemessen zu reagieren.

In einem anfänglichen Leitbildprozess war als gemeinsame Orientierung und Arbeitsgrundlage formuliert worden: »Wir wollen, dass es Patienten, deren sozialem Umfeld und der Gesellschaft besser geht. Wir sehen den Menschen, nicht die Tat. Wir glauben an Genesung bei Aussichtslosigkeit.«

Auf meine Frage, woraus sie Sinn schöpfen und was sie begeistert in ihrer Praxis, wurden genannt: die Entwicklung und Dankbarkeit der Patienten, die Anerkennung im Team, bei anderen Helfern und in der Gesellschaft; sodann die Arbeit an der Grenze: »die Behandlung von Unbehandelbaren gibt mir große Freiheit und Kreativität für individuelle, eigenwillige Lösungen.« »Hier geht es nicht wie bei Krebskranken auf den Tod zu, sondern zurück ins Leben«.

Für die Zusammenarbeit wurde notiert: »Wie in allen Berufsgruppen Therapeutisches mit der Kontrollaufgabe verbinden?«, »Wie gehen wir mit dem primären Risiko unserer Einrichtung um?«, »Macht Kontrolle das therapeutische Bemühen kaputt?«, »Behandlerisch sind alle Professionen gleichwertig.« »Direkte Kommunikation erleichtert die Zusammenarbeit – trotz befürchteter Kränkung aller.«

In der folgenden mehrjährigen Teamsupervisionsarbeit war die Spannung von Therapie und Kontrolle ständiges Thema. Als sich der Konflikt zwischen psychiatrischer Leitung, die auch für die Resozialisierungsmaßnahmen und Kontrollen verantwortlich war, und therapeutischen Mitarbeitenden zuspitzte, haben wir in der kollegialen Supervision unsere systemische Sicht so formuliert: Wenn Sicher-

---

94 Rappe-Giesecke, 1994.
95 Hirschhorn, 2000.Hirschhorn, DAs primäre RisikoHi.
96 Armstrong, 2005.
97 Peter Hülscher und Franziska Lamott Dank für kollegiale Supervision.

heit zu wenig beachtet wird, muss die Leitung der Ambulanz für Sicherheit sorgen. Wenn Therapie zu wenig beachtet wird, hat Leitung diese zu ermöglichen. Leitung sorgt für Halt und Orientierung durch verlässliche Strukturen und Verständnis. Verständnis ist nur auf sicherem Grund möglich. Deshalb muss Leitung Grenzen setzen und einhalten, Spannungen thematisieren und durch Besprechen aushalten (Containment durch Dialog).

Nach einem in der Öffentlichkeit bekannt gewordenen Rückfall eines Täters stand das Team und besonders die Team-Leitung unter erheblichem Verantwortungsdruck. Obwohl man sich keinen fachlichen Fehler vorwerfen musste, standen die Risiken, nämlich der nie garantierbare Erfolg der Behandlung, somit Sicherheit und Kontrolle auf einmal im Vordergrund. Das Gleichgewicht von Therapie und Resozialisierung geriet aus der Balance. Daran entzündete sich ein heftiger Konflikt zwischen dem Leiter (Psychiater und Psychotherapeut) und den psychologischen Psychotherapeuten. Diese sahen ihre Kompetenz und therapeutische Bemühungen nicht nur kritisiert, sondern auch entwertet, bis hin zu Befürchtungen des einen um die eigene Stelle. Einige aus seiner Sicht fachlich begründete Entscheidungen des Leiters wurden als willkürlich und übergriffig erlebt, eine Solidarisierung der Psychologinnen und des Psychologen gegen den leitenden Psychiater entstand. Ihm wurde vorgeworfen, die für die Therapie notwendige Freiheit durch Kontrollen auch der Therapeuten einzuschränken. So gelang es nicht mehr, direkt miteinander zu sprechen. Die Kränkungen und Befürchtungen waren zu groß. Das zeigte sich an Kommunikationsblockaden auch in der Teamsupervision.

Zur Flexibilisierung dieser Blockaden habe ich vorgeschlagen, zunächst eine Supervisionssitzung ohne Leitung zu vereinbaren, damit die Vorwürfe ausgesprochen und eine mögliche Verständigungsebene wieder hergestellt werden könnten. Sie führte nicht zu dem gewünschten Ergebnis, zwei weitere ebenso wenig. Stattdessen wurde ich von den psychologischen Therapeuten für inkompetent erklärt, weil ich nicht allein auf ihrer Seite stand, sondern auch die Verantwortung und Aufgabe der Leitung thematisierte. Dabei ging es zeitweise heftig zu, auch mit Konfrontationen meinerseits, so dass zwei Mitglieder des Teams zur letzten Sitzung nicht mehr erschienen. Das Gespräch mit Kollegen bestätigte nicht nur meine Unlust, die Zusammenarbeit mit diesem Team fortzusetzen, sondern auch die irreparable Beschädigung der Arbeitsbeziehung.

Angesichts eines primären Risikos führen »entweder-oder« anstelle von »sowohl-als auch« – Entscheidungen nicht zum Ziel. So konnte ich die Erwartungen des Teams nicht erfüllen, weil ich ein anderes Verständnis meiner Rolle hatte. Wir konnten uns aber auf eine abschließende Sitzung mit der Leitung einigen. »Verständigung über die Zusammenarbeit von Leitung und Mitarbeitenden im Team mit dem Ziel, Vereinbarungen über eine gemeinsame Feed-Back-Struktur und -Kultur zu entwickeln« war das Thema. Der Leiter eröffnete die Aussprache, die ich moderierte. Vereinbart wurde, mehr Raum und Zeit zu nehmen für Erklärungen des Leitungshandelns und Aussprache darüber in zunächst einer statt zwei Teamsitzungen pro Woche. Am Ende der Sitzung gab ich einen kurzen Rückblick über den Supervisionsprozess in der letzten kritischen Phase aus meiner Sicht und verabschiedete mich von jeder und jedem einzelnen mit Handschlag.

Wenn die Leitung einer Organisationseinheit nicht an der Supervision teilnimmt, die Teammitglieder aber über unzureichende Vertretungsregelungen und die Qualität mindernde Arbeitsanspannungen klagen, die zu vermehrten Krankmeldungen führt, ist es wichtig, dass und wie das Team die Leitung mit ihrer Notlage konfrontiert und bereit ist, über Not- und Übergangslösungen zu verhandeln. Wenn die Angst vor Restriktionen bis hin zur Kündigung zu groß ist, stellt sich die Frage, ob der Supervisor mit der verantwortlichen Leitung sprechen kann oder aber die Supervision beendet, weil er keinen Einfluss auf eine Verbesserung der Arbeitsbedingungen in der Organisation nehmen kann. Die Verbindung zwischen der Praxisebene und der Leitungsebene in der Organisation regelt der Dreiecksvertrag, der zwischen Supervisor, Team und Leitung auf der höheren Organisationsebene abgeschlossen wird. Darin ist auch zu klären, was im Team bleibt und was nach oben kommuniziert werden darf. Das sollte zuvor im Team grundsätzlich besprochen werden.

Welche Rolle spielt die spirituelle Dimension für Dich in der Supervision? (47)
In der Einzel- und Gruppensupervision geht es immer auch um die Frage, ob das, was man tut oder tun soll, sinnvoll oder ethisch verantwortbar ist. Man stößt an Grenzen des technisch Machbaren. Grenzerfahrungen machen sprachlos, lassen wie in der Trauer nach Worten, Bildern, Symbolen suchen, verlangen Interpretation. Auf derartige Verlegenheiten achte ich und thematisiere sie. Dann kommen erstaunliche Antworten von Teilnehmenden aus eigener religiöser Orientierung oder Literatur, Gedichte, Bilder. Ich äußere auch meine Einfälle, wenn es mir passend erscheint. Es klappt nicht immer. – Meinen inneren Kompass zeigen mir meine Lieblingsgeschichten: In meiner frühen Kindheit zur Zeit der Fliegeralarme, die uns in den Luftschutzkeller zwangen, war es »David und Goliath«.[98] Als junger Vater habe ich meinem Sohn als Gute-Nacht-Geschichte gern die von der »Steinsuppe«[99] erzählt. 20 Jahre später, nachdem ich meine Frau durch einen Bergunfall verloren hatte, fand ich Ruhe und Trost durch die wiederholte Betrachtung eines mittelalterlichen Bildes in der Marienkirche in Berlin, das Jakobs Traum von der

---

98 1. Samuel, 17.
99 Drei Grenadiere kehren nach verlorener Schlacht im amerikanischen Bürgerkrieg in ihre Heimat zurück. Erschöpft und hungrig sehen sie in der Ferne eine Ansiedlung. Ihre Schritte werden schneller. Im ersten Haus klopfen sie an. Ein jüngerer Mann öffnet und erklärt sich entschuldigend, er könne ihnen leider nichts zum Essen geben, weil er selbst nicht genug für seine Kinder habe. Aber weiter unten an der Straße gehe es wohl besser. Auch dort werden sie abgewiesen. Und je lauter und fordernder sie bitten, desto fester bleiben Türen und Fenster verschlossen. Da haben sie eine Idee. Sie sammeln Holz und erhitzen Wasser in ihrem Suppentopf auf einer Feuerstelle des Dorfplatzes. Dann sammeln sie Kieselsteinchen vom Boden auf und werfen sie nach längerer Diskussion einzeln oder zu mehreren in den Topf, kosten und fügen das eine oder andere hinzu. Da öffnet sich ein Fenster. »Was macht ihr da?« »Wir kochen eine Steinsuppe«. »Oh, könnt ihr noch etwas dazu brauchen? Wir haben noch ein paar Karotten.« »Ja, gern«. Immer mehr Türen gehen auf, Leute bringen, was sie erübrigen können. So entsteht nicht nur eine kräftige Suppe, von der die drei Heimkehrer satt werden, sondern auch ein Kreis von neugierigen Mitbürgerinnen und -bürgern, die hören wollen, wie es ihnen im Krieg ergangen ist. Sie sind angekommen.

Himmelsleiter zeigt. Sie verbindet Himmel und Erde, Engel steigen auf und ab. Jakob hört auf der Flucht vor seinem Bruder Esau, den er um das Erbe betrogen hatte, im Traum Gottes Stimme: »Siehe, ich bin mit dir und ich will dich behüten... Ich will dich nicht verlassen, bis ich alles tue, was ich dir zugesagt habe.« (Gn. 28, 10–15.15). Ich setze darauf, dass es nach dem Scheitern einen Neubeginn gibt.

Praxisbeispiel: Kultursensible Supervision im Ausbildungskontext[100]

Abschließend berichte ich über Erfahrungen in Tansania unter den Bedingungen einer mir fremden, weitgehend autoritären Kultur.

In der Arbeit mit »Clinical Officers« im Rahmen eines Bachelorstudiengangs für Mental Health and Rehabilitation an der SEKUMO-Universität in Lushoto, Tansania (2018) haben wir das Thema »Self-Reflexion« mit der in der Tavistock-Tradition entwickelten Methode der »Organizational-Role-Analysis« (ORA) bearbeitet. In sechs Kleingruppen (6–7 TN) mit den Rollen: *Leiter/Leiterin* (von der Kleingruppe gewählt), *Berichterstatter/Berichterstatterin*, an der Gruppendiskussion *Teilnehmende* wurde in folgender Struktur gearbeitet: *Fallvorstellung* (10 Min.), *Falldiskussion* (30 Min.) mit den Fragen: »Wie habe ich mich beim Zuhören gefühlt?« und »Welche Ideen, Assoziationen, Bilder kamen mir beim Zuhören in den Sinn?«. Die *Leitungsperson* markiert Fortschritte im Prozess des Verstehens, *Berichterstattende* schweigen in dieser Phase. *Auswertung* (20 Min.) zu den Fragen: »Was hat der Berichterstatter/die Berichterstatterin während der Gruppendiskussion empfunden?«, »Wie haben sich die Teilnehmenden gefühlt?«, »Wie hat sich der Leiter/die Leiterin gefühlt?« Schließlich: »Was können wir generell von dem Fall lernen?« (Flipchart). Die Flipcharts mit den generalisierten Lernergebnissen wurden im Anschluss an jede Kleingruppenphase im Plenum veröffentlicht und erläutert, damit die Kleingruppen mit ihren Arbeitsergebnissen sich nicht aus den Augen verlieren.

Durch die zur Abstinenz in der Diskussion genötigten Berichterstattenden, wurde Raum frei für Gefühlsäußerungen und Einfälle der Teilnehmenden, auch für solche, die von dem kulturell geprägten Ideal des hilfreichen Arztes abwichen. Die Differenz zwischen normativen Vorgaben und dem oft ganz anderen Geschehen und Erleben in der Dynamik der Arzt–Patient Beziehung konnte auf diese Weise verdeutlicht werden. Nicht nur Gegenübertragungsgefühle – positive wie negative – sondern auch die eigenen, nicht bewussten, verführerischen wie destruktiven Verhaltenstendenzen wurden thematisiert. Dazu bedurfte es nicht nur einer hochstrukturierten Arbeitsform als schützenden Rahmen, sondern auch noch eines besonderen Schutzes vor Beschämung. Der wurde dadurch erreicht, dass die Mit-

---

100 Wulf-Volker Lindner und Olya Khaleelee Dank für kollegiale Beratung und Supervision.

glieder der Kleingruppen sich einen Leiter aus ihrem Kreis wählten, so dass sie in der Fallarbeit unter sich blieben, ihre Muttersprache (Suaheli) nutzen konnten und nicht die unmittelbare Bewertung durch eine fremdsprachige, weiße Autorität befürchten mussten, die zu dem am Ende des Kurses die Lernergebnisse mittels einer Abschlussklausur zu bewerten hatte. So habe ich zwar die Fallbesprechungsmethode in einer Demonstration im Plenum vorgestellt, aber nicht in Kleingruppen angewandt, sondern nur mit den gewählten Leitern auf Augenhöhe über ihre Erfahrungen mit der Methode gesprochen.

Die Plenarsitzung zum Abschluss der Arbeitswoche wurde mit einem Rollenspiel zum Thema »bad Doctor« und »good Doctor« eröffnet, um den Umgang mit eigenen Übertragungen und Gegenübertragungsgefühlen in der Großgruppe zu verdeutlichen: 42 Personen sitzen in einem großen Stuhlkreis. In der Mitte steht ein kleiner Tisch mit drei Stühlen. Eine Mutter kommt auf Drängen der Polizei mit ihrem 20-jährigen Sohn, der Drogen nimmt und durch Randalieren im Dorf auffällig geworden ist, in die Psychiatrie. Der Sohn hatte sich bisher immer dagegen gesträubt. Nun sitzen sie mit der Ärztin am Tisch.

Die Rolle des »bad Doctor« wird von einer resoluten, erfahrenen älteren Kursteilnehmerin gespielt. Kurz angebunden, ja harsch geht sie von oben herab mit Mutter und Sohn um, tadelt das Verhalten von beiden, führt zwischendurch ein ausführliches, privates Telefongespräch, und fertigt sie schließlich mit einem Rezept ab. Alle drei spielen ihre Rollen brillant. Die Lust am autoritären, von Willkür geprägten Verhalten der Ärztin ist bisweilen Atem raubend und löst schließlich großes Gelächter bei den Zuschauern aus.

Es folgt sogleich das Spiel mit dem »good Doctor«, einem eleganten, jüngeren Intellektuellen. Mit sanfter Stimme wendet er sich der Mutter zu. Als er den Sohn wiederholt nach seinem Namen fragt, bekommt er statt einer Antwort zurückweisende Gesten und Faxen. Er bleibt ruhig und erkundigt sich nun bei der Mutter, wie der Sohn heiße. Dann spricht er ihn freundlich und beharrlich mit seinem Namen an, fragt, wie er hergekommen sei und wie es ihm gehe. Schließlich antwortet der junge Mann. Es entwickelt sich ein Gespräch. Großer Beifall von der Gruppe.

Dann die Auswertung beider Szenen. Die Rollenspieler haben in der großen Runde wieder Platz genommen. Ich bitte darum, dass jede Person sich der Reihe nach äußert mit möglichst nur einem dominierenden Eindruck, einem antwortenden Erleben. Sehr bald ist man sich einig, wie desaströs die Ärztin im ersten Spiel agiert habe. Da fragt ein auch sonst eher zurückhaltender Teilnehmer, wie es komme, dass die ganze Gruppe so einig sei, im »bashing« der schlechten Doktorin. Plötzlich ist es ganz still, mehrere Finger gehen hoch: die professionellen Standards in Tansania sähen Kommunikationsregeln vor, die sowohl für Ärzte als auch für Lehrer wie für das soziale Leben überhaupt gälten; es wird auf weitere ethische Standards verwiesen, den Respekt gegenüber anderen Menschen und auf das Gebot der Nächstenliebe. Schließlich wirft jemand ein: »Könnte die Kollegin nicht einfach einen schlechten Tag gehabt haben, ein ungelöstes persönliches Problem im Hintergrund?« Ein anderer lachend, gar triumphierend: »Sie hätte im Krankenhaus zunächst nach einem Arzt für sich selbst fragen, an ihrem Problem arbeiten und erst dann mit den Patienten sprechen sollen. Das wäre Self-Reflexion.« Der »good Doctor« wird allgemein bewundert.

Im Anschluss geht es um den Rückblick auf die gesamte Arbeitswoche. Im Innenkreis nehmen die Leiterinnen und Leiter der Untergruppen, der Kurssprecher und ich als Leiter der Gesamtveranstaltung Platz. Zwei Stühle bleiben frei für Diskussionsbeiträge anderer Teilnehmender. Über den Prozess in den Untergruppen wird von anfänglichen Unklarheiten und Schwierigkeiten mit dem vorgegebenen Fallbesprechungsmodell berichtet. In der Phase des Modells, in der allein die Gruppe der Zuhörer als Resonanzkörper über den vorgetragenen Fall diskutieren soll, sei es für Berichterstatter schwierig, sich aus der Diskussion herauszuhalten, lediglich zu beobachten und der Versuchung zu widerstehen, rechtfertigende Erklärungen einzuwerfen. Und umgekehrt sei es für Diskussionsteilnehmende nicht leicht, sich mit den gegebenen Informationen abzufinden und Fehlendes durch eigene Einfälle zu ergänzen, statt nach immer noch mehr Information zu fragen. Mit zunehmender Übung aber habe die vorgegebene Struktur ermöglicht, die Frage nach der richtigen Intervention zurückzustellen und zunächst das Wahrgenommene nur in sich aufzunehmen, wirken zu lassen, es zum Verstehen des Fallgeschehens und erst in einer nächsten Phase zusammen mit den Berichterstattenden zu Interventionsüberlegungen zu nutzen. Es gibt Rückfragen und Ergänzungen. Schließlich fragt ein Teilnehmer: »Wie kann man mit Ärger und Aggression umgehen, die vom Patienten ausgelöst werden?« Der Rollenspieler des »good Doctor« antwortet, er habe gemerkt, wie er sich zu ärgern begann, als der Patient sich zweimal weigerte, seinen Namen zu nennen. Er habe sich dann einfach an die Mutter gewandt. Danach habe er den Sohn mit Namen ansprechen können, so dass dieser sich geöffnet habe. So sei der Ärger entgiftet worden.

Ich war über diesen Abschluss richtig glücklich. Für mich ganz überraschend hatte jemand das vereinte »bashing« des »bad Doctor« als normative Schutz- und Abwehrbemühung in der Großgruppe angesprochen. Dann hatte sich die Bereitschaft gezeigt, in der Großgruppe, das heißt öffentlich über eigene aggressive (böse) Empfindungen gegenüber Patienten und Patientinnen zu sprechen. Damit war die zuvor sarkastisch geäußerte Empfehlung, sich eigenen Problemen zu stellen, ehe man sich denen der Patienten und Patientinnen zuwendet, ernsthaft aufgegriffen worden.

Dieses Kursdesign hatte ich mit Hilfe von zwei Kolleginnen, die ich um Rat gefragt hatte, nach zwei weniger erfolgreichen Versionen in den beiden Vorjahren entwickelt. Die wichtigste Veränderung für den 3. Anlauf brachte die Entscheidung, Gruppenleitende in den Kleingruppen wählen zu lassen – »Unterteufel«, wie Wulf-Volker Lindner sie nannte -, die die Verantwortung für die Bearbeitung der Fälle und der Self-Reflexion anhand eines vereinfachten, klaren Strukturmodells – das ich Olya Khaleelee verdanke – übernahmen und dabei von mir supervisorisch in gesonderten Sitzungen unterstützt wurden. Damit war für die Mitglieder der Kleingruppen Freiraum gegeben, »unter sich« und in der vertrauten Landessprache über ihr Erleben und Verhalten in der Arzt-Patient Beziehung nachzudenken. Das Modell regelte Arbeitsphasen und Rollen, setzte Grenzen und schuf gleichzeitig Spielraum für freie Äußerungen, in einem Sicherheit gewährenden Rahmen. Wie wichtig eine solche Regelung in einer noch hochkonventionellen Gesellschaft ist, zeigte sich auch daran, dass die Vorgabe, sich zunächst in der Gruppe der Reihe nach zu äußern, den Beitrag jeder Person nicht nur erforderte sondern auch ermöglichte, so dass jede und jeder »legitim« ins Spiel kam und eine lebendige, freie und breite Diskussion sich entwickeln konnte.

In den berühmten Briefen »Über die ästhetische Erziehung des Menschen« schrieb Friedrich Schiller, der Mensch »spielt nur dort, wo er ganz Mensch ist, und er ist nur ganz Mensch, wo er spielt.«[23] Wenn Eigenarten, die als Schwächen verstanden werden können, offenbar werden, geht es um Existentielles, nämlich die Geltung und Anerkennung des Menschseins als solchem. Dafür sind sichere Spielräume nötig, die stets neu erobert und gestaltet werden müssen.

Literatur zum Interview von Friedrich-Willhelm Lindemann

Argelander, H. (1970). *Das Erstinterview in der Psychotherapie*. Darmstadt: Wissenschaftliche Buchgesellschaft.
Armstrong, D. (2005). *The Organization in the Mind*. London: Karnac.
Beck, U. (1986). *Risikogesellschaft. Auf dem Weg in eine andere Moderne*. Frankfurt: Suhrkamp.
Brunning, H. & Khaleelee, O. (2021). *Danse Macabre and Other Stories. A Psychoanalytical Perspective on Global Dynamics*. Bicester: Phoenix.
Bion, W.R. (1970). *Container and Contained, Attention and Interpretation*, S. 72–82. London: Karnac.ders. (1970, dtsch), *Container und Contained, Aufmerksamkeit und Deutung*, S. 85–96. Tübingen (2006): edition diskord.
Fürstenau, P. (2002). *Psychoanalytisch verstehen, systemisch denken, suggestiv intervenieren*. Stuttgart: Pfeiffer bei Klett-Cotta.
Giernalcyk, T. & Lohmer, M. (Hrsg.) (2012). *Das Unbewusste im Unternehmen. Psychodynamik von Führung, Beratung und Change Management*. Stuttgart: Schäffer-Poeschel Verlag.
Gräb, W. (1995 und 2018). Auf den Spuren der Religion. Notizen zur Lage und Zukunft der Kirche. *Zeitschrift für Evangelische Ethik, 39*, S. 43–56.
Ders. (2018). *Vom Menschsein und der Religion. Eine praktische Kulturtheologie*. Tübingen: Mohr Siebeck.
Hantschk, I. (2000). Rollenberatung. In: Harald Pühl (Hrsg.), *Handbuch der Supervision 2*. 2. Auflage. Berlin: Edition Marhold im Wiss.-Verlag Spiess, S. 160–171.
Heigl-Ewers, A. (1975). Die Stufentechnik der Supervision – eine Methode zum Erlernen der psychoanalytischen Beobachtungs- und Schlußbildungsmethode im Rahmen der angewandten Psychoanalyse. *GuG, 9*, S. 42–54.
Hirschhorn, L. (2000). Das primäre Risiko. In: Lohmer (2000). S. 98–118.
Lindemann, F.-W. (1972). Vier Trauersituationen. Ein Erfahrungsbericht aus den ersten beiden Amtsjahren. *Wissenschaft und Praxis in Kirche und Gesellschaft, 61*, S. 39–48.
Ders.: (1984). *Seelsorge im Trauerfall. Erfahrungen und Modelle aus der Pfarrerfortbildung*. Göttingen: Vandenhoeck&Ruprecht.
Lindner, W.V. (2024) Individuum -Institutionen – Gesellschaft, in: Ludger M. Hermanns/Ulrich Schultz-Venrath (Hg.), *Gruppenanalyse in Selbstdarstellungen Teil 1*, S. 143–176, Göttingen:Vandenhoeck&Ruprecht Verlage.
Lindner, W.V. (1974). Fort- und Weiterbildungsprogramm für Pastor(innen) und kirchliche Mitarbeiter(innen) der Ev.-luth. Landeskirche Hannovers in Seelsorge/Pastoralpsychologie. In: P. Hahn und E. Herdieckerhoff (Hrsg.), *Materialien zur Psychoanalyse und psycho-*

analytisch orientieren Psychotherapie, Sektion C: Quellenschriften und Informationen, 8. Göttingen und Zürich: Verlag für Medizinische Psychologie im Verlag Vandenhoeck&Ruprecht.
Ders.: (1974). Kreative Gruppenarbeit nach der Göttinger Stufentechnik. *Werkstatt Predigt, 10,* 2–24.
Lohmer, M. (Hrsg.) (2000). *Psychodynamische Organisationsberatung. Konflikte und Potentiale in Veränderungsprozessen.* Stuttgart: Klett-Cotta.
Rappe-Giesecke, C. (1994). *Supervision. Gruppen- und Teamsupervision in Theorie und Praxis.* Berlin-Heidelberg: Springer-Verlag.
Schiller, F. (1795/2012). *Über die ästhetische Erziehung des Menschen.* Stuttgart: Philipp Reclam jun.

Die gemeinsamen Suchbewegungen sind das Interessante, nicht die vorläufigen Antworten

Anke Kreutz

Bitte gib eine kurze Visitenkarte von Dir mit persönlicher Note zum beruflichen Profil: Was bist Du für eine Supervisorin? (1)
Ich habe Supervision stark erfahrungsorientiert gelernt. Das bedeutet für mich: Was ich gelernt habe, habe ich entweder vergessen oder durch beständige Praxis und Reflektion weiterentwickelt. Ich kann situativ auf Konzepte von Theologie, Klinischer Seelsorge Ausbildung (KSA), Integrativer Therapie, NLP, Geistlicher Begleitung und aus dem Sozialmanagement zurückgreifen. Mir stehen biblische Geschichten, Märchen oder Sprichwörter zur Verfügung, die Orientierung und Mut geben können. In ihnen kann ich meine Erfahrungen und Unschlüssigkeiten verorten – und sie ins Gespräch bringen. Kreative Methoden helfen mir, Ungesagtes meiner Supervisandinnen oder im Moment Unsagbares ebenso wie die Essenz aus Erzählschwallen zu heben, zu ordnen und reflektierbar zu machen. Der Blick auf systemische Zusammenhänge hilft uns gemeinsam, über das Beziehungsgeschehen hinaus zu denken.

Kurz gesagt: Ich bin neugierig, experimentierfreudig und interessiert daran zu erforschen, wie Menschen (und das Leben) ticken.

Was hat Dich dazu gebracht, Supervisor/Supervisorin zu werden und jahrelang zu bleiben? (2)
Als Studentin habe ich im Rahmen meines Theologiestudiums ein Modell praxisorientierter Seelsorgeausbildung (KSA) kennengelernt und daraufhin zwei 12-Wochenkurse belegt. 1993 habe ich dann unmittelbar nach meiner Ausbildung zur Pfarrerin begonnen, mit Vikaren als Supervisorin i. A. zu arbeiten. Meine Weiterbildungen in KSA und Integrativer Therapie waren beziehungsorientiert ausgerichtet. Fragen der Rollenfindung, der Zusammenarbeit mit dem Mentor, Konflikte zwischen Familie und Beruf sowie Klärung der eigenen Biographie beschäftigten die Supervisanden und mich.

Als Pfarrerin in einer Kirchengemeinde habe ich später entdeckt, welchen Einfluss systemische Zusammenhänge für den Handlungsspielraum Einzelner haben. Mir wurde bewusst, dass Gremien und Entscheider von supervisorischen Prozessen profitieren, da sie eine Verständigung auf gemeinsame Visionen und Ziele, Zusammenarbeit und Konfliktbearbeitung fördern.

Danach habe ich 20 Jahre selbständige kirchliche Vereine geleitet. Nebenbei konnte ich, quasi als berufliches Hobby, weiter supervisorisch arbeiten. Neben Einzel-, Gruppen- und Teamsupervisionen wurde ich nun auch zur Organisationsentwicklung angefragt. Außerdem habe ich seitdem andere in Seelsorge und Supervision weitergebildet.

Heute begleite ich als Pfarrerin hauptberuflich Kirchengemeinden, die sich strukturell verändern müssen. In einer Übergangszeit von maximal zwei Jahren stärke ich die Verantwortlichen, indem ich mit Ihnen Ideen und Konzepte entwickle, die darauf zielen, wie Anpassung an die neuen Gegebenheiten auch neue Freiräume und Perspektiven erschließen können. Supervision wurde so für mich vom »beruflichen Hobby« zum kontinuierlichen beruflichen Feld.

Worin bist Du Dir treu geblieben? Was hast Du verändert (im Laufe deiner supervisorischen Entwicklung)? (3)
Von Anfang an fand ich die Beziehung zwischen persönlicher und professioneller Entwicklung in den Weiterbildungen faszinierend. Je nach Situation haben sich aber die Schwerpunkte meiner supervisorischen Arbeit (beraterisch-therapeutisch, lösungsorientiert, systemisch) angepasst. Der kreative Zugang zu den Menschen und dem gemeinsamen Arbeiten hat gewonnen: Ich traue mich mehr, allen mir zur Verfügung stehenden Wahrnehmungskanälen Aufmerksamkeit zu schenken und sie zu nutzen.

Hältst Du es für nötig, dass Supervisoren und Supervisorinnen selbst zur Supervision gehen? (4)
Unbedingt. So versuche ich, den fremden Blick zu nutzen, mich in Supervisionskontexten besser zu verstehen. Dabei lerne ich auch, dass »ich mir nie selbst entkomme« und es immer wieder ähnliche Fragen und Zusammenhänge sind, für die ich Resonanz benötige, damit ich handlungsfähig bleibe. Ich nenne das mittlerweile »Fehlerfreundlichkeit«, also einen gnädigen Umgang mit mir und anderen.

Gibst Du (manchmal) etwas von Deinem Privatleben preis? Hast Du dafür Kriterien? (7)
Ja klar. Sharing hat eine große Kraft für die gegenseitige Orientierung. Wenn persönliche Erfahrungen geteilt werden, weckt das zudem die Bereitschaft, sich auch auf ungewohnte Gedanken oder Lösungsmöglichkeiten einzulassen.

Wie ist dein eigenes aktuelles Supervisionsverständnis und wie hat es sich entwickelt?/Worum geht es Dir heute in der Supervision? (8)
Als Supervisorin möchte ich Menschen so begleiten, dass sie ihre Gaben und Möglichkeiten wahrnehmen und personen- und situationsangemessen einsetzen. In einer Lern-Beziehung suche ich mit Supervisanden nach Klärung ihrer Fragen, stelle mit ihnen bisher unentdeckte Zusammenhänge her und versuche mit ihnen, notwendige Veränderungen zu ermöglichen. Basis ist die gegenseitige Zuwendung als Personen, die über verschiedene berufliche und private Kompetenzen verfügen und die miteinander über Orientierung, Vergewisserung und Ermutigung reflektieren – zum Wohle auch der Menschen, die als nicht Anwesende ins Gespräch gebracht werden. Kurz: Supervision ist prozessorientierte Unterstützung, damit die Supervisanden ihre Kompetenzen (miteinander) entfalten und neue oder andere Handlungsmöglichkeiten für ihren (Arbeits-)Alltag entdecken.

***Was glaubst Du, was Supervision im besten Falle vermag? Was kann sie nicht?
(9)***
Ich bin oft überrascht, wie unterschiedlich Supervision wirkt, gerade auch dann, wenn Supervisandinnen in Ruhe reflektieren konnten. Einige setzen ihre Lösungsideen sofort um, andere wollen sie im Spiel testen, wieder andere brauchen Zeit oder noch mehr Resonanzen und Vergewisserung. Ich empfinde es als Fortschritt, wenn sie sich im Laufe des Prozesses subjektiv besser fühlen und ihre Aufgaben mit mehr Zutrauen und Sinn für realistische Möglichkeitsräume angehen können. Das kann auch bedeuten, dass einzelne Sequenzen frustrierend sind, weil wir die Grenzen des eigenen Handelns ausloten und an ihnen arbeiten. Der respektvolle und wertschätzende Umgang mit Scham gehört für mich deshalb zu einem verantwortlichen Arbeiten in der Supervision.

Grenzen supervisorischen Arbeitens sehe ich aktuell aus drei Gründen:

- Wenn sich psychische Störungen so zeigen, dass sie aus meiner Sicht zunächst therapeutischer Intervention und Begleitung bedürfen.
- Wenn bei angeordneter Supervision die gemeinsame Arbeitsbasis, Vertrauen und Wille zur Zusammenarbeit fehlt und es mir nicht gelingt, sie im ersten Kontakt ausreichend herzustellen.
- Wenn Rahmenbedingungen bei Organisationsberatungen verhindern, dass Entwicklung Einzelner oder erfolgreiche Zusammenarbeit von Teams stattfinden kann, z. B. weil die vorgesetzte Leitung nicht gewillt oder nicht in der Lage ist, Veränderungen einzufordern und zu unterstützen.

In all diesen Fällen benenne ich meine Einschätzung und schlage vor, die Zusammenarbeit zu unterbrechen oder zu beenden. Manchmal wird dann erst deutlich, »wofür Supervision gut sein sollte«, und es ist möglich, gemeinsam einen neuen Arbeitsauftrag zu formulieren. Manchmal müssen »Dinge erst vor die Wand fahren« (oder die Tendenz dazu benannt werden), bevor Neues werden kann – auch wenn die Kosten dann meist höher sind, als wenn rechtzeitig in die anstehende Veränderung investiert worden wäre.

Welche Themen können in der Supervision besprochen werden und welche nicht? (11)
Grundsätzlich habe ich ein weites Verständnis von dem, was in Supervisionsprozessen möglich werden kann. In sozialen und spirituellen Arbeitsfeldern gibt es eine hohe Übereinstimmung von beruflicher Anforderung und persönlichen Gestaltungsmöglichkeiten: So spielen biographische Themen oft in berufliche Konflikte hinein – und werden in der Supervision angeschaut.

Gibt es Lehrsätze/Theorien, die sich in Deiner Praxis bewährt haben oder die Du im Laufe der Jahre über Bord geworfen hast? (12)
Da hole ich etwas weiter aus. Bewährt hat sich für mich, supervisorisch über den Tellerrand zu schauen. Ich glaube, dass es auch in der Supervision nicht mehr möglich ist, von einem (stabilen organisatorischen) Zustand in einen anderen

(stabilen) Zustand zu transferieren, sondern dass die Bewegungen der (Arbeits-) Welt so schnell und vielfältig geworden sind, dass die Instabilität »Dauerzustand« wird (VUKA – volatil, unsicher, komplex und ambivalent – jene Merkmale des digitalen Zeitalters, die gesellschaftlich für Unsicherheit sorgen). Genau das erleben Menschen als anstrengend und zermürbend. Kommen individuelle oder gesellschaftliche Traumaerfahrungen hinzu, gilt dies in verschärfter Weise.

Die nigerianische Künstlerin Otobong Nkanga (https://www.otobong-nkanga.com) hat in ihrer Ausstellung »There's no such thing as solid ground« gezeigt, wie Menschen durch ihr Verhalten und Handeln die Welt verändern. Sie nehmen »Materialien« von einem festen Zustand und transformieren ihn zu etwas Neuem. Dabei gehen Dinge, Menschen, Kulturen verloren oder/und werden ausgebeutet, damit etwas anderes entstehen kann. Nkanga macht die Wirkungen dieses Handelns sichtbar – das z. B. zu Entwurzelungen führt. Sie spricht dem Verlorenen Wert zu und schlägt vor, statt in (temporären) Abläufen mehr in Kreisläufen zu denken. Wenn es durch menschliches Handeln keinen festen Grund (Boden) gibt, der zeitübergreifend tragen kann, schafft sie durch ihre Arbeitsweise des Storytelling und des Verwebens unterschiedlicher Erinnerungsstücke Resonanz, Reflektion und Sinngebung.

Menschen brauchen Pausen, Stille, Sicherheit, um sich zu orientieren und in ihrer Zeit verorten zu können. Alles drei entsteht nur, wenn uns nicht eine überfordernde Daueraktivität zugemutet wird (oder wir sie uns um des Bewältigens willen selbst zumuten). Deutungsprozesse, die dialogisch angelegt werden, können genau diesen Raum schaffen – d. h. es geht darum, sich in der Bewegung Zeit zu nehmen für Wahrnehmung, Reflektion, Sinndeutungen und für das Schaffen eines gemeinsamen Fragehorizontes als Grundlage des gemeinsamen Arbeitens.

Radikales Fragen muss dabei von dem eigenen Vorwissen abstrahieren, wenn es den gemeinsamen Fragehorizont erfassen will, der in diesem Moment mit diesen Menschen an diesem Ort entsteht – und auf Resonanz (nicht Antwort!) wartet.

Supervision bedeutet für mich heute also vor allem, mit den Menschen, mit denen ich supervisorisch in Kontakt bin (wie auch immer), Fragen zu entwickeln, die dann wie ein Netz unter dem liegen, was wir gemeinsam tun, reden, verantworten. Welches Verfahren, welche Methode uns dahin geführt haben, ist für mich nur in der eigenen Reflektion wichtig (oder wenn es ein Interesse der Supervisandinnen gibt, z. B. in der Lehrsupervision).

Für mich ist also in der Supervision die gemeinsame Suchbewegung das Interessante, nicht die vorläufigen Antworten. Die sind überholbar, veränderbar. Es sind die Fragen, aus denen das, was bleibt, entsteht (Erich Kästner). Oder, theologisch gesprochen, die Sehnsucht (Marcel Martin). Die Suche nach Resonanz, soziologisch gesehen (Hartmut Rosa). Die Frage schafft die Gemeinschaft. Nicht die Antwort. »Lass uns also herausfinden, was Du wirklich willst. Und dann lass uns überlegen, wie das oder was davon zu tun, möglich wird.« Reflexion und Aktion hängen an dieser Stelle für mich zusammen.

***Welches Thema beschäftigt Dich aktuell besonders in Bezug auf Supervision?
(15)***
Eine besondere Rolle in meiner Arbeit als Supervisorin hat im Laufe der Jahre der Umgang mit Traumata bekommen. Anfang der 90er Jahre waren es Erfahrungen Betroffener von sexualisierter Gewalt in der Kirche, die mich als junge Kollegin überrascht hatten – und die sich als wenig kommunizierbar erwiesen. In der Arbeit im Frauenverband in den 2000er Jahren begegneten mir alternde und alte Frauen, die von Kriegskindertraumata und sexualisierter Gewalt erzählten. Wir haben uns durch erfahrungsorientierte Zugänge zu biblischen Geschichten den traumatischen Erfahrungen angenähert. Vieles davon hatte beraterische oder supervisorische Qualität – bis dahin, dass Ehrenamtliche nun explizit Supervision für sich wünschten.

In Ausbildungskontexten werden Übergriffe immer wieder thematisiert – von »harmlosen« Anmachen durch Patienten bis hin zu Missbrauch durch Jugendleiter oder Pfarrer oder struktureller Gewalt. Zunehmend werden auch in Supervisionsprozessen Beobachtungen oder Erfahrungen mit übergriffigen Personen beschrieben und angemessene Verhaltensmöglichkeiten angefragt. Ich tendiere dazu, vor allem mögliche Resilienzfaktoren der Beteiligten zu erfragen (und zu stärken). Mir ist wichtig, mit den Beteiligten zusammen herauszufinden, was sie sich erhoffen. Gleichzeitig ist es mir ein Anliegen, mich gegenüber dem Unrecht, das benannt wird, klar zu positionieren. Aktuell gibt es auch Supervisionen von Leitenden zum Umgang mit sexualisierter Gewalt aus der Institutionenperspektive. Ich nehme in mir wahr, wie schwer und wie unterschiedlich die Ungleichzeitigkeit der Aufarbeitungsprozesse für alle Beteiligten zu (er-)tragen ist. Letztlich geht es darum, dass wir uns mit den *Schatten* auseinandersetzen, die unser Miteinander gefährden und zu zerstören drohen. Es kommt darauf an, dass wir nicht über das weggehen, was uns beschämt – und es auch nicht durch Erklärungen zu bagatellisieren versuchen.

So bin ich auch aufmerksam geworden für Entwicklungen, die mit Ohnmacht und Hilflosigkeit einhergehen. Kirchliche Arbeit lebt, auch bedingt durch biblische Vorstellungen (z. B. ein Leib, viele Glieder), von einem hohen Ideal der Institution und der in ihr beschäftigten haupt- und ehrenamtlich Mitarbeitenden von Gemeinsamkeit und Einmütigkeit. Aggression und Konflikt werden oft so lange tabuisiert, bis die Eskalation weit fortgeschritten ist. Abbau und Umbau von Arbeitsfeldern und veränderte Anforderungen an Ehren- und Hauptamtliche wecken je nach Typ Gefühle wie Angst, Schuld, Scham, Sorge, Trauer, Wut, Hilflosigkeit, und es wird versucht, diese durch Aktionismus, depressive Reaktionen, Rückzug oder (versteckte) Vorwurfshaltungen zu kontrollieren. Aufgabe pastoralpsychologischer Supervision ist hier, gefühlte Wirklichkeit im Rahmen von Deutungsangeboten annehmbar und damit kommunizierbar zu machen. Dazu gehört, dass vom Konflikt Betroffene sich dennoch als akzeptierte Kolleginnen und Kollegen mit Potentialen und Kompetenzen erleben – die in ihrem »So-Sein« als Christen an Grenzen gekommen sind. Ich ermutige also einerseits ressourcenorientiert und fordere andererseits durch unerwartete Interventionen heraus: Ich helfe damit zu klären, zu verabschieden und zu trauern oder Neues auszuprobieren. Mich interessiert in diesen Prozessen zunehmend mehr die Frage nach dem nächsten Schritt – nicht die nach der gemeinsamen Vision. Meine Erfahrung ist, dass erst das Erleben gemeinsamer Handlungsfähigkeit in Krisen ermöglicht, wieder an »übermorgen« zu denken und tragfähige neue, gemeinsame Bilder zu entwickeln. So rege ich kleine Schritte an, würdige und befördere damit Erfahrung von Veränderung, die sein darf und möglich scheint – weil sie wenig kränkt und verletzt. Hier halte ich es mit Beppo, dem Straßenkehrer (Michael Ende, Momo): »Auf einmal merkt man, dass man Schritt für Schritt die ganze Straße gemacht hat. Man hat gar nicht gemerkt wie, und man ist nicht außer Puste.«

Hattest Du jemals Lampenfieber vor bzw. während einer Supervision? Wenn ja, warum? Und wie gehst Du damit um? (18)
Eigentlich vor jedem neuen Prozess. Die Aufregung zeigt mir, dass ich nicht weiß, wer und was auf mich zukommt. Theaterleute sagen: Gehört dazu – sonst wird es nicht gut.

Was machst Du vor und nach einer Sitzung und was hältst Du diesbezüglich für empfehlenswert? (19)
Möglichst kurze Pause vorher und nachher, wichtige Entwicklungen kurz notieren. Aufräumen.

Woran erkennst Du, dass es in der Supervision einen Fortschritt gibt? (20)
Die Supervisandinnen nehmen sich und ihre Wirklichkeit vertieft wahr und kommen zu eigenen, verantwortlichen Überlegungen, Ideen oder setzen ihre Erkenntnisse in die Tat um.

Vermeidest Du Ratschläge tatsächlich? (22)
Meist schon. Aber ich kann nicht verhindern, dass Supervisanden Impulse von mir als Ratschläge werten.

Wie evaluierst Du Deine Supervisionsprozesse? (25)
Am liebsten am Ende im Gespräch mit den Supervisandinnen. Wenn es nicht gut lief: mit meiner Supervisorin.

Was ist Dir wichtig für die Beendigung des supervisorischen Prozesses? (26)
Ich frage mich und den Supervisanden: Sind die vereinbarten Ziele erreicht? Oder, wenn die vereinbarte Zahl der Sitzungen erreicht wurde: Was haben Sie erreicht? Wo stehen Sie jetzt? Mit welchem Auftrag wollen Sie weitermachen? Oder: Was brauchen Sie (noch), um gut Abschied nehmen zu können?

Vor welchem supervisorischen Format hast du den meisten Respekt und warum? (28)
Respekt habe ich vor Teamsituationen online. Während ich Einzel- und Gruppenarbeit gefühlt souverän angehe, erlebe ich die Teamdynamik online für mich als unberechenbarer und deshalb meine Interventionen als vorsichtiger. Insbesondere

Konflikte, die meist ja auch eine gewisse Persönlichkeitsdynamik haben, versuche ich online mit Teams eher lösungsorientiert zu bearbeiten, als mich auf tiefende Prozesse einzulassen. Dafür bin ich bei präsentischen Supervisionen offener – da ich den Eindruck habe, hier gegebenenfalls Grenzen Einzelner, Musterwiederholungen u. Ä. durch die Vielzahl an sensorischen Wahrnehmungen sicherer erkennen und verantwortlich handeln zu können. Insofern dient mein Verhalten in der Supervision konflikthafter Teamsituationen online sicher sowohl dem Schutz der anderen als auch meinem eigenen.

Was hat Dich Deine Erfahrung gelehrt, welche Besonderheiten sinnvoller Weise zu berücksichtigen sind in Einzel-, Gruppen-, Team-SV über die formellen und in allen Lehrbüchern nachzulesenden Kriterien hinaus? (29)

Mir liegt daran, dass Menschen möglichst nicht durch meine Interventionen oder durch Prozesse, die ich initiiere oder begleite, verletzt werden und ich meine damit, in ihrer Integrität beschädigt werden. Aber ich mache auch deutlich, dass ich solche Verletzungen nicht ausschließen kann – dann aber darum bitte und davon ausgehe, dass wir miteinander darüber sprechen können. Je unsicherer das Terrain für die Teilnehmenden ist (Team-Supervision), desto weniger wage ich in Bezug auf Provokation oder Ansprechen evtl. persönlicher Ursachen. Meist habe ich damit gute Erfahrungen gemacht.

Wie erlebst Du den Unterschied zwischen analoger und digitaler Supervision? (30)

Seit 2020 habe ich vermehrt Erfahrung mit Online-Supervision gewonnen. Zunächst hatte ich mich meiner kreativen Möglichkeiten beraubt gefühlt – keine kreativen Medien, keine Haptik, nur Hör- und Blickkontakt. Da war mir das Telefon lieber. Also habe ich mich mit der Coaching-Plattform CAI vertraut gemacht. Mittlerweile merke ich, dass für manche Menschen und Themen das Online-Format (auch unter Zoom) neue Möglichkeiten der Kontaktgestaltung bietet, und es nicht nur eine praktische und ökologische Alternative zu weiten Fahrtwegen ist, sondern auch eine bestimmte Klientel für Supervision gewinnt, die zumindest ich zuvor nicht erreicht habe.

Da die Plattform Aufzeichnungen von dem, was in einer Sitzung geschrieben oder kreativ gestaltet wurde, machen kann und eigenständiges Arbeiten der Klientinnen auch außerhalb der Sitzungen erlaubt, ist sie nicht nur für die anderen eine gute Möglichkeit weiterzuarbeiten (oder für sich eine Sitzung mit mir vorzubereiten), sondern auch für mich eine gute Möglichkeit, mich zu erinnern und den Prozess nachzuverfolgen. Auch wenn ich bewusst in jeder Sitzung zunächst frage, was heute anliegt – auch wenn Aufgaben vereinbart waren, hilft es mir, von Zeit zu Zeit selbst den »inneren roten Faden« zu verfolgen – und mich meist an den Entwicklungen zu freuen.

Was ist Dir wichtig für die Beziehungsgestaltung in der Supervision? (31)

Zunächst möchte ich eine angenehme Atmosphäre schaffen, in der meine Supervisanden möglichst angstfrei sein können. Dazu höre ich ihnen zunächst mit viel Zeit zu. Was bewegt die Menschen, die zu mir kommen? Was sind ihre aktuellen

Fragen? Wie wollen sie darüber nachsinnen und reflektieren? Wie sind sie emotional beteiligt? Wie ist das Umfeld (beruflich und privat), in dem sich Fragen und Problemstellungen der Supervisanden verorten? Ist der Druck groß, so dass sie möglichst schnell eine Lösung haben wollen? Wie sind die Strukturen ihres Arbeitsfeldes? Welchen Einfluss hat die gesellschaftliche Situation, die für sie, in der Art, wie die Probleme geschildert (oder eben auch nicht geschildert) werden, relevant sein könnte? Ahnen sie schon, dass hinter der Frage andere Fragen oder Themen liegen, die es auch wert wären, besprochen oder angeschaut zu werden? Was kommt nicht zur Sprache? Wie wirken Stimme und körperlicher Ausdruck auf mich? Wie kommen wir in Beziehung? Welche Impulse gibt es bei mir? Dann versuche ich zu fokussieren und mit ihnen die nächsten Schritte zu gehen.

Welche Verantwortung trägt der Supervisor/die Supervisorin und welche der Supervisand/die Supervisandin zum Gelingen eines Supervisionsprozesses? *(33)*
Gerade weil ich vom Typ her eher schnell bin und als machtvoll erlebt werde, ist mir zunehmend wichtig geworden, wirklich an dem zu arbeiten, was dem Gegenüber aktuell wichtig scheint. Ich stelle dazu meine Überlegungen, Übertragungen, Ideen, Methoden zur Verfügung. Was daraus wird und wie sie aufgenommen werden, entscheidet sich im Prozess durch die Resonanzen oder den Widerstand der anderen. Das heißt, Supervision ist für mich eine Arbeit, in der es auch darum geht, so weit zu verlangsamen, dass sich in den Supervisandinnen eigene weiterführende Gefühle und Einschätzungen zu ihren Fragestellungen entwickeln dürfen und sie dann aus dem vertieften Kontakt mit sich selbst in der Resonanz zu mir mit ihren Kompetenzen Lösungswege für ihre Fragen entwickeln können. In diesen Phasen der Selbstklärung biete ich mich auch gern als mitforschendes Gegenüber an, das selbst »laut denkt« und die Anderen dadurch im Abwägen, Widersprechen, Erweitern, Übernehmen usw. unterstützt.

Dabei ist während des Prozesses nicht so wichtig, dass ich verstehe, was für die Supervisandinnen gerade wichtig wird, sondern dass sie sich selber besser verstehen. Manchmal nutzen sie Interventionen, Geschichten, Sprachbilder usw. ganz anders, als ich es intendiert hatte. Ich werde dann neugierig und erlebe mich als diejenige, die hinterherkommen muss – um die nächsten Schritte anderer da weiter begleiten zu können, wo sie jetzt angekommen sind. Es gibt also eine gemeinsame Suchbewegung, die im besten Falle allen Beteiligten Spaß macht, neue Erkenntnisse verschafft und die Übernahme von Verantwortung für das eigene Handeln ermöglicht.

Ist der supervisorische Raum tatsächlich eine machtfreie Zone? *(39)*
Überraschend war für mich, dass meine körperliche Präsenz (ich bin eine sehr große Frau) für Menschen, die mich zunächst online kennen gelernt haben, oft überraschend ist und ich machtvoller als das Gegenüber erwartet hat, erlebt werde. Das hat mich noch einmal neu über die Macht- und Beziehungsverhältnisse zwischen Supervisanden und Supervisoren nachdenken lassen. Ganz unabhängig von dem, was ich als meine Rolle und meinen Stil definiere und lebe, muss ich doch auch wahrnehmen und reflektieren, welche Vorstellungen und Übertragungen ich durch andere zugeschrieben bekomme, die unsere Beziehung ebenso mitprägen.

Ich kann nun viel deutlicher beschreiben, was für mich an der Rede von Beziehungen »auf Augenhöhe« nicht stimmt. Augenhöhe funktioniert online – wenn viele Faktoren: Größe, Gewicht, Lautstärke, Beweglichkeit usw. durch die Technik zumindest gefiltert werden. Auch wenn ich natürlich weiß, dass der Wunsch nach »Augenhöhe« Gleichwertigkeit trotz Verschiedenheit ausdrücken soll, hinkt das Bild. Um auf Augenhöhe zu kommen, muss ich mich präsentisch kleiner machen, hinunterbeugen oder hinsetzen. Das geht. Für das Gegenüber geht es manchmal nur, wenn ich »mitspiele« oder sich andere etwas einfallen lassen. Das ist deshalb für andere immer wieder ein Thema im Umgang mit mir. Gern erinnere ich mich an einen Kollegen aus einer Ausbildungsgruppe. Am letzten Tag kletterte er hinter meinem Rücken im Speiseraum auf einen Stuhl und tippte mich von hinten oben an. Das können nur wenige Menschen. Wir haben beide herzlich gelacht, als ich mich umdrehte.

Wie hältst Du es mit Bestätigung, Lob, Würdigung... Deiner Supervisanden? (40)
Der Wunsch nach Gesehen werden und Anerkennung ist für viele Supervisandinnen groß. Also: Selbstverständlich bestätige und würdige ich, was mit Stolz erzählt wird. Das bedeutet nicht, dass ich später nicht nachfrage, wenn mir Unstimmiges daran auffällt.

Wenn ich gelobt und gewürdigt werde, freue ich mich und danke. Das bedeutet nicht, dass ich nicht auch reflektiere, ob es gegebenenfalls noch eine andere Botschaft dahinter gibt.

Welche Kriterien hast Du für den Einsatz von Methoden in der SV? (43)
Nach dem ersten Hören entscheide ich, meist mit den Supervisanden gemeinsam, was nun die nächste Aufgabe sein könnte: vertiefendes Gespräch, Arbeit mit kreativen Medien oder Aufstellungen usw. Online nutze ich dazu die Tools einer Coaching-Plattform, präsent habe ich meist einen kleinen Materialkoffer dabei oder nutze das vorhandene Material (Kaffeegeschirr, Büroeinrichtung usw.). Dabei nutze ich für die Wahl der Methoden und Medien ebenso wie für das verbale Gespräch meine Intuition, was jetzt passen könnte. Kreative Methoden helfen mir, von den Supervisanden noch Ungesagtes oder im Moment Unsagbares ebenso wie die Essenz aus Erzählschwallen zu heben, zu ordnen und reflektierbar zu machen. Der Blick auf systemische Zusammenhänge hilft uns gemeinsam, über das Beziehungsgeschehen hinaus zu denken.

Hast Du Methoden, die sich in Deiner Arbeit (immer wieder) bewähren? Kannst Du ein Beispiel oder auch mehrere nennen? (44)
Rollenspiele, Lebenspanoramen in unterschiedlichen Formaten, Bilder, Arbeit mit dem leeren Stuhl, Aufstellungen, Visionieren (s. Fallbeispiel).

Kannst Du Dir vorstellen, dass Supervisoren/Supervisorinnen durch die Anwendung von hilfreichen Methoden (oder Methodenabfolgen) überflüssig werden? Anders gefragt: Worin siehst Du die spezifische Kunst eines Supervisors/einer Supervisorin, die über das, was perfekt angewandte Methoden ver-

mögen, hinausgehen könnte? (45)
Situationsangepasste und beziehungsorientierte Zusammenarbeit ist mehr als die Abfolge von Programmen.

Welche Rolle spielt die spirituelle Dimension für Dich in der Supervision? *(47)*
Allem zugrunde liegt meine spirituelle Verwurzelung: Das Heil der Welt hängt nicht von uns ab. Wir sind geliebt und getragen. Und genau darum liegt uns das Heil der Welt am Herzen, und wir tun, was uns möglich ist, daran mitzuwirken.

In Bezug auf Supervision ermöglicht diese Grundlage Reflexion im Hier und Jetzt, ohne die Hoffnung auf ein anderes Morgen aufzugeben: Manches ist nicht zum Aushalten – es muss durchlitten werden. Manches schreit nach Revolution und kann doch bestenfalls in kleinen Schritten reformiert werden. Supervision kann dazu beitragen, genau dieses heute Mögliche herauszufinden und ins Leben zu bringen. Dafür stehen mir biblische Geschichten, Märchen oder Sprichwörter zur Verfügung, die Orientierung und Mut geben können. In ihnen kann ich z. B. meine Erfahrungen und Unschlüssigkeiten verorten – und sie ins Gespräch bringen.

Hast Du spirituelle Erfahrungen im Rahmen deiner supervisorischen Tätigkeit gemacht und welchen Einfluss hatten sie auf die Prozessentwicklung? *(48)*
Es gibt so etwas wie »heilige Momente«, wenn sich plötzlich ein Knoten löst oder Perspektiven klar werden und der Weg dazu direkt mit. Im Fallbeispiel erwähne ich kurz ein Gebet, das mich »auf Kurs« gebracht hat – und das ich dann auch mit der Gruppe bei einer Andacht verwendet habe. Es hat den ganzen Prozess für die Gruppe noch einmal anders zu verstehen und zu bejahen geholfen.

Welche Wertmaßstäbe bzw. ethischen Grundsätze sind Dir heilig oder bedeuten Dir persönlich viel – unbenommen dessen, dass die hier geltenden Standards Deines Berufsverbandes nicht diskutiert werden müssen, weil sie selbstverständlich eingehalten werden? *(50)*
Du kannst niemanden zu seinem Glück zwingen.

Praxisbeispiel: Arbeit an der eigenen Rolle mit einem Leitungsgremium

Bei der Anfrage nach einem Klausurtag beschreibt die ehrenamtliche Vorsitzende eines Kirchenvorstands telefonisch den Wunsch, die vor zwei Jahren gemeinsam erarbeitete Konzeption der Gemeinde zu überprüfen. Gleichzeitig seien die Kommunikationsprobleme von damals noch in keiner Weise gelöst – obwohl erstaunlicherweise dank der Konzeption und meiner Konfliktmoderation vieles besser geworden sei und die Konzeption auch mit Leben gefüllt werde.

Sie beschreibt, dass sie qua Vorsitz auch die Personalführung übertragen bekommen habe. Dennoch täten bei Konflikten die Mitarbeitenden, was sie wollen, bzw. was die Pfarrerinnen und Pfarrer anfordern (trotz Dienstanweisungen und Vereinbarungen). Die Vorsitzende ärgert sich zunehmend darüber, dass übertragene Aufgaben nicht oder nur unzuverlässig erfüllt werden. Im Gespräch erlebe ich mich als verhalten. »Sie haben als ehrenamtliche Vorsitzende ein Führungsproblem mit Ihren leitenden Angestellten – und das würden Sie auch nicht öffentlich verhandeln wollen«. Sie erzählt nun, wie sie bereits versucht hat, Konflikte »unter vier Augen« zu entschärfen – und damit nur z. T. erfolgreich gewesen ist.

Bei der Vorbereitung merke ich, dass ich (für mich ungewöhnlich) keine Lust auf die Gruppe habe – und entdecke, dass die Unlust versteckter Ärger ist. Da fällt mir ein Gebet ein, dass ich vor einigen Monaten entdeckt habe: »Führe mich die anderen Wege« von Ilse Leonhartsberger.[101] Es hilft mir, in mir das Widerständige dieses Auftrages zu vertiefen. Ich plane nur die erste Einheit am Abend. Mit der Vorstellung zum Thema: »Was hat mir in diesem Jahr am meisten Spaß gemacht in unserer Gemeinde?« möchte ich zu Beginn der gemeinsamen Arbeit positive Erinnerungen in die Gruppe holen und die »Ausnahmen vom Problem« stark machen. Dann lasse ich die Gemeindekonzeption in Kleingruppen lesen und die Abschnitte, gegebenenfalls differenziert nach Unterpunkten skalieren: Gut-sehr gut (75–100 % Zufriedenheit); Geht so, aber man sollte noch mal hinschauen (50–75 % Zufriedenheit); Warum steht das nochmal in der Konzeption? Haben wir nicht oder machen wir nicht, dringender Handlungsbedarf (unter 50 % Zufriedenheit). Ich erhoffe mir davon eine Einschätzung der unterschiedlichen Teilgruppen zu bekommen, die Hinweise gibt, wo Handlungsbedarf in Bezug auf die Konzeption besteht.

Freitagabend sind nur neun Personen anwesend. Alle Punkte der Konzeption kommen vor, es ist sehr viel Übereinstimmung da und es werden eher Detailabweichungen zwischen den Gruppen sichtbar. Lediglich der Bereich »Leitung und Mitarbeit« wird am unteren Ende der Zufriedenheitsskala (»unter 50 % Zufriedenheit«) eingeordnet. Mir fällt auf, dass als einziger Satz der Konzeption »die regelmäßige Überprüfung der Konzeption durch einen Arbeitskreis« in der Vorstellung nicht vorkommt. Ich scherze, dass dann wohl der Kirchenvorstand als Arbeitskreis tage.

---

101 Auszug: »Führe mich die anderen Wege, nicht die, die glatt und voll Berechnung folgen dem, was nur der Kopf diktiert; auf jene leite mich, die abseits der geraden Straße führen durch das enge, dornig-schmerzhafte Gestrüpp des Herzens.
   Führe mich die anderen Wege, nicht jene, die zufriedenstellen nach dem Maße menschlicher Gerechtigkeit, doch jene führe mich, die meine Sinne öffnen dafür, was gerecht ist vor dir.
   Führe mich die anderen Wege, auf denen ich nicht sehe deine Hand und mir nichts bleibt als mein Vertrauen …«, Zugriff am 19.03.2025 unter: https://www.mettnitzer.at/biografie/orf/ö1-beten/.

Am nächsten Morgen sollen die Gruppen die Unzufriedenheit beim Thema »Leitung und Mitarbeit« präzisieren. Da ich ahne, dass die Gruppen Konflikte, die sie unter sich beschreiben können, schwer öffentlich machen können, biete ich an, nach ca. 20 Min. Hilfestellung zu leisten, »schwer Sagbares« zu verschriftlichen. Das Angebot wird angenommen. Im Plenum wird benannt: Mein Scherz hat ins Schwarze getroffen. Die Unverbindlichkeit der Mitarbeit einiger Kirchenvorsteher und Kirchenvorsteherinnen ist beschwerlich für die Anwesenden (9 von 21). Sie haben den Eindruck, die Arbeit ruhe allein auf ihren Schultern. Außerdem kommen vage Konflikte zur Sprache aus den Bereichen Personalführung, Abteilungsdenken und Verhalten der Pfarrerschaft.

Das Beschreiben der Probleme im Plenum lässt mich innerlich unruhig werden. Die geschilderten Inhalte wirken lösbar und scheinen mir nicht zur vorherigen atmosphärischen Frustration in den Kleingruppen zu passen. Aus meinen widersprüchlichen Wahrnehmungen folgere ich: Nicht »noch-mehr des Gleichen«. Mit Worten kommen wir hier nicht weiter. Es braucht ein Medium, das allen etwas sichtbar macht von dem zugrundeliegenden Konflikt oder Thema, das ich (und die anderen?) noch nicht hinreichend verstanden haben. Ich möchte ein Bild bekommen, von dem, was los ist, welche Rollen die Einzelnen im Leitungsgremium einnehmen und ob sie sich auf eine »Deutung« einigen können. Außerdem möchte ich mit der Gruppe »Raum gewinnen«, d. h. ihnen probehalber eine andere Erfahrung miteinander zutrauen und zumuten.

Ich schlage eine Aufstellung/ein Aktionssoziogramm im Freien vor. Durch die verschiedenen Möglichkeiten, Beziehungen und Zusammenhänge zu stellen, sollen die Gruppenmitglieder miteinander ins Gespräch kommen und bisherige Regeln in Frage stellen, Verhaltensweisen überdenken und Meinungen revidieren können. Beim Weg nach draußen wähle ich Material, was mir schnell zur Verfügung steht. Da viele Mitglieder der Gruppe abwesend sind, nehme ich Stühle (stehen draußen), Tücher und Stofftiere (liegen griffbereit).
Ich bitte die Gruppe, gemeinsam ein aktuelles Bild ihres Gremiums zu stellen. Sofort werden einige aktiv, schauen in die Materialkisten, ziehen ein goldenes Tuch heraus: »Das ist schon mal klar, für unsere Vorsitzende«. Schnell sind Stühle zusammengestellt, die Vorsitzende auf dem goldenen Stuhl platziert und einige andere dazu. Die Vorsitzende lässt sich den Platz gern zuweisen und sitzt auffällig entspannt während des weiteren Prozesses.
Einige tun sich schwer, ihren Patz zu finden. Währenddessen überlegen die Ersten, wo und wie die fehlenden Mitglieder zu platzieren sind. Für einige finden sich schnell Tiere, Tücher und Orte – bei anderen fallen sogar die Namen nicht auf Anhieb ein.

Alle beteiligen sich an dem Findungsprozess. Da, wo Einzelne sich oder andere unklar positionieren oder zu positionieren versuchen, wird nachgefragt, ggf. ausprobiert und neue Orte gefunden. Es wird sichtbar, welche Positionen gefestigt und welche im Fluss sind. Als alle ihren Platz gefunden bzw. die Abwesenden diesen zugewiesen bekommen haben, werten wir das Bildgeschehen aus: »Wie fühlt sich

175

jeder und jeder an ihrem oder seinen Platz?« und »Wen sieht er oder sie? Mit wem ist sie oder er in Kontakt? Wen nimmt er oder sie nicht wahr?« »Wie wirkt das Ganze auf mich?« Der Blick lenkt sich zunehmend weg von den Fehlenden zu denen, die da sind. Wie sind wir miteinander hier?

Es schließt sich bei einigen der Wunsch an, etwas verändern zu wollen. Da die Vorsitzende den »goldenen Stuhl« zugewiesen bekommen hatte und ihn sichtlich genoss, will ich sie als Erste bitten, ihr Wunschbild eines gemeindeleitenden Kirchenvorstandes als Zielbild zu stellen. Sie beginnt sofort und noch während sie dabei ist, überlegen andere mit ihr, sie stellen gemeinsam hin und her. Der vorher schon angedeutete engere Bezug von einigen zentralen Personen zueinander wird nun auch gestellt (»the inner circle«). Eine wehrt sich körperlich massiv gegen den Versuch, nach innen vereinnahmt zu werden. Als ich sie unterstützen will: »Sie nehmen etwas Wichtiges wahr. Was hindert Sie mitzumachen?« blockt sie ab. Eine andere schaut sie an und mich und sagt dann: »Darf ich das für dich sagen. Man sieht es nämlich«. Und dann beschreibt sie, dass die vorgeschlagene Haltung die Gruppe nach innen abschließt, das kann aber nicht Aufgabe von Leitung sein.

Die »Innen-Gruppe« nimmt den Gedanken auf und findet eine andere Lösung. Sie stehen unverbunden mit dem Blick nach außen »in die Gemeinde«. Auch die Risiken dieser Positionierung sehe ich – diesmal offensichtlich als Einzige. Ich bitte daraufhin die anderen, außenstehenden Mitspieler ganz neutral um eine Aktion – und es passiert wie automatisch: Sie ziehen durch ihre Bewegungen den Leitungskreis auseinander. Oft genug erleben sich die Mitglieder mit besonderen Ämtern auch so: hin und hergerissen von den Interessen der anderen und ohne Rückhalt. Sie stellen fest: »Nur ein guter Kontakt miteinander hilft, sich immer wieder neu auszubalancieren«. So wird erneut gestellt: ein Sechser-Kreis (davon sind vier Personen real anwesend) in der Mitte, um den sich andere herum gruppieren. Der Innenkreis steht halb nach innen (man kann sich sehen) und halb nach außen (man nimmt die anderen wahr).

Die Gruppe wirkt entspannt und zufrieden. Dieses Wunschbild scheint eine Zielvorstellung zu beinhalten, die sie gemeinsam weiter entwickeln können: untereinander und mit denen, die heute fehlen. Obwohl wir seit dem Frühstück pausenlos arbeiten, ist die Gruppe wie elektrisiert. Der erfahrene Rückhalt in der Aufstellung scheint sie darin zu bestärken, ihre Themen und Probleme immer offener anzugehen. Es schließen sich sofort Überlegungen an, was heute noch passieren muss, wer danach mit wem redet, dass die Ergebnisse dieser Aufstellung auch die anderen kennenlernen müssen, usw.

Nach der Pause arbeitet die Gruppe hochmotiviert an den Konsequenzen aus dem Zielbild für die Zusammenarbeit. Im 6-er Kreis gehen die Wogen schnell hoch. Ich werde kurz nach Beginn des Gespräches bereits hinzu gebeten. Alte, verletzende Konflikte aller Beteiligten kommen nun auch noch zur Sprache. Sie haben die Unmöglichkeit zu leiten in diesem Gremium wechselseitig erfahren. Nach dem Zuhören beim Austausch mache ich darauf aufmerksam, dass Pfarrerin und Pfarrer sich de facto von der Verantwortung des gemeinsamen Leitens nicht suspendieren können, selbst wenn sie keine Ämter übernehmen. Das Gremium ist gemeinschaftlich leitend, die Geistlichen gehören von Amts wegen dazu. Sie müssten zumindest mit den leitenden Kirchenvorständen kooperieren, deren Leitung mittragen und sie bei Bedarf auch unterstützen. Danach lasse ich die Gruppe allein weiterarbeiten.

Mir ist nun deutlich, dass die gemeinsamen Werte (»Wir wollen, dass die Gemeinde gut geleitet wird«) überlagert werden von Vergeblichkeitserfahrungen aller Beteiligten. So entstand trotz erfolgreicher Arbeit innerhalb der Gemeindeleitung die Überzeugung: »Hier kann man nicht leiten und konstruktiv zusammenarbeiten.« Durch meine Intervention: »In ihren Rollen können Sie jeder für sich und alle miteinander nicht nicht leiten« kann die Gruppe anders als bisher auf die unterschiedlichen Möglichkeiten des individuellen und gemeinschaftlichen Leitens sehen und neue Modelle des »Miteinander verantwortlich Seins« kreieren.

Im Außenkreis wird Bilanz gezogen: welche Kirchenvorsteherin oder Kirchenvorsteher engagiert sich wo und wer könnte das aus dem Kirchenvorstand noch? Es entstehen präzise Listen für alle Arbeitsbereiche: Wer arbeitet wo mit, wer kann das, wen kann man ggf. neu anfragen?

Im Plenum beschreibt der Sechser-Kreis die gefundene Lösung zur konstruktiven Zusammenarbeit: regelmäßiges Treffen der vier Kirchenvorsteher und Kirchenvorsteherinnen, bei Bedarf mit den beiden »Nothelfern« = Pfarrerin und Pfarrer. Ich finde diesen Ausdruck perfekt: Pfarrer kennen das, in der Not zu helfen.

Der Außenkreis präsentiert die entstandenen Listen. Deutlich wird, dass eigentlich schon alle Plätze in den Arbeitsgremien besetzt sind und die Fehlenden also gar nicht aktiv werden müssen. Zunächst diskutieren wir das Dilemma, andere mehr mit in die Arbeit hineinnehmen zu wollen, andererseits aber doch alles irgendwie zu schaffen. Eine Regel wird neu aufgestellt: »Von der anfallenden Arbeit her reicht es, wenn jeder und jede im Kirchenvorstand zwei Aufgabenbereiche abdeckt. Niemand sollte mehr als drei Aufgabenbereiche übernehmen«.

Es folgen noch pragmatische Planungen zur Umsetzung des Erarbeiteten und ein Feedback.

Ich spiegele der Gruppe, dass ich sie als erfolgreiches Gremium trotz aller internen Probleme wahrnehme. Ich bin neugierig, wie sich die Arbeit weiterentwickelt.

Vom Widerfahrnis zur Erfahrung

Werner Biskupski

Bitte gib eine kurze Visitenkarte von Dir mit persönlicher Note zum beruflichen Profil: Was bist Du für ein Supervisor? (1)

Eine Kollegin bemerkte einmal vor Jahren: »Du bist ein echter Fan von Supervision.« Sie hat Recht. Ich bin gern Supervisor. Bereits in der ehemaligen DDR kam ich zur Pastoralpsychologie und Supervisionsausbildung. Ich habe also verschiedene Seelsorgeausbildungs- und Supervisionsmethoden bzw. -handschriften unter anderen gesellschaftlichen Bedingungen als den heutigen kennengelernt. Mit Begeisterung bin ich auf diesem Weg geblieben. Mein Supervisionsprofil wurde darüber hinaus von der Psychoanalyse geprägt, die mir zu einem akzeptierenden Selbstbild und damit zu einer fördernden Entwicklung verholfen hat. Ich hoffe und denke, dass diese Auswirkungen auch auf die mir in der Supervision begegnenden Menschen abfärben. Auch drückt sich darin eine wesentliche Haltung aus, die meinem christlichen Glauben und Menschenbild entspricht. Ich bin zuversichtlich, dass eine Supervisandin, die sich unter der Supervision selbst besser verstehen lernt, auch ihre Selbstannahme und damit eigene Veränderungsmöglichkeiten weiterentwickeln kann.

Im Laufe der Jahre habe ich auf verschiedenen Arbeitsfeldern als Supervisor gearbeitet: Mit Studierenden mehrerer verschiedener Fachrichtungen (Theologie, Medizin, Sozialarbeit, Pädagogik), mit angehenden und im Dienst stehenden evangelischen und katholischen Pfarrerinnen, in der Telefonseelsorgeaus- und Weiterbildung, mit Mitarbeitenden von Krankenhäusern und Beratungsstellen u. a. m. In Ausbildungsbezügen reizt es mich besonders, sekundär motivierte, d. h. zu den entsprechenden Fortbildungen verpflichtete Lernende, zum Mitmachen zu verlocken.

Hältst Du es für nötig, dass Supervisoren und Supervisorinnen selbst zur Supervision gehen? (4)

Ja. Ich ging bereits bevor ich Supervisor wurde regelmäßig monatlich zur Supervision und pflege dies bis heute. Ich bin der Überzeugung, dass ein Großteil sicher nicht nur meines Lernens – und nicht nur auf diesem Gebiet – durch reflektierte Praxis und die Bereitschaft, meine eigenen Anteile zur Disposition zu stellen, passiert und weniger durch die Verarbeitung von Fachliteratur. Trotz viel Erfahrung auf dem Gebiet der Supervision und Reflexion derselben verschwinden eigene »blinde Flecke« nie ganz und bedürfen deshalb immer wieder der Offenlegung und Bearbeitung gerade in der eigenen Supervision.

Wie hat sich deine Kultur im Umgang mit Fehlern und mit Erfolgen entwickelt – in Bezug auf Deine Supervisanden und Supervisandinnen und auf Dich? (6)
Am Anfang hatte ich nach Situationen, die ich mir selbst ankreidete, mit Schuldgefühlen, Selbstzweifeln und Versagensängsten zu tun. So etwas sollte oder darf nicht passieren! Ich nahm die jeweiligen Szenen mit in meine eigene Supervision, deren Schilderung dann mitunter zur Beichte gerieten. Was ich aber bald lernte, war, dass ich über dem Vorgang des Selbstverstehens auch einen Prozess der Entlastung erlebte. Je mehr ich Fehler bei mir anerkennen konnte, desto weniger war ich in meinen supervisorischen Interaktionen defizitorientiert. Meine Supervisandinnen spürten dies offenbar und konnten sich selbst gnädiger anschauen.

Was die Erfolge anbelangt, habe ich bei mir festgestellt, dass mir solche zwar sehr guttun und ich sie vermisse, wenn sie z. B. als positives Feedback ausbleiben, aber es direkt vor mir und anderen in Worte zu fassen, etwa: »Das ist mir richtig gut gelungen, ich bin sehr zufrieden.«, ist mir bis heute weitgehend verwehrt. Zu stark ist in mir seit Kindheitstagen die Abwertung nach Art des Spruches »Eigenlob stinkt!«, was ja auch mit einem etwas labilen Selbstwertgefühl zu tun hat. Unbenommen ist, dass ich mich an den Fortschritten meiner Supervisandinnen freue.

Gibst Du (manchmal) etwas von Deinem Privatleben preis? Hast Du dafür Kriterien? (7)
Das ist eine interessante Frage. Ich merke, dass ich im Alter eher dazu neige, etwas von meinen Erfahrungen aus früherer oder gegenwärtiger Arbeit oder aus meinem persönlichen Alltag mitzuteilen. Immer mal muss ich diesem Impuls widerstehen. Früher war ich in dieser Hinsicht rigider. Ich höre mich noch sagen: »Es ist ratsam, sich nicht mit mir (Supervisor, Ausbildungsleiter o. ä.) zu beschäftigen, sondern mit den Dingen, die Ihre Beziehungen in der Gruppe oder im Arbeitsfeld angehen.« Generell meine ich, dass es dann unangebracht ist, von meinem Privatleben zu sprechen, wenn es den roten Faden bzw. den inneren Gedanken- oder Gefühlsfluss meines Gegenübers stört, indem es ihn ablenkt oder gar unterbricht. Wenn ich nach diesen Dingen gefragt werde, habe ich auch den Impuls zu fragen, was der Hintergrund dieser Erkundigung ist. Ich habe an mir beobachtet, dass ich eher bereit bin, Persönliches mitzuteilen, wenn die Supervision beendet ist und wir uns sozusagen im inneren oder äußeren Erheben von unseren Plätzen befinden. Grundsätzlich würde ich aber immer zur Vorsicht raten, da die sich dann einstellenden Übertragungseffekte nicht zu unterschätzen sind. An jede neue persönliche Mitteilung meinerseits knüpfen sich auch neue Fantasien, Gefühle und davon bestimmte Reaktionen meines Gegenübers. Darum gilt es, dass ich mir gut überlege, was ich von mir preisgebe.

Wie ist Dein eigenes aktuelles Supervisionsverständnis und wie hat es sich entwickelt?/Worum geht es Dir heute in der Supervision? (8)
Ein Grundmodell von Supervision lernte ich bei F. Andriessen und R. Miethner[102] und habe es für mich modifiziert. Die Linie, die alle drei Ebenen berührt, zeichnet

---

102 Vgl. Andriessen/Miethner, 50 ff.

den Lernweg des Supervisanden nach: Er erlebt im Rahmen seiner Arbeit ein Widerfahrnis, das für ihn zum Thema oder auch zum Problem wird. Er reflektiert mit Hilfe einer Supervisorin, was genau geschehen ist und unter welchen Bedingungen es stattfand. So ist die Lernebene zunächst von einer sachlichen Reflexion bestimmt. Dann geht es um die Frage, was das wahrgenommene Erleben des Supervisanden mit seiner Person und evtl. seiner biografischen Prägung zu tun hat. So begegnet er seiner Lebensebene. Im Idealfall wird ihm deutlich, was ihn in der geschilderten Situation aus seinem Praxisfeld getroffen hat (»blinder Fleck«). Er kann nun den Zusammenhang zu jener Situation und der sich evtl. daraus entwickelten problematischen Folge herstellen. Aus diesem Lernschritt folgt die Suche nach Handlungsalternativen, die evtl. durch Versuch und Irrtum geduldig durchgespielt werden müssen. Ein Problem dabei ist, dass die Umstände und Rahmenbedingungen auf dem Arbeitsfeld sich oft einer Veränderung entziehen. Aber der Supervisand kann erkennen, wo er dazu beitragen kann und wo nicht. So wird schließlich aus einem Widerfahrnis eine Erfahrung. Dies wird in Abbildung 1 skizziert dargestellt.

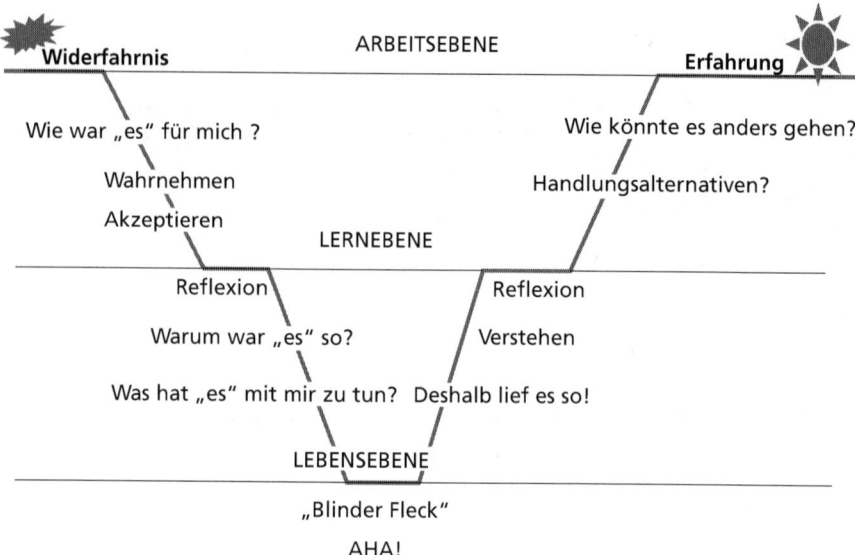

Abb. 1: Drei Ebenen des Erlebens

In diesem Zusammenhang wird vielleicht auch etwas von meiner bis heute zu mir gehörenden Handschrift als Supervisor erkennbar. Auch hier ist in meine Supervisionstätigkeit die Erfahrung der eigenen Psychoanalyse eingeflossen. Als Ergebnis merke ich, dass ich gelassener im Blick auf seelische Prozesse geworden bin. Aus eigenem Erleben weiß ich, dass eine emotional gedeckte Einsicht in einem Supervisionsgespräch schon viel bedeutet und ich weder mich selbst noch die Supervisandin unter Druck setzen muss, möglichst schnell eine »Lösung« zu finden. Insofern müssen in meinen Supervisionsgesprächen nicht immer die in der Skizze eingezeichneten Handlungsalternativen gefunden werden. Wird von meinem Supervisandinnen verstanden, was ihre eigene Person mit dem dargestellten Fall zu tun hat, ist sie auch frei, eigene konstruktive Schlüsse daraus zu ziehen. Ich bin mir darüber im Klaren, dass Supervision keine Therapie ist, bestenfalls therapeutische Elemente enthält. Aber der selbstreflexive Weg für die Supervisandin zu den persönlichen Anteilen hin ist für meine Begriffe und nach meiner Erfahrung eine grundlegende Hilfe zum eigenen Verstehen und zur Selbstakzeptanz.

Am Ende meiner Ausbildung zum Supervisor wurde mir seinerzeit gesagt, dass ich eine Neigung zu einer pädagogisch bestimmten Gestaltung von Supervision habe. Es ist wahr, dass ich immer wieder einmal meine Einsichten in die Fallarbeit einbringe, wenn ich z. B. den Teilnehmenden vermitteln will, dass Fragen immer die Initiative des Fragenden und damit den Gesprächsverlauf Bestimmenden bedeuten, und dass es deshalb wichtig ist, dass ich den Impuls, Fragen zu stellen, vorher auf den inneren Prüfstand schicken sollte. Manchmal artet das in ein eingestreutes Kurzreferat aus, das ich dann selbst etwas ironisch als »kleine Predigt« bezeichne. An dieser Stelle spüre ich meine pädagogische Neigung im supervisorischen Handeln. Ich denke, sie hat sich im Laufe der Jahre etwas verstärkt.

Was glaubst Du, was Supervision im besten Falle vermag? Was kann sie nicht? (9)
Supervision kann im besten Fall Menschen im Blick auf ihr Arbeitsfeld dazu verhelfen, dass sie die Rahmenbedingungen und die schwierige Situation verstehen und sich selbst in diesen besser zurechtfinden. Dazu gehört, dass sie sich ihrer eigenen Emotionen bewusst werden, die Dynamik der betreffenden Interaktion durchschauen und dabei erleben können, dass ich sie als Supervisor ohne Bewertung mit ihren Stärken und Schwächen annehme. Auf solche Weise entlastet finden die Ratsuchenden Handlungsalternativen, die ihnen und ihren Gaben entsprechen. – Es ist unvermeidlich, dass in einer guten Supervisionsbeziehung auch belastende persönliche Anteile bei dem Supervisanden zu Tage treten. An dieser Stelle findet er Verständnis, aber es ergibt sich auch eine Grenze: Therapeutisches Handeln im engeren Sinne gehört in eine Psychotherapie, und dies sollte auch klar angesprochen werden. – Was weiterhin nur erwähnt zu werden braucht, ist, dass der Supervisor keine Verantwortung für den Weg des Supervisanden übernehmen kann. Das schließt z. B. Ratschläge für das Verhalten (»Versuchen Sie es doch einmal mit...«) oder praktisches Engagement bei Dritten aus (»...da werde ich mal mit Ihrem Chef sprechen«).

Gibt es Lehrsätze/Theorien, die sich in Deiner Praxis bewährt haben oder die Du im Lauf der Jahre über Bord geworfen hast? (12)
»Die Supervision sollte eine klare Struktur und Transparenz in ihrem Ablauf haben.« Dazu sage ich ein klares »Jain«. Auf den ersten Blick stimmt dieser Satz natürlich. Doch bin ich insofern davon etwas abgekommen, als ich immer wieder den Weg der Supervision als ein gewisses Abenteuer erlebe, in dessen Prozess sich neue Seiten und Einsichten und damit auch neue Schritte des weiteren Vorgehens

ergeben. Z. B. kann es sich herausstellen, dass es in einer Fallbesprechung eine Entwicklung gibt, die zu einem Rollenspiel einlädt, ohne dass es vorher abzusehen war. Oder umgekehrt: Ich habe mir vorgenommen, ein Rollenspiel zu initiieren, doch die wenig gewachsene Vertrautheit der Gruppe lässt dies nicht zu, und ich versuche einen anderen Weg. Allerdings möchte ich die einzelnen Schritte, die ich gerade ins Auge fasse, für die Teilnehmenden transparent machen. Ich meine, dass ich in meinen Supervisionssitzungen nicht mehr einem strengen Konzept, sondern eher meinem Gespür und meiner Erfahrung folge.

Es gibt die Auffassung, der ich früher auch angehangen habe, dass die Supervision, wenn sie im Gespräch mit den Supervisandinnen »in die Tiefe geht« und sie evtl. auch weinen, gut und gelungen ist. Heute möchte ich vor allem spüren und respektieren, wie »tief« bzw. persönlich bewegend ihre innere Arbeit sein kann. Die Supervisandin gibt Tempo und Intensität an.

Früher habe ich in Supervisionsgruppen an Stellen, wo einzelne ein persönliches Lebensthema als Hintergrund für ihre Schwierigkeit mit ihrem jeweiligen Gegenüber andeuteten, eher eine »Einzelarbeit« mit dem betreffenden Gruppenmitglied begonnen, um das Verstehen und die Einsicht in dessen eigene Anteile voranzubringen. Inzwischen bin ich davon eher abgekommen, weil die Gefahr besteht, dass ich meine Dominanz und Macht unverhältnismäßig und letztlich mit zweifelhaftem Erfolg einsetze. Außerdem kann sich so die Potenz der Gruppe nicht entfalten, und die anderen Gruppenteilnehmenden werden »auf die Galerie« versetzt, was auch bedeutet, dass ich die Arbeit mit einer Gruppe nicht ernstnehme.

Welche Erkenntnisse hast Du zu förderlichen Äußerungs- und Sprachformen von Seiten des Supervisors bzw. der Supervisorin gewonnen? Welche Art von Interventionen und Impulssetzungen erscheinen Dir sinnvoll? (13)
Förderliche Äußerungen sind für mich zuerst wegen ihres vertrauensbildenden Charakters Verbalisierungen einfühlenden Verstehens. Ein Ratsuchender wird nur dann Vertrauen in sein Gegenüber entwickeln, wenn er sich emotional verstanden fühlt. Fragen scheinen mir erst an zweiter Stelle wichtig, weil sie oft die Gesprächsrichtung bestimmen, und dabei evtl. außer Acht gelassen wird, dass der Supervisand in der Lage ist, seinen eigenen Weg der Erkenntnis zu beschreiten (s. o.). Sicher gehört auch ein geduldiges Schweigen zu einer förderlichen Äußerungsform. Das Tempo meines Gegenübers ist maßgeblich für das Tempo der Supervision.

Einige Interventionen und Impulssetzungen, die mir entsprechen, könnten sein:
»Sie haben sicher einen guten Grund, dass Sie Supervision in Anspruch nehmen möchten.«
»Könnten Sie mir bitte Ihr Anliegen in einem Satz zusammenfassen?«
»Ich vermute, Sie haben einen Hintergrund für Ihre Frage.«
»Ich hänge immer noch an Ihrer Schilderung, dass Sie Angst bekommen, wenn Sie im Telefondisplay sehen, dass Herr S. anruft.«
»Ich versuche gerade zu verstehen, was Sie an dieser Person so ärgert.«
»Vielleicht können Sie mit den Anteilen, die Sie an sich selbst ärgern, Ihr Gegenüber gerade gut verstehen.«

Wenn jemand eine für ihn schwere und ausweglos erscheinende Situation schildert, sage ich manchmal nur: »Das ist nicht einfach.«

Bei all diesen Beispielen gilt natürlich, dass »der Ton die Musik macht.« Kühle Distanz ist wenig hilfreich, spürbares Mitgefühl dagegen sehr.

Welches Thema beschäftigt Dich aktuell besonders in Bezug auf Supervision? (15)
Die Ressourcenorientierung und die Wirkung des Zeitgeistes im Rahmen der Supervision sehe ich als Problem. Von dem Satz »Es ist wichtig, lösungsorientiert zu arbeiten.« habe ich mich anteilig gelöst. Das Wort »lösungsorientiert« ist sicher Ausdruck einer wesentlichen Strategie u. a. des systemischen Ansatzes und, wenn er in seiner Umsetzung gelingt, ein hilfreicher Weg. Aber dies ist auch Ausdruck eines bestimmten einseitig positiven Menschenbildes und, wie ich meine, auch ein Produkt des Zeitgeistes. Indem ich das eher kritisch sehe, deute ich an, dass ich diesen Ansatz weitgehend hinter mir gelassen habe.

Werte meines Glaubens fließen natürlich in die Deutungen ein – ohne dass sie nur daher stammen: Dass z. B. Krisen keine Katastrophen sein müssen, sondern ich in meiner Sinnsuche und Lebenshoffnung gestärkt daraus hervorgehen kann, oder dass ich nicht in einen Aktionismus verfallen muss, da das Aushalten von Ohnmacht angesichts einer schwierigen Situation und deren Annahme bereits eine große seelische Leistung darstellen, oder dass ich manche wichtige Erfahrung als Geschenk erlebe – das sind Aussagen, die für mich eine besondere Bedeutung haben und für meine Beziehung zum Supervisanden relevant sind. Es ist wie eine Grundüberzeugung, dass ich für deren Weg im Vorhinein eine Zuversicht in mir habe, dass sie sich selbst besser verstehen und etwas Gutes am Ende herauskommt.

Wie kamst Du zu Deiner ersten Supervisionserfahrung und welche Erinnerung hast Du daran? Was war das Besondere? Welches Resümee ziehst Du heute daraus? (16)
Ich bekam Kontakt zu einem Psychotherapeuten, mit dessen Hilfe ich eine Supervisionsgruppe gründete, die sich durch Weitersagen an Interessierte zusammenfand und monatlich traf. Mitglieder dieser Gruppe waren Psychotherapeutinnen, Ärztinnen, Sozialarbeiterinnen und Pfarrerinnen, insgesamt ca. zwölf Teilnehmende. Alle waren hoch motiviert und es gab keinen Mangel an zu bearbeitendem Material. Ich glaube, dass dies auch daran lag, dass damals eine solche Gelegenheit der Weiterbildung in der DDR eine Rarität war, und die professionelle und persönliche Neugier eine wichtige Motivation darstellte. Das Besondere war die Mischung der Berufsgruppen, die sich als sehr fruchtbar erwies, auch, weil sonst selbstverständliche Dinge plötzlich für Teilnehmende aus anderen Berufen erklärt und einer Reflexion unterzogen werden mussten. Nach meinem Eindruck gibt es Supervisionsgruppen mit Mitgliedern so verschiedener Professionen nur noch selten. Ich würde diese damals entstandene Tradition gern wiederbeleben.

Was machst Du vor und nach einer Sitzung und was hältst Du diesbezüglich für empfehlenswert? (19)
Da ich mir während oder nach jeder Sitzung Notizen mache, vergegenwärtige ich

mir vor der nächsten, was wir beim letzten Mal besprochen haben, und was mir davon noch am meisten nachgeht. Ich versuche mir klarzumachen, was meine Aufmerksamkeit erregt hat und ob ich dies aus eigener Initiative ansprechen sollte. Dafür nehme ich mir in der Regel 15 Minuten Zeit. Nach jeder Sitzung mache ich mir, falls nötig, Notizen und lüfte den Raum einige Minuten. Früher habe ich nach den meisten Supervisionen eine Zigarette geraucht. Das habe ich aber seit längerer Zeit aufgegeben. Was von diesen Dingen empfehlenswert ist, sollte jeder Leser selbst entscheiden. Eine Sache halte ich allerdings für wirklich wichtig: Die kleine stille Zeit der Selbstbesinnung vor und nach der Zusammenkunft.

Woran erkennst Du, dass es in der Supervision einen Fortschritt gibt? (20)
Selbstverständlich daran, dass es hinsichtlich der in die Supervision eingebrachten Fälle eine für die Supervisandin zufriedenstellende Veränderung gibt. Doch gibt es noch andere Anzeichen. Zu Veränderungen, die ich im Fortschritt der Sitzungen bei einer Supervisandin wahrnehme, gehören z. B. eine gelassenere oder positiv gespanntere Körperhaltung, die präzise und emotional beteiligte Schilderung der Fälle, eine geschärfte Beobachtungsgabe, wenn wir über zu bearbeitende Situationen sprechen, und das Nachlassen der Ängste, eigene Anteile zu reflektieren. Aber auch an meiner eigenen inneren Verfassung, die als Gegenübertragung von Sorge bis Zuversicht reicht, spüre ich, dass ich erleichtert oder dankbar bin, wenn sich erfreuliche Einsichten eingestellt haben.

Wie erfasst und beschreibst Du die Beziehung von Einsicht und Veränderung? (21)
Ich verstehe diese Frage so, dass es – nicht nur im Rahmen einer Supervision – keine automatische Folge von Einsicht in zu verändernde, belastende Situationen einerseits und Verhaltensänderung andererseits gibt, wie es ja auch heißt: »Der Geist ist willig, aber das Fleisch ist schwach.« Wenn sich dieses Phänomen im Supervisionsprozess zeigt, versuche ich, dies meinem Gegenüber bewusst zu machen, damit es nicht zu einer Selbstüberforderung und Enttäuschung beim Supervisanden kommt. Ich weise darauf hin, dass bestimmte biografische oder genetische Prägungen weithin festgelegt sind, aber dass sich die Haltung dazu ändern lässt. Die Gründe dafür, dass auch letzteres nicht so einfach ist, sind vielfältig (u. a. der Leidensdruck ist nicht groß genug, alte Sicherheiten werden nicht einfach aufgegeben). Ich baue darauf, dass es eine große Hilfe für die Betroffenen in Richtung einer Veränderung ist, wenn sie in der Supervision erleben, dass sie sich diese Mühe mit der Veränderung nicht übelnehmen müssen.

Was verunsichert Dich im supervisorischen Prozess? Siehst Du da eine Entwicklung im Laufe Deiner Tätigkeit? (23)
In meiner ersten Zeit als Supervisor habe ich, gerade in Gruppensupervisionen, innerlich einen starken Druck gehabt, stets die richtigen methodischen Schritte zur Hand zu haben. Inzwischen bin ich gelassener geworden und vertraue auf die Kompetenz der Gruppe, finde es auch nicht so schlimm, wenn ich nicht gleich das richtige Werkzeug zur Hand habe.

Bei der Leitung von Supervisionsgruppen bin ich in den ersten Jahren ins Flattern gekommen, wenn ein Gruppenmitglied mich als Leiter angriff. Inzwischen erlebe ich diese wichtigen Auseinandersetzungen für die Beziehungsentwicklung sehr produktiv und sage dies auch. Ein bisschen verhalte ich mich dann nach dem Motto: »Sag dem Konflikt, dass du kommst.«[103]

Als verunsichernd erlebe ich, wenn meine Kompetenz in Zweifel gezogen wird. Anfangs war ich schnell in einer erklärenden Verteidigung gefangen, die in der Regel nichts brachte. Eine gewisse Entwicklung sehe ich bei mir in dieser Hinsicht dergestalt, dass ich meinen Ärger und meine Angst eher spüre und mich nicht mehr so schnell verwickeln lasse. Aber immun bin ich nicht dagegen.

Vor welchem supervisorischen Format hast du den meisten Respekt und warum? (28)
Vor Team-Supervision. Ich habe eine ganze Reihe solcher Supervisionen absolviert. Sie waren zum Teil recht gelungen. Aber immer wieder spürte ich, dass es dabei um Machtverhältnisse ging. Vielleicht habe ich dazu selbst ein gebrochenes Verhältnis. Jedenfalls waren die Sitzungen für mich oft sehr anstrengend. Ich vermute auch – nur auf Grund meiner eigenen Erfahrung – , dass eine Schwierigkeit bei Teamberatung darin bestehen könnte, dass leicht übersehen wird, dass trotz der schönen Bezeichnung »Team« ein Machtgefälle besteht. Oft kommt es vor, dass sich im selben Arbeitsfeld Tätige als »Team« bezeichnen, dabei jedoch der Wunsch der Vater des Gedankens ist. Es scheint mir nicht verwunderlich, weil – und jetzt rede ich vergröbernd und nicht wertend – Machtmenschen überwiegen eine schizoide Persönlichkeitsstruktur und deshalb zu Gefühlen und Nähe weniger Zugang haben. Das hat zur Folge, dass Missverständnisse in der Kommunikation innerhalb der Gruppe gehäuft auftreten, und die Möglichkeit, einander wirklich zu verstehen, an ihre Grenzen kommt.

Was hat Dich Deine Erfahrung gelehrt, welche Besonderheiten sinnvoller Weise zu berücksichtigen sind in Einzel-, Gruppen-, Team-SV über die formellen und in allen Lehrbüchern nachzulesenden Kriterien hinaus? (29)
Ich habe leider keinen Überblick über »die formellen und in allen Lehrbüchern nachzulesenden Kriterien«. So kann es doch zu solchen Wiederholungen kommen, wenn ich etwas aus meiner Praxis notiere.

In der *Einzelsupervision:*
Die Kraft von Übertragung und Gegenübertragung ist beachtlich. Die Intensität und Offenheit können sich hier stärker entwickeln als in der Gruppe bzw. dem Team, da der Raum geschützter ist, immer vorausgesetzt, dass das Vertrauen zwischen Supervisandin und Supervisorin gewachsen ist. Die Angst vor Beschämung spielt in der Einzelsupervision eine geringere Rolle als in der Gruppensupervision.

In der *Gruppensupervision:*
Die große Chance der Gruppensupervision besteht in der Möglichkeit, den Resonanzraum mehrerer Personen zu erleben. Hier können unterschiedliche Sicht- und

---

[103] Frederike Frei (1980) *Hausfrau.* Zugriff am: 25.04.2025, unter: https://www.e-periodica.ch/cntmng?pid=ezp-001%3A1980%3A6%3A%3A282.

Erlebnisweisen als Angebot für die Erkenntnis eigener Anteile bei der Bearbeitung einer vorgestellten Situation sehr hilfreich sein. Darüber hinaus wird das, von anderen erlebte Verständnis, Mitgefühl und Suchen die Protagonistin stärken. Deshalb sollte die Supervisorin helfen, diesen Schatz zu heben, indem sie immer wieder die Gruppenmitglieder ermuntert, sich zu den bei ihnen ausgelösten Gefühlen und Gedanken zu äußern. Sind solche Rückmeldungen karg oder fallen sie ganz aus, wäre die Leitung gut beraten, für deren Veröffentlichung zu sorgen bzw. die Zurückhaltung der Teilnehmenden zu thematisieren. Die Verführung für mich als Supervisor besteht u. a. darin, dass ich – vielleicht beflügelt von meiner schnellen Diagnose – in eine Einzelarbeit mit der Protagonistin verfalle.

In der *Teamsupervision:*
Hier ist für mich erst einmal wichtig zu klären, ob das Team wirklich ein Team ist. Es wäre z. B. in Erfahrung zu bringen, ob es ein gemeinsames Ziel mit einer verbindenden Strategie und einer relativ sicheren Beziehungsklarheit gibt, oder ob der Grund für die Zusammenarbeit aus anderen Bedürfnissen oder festgelegten Vorgaben heraus erfolgte und die Bezeichnung »Team« im Grunde nicht zutrifft.

Was ist Dir wichtig für die Beziehungsgestaltung in der Supervision? (31)

Ich ermögliche durch meine Vorstellung zu Beginn einer Supervision Transparenz über Sinn und Ziel dieser Arbeit und deute an, wie mein Stil in etwa ist. Da diese Beschreibung zunächst nicht durch Erfahrung gedeckt ist, sollte der Supervisand mich »beschnuppern« können, ehe er sich mir anvertraut. Besonders in der Anfangsphase geht es mir um einfühlendes Verstehen ohne viele Fragen und Deutungen als Vertrauensbasis. Auf dem Weg der gemeinsamen Arbeit sollte ein Supervisand etwas von dem menschlichen Gesicht des Supervisors, der eben auch Schwächen und Fehler hat und Ängste kennt, wahrnehmen. Andererseits möchte ich als wahrhaftiges und klares Gegenüber kritische Dinge nicht scheuen anzusprechen. Dazu gehören Anmerkungen, die herausfordernd sind und vielleicht das Motto unausgesprochen enthalten: »Geh den Weg der Angst, er führt am weitesten.«[104] Spürbar sollte sein, dass eine Konfrontation stets auf der Grundlage von dem Bemühen um Verstehen und Respekt erfolgt.

Ist der supervisorische Raum tatsächlich eine machtfreie Zone? Oder? (39)

Der supervisorische Raum ist keine machtfreie Zone, und Macht ist nicht automatisch negativ zu beurteilen. Ich komme nicht daran vorbei mir einzugestehen, dass ich Macht habe und diese auch ausübe. Die Asymmetrie in der Supervisionsbeziehung schließt eine gewisse Affinität zur Machtverteilung ein, da die Supervisandin sich in einer Abhängigkeitssituation befindet. Aber die Machtfrage stellt sich für beide Seiten. Das würde sich z. B. dann ereignen, wenn meine Supervisandin mich durch ihre persönliche Art so beinflusst, dass ich ihr nolens volens auf Wege folge, die sie bestimmt. So hätte ich meine professionelle Distanz eingebüßt und die »Macht« wäre auf die andere Seite übergegangen.

---

104 Frederike Frei, a. a. O.

Wie hältst Du es mit Bestätigung, Lob, Würdigung… Deiner Supervisandinnen und Supervisanden? (40)
Beim wiederholten Lesen der Frage ist mir aufgefallen, dass ich sie spontan so verstand, als ob es um Lob für mich geht. Bin ich vielleicht narzisstischer als ich dachte? Also dies zuerst: Keine Frage, ich höre es gern, wenn ich gelobt werde oder ein Supervisand am Ende sagt: »Sie haben wieder einmal den Nagel auf den Kopf getroffen.« Manchmal bekomme ich zu Weihnachten ein kleines Präsent, wie eine Blume oder eine Süßigkeit. Das freut mich und ich bedanke mich. Anders ist es, wenn ich ein Geschenk bereits mitgebracht bekomme, noch bevor die Arbeit begonnen hat. Mitunter habe ich diese »Vorschusslorbeeren« thematisiert, manchmal habe ich es auch als eine Unbeholfenheit (»Was gibt man solchen Leuten?«) ausgelegt und manchmal habe ich Angst gehabt, mit einer Bemerkung mein Gegenüber zu verprellen.

Aber wenn gemeint ist, inwieweit und auf welche Weise ich meine Supervisanden bestätige, kann ich nur sagen, dass ich in meinen Interventionen sicher nicht selten ein Lob transportiere. Wenn mir z. B. ein »Prima!« herausrutscht oder wenn ich mich freue, dass meinem Gegenüber etwas gelungen ist, was nicht abzusehen war. Manchmal bewerte ich auch Handlungsalternativen (»Das finde ich sehr gut, dass Sie sich nicht gleich vereinnahmen lassen…«) oder ich zeige Respekt (»Ich ziehe den Hut vor Ihrem Mut…«).

Welche Kriterien hast Du für den Einsatz von Methoden in der Supervision? (43)
Ich setze im Rahmen der Supervision selten bestimmte Methoden ein, obwohl mir eine ganze Reihe bekannt sind. Einerseits finde ich ihren Einsatz sinnvoll bis faszinierend, andererseits habe ich eine gewisse Scheu, vielleicht, weil ich im Rahmen früherer Tätigkeiten Methoden als Gesprächs- und Auseinandersetzungsersatz erlebt habe. Auch wenn es allgemein lustvoll sein kann, in einem Rollenspiel zu übertreiben oder »sein Kälbchen auf die Weide zu führen«, finde ich wichtig, dass der Einsatz einer Methode ein klares Ziel hat, das dem Ziel des Supervisionsflusses und der Aufgabenstellung nachgeordnet ist. Methoden innerhalb einer Supervision sollten nicht gegen den Widerstand oder so, dass die ausgelöste Angst der Teilnehmenden übergangen wird, gestartet werden, etwa nach dem Prinzip »Der Appetit kommt beim Essen.«.

Hast Du Methoden, die sich in Deiner Arbeit (immer wieder) bewähren? Kannst Du ein Beispiel oder auch mehrere nennen? (44)
Wegen der mir immer wieder begegnenden Scheu vor Rollenspielen, habe ich eine kleine Methode entwickelt, bei der diese Ängste gemildert und die Lust, evtl. auch der Spaß an Rollenspielen gefördert wird. Ehe z. B. die Teilnehmenden sich auf den Weg zu Hausbesuchen machen, werden Situationen dergestalt in den Blick genommen, dass ich typische oder ausgefallene Erstreaktionen von Besuchten – auf farbigen Zetteln notiert – verdeckt in die Mitte lege. Nacheinander ziehen die Teilnehmenden eines dieser »Lose«, auf dem z. B. steht: »Frau Meier sagt nach der Vorstellung des Besuchers: ›Das passt mir aber gar nicht, dass Sie gerade jetzt kommen.‹« Darauf muss der Supervisand, der den Zettel gezogen und laut vorge-

lesen hat, spontan eine Antwort geben. Diese Antwort wird von der Gruppe nicht bewertet, sondern auf ihre Wirksamkeit hin geprüft. Dann können auch Alternativantworten gefunden werden. Manchmal gibt es auch spontan eingeworfene Entgegnungen aus der Runde, so dass ein kleines Rollenspiel entsteht. Das dürfen auch witzige Varianten sein, wie in unserem Fall vielleicht: »Das macht gar nichts, ich komme einfach mal rein!«

Hast Du ein Beispiel für die förderliche Kraft von Humor in der SV? (46)
Ich nenne einige Beispiele, wo ich auf die positive Wirkung von humorvollen Äußerungen setze. »Kann mal jemand laut denken?« (Wenn die Stille in der Gruppe auf mich belastend wirkt.) – »Das ist wieder einmal eine meiner Oberlehrerfragen.« (Selbstironie) – »Geh weg, du Feigling, lass mich hinter den Baum.« (Wenn sich kein Freiwilliger für ein Rollenspiel findet.) – »Es geht hier nicht um tiefenpsychologischen Deutungen nach dem Prinzip' die ist wohl als Kleinkind schlecht getopft worden?'« (Entlastung)

Welche Rolle spielt die spirituelle Dimension für Dich in der Supervision? (47)
Eine erhebliche, aber keine dominante, was die verbalen Äußerungen dazu angeht. Doch beeinflusst diese Dimension meine innere Haltung. Da meine Supervisanden zu einem großen Teil aus kirchlichen Berufen kommen, liegt es nahe, dass die spirituelle Dimension zur Sprache kommt, sei es als Motiv für das Handeln und Verhalten, sei es als Thema innerer Zweifel oder Vergewisserung. Die persönliche Spiritualität ist etwas Intimes, über das nicht so einfach gesprochen wird. Wenn sie zur Sprache kommt, bedeutet dies für mich, dass ich für mein Gegenüber vertrauenswürdig bin. Es ist eine Stärkung professioneller Nähe. Damit ist gemeint, dass es bei der pastoralpsychologischen Supervision ja immer auch um eine tiefere oder höhere Dimension geht. Ich kann für lange Jahre meiner Supervisionstätigkeit sagen, dass ich nicht oft diese geistliche Ebene explizit ins Gespräch gebracht habe. Es mag dafür viele Gründe geben, auch persönliche.

Praxisbeispiel: Teamsupervision nach plötzlichem Todesfall

In einem Krankenhaus werde ich telefonisch von einem leitenden Oberarzt um ein Gespräch gebeten. Es geht um eine schwierige Situation in seiner Abteilung. Zwei Tage später treffen wir uns in seinem Arbeitszimmer. Ich bin gespannt und fühle mich zugleich geehrt, dass ich von einer leitenden Persönlichkeit gebraucht werde. Er sagt, er habe gehört, dass ich Supervisor sei und manchmal mit Mitarbeitenden der Klinik eine Supervision abhalte. Er berichtet, dass vor zwei Wochen ein Arzt Suizid begangen habe. Es habe sie alle unvorbereitet getroffen. Die Stimmung in der Abteilung sei seitdem gedrückt und angespannt. Das sei keine gute Arbeitsatmosphäre. Auch würde nach seinem Eindruck kaum darüber geredet. Er sei der Meinung, es müsse einmal offen über die Situation gesprochen werden. Ob ich bereit sei, zu einer Supervision zu ihnen zu kommen. Ich erkundige mich nach den Rahmenbedingungen. Es beträfe ca. 18 bis 22 Mitarbeitende, vor allem Ärzte und Ärztinnen, aber auch einige Personen des Pflegepersonals. Ich sage zu. Er wird die Leute einladen, die Teilnahme sei fakultativ. Es wird einen geeigneten Raum geben.

Wir treffen uns wenige Tage danach in einem Konferenzraum des Krankenhauses. Es sind 19 Ärzte, Ärztinnen und Pflegefachkräfte pünktlich erschienen, woraus ich schließe, dass es ihnen wichtig ist, an dieser Zusammenkunft teilzunehmen. Etwas schwierig ist, dass sie hinter Tischen, die in U-Form aufgestellt sind, Platz genommen haben. Mir wäre ein Stuhlkreis lieber gewesen, zumal ich nun allein an der offenen Seite des Us sitze.

Der Oberarzt begrüßt die Anwesenden und mich, übergibt mir das Wort und schaut erwartungsvoll zu mir hin. Es geht mir etwas zu schnell, dann fange ich mich und stelle mich vor. Ich bitte darum, dass jede und jeder kurz seinen Namen und die Funktion benennt, in der sie oder er hier tätig ist. »Dann habe ich, auch wenn ich es mir nicht im Einzelnen merke, schon mal Ihre Stimme gehört.« Das dauert nur wenige Minuten. Ich bin froh über diese Zeit und die erste Möglichkeit, die Runde etwas detaillierter wahrzunehmen. Dann erkläre ich, wie es zu dieser Zusammenkunft gekommen ist und dass es gut sein könnte, in diesem Rahmen noch einmal über die Situation nach dem Suizid des ihnen allen bekannten Arztes zu sprechen. Wir haben eine reichliche Stunde Zeit. Mir ist wichtig festzuhalten, dass niemand in dieser Runde etwas sagen muss, was er oder sie nicht möchte. Dann sage ich: »Ich vermute, dass Sie die Nachricht vom Tod Ihres Kollegen auf ganz verschiedenen Wegen erreicht hat. Vielleicht können wir davon hören und auch davon, wie es Ihnen damit ergangen ist, am besten reihum.«

Nun erzählen die Pflegekräfte, Ärztinnen und Ärzte. Einige waren gerade im Dienst, als es ihnen gesagt wurde, andere kamen aus dem Frei und wurden in der Klinik informiert. Wieder andere bekamen es per Telefon von einer Kollegin mitgeteilt. Zwei kamen aus dem Urlaub und hörten nun das, was die Kolleginnen und Kollegen bereits seit Tagen wussten. Alle hatte es unvorbereitet getroffen. Besonders diejenigen, die kurz zuvor mit ihm gearbeitet und erlebt hatten, wie er sich mitfühlend um eine schwerkranke Patientin gekümmert hatte, sagten, dass sie es bis heute nicht fassen können. Der Schock sitzt ihnen immer noch in den Gliedern. Wenn sie an seinem Dienstplatz vorbeigingen, käme ihnen wieder die Angst hoch. Eine Pflegekraft sagt: »Ich hätte nie gedacht, dass der R. so etwas tun würde. Er war doch ein so lebendiger Mensch.« Neben dem Schreck und dem Unverständnis kommen aber auch die Traurigkeit und die Ratlosigkeit zur Sprache. Es gibt einen kurzen Austausch darüber, wer zur Trauerfeier gehen konnte und wie es ihm oder ihr dort erging. Ein Arzt sagt, er könne überhaupt nichts sagen. Man sieht es ihm an, dass er bewegt ist.

Als die Anhörrunde zu Ende ist, benenne ich noch einmal die Gefühle. Ich sage, dass es nicht einfach ist – auch für mich – diese in ihrer Schwere auszuhalten. Dann beschreibe ich vorsichtig eine Wahrnehmung. »Mir ist aufgefallen, dass Sie fast durchgängig traurige Empfindungen und Beschreibungen geäußert haben. Ich weiß nicht: Gibt es evtl. auch ärgerlich oder aggressiv getönte Gefühle, die sich gemeldet haben? Ich möchte Ihnen nichts einreden, aber meine Erfahrung sagt mir, dass es diese Seite nach dem Tod eines Mitmenschen auch gibt.« Es entsteht eine kurze Stille, die mir aber lang vorkommt. Ich frage mich, ob ich jetzt einen Fehler gemacht habe. Ich füge hinzu: »Mich empört es jedes Mal, dass es Umstände gibt, die einen Menschen so verzweifeln lassen, dass er sich umbringt. Das ist kein Vorwurf gegen irgendjemanden. Ich hoffe, Sie verstehen mich.«

Dann spricht doch eine Pflegekraft: »Na ja, wenn Sie es so sagen, habe ich schon auch eine Enttäuschung gespürt. Wenn man lange miteinander arbeitet, könnte man es sich doch sagen, wenn es einem nicht gut geht.« Ein anderer wirft ein: »Du kannst ja nicht wissen, ob er wichtige Dinge lieber mit sich selbst ausgemacht hat. Du sagst ja auch nicht allen, wie es dir wirklich geht.« Einige wenige nicken. Dann aber sagt eine junge Ärztin: »Es klingt vielleicht komisch, aber ich fühle mich so wie im Stich gelassen. Und da spüre ich auch einen Ärger.« Auch diese Äußerung findet einige Zustimmung. Plötzlich ist die Runde, so scheint mir, lebendiger geworden.

Die Zeit ist inzwischen fortgeschritten. Ich denke schon daran, wie ich einen guten Abschluss einleiten kann, da ergreift ein junger Arzt zu meiner Linken das Wort. Es bricht förmlich aus ihm heraus: »Man muss sich auch mal Gedanken darüber machen, wie hier Mitarbeitende verheizt werden! Es ist doch kein Zufall, wenn jemand das Handtuch wirft! Wir wissen doch alle, was für einen Stress wir tagtäglich durchmachen. Ja, man soll nichts von der Arbeit mit nach Hause nehmen, aber das sagt sich so leicht. Man schleppt doch alles mit. Und dann hat man nicht mal Zeit wie alle normalen Arbeitenden, sich mit seinen Liebsten ohne Druck am Leben zu freuen.« Hier bricht kurz seine Stimme, Tränen stehen ihm in den Augen. »Es ist doch so!« Eine betroffene Stille macht sich breit.

Der leitende Oberarzt sagt: »Wir müssen darauf achten, dass wir uns nicht überlasten. Wenn es sein muss, müssen eben Dienste auch verlegt werden.« Ich lasse das stehen und sage zu dem jungen Mann: »Ich glaube, es gibt in diesem Raum niemanden, der Sie nicht verstehen könnte. Ich bin Ihnen dankbar, dass Sie auch diese Seite Ihrer Arbeit ansprechen.« Er schaut mich, immer noch aufgeregt, kurz an, sagt aber nichts. Manche nicken und bestätigen die Worte des Betroffenen mit wenigen Beiträgen. Ich sage, dass dies ein ebenso wichtiges wie weiterführendes Thema ist, was wir aber leider aus Zeitgründen jetzt nicht vertiefen können. »Ich hoffe, dass es an anderer Stelle noch einmal aufgenommen wird. Es ist zu wichtig, um es einfach so liegen zu lassen.«

Dann ermuntere ich die Mitarbeitenden, ein kurzes Blitzlicht zu geben, wie es Ihnen jetzt, nach unserer Runde, geht. Ich setze hinzu: »Es müssen nicht alle etwas sagen, aber wer möchte, hat Gelegenheit.« Ungefähr ein Drittel äußert sich. Der

Tenor ist: »Ich bin erleichtert, dass wir hier noch einmal gesprochen haben. Aber die Worte von B. sind auch noch stark in mir.«

Am Schluss bedanke ich mich für das Vertrauen und wünsche allen Kraft für ihren und genügend Entlastung von ihrem Dienst. Der leitende Oberarzt bedankt sich bei mir.

Einige Tage später erreicht mich ein Telefonanruf von ihm, in dem er sich noch einmal bedankte. Die Atmosphäre in der Abteilung habe sich merklich gebessert.

Literatur zum Interview von Werner Biskupski

Andriessen/Miethner. (1985). *Praxis der Supervision. Beispiel: Pastorale Supervision.* Fachbuchhandlung für Psychologie Verlagsabteilung. Eschborn bei Frankfurt am Main.

Weniger ist mehr

Hanna Watzlawik

Bitte gib eine kurze Visitenkarte von Dir mit persönlicher Note zum beruflichen Profil: Was bist Du für ein/e Supervisor/in? (1)
»Ach, Sie sind Supervisorin! Das ist interessant! Wollen Sie mir Ihre Visitenkarte geben?« – »O, ich besitze keine!?« So etwa könnte bei einer spontanen Begegnung ein Dialog mit mir klingen. Ich spüre dabei einen kleinen Moment des Erschreckens: Müsste ich mir vielleicht doch eine Visitenkarte zulegen? Schließlich will ich mich professionell verhalten!

Hanna Watzlawik, Jahrgang 1955, verheiratet. Pastorin im Ruhestand, Lehrsupervisorin DGfP/KSA. – So würde es auf der Visitenkarte stehen. Kurz und knapp muss es ja sein. Was wissen Sie damit von mir als Supervisorin?

In meiner Fantasie setze ich ein Logo dazu auf die (nicht vorhandene) Visitenkarte, ich wähle einen Stern. Damit erinnere ich mich selbst daran, wie mir der Stern auf dem Weg als Supervisorin zum Sinnbild wurde, und zwar der Stern, von dem der Evangelist Matthäus in seiner Weihnachtsgeschichte (Mt. 2) erzählt. Da sehen »Weise aus dem Morgenland« einen Stern am Himmel, den sie als Wegweiser deuten. Sie lassen sich von ihm auf den Weg bringen zuerst nach Jerusalem und dann nach Bethlehem zum neugeborenen Kind im Stall. Als mir auf meinem beruflichen Weg eine Arbeitsstelle mit Tätigkeit als Supervisorin in Sicht kam und ich ahnte, dass dort sich etwas Sinn-Erfülltes für mich ereignen könnte, da tauchte der Stern für mich auf, der Stern als Symbol: Ich breche auf, ich bekomme eine neue Perspektive, ich freue mich auf das, was neu »zur Welt kommt«. Wer will, kann in meinem fantasierten Logo etwas von meinem pastoralpsychologischen Hintergrund sehen.

Gerne arbeite ich – obwohl im Ruhestand – noch »ein bisschen« als Supervisorin, und das ohne Druck. Ich muss es nicht mehr. Ich habe Lust und Freude daran, Menschen in ihren beruflichen Bezügen kennenzulernen. Wenn sie es wollen und wenn es für mich passt, bin ich gern für ein abgegrenztes Wegstück als Supervisorin dabei, biete Resonanzraum, bin aufmerksames Gegenüber und als Unterstützerin an der Seite. Zusammen mit meinem Gegenüber übe ich das »Hinsehen«. Das Wort »gegen« in »Gegenüber« ist mir wichtig[105]. Supervision braucht Distanz, um nicht nur an der Seite mitzugehen, sondern gegebenenfalls anhalten und konfrontieren zu können.

Wie also bin ich als Supervisorin?
Ich bin langsam, brauche Zeit zum Verstehen und zum Fühlen und lade mein

---

[105] S. auch Klessmann, M. 2008, S.39.

Gegenüber gern dazu ein, sich selbst Zeit zu lassen. Ich achte darauf, dass mein Gegenüber möglichst genau das eigene Anliegen klärt, damit ich für mich prüfen kann, ob ich mich darauf einlassen will. Bringe ich dafür passende Kompetenzen mit? Wenn ich den Auftrag annehme, lasse ich mir weiter viel Zeit.

Wie ist Dein eigenes aktuelles Supervisionsverständnis und wie hat es sich entwickelt?/Worum geht es Dir heute in der Supervision? (8)
Supervision heißt »Draufschauen«. In der Supervision schauen wir gemeinsam darauf, wie die Supervisandin sich selbst in ihrer beruflichen Arbeit erlebt und was sie dort mit wem erlebt. Draufschauen auf die Person in ihren Arbeitsbezügen – so lautet die Kurzfassung für mein Supervisionsverständnis. Dazu ist es erforderlich, dass die Supervisandin mir als Supervisorin etwas von ihrer Arbeit zeigt, indem sie davon erzählt. Dann können wir je nach Anliegen genau hinsehen auf einen Ausschnitt fokussiert, scharf sehen oder mit Abstand Zusammenhänge sehen. Oder wir nehmen einen anderen Blickwinkel ein.

Indem wir sehen und wahrnehmen, sind wir im Rahmen unseres jeweiligen Deute-Horizontes an der Konstruktion von Wirklichkeit beteiligt. Gedanken des Konstruktivismus habe ich in meiner Weiterbildung in systemischer Therapie und Beratung kennengelernt[106]. Mit ihnen als Hintergrund gehe ich stets von unterschiedlicher Sichtweise bei meinem Gegenüber und mir aus. Daraus erwächst für mich Respekt vor dem Anderen. Als pastoralpsychologische Supervisorin bin ich aufmerksam auf den Deute-Horizont meines Gegenübers ausgerichtet; ich frage danach, hebe ihn gegebenenfalls ins Bewusstsein oder mache aus meinem christlichen Horizont ein Angebot.

Seit 21 Jahren arbeite ich als Supervisorin. Wenn ich zurückschaue, habe ich selbst mich verändert. Ich bin mir meiner Rolle klarer geworden. Ich weiß um meine Macht in der Rolle und achte auf meine Verantwortung. Für meinen Arbeitsstil halte ich mich an das Motto »weniger ist mehr«: weniger Technik z. B., dafür mehr Zutrauen in den Prozess. Heute sehe ich mehr als am Anfang die Bedeutung des Beziehungsraumes, der zwischen uns in der Supervision entsteht. Der muss sicher und verlässlich sein, damit die Supervisandin sich mir in ihren Bezügen zeigen kann, gegebenenfalls auch mit Scham.

Heute traue ich meinen eigenen Impulsen schneller als früher. Ich fühle mich mutiger; selbstbewusster als früher. Vielleicht habe ich in meinem Alter nicht mehr so viel zu verlieren? Allerdings: Waghalsig bin ich auch heute nicht; es fällt mir heute leichter als früher, auch meine eigene Unsicherheit wertzuschätzen. Sie lehrt mich zu fragen. Mit ihr kann ich mit manchen methodischen »Krücken« spielerisch umgehen.

Transparenz von Anfang an ist mir ein hoher Wert in der Supervision. Damit gelingen Beziehungen leichter, Vertrauen wird möglich, meine »Macht« als Supervisorin ist überschaubar. Ich selbst muss oder will mich transparent verhalten, damit meine Grenzen und die Grenzen unserer Zusammenarbeit den Raum halten.

---

106 S. z. B. von Foerster, H. in Watzlawick, P. (1981), S. 40 ff.

»Sehen lernen« ist mir tatsächlich zum Symbol geworden. Ich habe dafür in meinem Hintergrund eine weitere biblische Geschichte: Der Evangelist Markus erzählt im 10. Kapitel seines Evangeliums von einem blinden Mann namens Bartimäus. Der begegnet Jesus und drängt sich so sehr zu ihm, dass Jesus bei ihm stehen bleibt. Und Bartimäus fängt an zu sehen.

Sehen lernen. In der Supervision geht es in erster Linie darum, dass mein Gegenüber anders, mehr, schärfer sehen kann – wie oben bereits gesagt. Dazu tut es gut, wenn jemand, ich, bei ihm stehenbleibe und auch mein Gegenüber anhält. Ich selbst übe dabei ebenfalls meine Sehkraft, das macht mir Freude.

Kerstin Lammer benutzt die Gleitsichtbrille als Bild für pastoralpsychologische Supervision und spricht von der »Verschränkung, bzw. Integration beider Perspektiven«[107] nämlich einer aus Psychologie und anderen Humanwissenschaften stammenden und einer mit theologischer Hermeneutik erlernten Perspektive. Dieses Bild hilft mir, Supervision als »Draufschauen« zu verstehen.

Was glaubst Du, was Supervision im besten Falle vermag? Was kann sie nicht? (9)

Wenn Supervision nach meinem Verständnis gelingt, findet der Supervisand zunächst einmal Raum, um sich selbst mit seiner Arbeit auszubreiten und sich darin zu erleben. Im zweiten Schritt findet er so Orientierung, versteht sich selbst besser, sieht seinen nächsten Schritt, kennt seine Ressourcen, die ihm diesen Schritt ermöglichen. Gehen muss er ihn selbst.

Was Supervision nicht kann, zeigt sich in der Abgrenzung zu anderen Formaten, insbesondere zur Therapie. In Supervision können persönliche Wurzeln und biographische Entwicklung in den Blick kommen und eine Rolle spielen, sie können aber nicht ausführlich aufgearbeitet werden. Es ist meine Aufgabe als Supervisorin, solche Grenzen zu achten und sie transparent zu machen.

In letzter Zeit wird mir außerdem wichtig – vielleicht weil ich derzeit die Falle sehe, genau dies zu wollen: Supervision als Verfahren kann nicht »retten«. Sie kann weder den Supervisanden noch das System, in dem der Supervisand arbeitet, »retten«. Und: Ich als Supervisorin bin nicht »Retterin«. Um der Gefahr nicht zu erliegen, mich selbst zur Retterin zu machen, deswegen u. a. begebe ich mich selbst in Supervision.

Gibt es Lehrsätze/Theorien, die sich in Deiner Praxis bewährt haben oder die Du im Lauf der Jahre über Bord geworfen hast? (12)

Auf meinem Weg als Supervisorin ist mein Verstehen – so mein Eindruck – elementar geworden. Einfache Sätze haben an Bedeutung gewonnen. Ein Satz ursprünglich aus dem Munde meiner Supervisions-Lehrer ist für mich immer wieder wie eine Richtschnur: »*Als Supervisorin bin ich dumm, faul und neugierig*«. Er ist u. a. ein Schutz davor, zur vermeintlichen Retterin zu werden:

---

107 Klessmann, M. & Lammer, K. (2007) S.54.

Ich bin als Supervisorin »dumm« – das heißt: Mein Gegenüber »besitzt« die eigene Arbeits-Situation und kennt sich darin aus – nicht ich. Ich darf und muss fragen und mich erkundigen.

Als Supervisorin bin ich »faul« – das heißt: In Supervision geht es darum, dass mein Gegenüber an und mit der eigenen Praxis arbeitet. Wenn ich merke, dass ich selbst mehr als die Supervisandin arbeite, gilt es das zu hinterfragen.

Als Supervisorin bin ich »neugierig« – das heißt: Ich gebe mich nicht schnell zufrieden, bin mit Interesse dabei, gebe mit meinen Erkundungsfragen Impulse, die mein Gegenüber für sich selbst nutzen kann.

Von einem anderen Supervisions-Lehrer habe ich ein Wort als inneren Appell übernommen: »*merke!*« Das heißt für mich: Nimm ernst, was Du selbst in der Rolle der Supervisorin wahrnimmst, ein Gefühl, eine Körperwahrnehmung, ein auffälliges Wort, eine Intuition! Übergehe es nicht! Was ich »merke«, hat Bedeutung und ist Material für einen Impuls. Auch für einen Supervisanden kann es wertvoll sein, einen Moment zu halten, was er merkt, dabei anzuhalten und nicht zu schnell zu übergehen. Dahinter steht die These, dass ein Veränderungsprozess dann bewusst angestoßen werden kann, wenn vorher wahrgenommen, gesehen, gefühlt wurde, was ist und wie es ist.

Welches Thema beschäftigt Dich aktuell besonders in Bezug auf Supervision? (15)

Gegenwärtig sehe ich in unterschiedlichen Supervisionsprozessen – sowohl in Team- als auch in Einzelsupervision – viel Überforderung. Ich meine damit nicht Überforderung aufgrund von mangelnder Kompetenz, sondern strukturelle Überforderung, z. B. durch Personalmangel oder durch mangelnde Wertschätzung der Arbeit, die getan wird. Ich wittere darin ein gegenwärtiges gesellschaftliches Thema.

Die Pflegekraft in einer Klinik z. B. ist für zu viele Patienten zuständig, soll dokumentieren, muss einen kranken Kollegen mit vertreten und manchmal zusätzliche Schichten übernehmen. Irgendwann ist sie erschöpft. Sie kann Überlastungsanzeigen schreiben, aber das System selbst steht so sehr unter Druck, dass sich dadurch nicht einfach etwas ändert.

Ein Pastor begegnet in seiner Gemeinde vielen unterschiedlichen Erwartungen und Aufgaben, die er nicht alle befriedigen kann. Auch wenn er gut strukturiert mit seiner Arbeit umgeht, muss er flexibel auf nicht im Voraus planbare Aufgaben, wie z. B. eine Trauerbegleitung, eingehen können. Zugleich findet seine Arbeit gegenwärtig wenig gesellschaftliche Anerkennung. Er erlebt hautnah ein allgemeines Misstrauen gegenüber oder Desinteresse an der Institution Kirche. Wenn er unter den Druck gerät, mit seiner Person für Kirche einzustehen, erlebt er schnell Überforderung. Wie kann mit der Erfahrung von Überforderung in Supervision umgegangen werden?

Einen ersten wichtigen Schritt sehe ich darin, genau hinzusehen und die Ebenen zu unterscheiden zwischen persönlichen Begrenzungen und strukturellen, bzw. im System liegenden Grenzen. Diese Unterscheidung kann dazu helfen, nicht in unnötigen Selbstzweifeln stecken zu bleiben. Der Supervisand kann so nach Möglichkeiten suchen, seine eigenen Grenzen zu schützen.

Wenn das über längere Zeit an diesem Arbeitsplatz nicht möglich ist, kann es zu der Entscheidung kommen, diesen Platz zu verlassen und sich eine andere Arbeit zu suchen. Das allerdings sagt sich in der Regel leichter, als es umzusetzen ist, zumal ein neuer Arbeitsplatz mit ähnlichen Schwierigkeiten verbunden sein mag.

Eine weitere supervisorische Möglichkeit sehe ich darin, den Blick in die Tiefe des Wertekanons des Supervisanden anzuregen. Gibt es da einen Perfektionsdruck? Welches Menschenbild steht dahinter, beziehungsweise prägt der Supervisand oder auch mich als Supervisorin?

Aus biblisch-theologischer Perspektive sehe ich die Begrenztheit allen menschlichen Daseins. Ich bin Geschöpf, nicht selbst Schöpfer, Ich lebe mein Leben mit vielen Brüchen, bin selbst Fragment und glaube mich zugleich bezogen auf einen Gott, der mich sieht und liebevoll ansieht. Solche Gedanken helfen mir, meine Begrenzung zu akzeptieren und mit meinen Grenzen und meinem Wunsch nach Perfektion in Balance zu kommen. Meine Frage ist, was hilft den jeweiligen Supervisanden, sich selbst vom Perfektionsdruck zu distanzieren? Das will ich gern mit ihnen gemeinsam herausfinden.

Woran erkennst Du, dass es in der Supervision einen Fortschritt gibt? (20)
Wenn das Anliegen der Supervisandin geklärt und sie ihre Fragen beantworten kann, ist das Ziel erreicht – das auf jeden Fall ist Fortschritt. Möglicherweise stellt sich bereits vorher im Supervisionsprozess Zufriedenheit in der Arbeit ein. Oder Gelassenheit ist gewachsen und eine »Sättigung« in den Supervisionsanliegen zeigt sich. Ich kann das als Fortschritt sehen. Es kann aber auch sein, dass wir damit an einem Punkt angekommen sind, an dem die Möglichkeiten unserer Supervisionsbeziehung ausgeschöpft sind. In jedem Fall ist das ein guter Zeitpunkt, Bilanz zu ziehen und gegebenenfalls den Abschied einzuleiten. Ob die Supervisandin mit einer anderen Supervisorin einen neuen Prozess beginnt oder sich in Gruppensupervision begibt, bleibt selbstverständlich ihr überlassen.

Was hat Dich Deine Erfahrung gelehrt, welche Besonderheiten sinnvoller Weise zu berücksichtigen sind in Einzel-, Gruppen-, Team-SV über die formellen und in allen Lehrbüchern nachzulesenden Kriterien hinaus? (29)
Damit rücken jetzt andere Supervisions-Settings in den Blick. Bislang habe ich hauptsächlich Einzelsupervision vor Augen gehabt.

Gegenwärtig leite ich keine *Gruppensupervision*, weil ich im Ruhestand keinen Raum dafür anbieten kann. Es kommt aber dennoch vor, dass ich einem Supervisanden nach einiger Zeit der Einzelsupervision empfehle, sich eine Gruppensupervision zu suchen. Die Mehrzahl der Perspektiven in der Gruppe und der Austausch mit den Peers können zum Gewinn werden für eine Person. Auch wenn er selbst faktisch nicht so oft mit eigenen Anliegen als Einbringer im Mittelpunkt stehen wird wie in Einzelsupervision, hat die Beteiligung an der Arbeit mit anderen Gruppenmitgliedern doch fördernde Auswirkung und führt zu Erkenntnisgewinn im eigenen Arbeitsbereich. Selbst- und Fremdeinschätzung können in der Gruppe ins Lot kommen.

Teamsupervision erlebe ich als größte Herausforderung für mich als Supervisorin. Anders als für sonstige Supervisionssettings bereite ich mich hier inhaltlich und methodisch vor. Ich überlege mir vorher, in welcher Struktur ich welche Schritte für möglich halte, damit ein gemeinsames Anliegen im Team klar wird, die Team-Mitglieder ins Arbeiten kommen und ich keine Person dabei aus dem Blick verliere.

Was ist Dir wichtig für die Beziehungsgestaltung in der Supervision? (31)

Um in Beziehung zu sein, brauche ich es zuerst, in Kontakt mit meinem Gegenüber zu kommen. Wie geht das? – Wenn ich auf irgendeine Weise »Sympathie« empfinde, zu Deutsch »mitfühlen« kann, wenn mein Gegenüber mich auf der Gefühlsebene »anrührt«, bin ich in Kontakt. Jetzt gilt es, die Beziehung in Supervision zu gestalten. Das heißt für mich, das Verhältnis von Nähe und Distanz immer wieder auszutarieren. Einerseits entsteht Nähe, wenn ich mit Empathie Resonanz gebe und in Worte fasse, was die Supervisandin, bzw. ihre Erzählung in mir auslöst. Andererseits brauche ich genügend Distanz, um sie gegebenenfalls zu konfrontieren mit dem, was ich sehe und sie (noch) nicht. Distanz ist dafür nötig, damit ich nicht anstelle der Supervisandin arbeite, sondern sie darin unterstütze, ihre eigenen Möglichkeiten zu entfalten.

Wie schon oben gesagt, dient Transparenz von Beginn an dazu, Vertrauen zu ermöglichen. Sollte ich eigene Verwobenheit mit dem Umfeld einer Supervisandin feststellen – z.B.: ich kenne eine Person aus dem Arbeitsfeld meines Gegenübers – halte ich es schon im Vorfeld der Supervision für grundlegend wichtig, dies nicht zu verschweigen, sondern transparent, »durchsichtig« zu machen. Nur so kann der Vertrauensraum der Verschwiegenheit abgesichert werden. Auch wenn der Prozess bereits läuft, kann durch Transparenz der Vertrauensraum »nachjustiert« werden. Eine andere Weise von Transparenz praktiziere ich, indem ich gelegentlich mein Gegenüber teilhaben lasse an dem, was in mir vorgeht, während ich zuhöre. Wenn z.B. plötzlich eine Idee, ein Bild oder ein starkes Gefühl in mir auftaucht, kann ich es ansprechen, ohne mich selbst damit zum Thema zu machen, sondern mit der Frage verbunden, ob mein Gegenüber damit für sich selbst ›etwas anfangen‹ kann. Respekt und Ehrlichkeit sind mir hohe Werte in der Begegnung mit Supervisandinnen.

Welche Bedeutung misst Du Gefühlen bei im supervisorischen Arbeiten? (37)

Gefühle wahrzunehmen, gehört zur Selbstreflexion in Arbeitsprozessen wesentlich hinzu. Über sie verstehe ich mich selbst tiefer als über meinen Verstand.[108] Gerade in Arbeitsprozessen werden sie oft übersprungen, um vermeintlich besser und schneller zu funktionieren. Ich selbst habe es erst als Erwachsene in eigener Ausbildung und unter Supervision lernen müssen und schätzen gelernt, meine Gefühle wirklich zu fühlen. Indem ich mich selbst fühle, erlebe ich mich lebendig, auch mit sogenannten »negativen« Gefühlen, wie Traurigkeit, Scham, Ärger und Wut. Gefühle legen eine Spur für besondere Entdeckungen, ich verstehe mich selbst tiefer und neue Handlungsoptionen tauchen auf. Gefühle wirklich zu fühlen, nicht nur als Begriff parat zu haben, das braucht Zeit. Deswegen liegt mir im Gespräch mit

---

108 Vgl.: Haubl, R. S.11.

einem supervisorischen Gegenüber Verlangsamung am Herzen. Ich unterbreche gelegentlich den Erzählfluss eines Supervisanden und frage sie z. B. so: »Welches Gefühl kommt gerade in Ihnen auf, wenn Sie von… sprechen?« Ich versuche sie anzuhalten, damit er sich selbst Zeit lässt und sich selbst dabei für wichtig nimmt. Dazu braucht es einen sicheren und verlässlichen Beziehungsraum.

Welche Kriterien hast Du für den Einsatz von Methoden in der Supervision? (43)

Anders als in Teamsupervision plane ich für die Einzelsupervision nicht im Voraus, welche Methode für die gemeinsame Arbeit in Frage kommt. Ich vertraue darauf, dass mir im Gespräch – an der passenden Stelle – eine Methode einfällt. Kriterium zum Einsatz einer Methode ist für mich z. B. die Ahnung, sie könnte dafür nützlich sein, einen »Fall« nicht nur als Wort auf der Zunge zu haben, sondern z. B. sichtbar werden zu lassen (Visualisierungen) oder als Perspektivwechsel möglichst körperlich zu spüren (Stuhlarbeit, Rollenwechsel, Aufstellungen). Dann schlage ich eine Methode vor. Ich frage zum Beispiel, ob die Supervisandin Lust hat, diesen Weg einmal auszuprobieren. Gegen ihren Willen wende ich keine Methode an. Mir geht es darum, unterschiedliche Sinne, besonders Sehen und Fühlen, zu nutzen. Oft erlebe ich, dass dann Schweres leicht wird. Ich erkläre es mir so, dass über die Sinneswahrnehmung sich eine »Einsicht« einstellen kann – z. B.: »ach so ticke ich«. Damit tut sich etwas Neues auf, sei es eine bislang ungeahnte Handlungsmöglichkeit oder schlicht Akzeptanz dessen, was ist.

Welche Rolle spielt die spirituelle Dimension für Dich in der Supervision? (47)

Wie ein Anker, eine haltende Kraft ist für mich die spirituelle Dimension in Supervision. Ich selbst verstehe mich und arbeite auf dem Hintergrund der protestantischen Rechtfertigungslehre. Ich sehe mich selbst als vergebungsbedürftig und vertraue auf Gottes Gnade. Sie ermöglicht mir eine Haltung, in der ich jedes Mal neu das Wagnis[109] versuche, als das ich Supervision auch erlebe. Wenn mir während der Zusammenarbeit biblisches oder christliches Material einfällt, von dem ich meine, es könnte zum Verstehen hilfreich sein, biete ich es an, beharre aber nicht darauf.

Ich erwarte von meinem Supervisanden nicht, dass er sich auf denselben Hintergrund stellt, auf dem ich stehe. Wenn es mir sinnvoll erscheint, werde ich ihn aber nach seinem Hintergrund fragen: Was ist sein Sinn- und Bedeutungshorizont, in dem er sich versteht?[110] Als eine wohltuende Möglichkeit erlebe ich es, am Schluss danach zu fragen, ob dem Supervisanden mir gegenüber etwas aus seiner Glaubenstradition zum Inhalt der heutigen Supervisionszeit einfällt.

---

109 Als Wagnis erlebe ich es, mich selbst zu riskieren. Im Grunde kann ich jede meiner Äußerungen als Wagnis und Risiko erleben, weil ich nicht in der Hand habe, was andere mir gegenüber damit machen. Noch deutlicher empfinde ich das Risiko, wenn ich mit einer Rolle Verantwortung übernehme, z. B. in der Rolle der Supervisorin. Mir fällt dazu als Symbolgeschichte die biblische Mose-Figur ein (2.Mose 3,10 f). Als Gott ihn aus dem brennenden Dornbusch beauftragt, zum Pharao zu gehen, um Israel zu befreien, antwortet Mose: »wer bin ich, dass ich…?«

110 S. Klessmann, M.& Lammer, K. (Hg), (2007) S.12.

Praxisbeispiel: Draufschauen wird zum Tiefersehen – Spiegelphänomene in der Einzelsupervision

Frau C. kommt seit drei Jahren fünf bis sechs Mal im Jahr zur berufsbegleitenden Supervision zu mir. Sie arbeitet als Seelsorgerin in einer großen diakonischen Einrichtung mit mehreren Häusern. Sie gehört zu einem Team von Seelsorgenden.

Durch die Zeit der supervisorischen Zusammenarbeit ist eine verlässliche Vertrauensbasis zwischen uns gewachsen. Ich kenne Frau C. als resiliente, aktiv drauf zu gehende, zugewandte Person, die gern in ihrem Beruf arbeitet. In die Supervisionsstunden bringt sie häufig Anliegen aus dem aktuellen Arbeitsgeschehen ein, z. B. Begegnungen mit einem seelsorglichen Gegenüber, mit Mitarbeitenden in der Einrichtung, mit Team-Mitgliedern.

Ort der Supervision ist ein Arbeitszimmer innerhalb meiner Wohnung. Wir haben jeweils 60 Minuten für ein Treffen vereinbart. Ich nehme hier eine Supervisionsstunde aus dem Prozess als Beispiel heraus:

Es ist früher Nachmittag. Frau C. wirkt bei Ihrer Ankunft auf mich guter Dinge und ausgeglichen. Auf meine Frage, wie es ihr gerade geht, reagiert sie mit zwei aktuellen Erlebnissen: mit dem einen erzählt sie von einer Sorge im familiären Umfeld; mit dem anderen knüpft sie an eine vorausgegangene Supervisionsstunde an. Sie hat im Fortgang ihren Humor als eine Ressource für sich entdeckt. Ich erlebe Frau C in Balance mit Belastung und Lebenskraft. Als Anliegen für heute formuliert Frau C: »Ich möchte auf meine Trauerarbeit schauen« Sie hat ein Beispiel dafür mitgebracht.

Als meine Aufgabe sehe ich es, das Anliegen nicht nur zu hören. Ich will verstehen, was mein Gegenüber mit den Worten meint, um entscheiden zu können, ob und in welcher Weise ich damit umgehen kann: Was für Frau C. »Trauerarbeit« heißt, wird an dem Beispiel deutlich werden. Ich frage (mich): Was bedeutet »darauf schauen«? – Sie wird erzählen und dabei wird mit Hilfe meiner Erkundungsfragen die erlebte Situation vor ihren/unseren inneren Augen sichtbar werden. Dabei kommt möglicherweise etwas Neues in den Blick.

Ich frage (mich) weiter: Woraus speist sich ihr Wunsch »darauf zu schauen«, was ist das Anliegen hinter dem formulierten Anliegen? – Frau C. empfindet einen unbestimmten, unklaren Mangel, der sich u. a. daran fest macht, dass es ihr leicht, zu leicht fiel. »Muss es mir mehr Mühe machen? War ich gut genug?« Dieser empfundene Mangel wird zur Triebkraft, »drauf zu schauen«. Damit zeigt Frau C. ihre Bereitschaft, sich selbst zu reflektieren und weiterzuentwickeln.

Ich nehme das Anliegen von Frau C. auf und bitte sie, zuerst ihr Beispiel auszubreiten. Sie erzählt, dass sie von einem Mann angerufen wird, dessen Mutter in der Einrichtung, in der Frau C. arbeitet, gestorben ist. Frau C. vereinbart mit ihm einen Besuchstermin, macht sich auf den Weg zum Anrufer und begegnet dort nicht nur ihm, dem Sohn der Verstorbenen, sondern auch der Tochter, denn der Anrufer hat seine Schwester dazu geholt.

Frau C. betont, dass ihr dieser und ähnliche Besuche leichtfallen, sie kommt gerne ins Gespräch, es macht ihr keine Mühe. Sie freut sich darüber, auch von ihrem Glauben sprechen zu können. Umso mehr wundert sie sich über ihre eigene Sorge, es könnte banal, nicht genug sein.

Auf meine Frage, welche Reaktion sie im Gespräch von ihrem Gegenüber erlebt habe, erzählt sie, dass beide sich beim Abschied bedankten und ihr zuletzt eine Pralinenschachtel schenkten. Es könnte also alles gut und sie selbst zufrieden sein, oder? Auf der Ebene sozialer Höflichkeit wirkt die Begegnung unkompliziert.

Um tiefer zu »schauen«, sehe ich zwei unterschiedliche Blickrichtungen. Die eine: Was in Frau C. ist es, dass sie die Leichtigkeit des Gespräches hinterfragen lässt, gibt es so etwas wie einen »Glaubenssatz«, einen Leitsatz in ihr, der z.B. heißt: »Arbeit ist nur dann wertvoll, wenn sie Mühe macht?« In ihrem nahen Umfeld erlebt sie Menschen, die unter mühevoller Arbeit sehr leiden. Wenn solch ein Glaubenssatz zutrifft, macht es aus meiner Perspektive Sinn, ihn zu erkunden: Woher kommt er? Soll er für Frau C. Gültigkeit behalten oder lässt er sich verändern?

Als weitere Möglichkeit, tiefer zu sehen, fällt mir ein, mit Frau C. auf die Verhaltensebene in der Begegnung zu schauen. Bislang habe ich von ihr gezeigt bekommen, dass sie selbst gute Worte gefunden hat. Ihr Gegenüber ist bislang hauptsächlich mit Dank am Schluss in unseren Blick gekommen.

Mit meinem Hinweis wird Frau C. bewusst, dass sie selbst mit Erkundungsfragen ihrem Gegenüber begegnen kann, z.B.: »Wie fühlt es sich für Sie, den Sohn an – und für Sie, die Tochter?« Frau C. merkt, dass ihr Empfinden von Mangel, dass da etwas war, was zu wenig Platz hatte, ihr selbst eine neue Blickrichtung eröffnet. Sie findet ihr seelsorgliches »Handwerkzeug«, mit dem sie beiden Personen je ihren Raum im Gespräch weit machen kann, so dass der Sohn und die Tochter der Verstorbenen sich eigenständig und in möglicherweise unterschiedlichen Beziehungen zur Mutter wahrnehmen und ausdrücken können. Frau C. freut sich über ihre Entdeckung.

Ich selbst freue mich, dass das »Draufschauen auf Trauerarbeit« etwas in den Blick gehoben hat, womit Frau C. künftig arbeiten will. Damit verabschieden wir uns voneinander.

Zum Schluss:
Wenn ein Raum in der Supervision entsteht, in dem Zeit und Platz ist, Arbeitsprozesse miteinander anzusehen, erlebe ich selbst es als beglückend. Nach einer Sitzung arbeitet oft noch etwas in mir weiter. Im Rückblick sehe ich z.B. mögliche Spiegelungen, das heißt, etwas aus dem Erleben der Supervisandin in ihrer Arbeit ist in meinem Erleben mit der Supervisandin wieder aufgetaucht, in unserer Zusammenarbeit: In meinem Praxisbeispiel wird die Erkenntnis, dass die Supervisandin den Trauernden mehr Raum eröffnen kann, zur Frage an mich als Supervisorin: Hatte die Supervisandin bei mir genügend Raum, um sich selbst zu entfalten? Etwas von der Sorge der Supervisandin nach ihrem Besuch – es könnte nicht genug gewesen sein – spiegelt sich in meiner Frage an mich selbst. In diesem Fall habe ich die Frage nicht im Prozess gestellt. Sie fiel mir erst nachträglich ein. Ich halte es für möglich, beim nächsten Mal, daran anzuknüpfen.

Ich schreibe dies, um deutlich zu machen: Supervisionsarbeit ist für mich nicht mit dem Verabschieden von Supervisandinnen und Supervisanden beendet. Um meine Arbeit abzulegen, schreibe ich danach etwas vom Erlebten und meinen Nach-Gedanken auf. So werde ich selbst frei zum Weitergehen.

Literatur zum Interview von Hanna Watzlawik

Haubl, Rolf. (2018). *Emotionen bei der Arbeit: Reflexionshilfen für Beratende.* Vandenhoeck und Ruprecht.
Klessmann Michael & Lammer, Kerstin (Hrsg.). (2007). *Das Kreuz mit dem Beruf: Supervision in Kirche und Diakonie.* Neukirchen-Vluyn: Neukirchener Verlag.
Klessmann, Michael. (2008). *Seelsorge: Begleitung, Begegnung, Lebensdeutung im Horizont des christlichen Glaubens. Ein Lehrbuch.* Neukirchen-Vluyn: Neukirchener Verlag.
Von Foerster, Heinz. (1981). Das Konstruieren einer Wirklichkeit. In: Paul Watzlawick (Hrsg.), *Die erfundene Wirklichkeit: Wie wissen wir, was wir zu wissen glauben? Beiträge zum Konstruktivismus.* (S.39–60). München: Piper.

Das Kamel in der Supervision

Volkmar Schmuck

Bitte gib eine kurze Visitenkarte von Dir mit persönlicher Note zum beruflichen Profil: Was bist Du für ein Supervisor? (1)
»Die Patientin im Zimmer 17 ist ziemlich schwierig. Wir haben mit ihr unsere liebe Not. Könnten Sie mal zu ihr gehen?« wird die Seelsorgerin auf der onkologischen Station von der Stationsschwester gefragt. Als die Seelsorgerin das Zimmer 17 betritt, trifft sie auf eine ca. 60-jährige Frau, die hier liegt, weil sie eine palliative Chemotherapie erhalten soll. Sie hat Krebs im Endstadium und will diese Therapie nicht mehr, aber am nächsten Tag ist sie wieder anderer Meinung und beschwert sich darüber, dass man sich nicht gut um sie kümmere. Das ist nicht so leicht für das Personal.

Die Seelsorgerin kommt ins Gespräch mit dieser Frau und erfährt, dass ihr Mann vor sieben Jahren gestorben ist. Sie hat ihn sehr geliebt und möchte ihm bald nachfolgen. Er war zwanzig Jahre älter als sie, Jude, und hat als Kind das KZ überlebt, weil er in einer Kindertanzgruppe war, die der Lagerkommandant perfider weise gründen ließ. Seine Eltern und Geschwister sind alle umgekommen. Nach dem Krieg ist er Tanzlehrer geworden. Für ihn war Überleben die wichtigste Erfahrung seines Lebens. Das machte es seiner Frau aktuell schwer, nicht mehr überleben zu wollen. Aber das war für sie, als würde sie damit ihren Mann verraten. Gleichzeitig war ihr Leben kein Leben mehr für sie, schon gar nicht ohne ihren Mann, weshalb sie es nicht verlängern wollte. Sie wollte nicht mehr leben, hatte aber gleichzeitig den inneren Auftrag zu überleben, solange es geht.

In der Supervision haben wir überlegt, was diese Frau braucht, um sich entscheiden zu können Wir waren uns schnell einig, dass eigentlich nur ihr verstorbener Mann das Dilemma auflösen kann.

Am nächsten Tag brachte die Seelsorgerin also den Mann dieser Frau ins Spiel: »Was würde er wohl sagen, wenn er Sie hier so um die richtige Entscheidung kämpfen sieht?« Mit leuchtenden Augen antwortete sie postwendend: »Er würde mich zum Tanz auffordern«. Mit diesem Bild ist sie drei Tage später gestorben. Der letzte Tanz war getanzt.

Mir kam dazu die Parabel von den 18 Kamelen in den Sinn, die Paul Watzlawick erzählt hat[111]: Ein Vater hinterlässt in seinem Testament seinen drei Söhnen 17 Kamele, unter der Bedingung, dass der Älteste die Hälfte der Tiere, der Zweitälteste ein Drittel der Tiere und der Jüngste ein Neuntel der Tiere erhält. Die drei Söhne

---

111 Paul Watzlawick – *Die Therapie des »Als-Ob«* (Vortrag, 1998).

verzweifeln an der Lösung dieser Hinterlassenschaft, denn es konnte sicher nicht der Wunsch des Vaters gewesen sein, eines der Kamele zu zerteilen. Da kommt ein Mullah (ein Wanderprediger) daher geritten und sie halten ihn an. Er steigt ab, fragt was er für sie tun könne und sie erklären ihm das Problem. Der Mullah sagt: Das ist gar kein Problem. Ich gebe mein Kamel zu den Euren dazu, dann habt Ihr 18. Du, der Älteste, bekommst nun also die Hälfte, das sind neun Kamele. Du, der Zweitälteste erhältst ein Drittel, das sind sechs Kamele. Du der Jüngste, erhältst ein Neuntel, also zwei Kamele. Neun und sechs sind 15 und zwei sind 17. Das lässt ein Kamel übrig, nämlich meins. Mit diesen Worten besteigt er sein Kamel und reitet davon.

Diese Parabel ist für mich ein Beispiel für gelungene Supervision. Supervision stellt etwas dazu, bringt etwas Neues ein, das die Situation verändert, neue Möglichkeiten eröffnet, einen neuen Blick auf alte Probleme ermöglicht – und nimmt es am Ende wieder mit. Dieses Etwas ist nicht irgendetwas, sondern ein Teil von mir, was (zu) mir gehört – meine Persönlichkeit, mein Wissen, meine Fähigkeiten, mein Vertrauen, und wenn es schlecht läuft, kann ich es verlieren. Was genau passiert ist, verstehe ich oft nicht, aber es hat gewirkt. Und es hat oft eine existentielle Komik, die Leichtigkeit bringt. Dann bin ich eben ein Kamel – wenn's hilft. Ich ziehe dann schmunzelnd meiner Wege.

Wie ist dein eigenes aktuelles Supervisionsverständnis und wie hat es sich entwickelt?/Worum geht es Dir heute in der Supervision? (8)

Supervision hat eine katalytische Wirkung. Sie ermöglicht eine »Reaktion«, die vorher nicht in Sicht kam, die aber möglich war, weil sich die Ressourcen vergrößert haben, wenn auch nur vorübergehend. Es ist, als würde man eine (Himmels-)Leiter hinaufsteigen, obwohl es die gar nicht gibt.[112] Das ist ein Vorgang, der biologisch und chemisch als Katalyse längst bekannt ist und im großen Stile genutzt wird. Er wird bei geistigen Prozessen als »Manöver« verwendet, bei geistlichen gehört er zum Stammrepertoire, wenn man etwa die Geschichte von der »Wunderbaren Brotvermehrung« oder die »Emmaus-Geschichte« liest. Wunder können geschehen, wenn man vorübergehend mit dem Abwesenden rechnet.

Das Praxisbeispiel vom Tanzlehrer (s. o.) veranschaulicht für mich das Grundmuster der Supervision, nämlich die Triangulierung in seiner katalytischen Wirkung. Wenn es gelingt eine dritte Größe in Form einer erweiterten Perspektive, einer zusätzlichen Ressource oder einer neuen Deutung (Hermeneutik, Framing) ins Spiel zu bringen, kann die Supervision weiterführen. Die gemeinsame Suche danach, das Ausprobieren, auch das mögliche Scheitern machen für mich den Reiz von Supervision aus und weckt immer wieder meine Leidenschaft für diese Arbeit.

---

112 Vgl. L. Wittgenstein, Tractatus Fragment 2, 6.54, 1922 »Meine Sätze erläutern dadurch, dass sie der, welcher mich versteht, am Ende als unsinnig erkennt, wenn er durch sie – auf ihnen – über sie hinausgestiegen ist. Er muss sozusagen die Leiter wegwerfen, nachdem er auf ihr hinaufgestiegen ist. Er muss diese Sätze überwinden, dann sieht er die Welt richtig«.

Wo finden wir gemeinsam die Leiter, den Hebel, das Kamel, das die Problemfixierung lockert und eine Lösungsorientierung beschleunigt? Wenn das gelingt, oder wenigstens sichtbar geworden ist, woran es gescheitert ist, kann ich fröhlich meiner Wege ziehen.

Für mich ist über all die Jahre hinweg das Grundmuster der Supervision als Beratungsformat gleichgeblieben. Es ist die Ellipse mit ihren zwei Brennpunkten: Person(en) und Arbeit. Es geht darum, dass gute Arbeit gemacht wird, aber die Arbeit macht auch etwas mit den Menschen. Sie kann Menschen in ihrer Persönlichkeitsentwicklung fördern oder deformieren, was sich wiederum förderlich oder hindernd auf die Arbeit auswirkt. Aber was sich zunächst recht schlicht anhört, kann sich in der Realität als äußerst komplex erweisen. Diese Komplexität zu erfassen, ist die erste Aufgabe der Supervision. Erst dann können die eigentlichen Störungen sichtbar werden. Die Bearbeitung der Störungen ist nicht einfach eine Reparatur, die ein Spezialist vornehmen könnte, so wie man einen »Wackelkontakt« repariert, indem man ein paar Schrauben nachzieht, sondern das System muss selbst lernen, wie man eine Störung mit eigenen Mitteln beheben kann, um weniger störanfällig zu werden. In der Regel braucht man dafür eine Triangulierung, die vorübergehend eine dritte Größe ins Spiel bringt, um die festgefahrene Beziehung zwischen den beiden Brennpunkten Person und Arbeit wieder »ins Laufen zu bringen«.

Thea Bauriedel macht sehr eindrücklich darauf aufmerksam, dass wir immer als Dritte geboren werden, dass also die Grundform menschlicher Beziehungen immer triangulär ist (Vater-Mutter-Kind). Wir streben aber oft nach stabilen Zweierbündnissen, um uns sicher zu fühlen. Die dynamische Beziehung kann jedoch dadurch schnell zur stabilen Stange werden.[113]

Die Stichworte »System« und »Beziehung« sind damit schon eingeführt. Auch sie sind für mich zentral für jede Supervision. In welchen Beziehungen lebt ein Mensch und wie glücklich ist er darin? Bei einer Teamsupervision eher die Frage nach den Beziehungsmustern innerhalb des Teams. Hinter dem Brennpunkt »Person(en)« der Ellipse kann sich also schon ein ganzes Universum verbergen, in dem ich mich wie ein Forscher bewege. Dazu kommt dann die »Arbeit«, die sich auch nicht nur auf die bloße Verrichtung reduzieren lässt, sondern immer Bestandteil eines Systems ist, im Auftrag einer Institution oder Organisation verrichtet wird, Beruf oder Berufung, Broterwerb oder Sinnerfüllung ist. Das alles gilt es zu erforschen, bis man eine ungefähre Landkarte zur Orientierung hat. Aber Vorsicht: Die Landkarte ist nicht die Landschaft. Es kann immer wieder (gute oder böse) Überraschungen geben. Es kann ein Vorteil sein, wenn man sich in der Landschaft schon auskennt, aber auch ein Nachteil (»betriebsblind«). Ich betrete sehr gern Neuland, frage mich durch, suche das Bekannte im Fremden. Dabei mache ich die Erfahrung, dass man mir gern Auskunft gibt, weil mein Interesse

---

113 Thea Bauriedel, *Leben in Beziehungen*, 1996.

wertschätzend erlebt wird und auch so manche Überraschung bereithält, weil noch niemand danach gefragt hat. Aber es gibt auch Grenzen: Mit Durchfragen kann ich kein Studium der Betriebswirtschaft oder der Rechtswissenschaften kompensieren, und es gibt Felder, zu denen ich keinen »Draht« habe. Dann versuche ich es erst gar nicht.

Nicht nur bei der Feldkompetenz kann ich an meine Grenzen stoßen, auch bei der Methodenkompetenz. Es gibt Aufträge, bei denen ich von vornherein oder auch im Verlauf des Prozesses merke, dass ich mir eine Supervisorin mit anderen beraterischen Kompetenzen dazuholen muss, um den Anforderungen (besser) gerecht werden zu können. So habe ich oft mit einer Organisationsentwicklerin zusammengearbeitet, wenn es um Leitbildentwicklung, Institutionsanalyse, Teamkultur, Arbeitsplatzbeschreibungen ging. Ich bin dann der »Experte« für innere Prozesse (Person und Rolle, Gruppendynamik, Transformationsängste, Trauer), die Andere für äußere Abläufe, Struktur- und Leitungsfragen. Die Arbeit im Tandem birgt große Chancen, nicht zuletzt dadurch, dass sich in den zwei Beratungsansätzen oftmals zwei Perspektiven spiegeln, die es im Team auch gibt, so dass auch Widerstände, Konflikte und Ängste exemplarisch offen in der Leitung ausgetragen und damit legitimiert werden können.

Wann betrachtest Du eine Supervision als gelungen? (10)

Meine Erfahrung hat mich gelehrt, dass der Schlüssel zu einer gelungenen Supervision in der Distanzierung liegt. Wenn es gelingt, dass Klienten in der Supervision Abstand gewinnen zu ihren Problemen und Konflikten und deren alternativlosen Anspruch auf Deutungshoheit, können Möglichkeiten sichtbar werden, diese zu lösen, zu umgehen oder ihnen einen Platz im Leben zu geben. Dann diktieren nicht mehr die Probleme mein Verhalten, sondern meine eigenen Entscheidungen. Die Problemtrance ist durchbrochen, die »Tyrannei des Faktischen«[114] Dies gilt für alle an der Supervision Beteiligten: die Klienten, aber auch die Supervisoren, denn auch letztere stehen in der Gefahr, dem Bann der »Realitäten« zu verfallen. Dann hilft alle Empathie nicht mehr, dann führt ein Blinder den anderen.

Welches Thema beschäftigt Dich aktuell besonders in Bezug auf Supervision? (15)

Unsere Gesellschaft trauert. Wir haben vieles verloren, was in den letzten Jahrzehnten sicher schien. Der soziale Rückzug, die zunehmende Polarisierung in der Gesellschaft, das Gift in den Diskussionen, der Furor in alltäglichen Zwistigkeiten, andererseits die Sehnsucht nach schönen Bildern und kleinen Paradiesen – all das nehme ich als klassische Trauerreaktionen wahr. Verdrängung, Aggression, Depression. Sie legen sich wie ein schwarzer Schleier über nahezu alle »kleinen« Probleme, auch in der Supervision. Sie heizen Konflikte an, lähmen die Auseinandersetzung oder machen gleichgültig. Diese »Unfähigkeit zu trauern« (M. und A. Mitscherlich) will wahrgenommen und gewürdigt werden. Der Hinweis auf diesen

---

114 wie es Ulrike Baehr-Zielke in ihrer Abschlussarbeit zur Anerkennung als Supervisorin DGfP 2015 geschrieben hat, leider unveröffentlicht.

Zusammenhang und die gemeinsame Dechiffrierung der Probleme unter diesem Vorzeichen ist gegenwärtig oft wie eine »Wurzelbehandlung« für viele alltägliche Störungen im Zusammenleben und -arbeiten. Es kann tatsächlich die Probleme relativieren, Verständnis für schroffe Reaktionen fördern und Zusammengehörigkeit trotz Differenzen stärken. Lösungen zu finden, fühlt sich wie eine Rückgewinnung des Alltags an, ohne dass man damit gleich die Welt retten muss. Es reicht schon, wenn man den inneren Frieden für sich oder im Team wiederfindet. Die existentielle/spirituelle Dimension von Supervision wird so gesehen für mich gerade immer wichtiger. Sie leistet damit auch einen Beitrag für die Erhaltung des gesellschaftlichen Friedens.

Was macht Deiner Meinung nach einen guten Supervisor/eine gute Supervisorin aus? (32)
Diese Frage führt mich zu einer weiteren Kompetenz, die entscheidend für jeden supervisorischen Prozess ist: Der Supervisor muss den Prozess »halten« können. D. h. es braucht nicht nur das theoretische Wissen über Containing-Prozesse, sondern auch die innere Stärke dazu[115]. In jeder Supervision werden Projektionen, Emotionen und Affekte frei. Die Kunst ist, diese beim Gegenüber zuzulassen, zu erlauben, sogar dazu zu ermutigen, ohne die eigenen ausgelösten emotionalen Reaktionen zu agieren und damit die des Gegenübers zu erledigen. Veränderung braucht einen angstfreien Raum, in dem zunächst alles so sein darf, wie es ist, ohne bewertet oder beantwortet zu werden. Das vermittelt Sicherheit, und nur wer sich sicher fühlt, kann sich verändern, indem er sich zu sich selbst in Beziehung setzt. Die eigene Abstinenz verhilft dem Gegenüber zu Selbstdistanz, die neue Perspektiven und Handlungsoptionen eröffnet.

Man kann vielleicht sein Kamel dazustellen, vor allem aber muss man selbst erst einmal stehenbleiben. Das ist oft das schwerste und verlangt »standing«, also die Fähigkeit, sich affizieren zu lassen, ohne sich zu infizieren. Das habe ich besonders in der Corona-Zeit gelernt, aber auch die Grenze dessen, weil nicht alles in unserer Hand liegt. Wenn ich einen Prozess nicht mehr halten kann, muss ich mich zurückziehen, isolieren.

Die Frage, wie weit ich mich in der Supervision dem Fremden öffnen kann und will, und wie stark ich umgekehrt meine Grenzen und die des Systems schützen muss, muss von Fall zu Fall neu gestellt und neu beantwortet werden. Prinzipielle Lösungen gibt es nicht. Es geht vielmehr darum, Aushandlungsprozesse aktuell zu initiieren und zu moderieren. Darin unterscheidet sich die supervisorische Herausforderung kaum von der gesellschaftspolitischen.

Ein Beispiel: Begleitsupervision für eine Kollegin, die die Supervision des Teams einer Unterkunft für unbegleitete minderjährige Flüchtlinge (umF) in einer Einrichtung des BAMF (Bundesamt für Migration und Flüchtlinge) übernommen hat.

---

115 Vgl. Wilfred Bion, 1962

Das Team besteht aus sieben Mitarbeitern und Mitarbeiterinnen, teilweise selbst mit Migrationshintergrund, einer davon spricht nicht deutsch. Hohe Fluktuation. Die Leiterin war lange krank und ist dabei, sich wieder einzuarbeiten.

Ziel dieses stationären Jugendhilfeangebotes ist es, den unbegleiteten minderjährigen Geflüchteten einen sicheren Ort zu bieten, an dem sie in ihrer individuellen Lebenssituation wertschätzend angenommen werden und dadurch die Möglichkeit bekommen, für sich eine realistische Perspektive zu entwickeln. Ein hehres Ziel, wenn man bedenkt, welch schwere traumatisierende Erfahrungen diese Menschen gemacht haben und welch ungewisser Zukunft sie entgegengehen.

Aufgabe des Teams ist es, das Zusammenleben in der Unterkunft, sowie Freizeitangebote für die Kinder und Jugendlichen zu organisieren, die keiner Schulpflicht unterliegen. Begleitung bei Behördengängen und Arztbesuchen gehört ebenso dazu wie Konfliktregulierung, und das bei naturgemäß häufigem Wechsel der Klientel. Eine schier unlösbare Aufgabe.

Das Übermaß an Fremdheit hat diese Einrichtung und das Team immer wieder an seine Grenzen gebracht. Sie hatten teilweise eigene Fluchtgeschichten und saßen buchstäblich oder im übertragenen Sinne mit in den Rettungsbooten. Auch Supervision kommt da an ihre Grenzen, weil es so schwer ist, immer wieder festen Boden unter die Füße zu bekommen, und nicht selbst zum Geflüchteten zu werden. Aber soll man deshalb solche Aufträge gar nicht erst annehmen? Auf welch andere Beratungs- und Unterstützungsangebote sollte man verweisen? Die Supervisorin hat sich immer wieder mutig ins jeweils aktuelle Geschehen gestürzt, Solidarität gezeigt und mit dem Team an kleinen Inseln mit klarer Struktur gearbeitet, die dem Team und den Geflüchteten (und der Supervisorin) Sicherheit vermitteln konnten. Ich habe ihr Engagement sehr bewundert und hatte großen Respekt vor ihrer Unerschrockenheit. Auch sie hat ihr »Kamel« immer wieder dazugestellt, um kleine Lösungen zu finden.

Ist der supervisorische Raum tatsächlich eine machtfreie Zone? Oder? (39)

Wenn ich die Triangulierung als Grundfigur der Supervision beschreibe und deren Wirkmächtigkeit mit der eines Katalysators vergleiche, stellt sich zwangsläufig die Frage nach der Macht. Wer macht was in einem solchen Prozess? Wer ist für den Verlauf verantwortlich, wer für das Ergebnis? Wie fühlen sich die Beteiligten behandelt? Das sind zentrale Fragen, die immer mitgehen, mitunter auch ausdrücklich gestellt werden müssen, denn eine Lösung, die Beteiligte bloßstellt oder entmündigt, ist keine gute Lösung. Die behandelnden Ärztinnen im Tanzlehrer-Beispiel (s. o.) hätten die Patientin unter Druck stellen können, damit sie sich entscheidet, oder ihr die Entscheidung abnehmen können, wenn sie nicht widerspricht, dann aber hätte die Patientin ihre Selbstwirksamkeit aufgeben müssen, was wohl einer Kapitulation gleichgekommen wäre. In solche Versuchungen zu einer »schnellen Lösung« können wir als Supervisorinnen auch immer wieder geraten. Wir bleiben verantwortlich für die Prozessqualität, müssen darauf achten, dass das Problem und die daran Beteiligten genügend gewürdigt werden, inwieweit das ausreichend ist, um ein Problem zu lösen oder einen Kompromiss zu finden, entscheiden die Klientinnen.[116] Oft erweist es sich in der Medizin genauso wie in der Supervision, dass der Umgang mit den Betroffenen wichtiger ist als die Lösung des Problems bzw. überhaupt erst die Grundlage für dessen Lösung legt. Der erste Schritt dabei ist, die primäre Asymmetrie der Beziehung anzuerkennen und anzunehmen. Klientinnen erwarten von einer Supervisorin Lösungskompetenz, sonst hätten sie sich nicht an sie gewandt. Das Machtgefälle ist also gewollt. Sich dieser Zuschreibung entziehen zu wollen, indem man gleiche Augenhöhe postuliert, verschleiert die Macht und ist somit eine fatale Form des Machtmissbrauchs, wie er oft auch gerade in kirchlichen Milieus praktiziert wird.[117] Die verliehene Macht gilt es zu nutzen, um Prozesse anzuleiten, die dem Gegenüber dazu verhelfen, die eigene Selbstwirksamkeit wiederzuerlangen (Subsidiarität). Das ist mit Enttäuschungen verbunden, weil oft »einfache« Lösungen und Antworten erwartet werden, die dem Klienten Entscheidungen abnehmen. Manchmal gilt es auch der eigenen Versuchung zu widerstehen, tatsächlich solche Antworten geben zu wollen, weil man zu wissen meint, was für das Gegenüber gut und nötig ist. Eine Antwort ist aber erst dann gefunden, wenn es die der Fragenden geworden ist. Also: Klare Übernahme der Leitung in einem Supervisionsprozess, aber Verzicht auf Paternalismus und Deutungshoheit.

Hast Du ein Beispiel für die förderliche Kraft von Humor in der Supervision? (46)
Neben den klassischen Werkzeugen zur Distanzierung wie Triangulierung, Übertragung-Gegenübertragung, Abstinenz, ist für mich *Humor* das »Schweizer Messer«. Dabei reden wir nicht von mehr oder weniger guten Witzen, von Aufheiterung und Verharmlosung, sondern von Interventionen, die irritieren, aus dem Takt bringen, paradox die herrschende Logik in Frage stellen, andere Sichtweisen provozieren.

Ein Beispiel: Eine Hospizhelferin, sie gehört zum »SOS-Team« des Vereins, wird plötzlich am Gründonnerstag ins Krankenhaus gerufen. Dort liegt ein Mann (über 80), für den die Ärztinnen und Ärzte nichts mehr tun können. Seine Ehefrau und der Sohn bitten den Hospizverein um Unterstützung. Sie geht ins Krankenhaus und rechnet damit, einen kaum noch ansprechbaren Menschen vorzufinden. Der ist aber im Gegenteil ziemlich wach und beginnt sofort ein Gespräch über den Glauben (er ist katholisch). »Warum lässt Gott das zu, was mir widerfährt?« Frau S. ist vor allem überrascht, aber auch ein wenig überfordert, spricht mit ihm und verabschiedet sich dann bald wieder. Am Karsamstag geht sie wieder hin und bringt ihm eine Osterkerze. Diesmal ist er wirklich nur noch wenig ansprechbar. Dann geht sie nach Ostern wieder hin und erlebt, dass er ziemlich lebendig im Bett sitzt. Er freut sich über ihren Besuch, fragt, ob er sie duzen kann, nimmt ihre Hand, möchte sie umarmen und sagt, dass er sich gewünscht hätte, sie dreißig Jahre früher kennengelernt zu haben. Frau S. ist irritiert, zieht sich bald wieder zurück und hat ein schlechtes Gewissen. Hat sie sich hinreißen lassen, Grenzen zu überschreiten? Was wird wohl seine Verwandtschaft dazu sagen, wenn sie davon erfahren? Sie

---

116 Ähnlich dem *inform consent* – informierte Entscheidung – in der Medizinethik.
117 Vgl. M. Klessmann, *Verschwiegene Macht*, Vandenhoeck & Ruprecht, 2023.

zweifelt, ob sie sich moralisch richtig verhalten hat. Ich sage zu ihr: Sie sind selbst schuld. Wenn Sie am Gründonnerstag mit ihm über die Warum-Frage diskutieren und ihm am Karsamstag eine Osterkerze bringen, brauchen Sie sich nicht zu wundern, wenn er zu Ostern auferstanden ist. Und die ersten am Grab waren Frauen! Es folgt ein allgemeines Gelächter. Alle haben verstanden: Die Geschichte hat sehr viel mit der Ostergeschichte zu tun, auch wenn man sein »Aufleben« als typisches Anzeichen für ein bevorstehendes Ende deuten kann. Alle waren sich einig, dass die Begleiterin genau das richtige gemacht hat und ihre Selbstvorwürfe »unnötig« sind.

Welche Rolle spielt die spirituelle Dimension für Dich in der Supervision? (47)
Humor hat große spirituelle Kraft, weil er die Diktatur des Faktischen in Frage stellt, genauso wie es Hoffnung macht, die sich einfach nicht unterkriegen lässt von den »Zuständen«, sondern daran wächst. Je aussichtsloser die Lage, desto kühner wird der Humor, bis hin zum Galgenhumor. Von »*Entmächtigungen der Realität*« spricht Axel Honneth.[118] Insofern unternimmt Pastoralpsychologie immer auch den Versuch der größtmöglichen Distanzierung von den Konflikten und Verwirrungen, in die Menschen im Leben und auf Arbeit geraten können, nicht um davor zu flüchten, sondern um im Abstand andere Perspektiven und Wirklichkeiten wahrnehmen und ins Spiel bringen zu können. Vom Himmel aus gesehen ist die Erde wunderschön – so schwärmen immer schon die Astronautinnen, und alle wollen zurückkehren, weil »so schön wie hier kann's im Himmel gar nicht sein«[119]. Das ist die Pendelbewegung der Seele – sie sehnt sich angesichts der Not auf der Erde nach dem Himmel, und einmal dort angekommen, will sie am liebsten wieder weg, weil Liebe zählt »und sonst gar nichts« *(Hildegard Knef)*. Es braucht das Paradies, um der Erde entfliehen zu können, aber lange will der Mensch offensichtlich dort nicht bleiben. Wir wollen immer von beiden Seiten an die Tür klopfen. Ob jemand rein oder raus will, das Leben ist immer auf der anderen Seite der Tür.

Mit Humor kommt man in den Himmel und wieder zurück. Und ein kleines Stück von dieser großen Reise sollte jede Supervision haben. Ich fühle mich zunehmend dazu herausgefordert, diesen großen Horizont zu zeichnen, angesichts der großen weltpolitischen und ökologischen Herausforderungen und der damit einhergehenden kontinuierlichen existentiellen Bedrohungslage.

---

118 In seinem gleichnamigen Aufsatz in *Über den Trost,* Hrsg. T.R. Peters und C. Urban, Patmos-Verlag 2008, S.30 ff.
119 Christoph Schlingensief, btb Taschenbuch 2012.

Praxisbeispiel: Jonglage. Wie viele Bälle kann man in der Luft halten? Supervision im Spannungsfeld von Systemkritik und Anpassung

Von einem früheren Klienten, der mittlerweile in die Geschäftsführung des Berufsförderungswerkes aufgestiegen ist, erhielt ich die Anfrage, ob ich die Supervision im Team einer stationären Wohngruppe von Jugendlichen und jungen Erwachsenen der Jugendhilfe übernehmen würde. Die jungen Männer (Geschlechtertrennung) sind im Alter von 14–27 Jahren, sie halten sich zeitlich unbegrenzt dort auf, weil zum Teil erheblicher erzieherischer Bedarf besteht. Sie haben keinen Schulabschluss, sind Schulabbrecher ohne Ausbildungsperspektive oder ungenügender Ausbildungsfähigkeit sowie fehlender beruflicher Orientierung. Ziel ist, die jungen Menschen auf ein selbständiges Leben vorzubereiten. Sie sollen lebenspraktische Fähigkeiten erlangen durch das Leben in Gemeinschaft, Schulabschlüsse nachholen und eine berufliche Perspektive finden. Die Einrichtung wurde erst vor einem halben Jahr eröffnet; das Team findet sich erst noch. Ich hatte großen Respekt vor dieser Aufgabe, da ich keinerlei Expertise auf diesem Feld hatte, mich reizte aber diese Aufgabe auch, weshalb ich drei probatorischen Sitzungen zustimmte.

Das Team bestand aus fünf Mitarbeiterinnen (!), eine davon, die Geschäftsbereichsleitung nahm nur zur Einführung teil, danach waren es vier, einschließlich der Gruppenleitung. Sie trugen zu Beginn die Verantwortung für sieben Bewohner. Insgesamt gab es zehn Plätze. Die Mitarbeiterinnen waren alle nur wenig älter als die Jugendlichen, waren ausgebildete Sozialpädagoginnen und hatten selbst wenig bis keine Erfahrung im Umgang mit diesem Klientel. Sie waren auch äußerlich (Kleidung, Pünktlichkeit) kaum von den Bewohnern zu unterscheiden.

Die erste Sitzung war gerade eröffnet, da sprudelte es nur so aus ihnen heraus, mit welchen Problemen sie zu kämpfen hatten: Es gab noch keine fertige Hausordnung, disziplinarische Verstöße waren an der Tagesordnung. Sanktionsmaßnahmen waren nicht vorgesehen. Da es sich um eine offene Wohngruppe handelte, waren die Jugendlichen ständig außerhalb unterwegs, vor allem auch nachts, weshalb nicht selten die Polizei kommen musste, weil Jugendliche leichte Straftaten begingen oder nicht auffindbar waren. Sie waren ständig damit beschäftigt, Konflikte zu schlichten und Schlimmeres zu vermeiden, da die Polizei schon mit einer Beschwerde beim Landessozialamt gedroht hatte, was im Ernstfall den Fortbestand der Einrichtung gefährdet hätte. Es fühlte sich an wie Hochwasser, bei dem man mit Sandsäcken immer nur die gröbsten Schäden abzuwenden versuchte. Ich bot ihnen dies Bild an und sie fühlten sich damit gut verstanden. Die Überforderung war mit Händen zu greifen. Ich sah schon in der ersten Sitzung, dass Supervision in dieser Situation nicht wirklich helfen kann, da zu viele strukturelle Fragen nicht ausreichend oder gar nicht geklärt waren. Andererseits hatte ich große Hochachtung für diese Mitarbeiterinnen, die sich der undankbaren Aufgabe stellten, für Menschen vom untersten Rand der Gesellschaft, die alle in der Gefahr standen, ins kriminelle Milieu oder in die Psychiatrie abzurutschen, einsetzten.

Die zweite Sitzung war davon geprägt, dass sich die Lage in der Einrichtung noch weiter zugespitzt hatte. Es gab einen tätlichen Angriff auf eine Mitarbeiterin, woraufhin der Bewohner aus der Einrichtung entfernt wurde. Auch zwei weitere Bewohner müssen die Einrichtung verlassen, was sich aber hinzieht, da das zuständige Sozialamt die Übernahme verschleppt. Die Anzahl der verbliebenen Bewohner unterschreitet langsam den kritischen Punkt. Es kommt zu zwei Neuaufnahmen, verbunden mit der Hoffnung, dass sich nun die Lage verbessert. Die Supervision war für das Team entlastend, weil die angestauten Emotionen und der Druck, unter dem die Mitarbeiterinnen stehen, abgelassen werden konnte. Supervision als Überschwemmungsfläche. Mir wurde klar, dass dies keine Lösung sein kann, auch wenn es entlastend ist, weil dadurch eine mangelhafte Konzeption der Arbeit mit den dazu geeigneten Arbeitsbedingungen nicht ersetzt werden kann. Dafür ist aber der Träger zuständig. Wenn der nicht reagiert, sondern die Probleme personalisiert und an die Mitarbeiterinnen delegiert, unterstützt Supervision ein destruktives System und dient dessen Aufrechterhaltung. Bleibt die Frage, ob das Team die Kraft aufbringt, sich eigenständig dagegen zu wehren.

In der letzten probatorischen Sitzung spreche ich diese Analyse an und lege einen Fragenkatalog vor, den ich in einer Kontrollsupervision zusammen mit einer Kollegin erarbeitet habe:

- Was braucht ihr, um hier arbeiten zu können?
- Was hält euch hier trotz aller Schwierigkeiten?
- Was ist Eure Motivation? Was hat Euch bewogen, hier zu arbeiten?
- Teamgeschichte: Wer ist wann dazugekommen, wieder gegangen...?
- Wie ist das Team organisiert? Gibt es feste Teamzeiten für Besprechungen, Austausch...?
- Wird die Konzeption der Arbeit besprochen, verändert, angepasst?
- Gibt es Regeln, an die sich alle Mitarbeiterinnen halten müssen?
- Was hilft gegen die Ohnmacht, denn sie arbeiten mit Menschen, die überall durchs Netz gefallen sind?
- Was erwarten sie von Supervision?

Das Team ist erstaunt über diese neue initiative Arbeitsweise, lässt sich aber auf die Fragen ein. Es beginnt ein lebhafter Austausch und darüber entwickelt sich auch ein neuer Geist. Aus der Depression wird Glaube an die Selbstwirksamkeit: Wir können etwas verändern, wenn wir die Leitung auf unsere Seite bekommen.

In der Reflexion wurde mir klar, dass ich mit dieser Intervention Leitungsfunktion übernommen habe, die nötig ist, mir aber eigentlich nicht zusteht. Die Aufgabe, den Bewohnern zu helfen, selbständig zu werden, scheint zunächst auch die Aufgabe für das Team selbst zu sein. Die Probleme der Bewohner spiegeln sich immer wieder im Team, wodurch sich die Probleme gegenseitig aufschaukeln. Ein

Rückkopplungseffekt, der signalverstärkend wirkt und zum Kollaps des Systems führen kann. Nicht jede Resonanz ist hilfreich! Es kann Interferenzen geben, die als Resonanzkatastrophe gelten. Die ist nur zu vermeiden, wenn die Leitung eingreift und mit klaren Regelungen die Resonanz unterbricht.

Nach zwei Wochen erhalte ich die Nachricht von der Geschäftsbereichsleitung, dass die Supervision mit mir nicht fortgeführt werden soll. Gründe dafür wurden mir nicht mitgeteilt, vielleicht hat die Leitung gespürt, dass sie sonst vom Supervisor stärker in die Verantwortung genommen werden würde. Damit war ich einer eigenen Entscheidung enthoben. Ich war erleichtert, aber auch enttäuscht. Ich hatte mir vorgenommen, wenn ich um Fortsetzung der Arbeit gebeten worden wäre, dies zu tun, aber unter der Voraussetzung, dass ein genauer Kontrakt erarbeitet wird. Mein Thema wäre Teambildung gewesen und ich hätte vorgeschlagen, in Zusammenarbeit mit der Leitung und dem Team einen Plan dafür zu entwickeln. Aus meiner Sicht braucht es ein widerstandsfähiges Team mit klaren Absprachen und Regeln, dass einerseits empathisch gegenüber den Bewohnern bleibt, aber auch klare »Schallmauern« einzieht, um Rückkoppelungen zu vermeiden. Letztendlich war ich aber doch froh, dass es dazu nicht kam. Ich war mir nicht sicher, ob ich der starken Einladung des Teams zum Mitschwingen wirklich hätte widerstehen können. Damit saß ich aber in der gleichen Falle wie das Team selbst, denn auch die Mitarbeiterinnen hat purer Idealismus in der Arbeit gehalten. Idealismus bedeutet mir viel, aber ich weiß um seine Verführungskraft. Mit ihm kann man »über Mauern springen« (wie mit Gott!) und sich am Unmöglichen versuchen, aber auch viel Schaden anrichten aus bester Absicht. Trotzdem bleibt jede Ablehnung der weiteren Zusammenarbeit für mich auch eine narzisstische Kränkung, die ich als Zeichen meiner Endlichkeit verarbeiten muss, auch wenn es mir nicht gefällt. Und deshalb fange ich auch lieber an als aufzuhören.

Aber jetzt höre ich auf.

Literatur zum Interview von Volkmar Schmuck

Bion, Wilfred R. (2005). *Lernen durch Erfahrung.* Suhrkamp Verlag.
Honneth, Axel (2008). Entmächtigung der Realität. In: T.R. Peters und C. Urban (Hrsg.), *Über den Trost.* Patmos-Verlag, S. 30 ff.
Bauriedl, Thea (1996). *Leben in Beziehungen.* Herder.
Klessmann, Michael (2023). *Verschwiegene Macht.* Vandenhoeck & Ruprecht.
Mitscherlich, A. und M. (1977). *Die Unfähigkeit zu trauern.* Piper-Verlag GmbH.
Plessner, Helmuth (2003). *Stufen des Organischen und der Mensch.* Suhrkamp-Verlag.
Schlingensief, Christoph (2012). *So schön wie hier kann's im Himmel gar nicht sein.* btb Taschenbuch.
Watzlawick, Paul (1998). *Die Therapie des »Als-Ob«* (Vortrag).
Wittgenstein, Ludwig (1922). *Tractatus Fragment 2,* 6.54.

Das Gelingen einer Supervision hängt nicht allein an mir

Annette Sachse

Bitte gib eine kurze Visitenkarte von Dir mit persönlicher Note zum beruflichen Profil: Was bist Du für eine Supervisorin? (1)
Auch nach 20 Jahren supervisorischer und nach 30 Jahren seelsorglicher Arbeit kann ich immer noch aufrichtig sagen, dass ich kaum etwas spannender finde als menschliche Beziehungswirklichkeiten. Denn dort spielt das Leben. Ich mag Menschen und empfinde Vielfalt, Andersartigkeit und Fremdheit nicht per se als bedrohlich. Das spiegelt sich vielleicht auch in der bunten Mischung meiner Supervisanden wider. Ich kann sagen, dass ich jedem von ihnen – ganz unabhängig von Status oder beruflicher Bedeutsamkeit – mit Respekt, Achtung, Offenheit und ehrlichem Interesse begegne. Diese Haltung ist eng mit meinem pastoralpsychologischen Profil verknüpft.

So entsprach es mir auch, dass meine supervisorische Ausbildung über die Sektion KSA der DGfP[120] einen integrativen Ansatz ermöglicht. Dabei sind es im Wesentlichen vier Quellbereiche, die – bildlich gesprochen – mein supervisorisches Feld wässern. Sie kommen aus therapeutisch-analytischen, systemischen, kreativen und spirituell-inspirierenden Einflussgebieten und können teilweise mäandernd ineinander überfließen. Damit dies aber nicht zu Überschwemmungen führt, brauche ich noch eine regulierende innere Leitinstanz, die mir hilft, Maß und Mittel zu bestimmen. Ich trainiere sie so gut ich kann und freue mich, wenn sie mich nicht im Stich lässt. Manchmal – gerade in sehr komplexen Fällen – braucht sie aber auch eine Zeit, um in die Gänge zu kommen.

Ja, was noch?: Obgleich ich vom Typus her eher schnell bin, kann ich sehr geduldig sein, wenn ich meine, dass eine bestimmte Darstellung oder Entwicklung Entfaltungs- und Verstehenszeit braucht. Es ist mir aber auch wichtig, dass Supervision nicht nur ins Offene oder gar Beliebige läuft. Ich habe ein Bedürfnis nach Klärung, Klarheit, Konkretion und will sehr transparent kontraktorientiert arbeiten. Sollte sich dabei jedoch herausstellen, dass ich an meinen Supervisanden vorbei agiere, würde ich zu einer Neuvergewisserung anregen. Ich sehe meinen Part eher als Hebamme, als Gärtnerin, als »hinreichend gute Mutter und genügend abgegrenzten Vater«[121], auch als Spurenleserin, Zeichendeuterin, Pfadfinderin, manchmal auch als Forschungslaborantin, die gemeinsam mit ihrem Team alle wirksamen Substanzen eines Prozesses ausfindig macht und deren Wechselwirkungen erkundet. Die eigentliche Entwicklungsarbeit aber obliegt immer meinen

---

120 Sektion Klinische Seelsorgeausbildung der Deutschen Gesellschaft für Pastoralpsychologie; Näheres hier: https://www.pastoralpsychologie.de/ (Zugriff am 01.04.2025).
121 Nach Winicott.

Supervisanden. Sie haben und behalten darüber die Hoheit. Ich möchte sie fordern, manchmal auch herauslocken aus ihrer Komfortzone; vor allem aber begleiten in dem, was sie als nächsten Entwicklungsschritt für sich ausmachen. Genauso viel Sinn macht es dafür aber unter Umständen, das Sinnhafte ihres Verweilens und Beharrens zu reflektieren und zu respektieren. Im Grunde eröffne ich einen Prozess, in dem wir gemeinsam durch das hindurchgehen, was meine Supervisanden einbringen. Wir nehmen dabei auch neue Perspektiven ein, die vorher noch unzugängliche Rück- und Schattenseiten des Besprochenen ins Blickfeld rücken können.

Ich meine, dass ich eine Supervisorin bin, mit der man gut reden kann und die mit sich reden lässt. Ich kann sehr hartnäckig sein, bin aber nicht rechthaberisch und offen für Überraschungen. Vielleicht auch weil Improvisation die Kunst des Überlebens in der DDR war und ich früh in diesem Land sozialisiert worden bin, schätze ich neben Kognition, Gefühl, Sensorium auch die kreativen Zugänge in der supervisorischen Arbeit, Imagination und Phantasie genauso wie subversive Kraftquellen. Und ich vertraue darauf, dass Gottes Kreativgeist auch immer mitgestaltet in unseren Prozessen. Das kann mich ausgesprochen entlasten. Manchmal birgt es aber auch Verstörungs- und nicht zuletzt Begeisterungsmomente.

Was hat Dich dazu gebracht, Supervisorin zu werden und jahrelang zu bleiben? (2)
Ich glaube, die meisten Supervisorinnen finden erst im Zweitberuf dazu. Irgendwann gibt es eine Weichenstellung dorthin, die die Erstprofession direkt oder indirekt eröffnet. Bei mir hat sie sich früh gestellt, jedoch ohne dass ich es schon gewusst oder darauf hingearbeitet hätte. Bei meinen ersten Schritten ins Pfarramt brachte mich eine persönliche Härteerfahrung durch plötzlich offenbar gewordene Stasi-Verwicklungen meiner Mentorin in Kontakt mit der Klinischen Seelsorge Ausbildung (KSA). In den kollektiv erfahrenen Umbrüchen und Verunsicherungen der Nachwendejahre stand für mich damit die Vertrauensfrage an Vertrauensträgerinnen auf dem Spiel und das mit voller Wucht. Die entstandenen Verstörungen haben eine dringliche Vergewisserungsbewegung um Tragfähiges in mir ausgelöst, das mir helfen kann, in den Beruf hineinzufinden. Tiefenpsychologisch betrachtet ging es dabei wohl um die bei der An-Eignung des Pfarrberufes so unabdingbare Vergewisserung im Vertrauensgrund. KSA hat mir dabei geholfen, denn auf diesem Weg kam ich in lebendigen Kontakt zu dem, was sich in den vielfältigen Beziehungsdimensionen des Pfarramtes als wesentlich, wirksam und lebensförderlich erwies. KSA wurde mein »Handlauf und Haltetau« im pastoralen Feld und bekam schließlich sogar aus sich heraus die Kraft eines Lassos, um mir die Wegemarke »Supervision« einzufangen. Es brauchte einige Zeit, bis ich begriff, dass es dabei nicht um eine weitere Qualifizierungsmaßnahme für das Pfarramt ging, sondern unmissverständlich um das Erlernen eines neuen Berufes, der uns zudem nicht nur auf den kirchlichen, sondern auch auf den säkularen Markt führen kann. Was andere Kurskolleginnen schon mitbrachten, musste ich gewissermaßen nachentwickeln: Meine Motivation, dieses Berufsfeld mit Lust zu entdecken. Ich sehe heute, wie mutig ich das damals angepackt habe. Mehr und mehr bin ich

schließlich in die Supervisorinnen-Rolle hineingewachsen und heute liebe ich diesen Berufszweig sehr.

Menschen in ihren Arbeitswelten zu supervidieren und zu coachen, scheint mir wesentlich und verantwortungsvoll. Denn so sehr die Arbeitswelten sich auch wandeln, Erwerbsarbeit bleibt für die Mehrheit der Menschen die »Achse der Lebensführung«[122] und schafft den bei weitem wichtigsten Zugang zu eigener Existenzsicherung und Teilhabe am gesellschaftlichen Leben. Wenn ich also durch meine Form der Supervision etwas zu Arbeitszufriedenheit und Professionalisierung beitragen kann, dann empfinde ich das als ehrenvoll. Wir beschäftigen uns nicht mit »Peanuts« sondern mit dem, was prioritär ist im Leben. Aber natürlich bin ich nicht zuletzt bis heute Supervisorin geblieben, weil ich selbst immer wieder neu von den Synergien meiner beruflichen »Dreifelderwirtschaft« aus Klinikseelsorge, Seelsorgeausbildung und Supervision profitiere.

Worin bist Du Dir treu geblieben, was hast Du verändert im Lauf Deiner supervisorischen Entwicklung? (3)

Wenn ich ab und an in älteren Aufzeichnungen lese oder ins Gespräch komme mit Leuten, die mich lange kennen, dann staune ich oft nicht schlecht, wenn sich herausstellt, dass mich vieles von dem, was ich gerade für neu entdeckt und erworben halte, auch schon früher beschäftigt hat. Ich bin darum auch von einem kreisenden, zirkulären Lernen in der persönlichen Entwicklung sehr überzeugt. Vielleicht haben sich bei mir nur die Zugänge, die Erlebensgehalte und die Ausdrucksformen in Bezug auf die Grundkonstanten verändert, denen ich im Wesentlichen treu geblieben bin.

Was das konkret bedeutet, will ich an einem entscheidenden Punkt näher verdeutlichen: Meine innere supervisorische Leitinstanz besteht ja vor allem aus einer Paarung von Strukturierungsfähigkeit und Intuition. Findet beides im Resonanzraum von Supervision auf kreative Weise zusammen, kann es geschehen, dass sich für mich die Erfahrung von Flow einstellt. In der Regel aber genügt es mir, wenn beides hinlänglich vorhanden und ungestört von prozesshinderlichen Faktoren zum Einsatz kommt. Im Zusammenspiel war für mich Intuition als mein empfindsamerer Teil also schon immer vorhanden, war früher aber noch erschreckbarer durch Verunsicherndes. Dann hatte sie die Neigung, sich hinter meiner Gabe zu strukturieren gleichsam zu verstecken. Doch ohne Intuitivem Raum zu geben, wird meine Fähigkeit zu strukturieren schnell dirigistisch und direktiv. Ich erinnere mich daran vor allem aus meinen supervisorischen Anfängen. Möglicherweise bin ich auch heute nicht völlig gefeit davor, aber ich erlebe mich insgesamt freier. Mein Zutrauen und meine Freude daran, auch Unsicherheitsmomente auszuhalten und abzuwarten, bis und ob sich meine Intuition wieder einstellt, sind gewachsen. Das hat ganz eindeutig damit zu tun, dass ich erlebt habe und darauf setze, dass das Gelingen eines Prozesses nicht allein an mir hängt. Verändert hat sich natürlich auch, dass mein Instrumentarium größer geworden ist, mein Wahrnehmungsap-

---

122 Sonja Sailer-Pfister, *Theologie der Arbeit vor neuen Herausforderungen, Sozialethische Untersuchungen im Anschluss an Marie-Dominique Chenu und Dorothee Sölle*, Berlin 2006, S. 23 und 378.

parat geschärfter, meine Einschätzungsfähigkeit geschulter. Parallel dazu hat sich eine auf den ersten Blick fast gegenläufig wirkende Entwicklung mit vollzogen. Ich bin elementarer geworden, naiver, unabhängiger und vielleicht sogar ein bisschen langsamer.[123]

Hältst Du es für nötig, dass Supervisoren und Supervisorinnen selbst zur Supervision gehen? (4)
Ja, unbedingt. Das ist in der Berufs-DNA von Supervision als Beziehungsgeschehen angelegt. Selbst, wenn die Fähigkeit zur Selbstreflexion des eigenen Tuns enorm sein kann, ersetzt dies nicht die Aufschlüsse für die eigene Entwicklung, die im Resonanzraum einer supervisorischen Begleitung entstehen. Manchmal ist es für gestandene und verdiente Supervisorinnen schwerer, weil schambesetzt, sich in eigener Sache auf Wahrnehmung und Einschätzung einer anderen Person anzuweisen. Von daher empfehle ich allen Menschen im Supervisionsberuf, sich von Anfang an auch selbst Supervision zu suchen und nie damit aufzuhören. Das trainiert. Ich bin diesen Weg gegangen und weiß, dass ich die Herausforderungen meiner beruflichen Aufgaben anderenfalls nicht bestanden hätte. Dafür bin ich meiner Supervisorin von Herzen dankbar.

Erinnerst Du Dich an Deine schwierigste Supervision? Kennst Du Scheitern? Wie bist Du damit umgegangen? Gibt es Schlussfolgerungen, die Du weitergeben willst? (5)/Wie hat sich Deine Kultur im Umgang mit Fehlern und mit Erfolgen entwickelt – in Bezug auf deine Supervisandinnen und auf Dich? (6)
Diese Fragen beantworte ich zusammen und kann zunächst einmal sagen: Außerhalb von Ausbildungssupervisionen im Seelsorgekurs[124] kann ich mich nicht an Supervisionen erinnern, die mich in die Nähe des Scheiterns gebracht hätten. Ja, es gibt Supervisionen, bei denen ich mich frage, ob meine Interventionen angemessen waren, oder ob ich das Gemeinte hinter dem Gesagten begriffen habe, ob ich die Fährten im Gespräch, die zur Lösung führen könnten, selbst verwischt habe und in einer unbewusst gesetzten Fußangel hängen geblieben bin oder ob ich mich in Teilaspekten verhakt habe und das Wesentliche links liegen ließ. Manchmal erkenne ich hinterher auch entscheidende emotionale Marker im Prozess, von denen mich im Aktualverlauf irgendetwas abgelenkt hat. Oftmals bringt mich meine eigene Supervision dann dazu, die Zusammenhänge tiefer und klarer zu begreifen.

---

123 Mir gefällt von Babette Rothschild: »Man muss Bremsen können, bevor man aufs Gas tritt.«

124 In meiner langjährigen Kursleiterinnen-Tätigkeit für KSA-Kurse erinnere ich zwei, drei ausgesprochen schwierige Supervisionsbeziehungen, die aber alle auf unzureichende Kontraktbildungen zurückzuführen waren. Es handelte sich um Erfahrungen aus einem speziellen Kursformat, das den Teilnehmenden von dienstvorgesetzter Seite verordnet wurde ohne dass es möglich war, vor Kursbeginn deren Eignung zu prüfen und deren ausreichend motiviertes Einverständnis einzuholen. Meine Schlussfolgerung aus diesen Erfahrungen ist, dass Supervision ohne vorherige sorgfältige Auftragsklärung und Kontraktbildung nicht auskommt. Wenn eine Supervisorin meint, das kläre sich alles durch ihre Überzeugungskraft im Prozess, muss sie sich zumindest darüber im Klaren sein, dass sie so ihre eigenen Kräfte und das Kursformat überstrapaziert und schnell auch die nötige Unabhängigkeit verlieren kann.

Denn genauso wie das Leben versteht sich auch die Supervision oft erst im Rückblick. Früher hat mich das »Im-Nachhinein-schlauer-Sein« manchmal gewurmt. Doch heute kann ich sagen, dass ich im Frieden damit bin, unvollkommen und trotzdem »schon recht« zu sein. In Supervisionssitzungen geht es für mich nicht darum, meine Perfektion unter Beweis zu stellen, sondern um meinen Part zu übernehmen nach bestem Wissen und Gewissen im Hier und Jetzt einer hoffentlich vertrauensvollen Arbeitsbeziehung. Dazu gehört für mich unbedingt auch, dass ich nicht nur meine »Fehler« kritisch und fair ansehe, sondern auch das Gelungene würdige, selbst dann, wenn es nur homöopathisch messbar wäre. Ich glaube, ich habe auch ein Talent zu Letzterem, was mich freut. Zudem gilt in der Supervision in der Regel ja auch: Fortsetzung folgt! Es gibt meist noch ein nächstes Mal, das neue Chancen birgt. Genau wie für unsere Supervisanden trifft auch für uns zu: Keine Entwicklung ohne Fehlleistungen, Verunsicherungen, Krisen! Die alte Lebensweisheit greift auch hier: »Weiter kommt nur, wer bereit ist, sich zu verirren!« Ich habe sogar oft schon erlebt, dass das, was ich für einen Fehler hielt, mitgeschwemmt wird und sich sogar manchmal auflöst im Supervisionsfluss aller wirksamen Faktoren. Diese Haltung hilft mir auch unter Überforderung, hinlänglich gelassen zu operieren und das heißt, nicht zu versuchen, das Gefühl der Überforderung dadurch wegzubekommen, dass ich mich selbst noch zusätzlich einenge.

Gibst Du (manchmal) etwas von Deinem Privatleben preis? Hast Du dafür Kriterien? (7)

Was spricht dagegen als Supervisorin erkennbar zu sein mit dem, was mich geprägt hat, ausmacht, beschäftigt? Ich halte jedoch die Unterscheidung von persönlich und privat für wichtig und bin generell zurückhaltend damit, aus meinem Privatleben zu erzählen. Noch weniger als in seelsorglichen Bezügen meine ich, dass es für die Bearbeitung von Supervisionsanliegen nützlich wäre. Ich habe auch bei der Mehrzahl meiner Supervisandinnen nicht den Eindruck, dass sie ihren Fokus darauf lenken wollten. Sie erwarten eher, dass ich meine Zeit und Aufmerksamkeit möglichst ungeteilt ihren Anliegen zur Verfügung stelle. Allerdings gibt es keine Regel ohne Ausnahmen.

Es kann geschehen, dass manche Einbringung eigene Schlüsselerfahrungen in mir wachrufen und ich mich gewissermaßen in einer Zeugenschaft wiederfinde, die ich zum Ausdruck bringen möchte. Es kann aber auch sein, dass ich aus eigenem Erleben eine Solidarisierung zeigen will. Oder ich möchte ein authentisches Bewältigungsbeispiel geben, indem ich aufzeige, wie ich »damit« umgegangen bin. Gleichwohl haben mich meine supervisorischen Erfahrungen gelehrt, dass es für das Aufrechterhalten der supervisorischen Beziehung ausgesprochen sinnvoll ist, niemals unreflektiert dem Eigenen Freilauf zu geben.

Es gibt eine Richtung anerkannter Therapeuten und Coaches (u. a. Milton Erickson und Gunter Schmidt), die empfehlen, nicht von sich, sondern von »meinem Freund John« zu erzählen, um das Ganze ein Stück von sich wegzunehmen und nicht unversehens aus der Rolle zu fallen und evtl. sogar den eigenen Geschichten zu erliegen. Mir selbst käme dies in den meisten Fällen aber unaufrichtig vor.

So orientiere ich mich an den Hinweisen des Hypnotherapeuten Bernhard Trenkle, an die ich mich aus einem Vortrag erinnere. Er verwies auf einige Regeln. Die wichtigste stamme aus dem Fleischerhandwerk: Die eigene Geschichte sollte immer einigermaßen »gut abgehangen« sein. Also keine aktuellen Konflikte erzählen! Die gehören in die eigene Supervision. Denn es ist nicht das Kennzeichen einer guten supervisorischen Geschichte, wenn die Supervisorin bald schon betroffener ist als ihre Supervisandin. Außerdem kann solch eine Situation die Supervisandinnen verführen, den Spieß umzudrehen, also die Rollen umzukehren und selbst beraterisch tätig zu werden. Auch wenn ich versuche das eingebrachte Problem mit einer Parallelgeschichte zu toppen, komme ich möglicherweise in eine inhaltliche Auseinandersetzung, die mich so bindet, dass ich den supervisorischen Überblick verliere. Sollte ich sogar die persönlichen Geschichten nahestehender Personen einbringen, kann das große Verstimmungen nach sich ziehen, wenn ich sie vorher nicht gefragt habe, ob ich es darf. Wenn ich also überhaupt Persönliches erzähle, sollte die Geschichte eine klare, der Anliegenbearbeitung dienende Botschaft haben und ich sollte auch kenntlich machen, warum ich sie einbringe. Nicht zuletzt muss es authentisch und ich meine damit stimmig sein für das Anliegen und die Beziehung, für mein Gegenüber und für mich. Und: Solches Erzählen muss mir auch liegen! Wenn dann alles gut zusammenspielt, können Einbringungen dieser Art sehr wirksam sein.

Wie ist Dein eigenes aktuelles Supervisionsverständnis und wie hat es sich entwickelt? (8)

Ich beginne mit dem zweiten Aspekt der Frage. Früher habe ich mich sehr darum bemüht, für mein Supervisionsverständnis auch eine Definition zu finden. Es war nie leicht, dies zugleich präzise, einprägsam und unmissverständlich zu tun. Die Richtung haben mir in der Ausbildung gelernte Formulierungen nach Belardi, Buer, Schreyögg u.a. vorgegeben. In sinnvoller Komplexitätsreduktion bemühten sie sich das Wesentliche zu benennen, konnten dabei aber allenfalls ein unscharfes Bild mit vielen Schnittmengen zu anderen Formaten zeichnen – einschließlich inhärenter Verwechslungsgefahr. Einig war man sich aber zumindest darin, Supervision als eine auf die Arbeitswelt bezogene professionelle Beratungsform zu verstehen, die das Ziel hat, zur Qualitätssicherung und Qualitätsentwicklung von Arbeit beizutragen. In Anlehnung daran habe ich für mich festgehalten: *Supervision will helfen, Einzelnen, Gruppen oder Teams wieder Übersicht und Überblick in komplizierten Problemlagen zu ermöglichen. Sie ist eine praxisorientierte Beratung für vielfältige berufliche Zusammenhänge und arbeitet mit dem Ziel, die berufliche Zufriedenheit sowie Arbeitsbeziehungen und -kommunikation zu verbessern. Damit trägt sie zur Professionalisierung derer, die sie beanspruchen, bei.*

Ich halte es gerade im Zusammenhang von Akquise und Kontraktbildung für sinnvoll, Interessierten oder Nachfragenden möglichst klar erklären zu können, worum es in der Supervision geht – auch wenn ich heute in den konkreten Formulierungen variiere und sie beziehungs- und kontextbezogen extemporiere.

Sehr aussagekräftig für mein heutiges Verständnis ist aber auch folgende Geschichte, die von Milton H. Erickson stammen soll und die ich selbst einmal erzählt bekam. Er wurde gefragt, wie er denn Beratung/Therapie/Coaching definiere und hat in etwa so geantwortet: *Als ich ein junger Mann war, hat sich ein ausgerissenes Pferd bei mir eingefunden. Es war gesattelt und es hatte Zaumzeug. Ich bin aufgestiegen und losgeritten. Die Leute haben hinter mir hergerufen: Was soll der Quatsch? Du weißt doch nicht, wem das Pferd gehört... Ich bin trotzdem mit Elan eine ganze Zeit geritten und schließlich auf einer Farm gelandet, die ich nicht kannte. Die Farmersfamilie war froh, ihr einziges Pferd zurückzubekommen und sie haben mich gefragt: Woher hast Du gewusst, dass es unser Pferd ist? Und ich habe geantwortet: Das wusste ich nicht, das wusste das Pferd. Das Einzige, was ich gemacht habe, ist, ich habe mich aufs Pferd gesetzt, das Zaumzeug in die Hände genommen und habe aufgepasst, dass es nicht unnötig lange am Wegrand grast.*

Das ist die narrative Präsentation eines Supervisionsverständnisses, das mir auch gefällt. Eindrücklicher als Definitionen es können, sagt sie mir vor allem: Wo es hingeht, weiß der Supervisand. Sein Ziel kennt er selbst. Meine Aufgabe ist, die Zügel in die Hände zu nehmen und aufzupassen, dass nicht unnötig lange gegrast wird.

Was glaubst Du, was Supervision im besten Falle vermag? Was kann sie nicht? (9)

Wenn es ein Anliegen gibt, das mit supervisorischen Mitteln sinnvoll bearbeitet werden kann und dies im Beratungsprozess einer Einsicht zugeführt oder nähergebracht wird, die die Einbringerinnen handlungsfähiger und/oder zufriedener macht, ist aus meiner Sicht schon solch ein »bester Fall« gegeben.

Nachfrage und Angebot sollten formatgerecht passen. Es muss deutlich werden, dass Supervision weder Therapie, Seelsorge noch Lebensberatung ist. Um also kein Versprechen zu suggerieren, dass auf supervisorischem Boden nicht gehalten werden kann, sind mir eine saubere Auftrags- und Kontraktklärung wichtig. Beides muss an entsprechenden Weichenstellungen im Prozess immer wieder einmal überprüft, neu vergewissert oder ausgehandelt werden, damit Supervision nicht etwa doch unter der Hand zu einer Art Pseudo-Therapie, -Seelsorge oder –Lebensberatung wird.

Doch weil sich das Leben ganzheitlich und nicht in voneinander zu separierenden Anteilen vollzieht, wird auch in der Supervision immer wieder sichtbar werden, in welcher Weise berufliche Anliegen mit persönlichen Themen verknüpft sind. Wenn dabei der Hauptfokus auf der beruflichen Beratung erhalten bleibt und die persönlichen Anteile nicht ignoriert werden, sehe ich Supervision ganz bei ihrer Sache. Sie könnte dann sogar therapeutische, seelsorgliche, lebensberaterische Facetten und Wirkungen entfalten. Ihr Markenkern aber bliebe erhalten. Manchmal aber stellt sich heraus, dass persönliche Themenstellungen der Supervisandinnen einer eigenen Zuwendung durch ein spezifisches professionelles Hilfsangebot bedürfen. Dann ist es notwendig, dies zu markieren und einem entsprechenden Angebot zuzuführen. Die rote Linie wäre für mich überschritten, wenn die Hauptzielsetzung einer supervisorischen Beratung nicht mehr den Arbeitsbezügen gälte. Soweit meine erste pragmatisch-nüchterne Antwort.

Darüber hinaus gibt es aber ein beinahe uneingeschränktes Zutrauen in mir. Manche Skeptiker sagen ja: »Supervision macht die Klugen klüger und die Dummen dümmer«. Wenn sie damit meinen, dass verordnete Supervision unfruchtbar bleibt ohne die innere Überzeugung, sie auch in Anspruch nehmen zu wollen, dann könnte ich zustimmen. Doch ich meine eben auch, mit hinreichend intrinsischer Motivation bei allen Beteiligten ist die beste Voraussetzung zum Gelingen gegeben. Seneca sagt: »Wer an den Spiegel tritt, um sich zu verändern, hat sich bereits verändert.« In Anlehnung daran meine ich: Wer eine Supervision antritt, hat schon den ersten Schritt zur Veränderung getan. Und dann ist sogar Phantastisches nicht ausgeschlossen. So wie eine Hummel im Verhältnis von Gewicht und Flügelfläche eigentlich nicht fliegen kann und es eben doch vermag – so ereignet sich in supervisorischen Prozessen manchmal Erstaunliches sogar gegen Erwartbares.

Wann betrachtest Du eine Supervision als gelungen? (10)

Spontan fällt mir der »Leuchtende-Augen-Index« ein, der eine gelungene Supervision anzeigt. Der Jenaer Soziologieprofessor Hartmut Rosa hat diesen Begriff geprägt[125] und meint damit etwas weniger Mess- als Erlebbares. Für mich war seine Resonanz-Theorie eine Entdeckung, die mir hilft, Beziehungsqualitäten in der supervisorischen Arbeit zu erschließen. »Resonanzfähigkeit« ist für ihn eine Schlüsselkategorie, die es Menschen ermöglicht, sich das, was sie unmittelbar angeht, auch »anzuverwandeln«. Rosa beschreibt dies am Beispiel eines Experimentes mit zwei Metronomen[126], die mit leicht unterschiedlichen Tempi laufen. Doch weil sie auf einer flexiblen Unterlage stehen, entsteht dadurch für beide ein Resonanzraum, in dem sie sich aufeinander einschwingen. Sie beeinflussen sich und reagieren aufeinander, um sich dann in neu entstandenem Gleichklang aufeinander einzupegeln. Ich finde in diesem erstaunlichen Ergebnis auch die Beschreibung eines gelingenden Supervisionsprozesses. Dabei wird sogar ersichtlich, dass Resonanz nicht nur die Stärkung dessen bedeutet, was schon immer da war, sondern den Paradigmenwechsel befördert und die Entwicklung zu etwas Neuem.[127] Und der »Leuchtende-Augen-Index«[128] ist schließlich das Indiz, dass der Resonanzdraht in beide Richtungen in Bewegung kam. Dies ist – darauf legt Rosa Wert und ich bestätige es aus meiner Erfahrung – »keine esoterische Phantasie, sondern eine empirische Qualität«[129].

Welche Themen können in der Supervision besprochen werden und welche nicht? (11)

Ich nenne hier häufige Themen, die mir als Supervisorin begegnen und die zu-

---

125 Hartmut Rosa, Resonanz, *Eine Soziologie der Weltbeziehung*, Suhrkamp Verlag Berlin, 2016
126 Vgl. ebd. 284.
127 Rosa beschreibt Resonanz als das Gegenteil von Entfremdung. Sie darf aber auch nicht mit Konsonanz oder Harmonie verwechselt werden (vgl. ebd. 316). Resonanz setzt die Existenz von Nichtanverwandeltem, Fremden, sogar Stummen voraus! »Eine Antwortbeziehung lässt sich nur zu einem Gegenüber herstellen, das nicht vollständig anverwandelt oder angeeignet ist, das uns im Ganzen fremd und unverfügbar bleibt« (ebd. 317). Antworten bedeutet so aber auch nicht einfach nur Echogeben, denn ein Echo spricht nicht mit eigener Stimme. Widerspruch ist also nicht nur erlaubt, sondern verlangt. (vgl.ebd.67, 282, 743).
128 Ebd. 279, 751.
129 Ebd. 750.

gleich auch den Rahmen abstecken für die Grenze supervisorischer Anliegen: Erzählen und Reflektieren dessen, was in der letzten Zeit bewegend war im Berufsalltag; Standortbestimmung in Berufs- und Lebensbiografie; Einfindung in ein neues Berufsfeld; Herausforderungen der letzten Dienstjahre; berufliche Zukunfts- und Karriereplanung; persönliche Entwicklungswünsche; Schwierigkeiten in kollegialer Kommunikation und Beziehung; gestörte oder verunsicherte Beziehung zu Leitungspersonen; Umgang mit Leistungsdruck und -erwartungen; professioneller Umgang mit Klientinnenanliegen; Training in Kommunikations- und Beziehungsgestaltung in allen beruflichen Bezügen; Erkundung eigener Entwicklungsschranken und Erkennen von Handlungsoptionen; Scheitern und Neubeginn; Ergründung tragender Werte und Überzeugungen; Arbeit an der beruflichen Rolle; Vergewisserung in der eigenen professionellen Haltung; Anerkennung des Getanen... u.v.a.m.

Interessant ist auch, dass das Anliegen, das am Anfang eingebracht wird, im Verlaufe des Prozesses hin und wieder noch modifiziert oder gänzlich verändert wird. Das Einstiegsthema ist dann wie ein Türöffner zum Fahrstuhl, der eine neue Ebene erreicht.

Gibt es Lehrsätze/Theorien, die sich in Deiner Praxis bewährt haben oder die Du im Lauf der Jahre über Bord geworfen hast? (12)
Ich halte es gern mit dem Apostel Paulus, wenn er sagt: »Prüft alles, das Gute behaltet.« Das entspricht dem verfahren- und methodenpluralen Ansatz in KSA, der mich supervisorisch prägt. Wie ein guter Werkzeugkasten ermöglicht er in der Fülle supervisorischer Arbeitsanliegen das zur Bearbeitung passende Instrument zu finden und zu nutzen. Natürlich sehe ich mich im Umgang damit weniger als Spezialistin denn als Generalistin. Vielleicht ist es vergleichbar mit einer Hausarztpraxis, die mit ihrem Know-How einen ganzheitlichen Blick auf den Patienten und alle für die Behandlung relevanten Phänomene ermöglicht, dabei tut, was sie kann und wenn nötig, gezielt überweist.

Hier möchte ich drei für mich wesentliche Theorieansätze kurz skizzieren:[130]

Mir sind viele Aspekte *systemischer Grundeinsichten* für meine supervisorische Arbeit wichtig geworden – so z.B. der Blick auf Beziehungen in ihren Kontexten, die Aufmerksamkeit für Wechselwirkungen und zirkuläre Kausalitäten, die Achtsamkeit für soziale Dynamiken bei Wirklichkeitskonstruktionen und in der Wahrheitssuche und da, wo es angebracht scheint, auch die Ressourcen- und Lösungsorientierung. Auch in meinem Bemühen darum, wirksame entwicklungsförderliche Impulse zu finden, bin ich immer wieder auf Anregungen aus der Systemik gestoßen. Sehr nachhaltig haben mich dabei wesentliche Lehrsätze aus Steve de Shazars und Insoo Kim Bergs Ansatz zur lösungsfokussierten Kurztherapie (SFBT) inspiriert – wie: *Was nicht kaputt ist, muss man auch nicht reparieren./Das, was funktioniert, sollte man häufiger tun./Wenn etwas nicht funktioniert, sollte man etwas anderes probieren./Kleine Schritte können zu großen Verände-*

---
130 Vgl. dazu auch meine Antwort auf Frage 1.

rungen führen./Die Lösung hängt nicht zwangsläufig mit dem Problem direkt zusammen./ Die Sprache der Lösungsentwicklung ist eine andere als die, die zur Problembeschreibung notwendig ist./Kein Problem besteht ohne Unterlass; es gibt immer Ausnahmen, die genutzt werden können...[131]

Die Grundüberzeugung im systemischen Ansatz, die sehr resilienzbezogen davon ausgeht, dass die meisten Menschen die Stärke, Klugheit und Erfahrung in sich tragen, um gewünschte Veränderungen zu bewirken, rührt an die zuversichtlichste Seite meiner supervisorischen Haltung. Die hier praktizierte Suche nach schnell zu gewinnenden Lösungen, nach Ausnahmen, nach Reframing und Perspektivwechseln, bringt Sichtweisen ins Spiel, die sinnvoll platziert das Entwicklungsförderliche in einem Supervisionsprozess katalysieren helfen können.

Ebenso interessiert mich schon immer, wie räumliche Darstellungen, Inszenierungen und Aufstellungen in *handlungs- und interaktionsorientierten Ansätzen* neue Dimensionen für Supervisionsprozesse erschließen können, weil sie weit über den verbalen Ausdruck hinaus gehen. Denn kreative Ansätze können oft den tieferen Kontakt zu sich selbst fördern, weil sie noch ungesehene persönliche Erlebnisanteile stimulieren und dann auch einer Reflexion zuführen.[132] Eine der wichtigsten Urzellen der Aktionsmethoden ist das Psychodrama, das von J.L. Moreno entwickelt wurde – ebenso wie die Soziometrie. Letztere nutze ich häufiger, wenn es darum geht, Beziehungen in einer Gruppe mit ihren Dynamiken im Raum sichtbar werden zu lassen. Verwandt damit ist die systemische Aufstellungsarbeit – ursprünglich entwickelt von B. Hellinger –, die die szenische Modellierung eines Themas mit Hilfe von Stellvertretern (Figuren, Symbole, Personen) ermöglicht. Ich selbst arbeite damit nur in einem gefestigten Vertrauensraum und auch nur dann, wenn weitgehend absehbar ist, dass sie der Erschließung eines Themas von supervisorischer Relevanz dient und keine kontraktgefährdende therapeutische Arbeit nach sich zieht oder gar zu Re-Traumatisierungen führt. Eine vergleichsweise risikofreie und ebenfalls sehr aussagekräftige Methode ist die Skulpturarbeit nach Virginia Satir. In kreativer Fortentwicklung dieses Ansatzes können Skulpturen, Statuen, festgehaltene/eingefrorene Gesten und Beziehungsszenen ebenso zur Erfassung wichtiger Dynamiken genutzt werden.[133]

Wesentlich sind für meine Arbeit aber auch Anregungen aus dem *psychoanalytischen Kontext.* Denn in allen Settings von Supervision geschieht es immer wieder, dass

---

131 Zit. aus Steve de Shazar, Yvonne Dolan, *Mehr als ein Wunder. Lösungsfokussierte Kurztherapie heute,* Carl-Auer-Verlag 2008, 22–26.
132 »Man kann zwei Tiefungsmodalitäten unterscheiden, das *regressive Absenken* und Tiefen *als Heben von psychischem Material* über die Bewusstseinsschwelle. Sie dienen dem Begreifen, Verstehen und Verändern von psychischen und beziehungsdynamischen Zusammenhängen. Lehrsupervision verwendet das Tiefen nur im Sinne der Materialhebung. Die andere Variante ist eindeutig ein therapeutisches Vorgehen« (Richter, 1997), zitiert bei Heinrich Fallner und Elke Vowinkel, Lehrsupervision mit Gestalt und System, in: Freitag-Becker, Grohs-Schulz, Neumann-Wirsig (Hgg.), *Lehrsupervision im Fokus,* Vandenhoeck&Ruprecht, 2017, 152.
133 Sehr empfehlenswert zur Vertiefung: Matthias Lauterbach, *Wie das Salz in der Suppe.* Aktionsmethoden für den beraterischen Alltag, Carl-Auer-Verlag 2007, 8–43.

sich stark emotional besetzte Themen aus der Vergangenheit in der Gegenwart der aktuellen Beziehungsdynamik abbilden und gleichsam re-inszenieren. Um zu erfassen, was hier geschieht, hilft es mir über erschließendes Wissen zu verfügen – vor allem zu Spiegel- und Projektionsphänomenen, Abwehrmechanismen sowie Übertragungs- und Gegenübertragungsprozessen.[134] Wenn es passiert, dass Supervisanden problematische Beziehungsschemata aus ihrer Vergangenheit in die aktuellen Settings eintragen, erlebe ich es zwar meist als anspruchsvoll und beanspruchend, aber dann auch als ungemein befreiend und förderlich, wenn ich mich der Arbeit am Übertragungsprozess stelle. Meist geschieht dann, was Rosa »Transformation«[135] nennt – alle Beteiligten gehen verändert daraus hervor.

Generell hilfreich ist es auch, jene Fähigkeit zu nutzen, die Wilfried Bion mit seinem Container-Contained-Modell beschreibt und die Ross A. Lazar für die supervisorische Beziehung adaptiert hat.[136] Es geht dabei darum, dass der Supervisor zunächst das noch unverdaute Material des Supervisanden aufnimmt ohne es schon zu beurteilen oder zu erklären. Indem er es hält, geschieht ein erster Vorgang psychisch-seelischen Metabolisierens und Verdauens. So kann er das für den Supervisanden schwer Annehmbare in kleinen Happen Stück für Stück an ihn zurückgeben – in der Hoffnung, dass dadurch etwas neu Geordnetes, Nährendes, Weiterführendes ermöglicht wird und geschieht.[137]

Sehr viel aber lerne ich immer wieder neu und fasziniert vom interpersonalen Ansatz Irvin Yaloms als bedeutendem Vertreter existentieller Psychotherapie und großartigem Schriftsteller, dessen Beziehung zu seinen Klienten auf spürbarer Zuneigung, emotionalem Engagement, Offenheit und größtmöglicher Transparenz beruht. Er verbirgt sich nicht hinter der Abstinenz des Analytikers oder einer sonstwie gearteten professionellen Distanz, sondern plädiert für eine Selbstoffenbarung des Therapeuten im Hier und Jetzt der Aktualbeziehung, sofern sie für den Patienten wertvoll sein kann. Er glaubt, dass ein Therapeut dabei »alles zu gewinnen und nichts zu verlieren« hat.[138] Ich habe durch ihn die Idee und manche konkrete Anregung gewonnen, auch in der Supervision die Kommunikation auf der Beziehungsebene zu pflegen. Das erweist sich da, wo es angezeigt ist, als ausgesprochen förderlich und hilft nicht selten erst dazu, zum Wesentlichen vorzudringen.

Über Bord geworfen habe ich kaum etwas, höchstens in den Hintergrund gestellt. Manchmal scheinen mir geläufige Überzeugungen nicht mehr plausibel – bspw. die Suche nach der rechten »Work-Life-Balance«, denn ich finde, Arbeit ist ja auch Leben – vor allem, wenn wir supervisorisch viel dafür tun, dass sie nicht entfrem-

---

134 Ein Klassiker zur Vertiefung: Bernd Oberhoff, *Übertragung und Gegenübertragung in der Supervision*, Daedalus-Verlag, Münster, 2006.
135 H.Rosa, aaO., 318.
136 Ross A. Lazar, »Das Verstehen psychodynamischer Prozesse als Aufgabe der Supervision«, WzM 6/97.
137 Vgl dazu auch M.Klessmann/K.Lammer (Hg.), *Das Kreuz mit dem Beruf. Supervision in Kirche und Diakonie*, Neukirchner Verlag 2007, 89.
138 Vgl. Irvin D. Yalom, *In die Sonne schauen. Wie man die Angst vor dem Tod überwindet*, Verlagsgruppe Random House GmbH, München, 2008, S. 231.

dend bleibt. Es müsste also wohl besser »Worklife-and-Privatlife-Balance« heißen. Auch hartnäckigen Selbstoptimierungsanstrengungen im Rahmen von Quantified-Self-Bewegungen im Coaching schließe ich mich nicht an. Stattdessen interessieren mich zunehmend bio- und psychoenergetisch zu gewinnende Einsichten und das Training einer Wahrnehmung, die mir hilft, die wirksam entwicklungs- und lebensförderlichen Energien in Prozessen von jenen zu unterscheiden, die diese verdrängen. Denn es ist fatal, wenn wir – wie Paul Watzlawick so eindrucksvoll lehrt – Lösungen anstreben, die gar keine Lösungen sind, sondern nur Problemerhalter in anderer Gestalt.

Welche Erkenntnisse hast Du zu förderlichen Äußerungs- und Sprachformen von Seiten des Supervisors bzw. der Supervisorin gewonnen? Welche Art von Interventionen und Impulssetzungen erscheinen Dir sinnvoll? *(13)*
Hier möchte ich einige Interventionen, unter denen ich zielgerichtete Kommunikationsformen verstehe, möglichst praxisbezogen hervorheben:

Sich erkundigen: Hier geht es für mich vor allem um den hochbedeutsamen *Komplex des Fragenstellens.* Denn sie verhelfen der Supervisandin zur Selbstexploration, durch die sie das für sie Bedeutsame darstellen kann. In ihrer Wirksamkeit – meine ich – sind Fragen nicht zu unterschätzen. Denn sie dienen nicht nur einer sachlichen Bestandsaufnahme, sondern sind immer auch Interventionen, gespeist aus Vorannahme, Perspektive, Haltung und Absicht des Fragestellers. (Und manchmal spürt man die Absicht und ist verstimmt.) Fragen markieren oft auch, dass die Antworten schon in der Luft liegen. Gleichwohl gehören Fragen für mich zur hohen Schule der Gesprächsführung, die sorgfältig abzustimmen sind auf Person, Situation und rechten Zeitpunkt. Vor allem die Systemiker nutzen das Fragen als bedeutsames Kommunikationsmittel gerade auch anstelle von Direktiven oder Deutungen – dazu in großer Variantenbreite. Sehr hilfreich sind bspw. *zirkuläre Fragen,* in denen die Supervisandin angeregt wird, die eigene Situation aus der Perspektive eines anderen zu betrachten. (Was würde ihre Kollegin dazu sagen? Was Ihre Chefin? …) Ebenso können *Skalierungsfragen, paradoxe Fragen, hypothetische Fragen, Fragen nach Ausnahmen* helfen, die eigene Situation aus einem neuen Blickwinkel zu betrachten, der verfestigte Sichtweisen auflösen und die Lösungsfindung aktivieren kann. (Wann haben Sie das Problem mehr, wann weniger?/ Wenn Ihre Angst geringer wäre, was würden sie als nächstes tun?/Welche Probleme haben Sie früher schon gelöst, wie sind Sie dabei vorgegangen?/Wie ist es Ihnen gelungen, das Problem so lange am Leben zu erhalten?…)

Resonanz geben: Es bedeutet für mich, dass ich mit meinen Worten sage, was ich verstanden habe von dem, was die Supervisandin eingebracht hat und auch zeige (in selektiver Authentizität), was dies in mir auslöst und wozu es mich anregt. Ich reagiere nicht nur verbal sondern auch nonverbal darauf und versuche dabei sowohl die inhaltliche als auch die emotionale Botschaft des Vernommenen zu erfassen und dessen Tragweite in den wesentlichen Dimensionen zu begreifen, die es für mein Gegenüber hat. Das möchte ich dann möglichst hilfreich zur Verfügung zu stellen. Manchmal kann dies in empathischer Verstehensbekundung, manchmal durchaus auch konfrontativ-herausfordernd erfolgen.[139]

Hypothesen bilden: Mehr als auf Deutungen setze ich auf Hypothesen, denn sie sind – so habe ich mir einmal eingeprägt – Wirklichkeitserfindungen auf Probe. Sie sind nicht der Weisheit letzter Schluss, sondern dazu da, überprüft zu werden. Das eröffnet oft eine tiefende, vergewissernde Anschlusskommunikation und überlässt den Supervisandinnen zugleich die Hoheit für ihre eigene Schlussfolgerung und Sinnfindung.

Hinweise und Ideen-Entwicklung: Eher als Ratschläge und Direktiven zu kommunizieren, gebe ich manchmal Anteil an meinen Ideen, die im Austausch entstehen und die Lösungsfindung befördern sollen. (Was halten Sie von der Idee...?) Als Hinweise verstehe ich meine, aus supervisorischer Erfahrung fließenden Anmerkungen, die helfen können, zu einer neuen Erkenntnis zu gelangen.

Storytelling: Gute Geschichten sind oft wirksamer als theorieorientierte Aussagen, denn sie eröffnen emotionale Spielräume und ermöglichen es, komplexe Interaktions- und Beziehungsmuster sowie deren Veränderung zu beschreiben. Wenn ich sie – eher sparsam – in der Supervision verwende, müssen sie passen, anschlussfähig sein und spannend zugleich. Natürlich sollten sie auch pointiert Wesentliches hervorheben. Den Zuhörenden schenken sie in all dem eine durch das Erzählen geschützte Möglichkeit zur Identifikation und damit auch die Gelegenheit, der Geschichte eine eigene Sinndimension und dem entsprechende Schlussfolgerungen zu entnehmen.

Framing: Je nachdem, wie wir eine Botschaft »einrahmen«, werden wir – bei gleichem Inhalt – unterschiedliche Reaktionen auslösen. Oft machen wir Supervisoren uns gar nicht klar, wie sehr wir unsere Unlust, Angst, Kränkung, Wut u. v. a. m. in unseren Aussagen mittransportieren. So kann ich unbewusst einen Negativrahmen setzen und z. B. in der Teamsupervision am Anfang sagen: »Da fehlt ja immer noch einer, wir sind beim letzten Mal auch schon nicht so weit gekommen, aber wir können's ja trotzdem noch ein bisschen weiter treiben...« Wenn ich stattdessen sagte: »Schön, dass Sie da sind. Wir haben schon Einiges geschafft und jetzt haben wir gut Zeit, um den nächsten Schritt zu gehen.« – könnte das doch motivierender aufgenommen werden.

Umdeuten und Reframing: So wird erreicht, dass die Sicht auf ein Phänomen in einem anderen Licht erscheint. Der Rahmen wird verändert und das, was man erblickt, wirkt neu. So sind Supervisandinnen nicht mehr an eine einzige Deutungsoption gebunden und gewinnen neue Handlungsmöglichkeiten. Reframing geschieht bspw. dann, wenn selbsternannte Versager auch in ihrem Mut gesehen

---

139 Vgl. dazu auch mein Antwort auf Frage 10.

werden, solch eine Situation riskiert zu haben oder wenn Chaoten als Kreative erkannt werden, Sture als Starke, Dominante als Verantwortliche...

Splitting: Gibt es widersprüchliche oder konflikthafte Anteile an einer Situation, so kann ich dies etwa in einem »Einerseits/Andererseits«-Kommentar bewusst machen. Durch Interventionen, die solche Spaltungen aufgreifen, können die Supervisandinnen mit den unterschiedlichen Anteilen, Ambivalenzen oder Ambiguitäten einer Situation oder eines Falles in Kontakt gebracht werden und damit bewusster umgehen.

Amplifizieren: Alles Geäußerte, was mir förderlich für die entsprechende Auftragsklärung erscheint, verstärke ich, indem ich ihm besondere Aufmerksamkeit schenke, es wiederhole, konnotiere, vielleicht in bestimmter Tonalität hervorhebe oder wieder erinnere, wenn die Situation aufs Neue verfahren scheint.

Externalisieren: Manchmal klammere ich Dinge aus, wenn sie einen lebendig in Gang gekommenen Prozess gerade verbal oder nonverbal stören. Dann würdige ich bspw. ein eingebrachtes Nebenthema, frage aber auch: Können wir das noch einmal beiseite schieben? Oder ich schreibe es an eine Tafel, damit es nicht vergessen wird und später aufgenommen werden kann. Oder ich frage zurück: Inwiefern erscheint es Ihnen in dem, was wir gerade besprechen, wichtig zu sein? Oder ich übergehe es erst einmal, registriere es aber. Manchmal aber ist es auch geboten, dem, was als störend empfunden wird, sogar den Vorrang einzuräumen, weil es ein wichtiger Beitrag – vielleicht auch ein notwendig zu integrierender Schattenaspekt – zur Lösungsfindung ist[140].

Teil- oder Schluss-Resümees und Kommentare: Ich beziehe mich auf wesentliche Einsichten, fasse meine Eindrücke und Hypothesen pointiert, manchmal auch mit metaphorischen Anleihen zusammen. Eine Zielstellung dabei ist es, Ergebnisse und Handlungsoptionen zu vergewissern oder deren Gewinnung anzuregen.

Kannst Du Dir vorstellen, dass der Einsatz Künstlicher Intelligenz (KI) Supervisoren und Supervisorinnen eines Tages ersetzt, oder zumindest unterstützen kann? (14)
Diese Frage beschäftigt mich sehr und auch zunehmend, seit Ende November 2022 mit Chat GPT die Zeit der Massenanwendung einer generativen KI begonnen hat. Das scheint in rasantem Tempo »alles überall auf einmal« zu verändern. Dabei ist die KI für viele eine Black Box. Ihre Systeme sind so komplex und ihre Tools so unfassbar leistungsfähig geworden, dass selbst für Experten die eingeschlagene Entwicklung nicht ohne weiteres abschätzbar ist. Nur eines ist weitgehend sicher in Bezug auf die KI: »Sie geht nicht wieder weg.«[141]

---

140 Vgl. auch die entsprechende TZI-Regel nach Ruth Cohn: Störungen haben Vorrang.
141 Beiläufig gehört und nachhaltig gemerkt in und durch ein Interview mit Miriam Meckel und Lea Steinacker. Vgl. zum Folgenden auch deren Buch: Miriam Meckel/Lea Stein-

Den Gedanken, sie so lange es geht zu ignorieren, habe ich – spätestens seitdem meine Kinder sie nutzen – aufgegeben. Ich habe verstanden, dass die generative KI eine Allzwecktechnologie ist (General Purpose Technology) – vergleichbar mit der Erfindung des Buchdruckes, der Elektrizität, der Dampfmaschine oder des Internets. Sie dringt in alle Lebensbereiche vor und wird ganze Berufsbilder verändern. Doch während man nicht – wie vor Jahren noch angenommen – davon ausgehen kann, dass die Blue Collar Jobs (Handwerksberufe aller Art) davon am meisten betroffen sein werden, sind es die White Collar Jobs (geisteswissenschaftliche Berufe aller Art) umso stärker. Ich frage mich nicht zuletzt auch, was das für die Zukunft der Supervision bedeutet. Stärker als die Möglichkeit, dass unser Berufszweig durch KI nicht nur unterstützt, sondern auch in großen Anteilen übernommen werden könnte, beunruhigt mich jedoch die Vorstellung, in welcher Weise sie es dann täte und was mit dem Tausch von menschlicher zu künstlicher Intelligenz unwiederbringlich verloren ginge. So möchte ich hier auf unsicherem Boden wagen Wissens einige meiner Überlegungen skizzieren und hole zunächst etwas aus:

Schon 1966 hat der deutschamerikanische Wissenschaftler Joseph Weizenbaum in Massachusetts einen Chatbot namens ELIZA entwickelt, der ein therapeutisches Vorgehen simulieren konnte. Als regelbasiertes KI-System konnte er menschliche Eingaben analysieren und Antworten generieren. Er nahm Schlüsselworte auf und reagierte nach den Prinzipien der von Carl Rogers entwickelten klientenzentrierten Psychotherapie. Zusätzlich wurde der Austausch noch mit allgemeinen Aussagen angereichert wie »Bitte fahren Sie fort«. Das Aufregende und selbst Weizenbaum Erschreckende war nun, dass die menschlichen Nutzer sich der Illusion hingaben, ELIZA würde sie verstehen, obgleich sie das natürlich nicht tat. Sie waren bereit, sehr persönliche Dinge preiszugeben und empfanden ihren Austausch als Ausdruck einer hochemotionalen Bindung. Sogar Weizenbaums eigene Sekretärin soll ihn einmal gebeten haben, den Raum zu verlassen, weil sie mit ELIZA gerade sehr intime Dinge bespreche. Auch heute gibt es vergleichbare und immer noch weiter optimierte, sogar von den Krankenkassen bezahlte Apps, die bei psychischen Belastungen (u. a. Depressionen, Angst, Einsamkeit...) verhaltenstherapeutisch gestützte Soforthilfe anbieten. Auch hier wird festgestellt, dass Menschen sich bei entsprechender Nutzung schnell der Illusion wirklichen Verstandenwerdens durch das Programm hingeben können. Eine Schlussfolgerung ist also, dass wir Menschen in der Lage sind, blindes Vertrauen in eine KI zu entwickeln und auf sie die Annahme zu übertragen, dass wir es bei ihr mit unseresgleichen zu tun haben, wenn sie menschliche Verhaltensweisen nur plausibel genug nachahmt. (Ich spreche ja schon mit meinem Navi.) Zu dieser humanen Verführbarkeit kommen die sich rasant entwickelnden Fähigkeiten der KI.

Spätestens wenn wir einem Deepfake aufsitzen, erkennen wir erschüttert, dass sich die Grenzen zwischen Fakten und Fake immer stärker verwischen. Der Grat

---

acker, *Alles überall aufeinmal – Wie künstliche Intelligenz unsere Welt verändert und was wir dabei gewinnen können,* Rowohlt 2024.

zwischen Fakt und Fiktion wird so schmal, dass wir herausgefordert sind, uns in unserem Wahrheits- und Wirklichkeitsbegriff neu zu vergewissern.

Ganz nüchtern betrachtet hat die künstliche Intelligenz bislang aber vor allem eine Fähigkeit: Sie arbeitet mit einer für menschliche Intelligenz unfassbaren Datenmenge und versucht daraus Muster zu erkennen, die unser Vermögen, sich sprachlich und kreativ auszudrücken, imitieren. ChatGPT kann – entsprechend der eingegebenen Vorgaben – in rasanter Geschwindigkeit die Wahrscheinlichkeit berechnen, mit der ein nächstes Wort nach dem vorhergehenden einzusetzen ist und kreiert so ganze Texte innerhalb von Sekunden. Was hier geschieht, ist aber nichts anderes als ein reines Rechenexempel. Auch wenn wir dazu neigen, diese Ergebnisse mit unserer Sinngebung aufzuladen, die Wahrheit ist: Die KI schöpft sie nicht aus einer eigenen, der menschlichen vergleichbaren Erlebensqualität.[142]

Doch bräuchte es diese tatsächlich, um supervisorisch sinnvoll zu arbeiten? Genügte dazu nicht auch eine gute Simulation? Um diese Fragestellungen noch weiter zu befeuern, noch ein weiterer Einblick:

Posthumanisten nehmen an, dass die KI eines Tages sogar in der Lage sein wird, ein Bewusstsein zu entwickeln. Dies wird an die Frage der Emergenz geknüpft und es hieße: Wenn nur genug Daten gesammelt und ausgewertet sind, wird sich beinahe göttlich-schöpferisch resp. emergent daraus eine neue Bewusstseinsstufe entwickeln. KI wird dann in jeder Beziehung dem Menschen überlegen sein. Transhumanisten sehen eher eine Symbiose zwischen KI und Mensch als Gamechanger voraus. Wir würden uns dann – durch Brain- und andere implantierte Chips komplett optimiert habend – als menschliche Cyborgs wiederfinden und wären den Malaisen unserer hinfälligen Leiblichkeit nicht mehr ausgeliefert.

Wie sehr hier realistische Wahrscheinlichkeit auf Science-Fiction trifft, vermag ich kaum zu beurteilen. Gleichwohl meine ich, dass wir gesellschaftlich, aber auch in unseren Berufsverbänden herausgefordert sind, noch einmal sehr genau zu fassen, welchen Begriff von Intelligenz[143], Bewusstsein, Seele, Künstlichkeit, Echtheit und Wahrhaftigkeit wir haben und wie wir Künstliches in Menschliches hineinwirken lassen wollen, um zu erhalten, was uns schützenswert ist.

Ich selbst tendiere heute bei aller Faszination für die KI dahin, parallel damit unbedingt die Begeisterung für die Einmaligkeit der menschlichen Spezies einhergehen zu lassen und uns dies auch bewusst zu machen: Denn nur wir haben eine Seele, die uns unverwechselbar macht und einen Leib, der uns leben lässt; wir haben die Fähigkeit, uns zu uns selbst und anderen in Beziehung zu setzen mit einem Reichtum an Wahrnehmungen, Sinneseindrücken und Gefühlen, die mehr als nur neuronale Signalgebungen sind; wir können Erinnerungen pflegen und Zukunft vorwegnehmend erspüren und bedenken; nur wir können Sinn kreieren; wir kennen Schmerzen, Leiden, Tod und darum auch alle Formen von Aufleben und Glück. Vor allem aber können wir glauben und vertrauen, hoffen, lieben, träumen, wünschen, befriedigen und befrieden. Natürlich können auch wir simulieren, aber auf Dauer ist das keine echte Lebensform. Ja, wir Menschen sind

---

142 Es bleibt ein simpler Animismus, wenn wir die KI vermenschlichen. Sie bleibt eine Rechenmaschine ohne Bewusstsein ihrer Selbst.
143 Reicht hier die Unterscheidung zwischen kristalliner und fluider Intelligenz?

kein Rechenexempel. Wir bleiben unberechenbar.[144] Aber gerade, indem wir als Menschen Vertrauen erwecken können durch das eigene Zeugnis, werden wir füreinander nicht ersetzbar sein. Ich meine also, die Kostbarkeit der Reichtümer wieder zu schätzen, die mit unserer unnachahmlichen Physis[145] gegeben sind, wird der Schlüssel sein. Sie abzuschaffen, wäre keine Option – bei allem, was wir sinnvollerweise zur Überwindung menschlicher Leiden tun wollen und müssen. Meckel und Steinacker deuten dies mit ihrem Slogan schon an: »KI ohne Darm hat keinen Charme« und ich setze dazu: »Auch Supervision ohne Gefühl ist nur Kalkül.«

Also hoffe ich heute darauf, dass Menschen nach ethisch wohl überlegten Kriterien entscheiden, wie und wo sie KI einsetzen.[146] In der Supervision kann sie uns vielleicht beim Brainstorming in komplizierten Supervisionsprozessen helfen, Methodenvorschläge machen, interne Memos schreiben; vielleicht auch Werbung mitentwickeln, oder als Trainings- und Begleitprogramm gute Assistentendienste verrichten. Viel mehr als das aber hoffe ich, dass »Made by Human« auch in Zukunft das anerkannte und geschätzte Bio-Gütesiegel in unserer Profession bleiben wird.

Wie kamst Du zu Deiner ersten Supervisionserfahrung und welche Erinnerung hast Du daran? Was war das Besondere? Welches Resümee ziehst Du heute daraus? (16)

Ich glaube, die erste Supervision vergisst man nie. Bei mir kam es dazu, als sich ein junges Team engagierter Notärzte in einem Landkrankenhaus, die durch harte Einsätze beansprucht waren, supervisorische Begleitung wünschte. Mein Mann, der als Notfallseelsorger guten Kontakt zu diesem Team hatte, vermittelte mich. Ich hatte großes Lampenfieber vor dem Erstgespräch. Doch diese Leute waren genauso neu in ihrer Profession wie ich in meiner und schenkten mir gern ihr Zutrauen. Gleichwohl war dieser Auftakt eine (zu) große Nummer für mich. Das Einzige, was mir einfiel war, die eingebrachten Fälle nach dem Göttinger Stufenmodell[147] zu besprechen. Mir war schon damals nicht immer wohl dabei, weil das von mir sehr direktiv angewandte Schema lebendige Impulse oft unterdrückte. Doch immerhin arbeiteten wir so vielleicht ein Jahr miteinander.

Mein heutiges Resümee: 1. Ich brauchte und benutzte als Anfängerin die Methode vor allem zu meiner eigenen Sicherheit. 2. Es gibt keine Patentmethode für alle Fälle. 3. Starr angewandte Methoden werden der Komplexität des Bedarfs nicht

---

144 Wenn die KI unberechenbar ist, dann weil in ihr Zufallskomponenten angelegt sind, die aber wiederum kalkuliert angelegt sind.
145 Ich erfasse dies in der religiös-spiritueller Tradition des christlich-jüdischen Menschenbildes mit dem Begriff »Leiblichkeit«.
146 Wir sollten uns letztlich auch bewusst machen, dass die, die die KI »füttern« und das heißt hier, sowohl über deren Datenbasis als auch über die Entwicklung ihrer Algorithmen bestimmen, eine erhebliche Macht in Form von Deutungshoheit über das in der Breite verfügbare Wissen gewinnen. Dies hat dann auch enorme Konsequenzen für unsere Art, die Welt zu verstehen und das Leben zu deuten. So wage ich hier die Prognose, dass der Zugang zu Primärliteratur und Originalquellen existentiell bedeutsam werden wird und darum unverzichtbar bleibt.
147 In diesem Buch ausführlich vorgestellt bei F.W. Lindemann zu Frage 44.

gerecht. 4. Es braucht supervisorische Intuition für den geeigneten Bearbeitungsweg. 5. Jahre später hat mir ein damals Beteiligter glaubhaft vermittelt, dass er gute Erinnerungen an diese Zeit hat. Meine letzte Erkenntnis ist also: Die Methode und mein Einsatz haben doch etwas gebracht. Aber nicht nur das supervisorische Agieren, sondern auch der rechte Kairos, die Motivation, die Klugheit und das Zusammenspiel der Gruppe tragen zum Gelingen bei.

Woran erkennst Du, dass es in der Supervision einen Fortschritt gibt? *(20)*/**Wie erfasst und beschreibst Du die Beziehung von Einsicht und Veränderung?** *(21)*
Einleuchtende Aufschlüsse dazu habe ich einmal durch einen Vortrag der NLP-Trainerin Martina Schmidt-Tanger gewonnen. Sie verwies auf eine Studie von Prof. Klaus Grawe, der neurowissenschaftliche Erkenntnisse in seine psychologischen Forschungen einbezog und im Wesentlichen vier Erfolgskriterien bestimmt hat, die menschliche Entwicklung voran bringen:

1. Gefühle aktivieren: Menschen brauchen Kontakt zu ihrem Gefühl, um sich verändern zu können. Gefühle ermöglichen es, sich für den nächsten Entwicklungsschritt zu »erwärmen«. Schmidt-Tanger sieht darum eine wesentliche Aufgabe für Berater, die Herstellung der »geeigneten Betriebstemperatur« zu unterstützen. Denn: Wenn Wasser starr zu Eis gefroren ist, kann sich nicht viel verändern – da muss Temperatur hinein!
2. Erklärungsmuster finden: Durch einleuchtende Erklärungsmodelle wird der kognitive Anspruch befriedigt. Menschen müssen verstehen können, was der Sinn ihres bisherigen Verhaltens war und was eine Änderung bedeuten könnte.
3. Vertrauen in der helfenden Beziehung: Wenn Supervisanden spüren, dass ihre Supervisorin ihnen die Veränderung zutraut (Du schaffst das! bzw. Sie glaubt an mich.), dann kann das Veränderungsprozesse anregen und katalysieren.
4. Positiver Support/Nurturing Relations: Es braucht ein stützendes Umfeld, in dem alle relevanten Beziehungsdimensionen ins Spiel kommen können.

Wenn Einsicht also nicht nur kognitiv begriffen wird, sondern im förderlichen Zusammenspiel dieser vier Kriterien geschieht, kann Veränderung geschehen. Dies dann auch als Fortschritt zu erkennen und zu beschreiben, überlasse ich in der Regel meinen Supervisanden.

Vermeidest Du Ratschläge tatsächlich? *(22)*
Ich kann mir das manchmal nicht verkneifen. Oftmals kommen meine Ratschläge auch unter dem Deckmantel von Empfehlungen daher, die hoffentlich etwas annehmbarer sind. Doch im Grunde erlebe ich beim unbefangenen Ratgeben, dass es die intendierte Wirkung – kaum dass es mir über die Lippen gekommen ist – ja doch nicht entfaltet. Es ist fast schon eine Binsenweisheit: Je mehr ich fremdmotiviere, desto stärker geht Eigenmotivation verloren. Gleichwohl gibt es seltene Momente, in denen ich auch aus voller Überzeugung einen guten Rat weitergebe – oftmals verknüpft mit einer Warnung oder wenn ich meinem Gegenüber damit im Dickicht einer komplizierten Ausgangslage ein Werkzeug in die Hand drücken möchte, um sich selbst eine Schneise schlagen zu können.

Wie lang sollten supervisorische Beziehungen sinnvoller Weise dauern? (24)
Längstens solange durch Angebot und Nachfrage lebendige Entwicklungsprozesse angeregt werden und im Fluss bleiben.

Wie evaluierst Du Deine Supervisionsprozesse? (25)
Hier möchte ich zu bedenken geben, dass Evaluationen in unseren Bezügen oft verzweifelte oder rührende Anstrengungen sind, supervisorische Bemühungen rechenbar zu machen und als Leistung zu erfassen. Im Grunde ist sie aber ein Vertrauensgut. Natürlich wird sie darin auch nützlich sein. Aber die Formulierung dieses Nutzens bleibt doch eine subjektive Aussage. Die allerdings ist für mich von Wert. Mir ist es an bestimmten Weichenstellungen wichtig, ein Feedback von meinen Supervisandinnen einzuholen und mich so konkret wie möglich nach dem, was hilfreich war, ist oder sein könnte, zu erkundigen. Dies geschieht oft im Prozessverlauf, am Ende einer Sitzung und natürlich auch zum Abschluss der Supervisionsbeziehung.

Was hat Dich Deine Erfahrung gelehrt, welche Besonderheiten sinnvoller Weise zu berücksichtigen sind in Einzel-, Gruppen-, Team-SV über die formellen und in allen Lehrbüchern nachzulesenden Kriterien hinaus? (29)
Hier nur wenige Anmerkungen:

Einzelsupervision: Sie verstehe ich im Grunde als vertrauliches Gespräch mit Unterstützungs-, Klärungs-, Entwicklungsarbeit, die den beruflichen Bezügen einer Person gelten. Nach meiner Auffassung ist die Person dabei aber nicht künstlich von ihrer Funktion und beruflichen Rolle zu trennen. Darum meine ich, dass es supervisorisch angeraten ist, die ganze Person in den Blick zu nehmen. Das heißt aber auch, dass niemals von ihr losgelöste Anliegen oder dritte Personen die supervisorische Aufmerksamkeit absorbieren werden. Es geht also nie darum, was Person X oder Y begreifen oder verändern sollte, sondern was der Supervisand in seiner Beziehung zu X oder Y begreifen oder verändern kann.

Gruppensupervision: Das zur Einzelsupervision Beschriebene gilt auch hier – allerdings nun im Gruppenkontext von Angehörigen einer Profession (oder mehrerer verwandter). Hier erweitert sich der Blick auf ein Anliegen vom Vier- auf das Viel-Augenprinzip. Gruppen haben also den unbestreitbaren Vorteil, dass sie den Teilnehmenden ermöglichen, sich in einem sozialen Mikrokosmos zu vertreten und zu verhalten. Nur hier kann man lernend erfahren, was Gruppensolidarität aber auch -druck bedeutet; wie kathartisch und beflügelnd es wirkt, wenn viele sich für das eigene Anliegen engagieren und ihre Eindrücke und Impulse neue Einsichten schenken; auch wie schmerzlich und wertvoll ein treffendes Feedback sein kann und wie wohl es tut, wenn Veränderungsschritte anteilnehmend begleitet werden. Eine langjährig gut arbeitende Supervisionsgruppe wird darum oft zum auffangenden Netzwerk, das wesentlichen Anteil daran hat, berufliche Herausforderungen zu meistern. Doch wenn das gelingt, ist es nie nur der Gruppe, sondern immer auch der Kunst ihrer supervisorischen Leitungsperson zu verdanken. Denn sie hat vermutlich nicht nur ihre Kompetenz in der Arbeit mit Einzelnen bewiesen, sondern auch die Gruppendynamik im Blick behalten in den verschiedenen Phasen der Gruppenbildung und dabei auch den Ausdruck von Macht, Zugehörigkeit, Intimität unter den Teilnehmenden berücksichtigt und förderlich zugänglich machen können.[148]

Teamsupervision: Im Grunde genommen ließe sich das zur Gruppe Gesagte auch auf ein Team übertragen, nur mit dem Unterschied, dass es sich dabei um Angehörige oft unterschiedlicher Berufsgruppen in einem Arbeitskontext handelt, die gemeinsam auf ein erklärtes Ziel hinwirken. Doch ich erlebe, dass sich in der Praxis immer weniger klar bestimmen lässt, was ein Team eigentlich ist und wer alles dazu gehört. Es ist nicht mehr ohne weiteres davon auszugehen, dass es sich dabei um Leute aus einer Abteilung handelt, die auch beieinander sitzen. Viele Teams interagieren nur noch medial. Die klassische analoge Face-to-Face-Kommunikation löst sich auf. So erscheint mir Teamsupervision zunächst wie eine leere Bühne. Bevor sie starten kann, muss geklärt werden, wer dorthin gehört – mit welcher Leistungserbringung und Zielstellung und in welcher Verantwortung und Rolle. Dann erst kann eine Auftragsklärung und der Fokus für die Teamsupervision erfolgen. Die ohnehin anspruchsvollen Vorklärungen sind komplexer geworden.

Dazu kommen weitere Besonderheiten, die Teamsupervision herausfordernd machen können. Widerstände, Konflikte voreinander klar zu benennen oder notwendige Beziehungsklärungen aufzunehmen, werden oft eingeschränkt durch die Notwendigkeit, dass die Leute hinterher ja noch miteinander arbeiten und sich in die Augen schauen können müssen. Manchmal helfen dann Vorgespräche mit Einzelnen, um die innere Haltung dazu zu klären. Konflikte im Team entstehen ja oft auch durch unerkannte gute Absichten und nicht genutzte Ressourcen. Nicht selten liegen die Beteiligten gar nicht so weit auseinander wie sie annehmen. Wenn es durch hermeneutische Bemühungen der Supervisorin und dann auch verstärkt durch motivierte Teammitglieder gelingen kann, die jeweiligen Bedürfnislagen und Absichten vermittelbar auszudrücken, könnte dies der Konfliktklärung dienen.

Wie erlebst Du den Unterschied zwischen analoger und digitaler Supervision? (30)
Ich erlebe ihn wie den Unterschied zwischen einem Aufenthalt in einem schönen Garten und dem Betrachten eines Fotos davon oder zwischen dem Essen eines reichhaltigen Mahles und dem Lesen seines Rezeptes für die Zubereitung. Ich favorisiere klar die analoge Begegnung in körperlicher Präsenz, weil sie die mit unserer Leiblichkeit gegebenen Wahrnehmungs-, Reaktions-, und Interaktionsmöglichkeiten öffnet. Der digitale Raum beschränkt dies dagegen ausschnitthaft

---

148 Weiter ist es für die Gruppensupervision von Nutzen, etwas zu wissen über mögliche »Kontextschlamassel« oder den »Kernkonflikt« einer Gruppe, der zur »überdauernden Geste« werden kann, sowie über mögliche Subsysteme wie »Allianzen« (sichtbare engere Beziehungen zwischen Einzelnen), »Koalitionen« (meist geheimgehaltene Bündnisse gegen Dritte), Triaden... Zur Vertiefung u. a. empfehlenswert: Klaus Antons u. a., *Gruppenprozesse verstehen, Gruppendynamische Forschung und Praxis*, Wiesbaden 2004.

auf akustische und visuelle Zugänge. Trotzdem kann ich auch digitale oder gar hybride Formate schätzen, vor allem, wenn andere Faktoren (Zeit- und Standortunabhängigkeit, vielleicht auch sonstige Effizienzvorteile und Kostenersparnis) dafürsprechen, sie einzusetzen. Ich erlebe mich im Vollzug dabei auch kaum eingeschränkt, allerdings hinterher meist viel angestrengter als nach analogen Zusammenkünften. Ich vermute, dass es eine erhöhte Kraftanstrengung braucht, um das Fehlen der im Digitalen nicht verfügbaren und für die Supervision aber notwendigen Begegnungsdimensionen durch Imagination oder andere Formen von Kompensation auszugleichen.

Was ist Dir wichtig für die Beziehungsgestaltung in der Supervision? (31)
Ich möchte dies hier generell würdigen: Supervision ist ein interaktives Geschehen. Sie lebt von und besteht aus Beziehungsarbeit, zu der alle Beteiligten beitragen müssen. Die Begegnungsqualität, die dabei entsteht, macht mir plausibel, dass das, was in der Supervision geschieht, nicht mit Leistungs- oder Dienstleistungs-Kategorien zu erfassen ist. Es geht in ihrem Kern nicht um messbare Benefits und schon gar nicht um die Befriedigung möglichst aller »Kundenvorstellungen und -wünsche«. (Die Supervisorin muss sich dem unter Umständen ja sogar verweigern.) Der Wert der supervisorischen Beziehung liegt nach meinem Verständnis also vor allem in ihrer Resonanzfähigkeit.[149]

Was macht Deiner Meinung nach einen guten Supervisor/eine gute Supervisorin aus? (32)
Hier schließe ich mich Wolfgang Weigand an, wenn er sagt: »Ein guter Berater wird man nicht durch das Erlernen technischer Fähigkeiten und methodischer Kompetenzen; die Berateridentität entscheidet sich an der Entwicklung der persönlichen Identität, d. h. an der Glaubwürdigkeit, der Stimmigkeit und der Überzeugungskraft in der gemeinsamen Suche nach Lösungen, in der sicheren Begleitung im unsicheren Gelände, in der Bewältigung von auftauchenden Konflikten, im Anerkennen von Grenzen und unlösbaren Problemen, im Erkennen, was der Seele gut tut.«[150]

Welche Verantwortung trägt der Supervisor/die Supervisorin und welche der Supervisand/die Supervisandin zum Gelingen eines Supervisionsprozesses? (33)
Ich habe hier schon viel zur Verantwortung der Supervisorin gesagt, die in ihrem Beziehungspart für Rahmen und Setting sorgt und dazu ihre Rolle einnimmt als Begleiterin, Impulsgeberin und Fördererin von Entwicklung. Unter der Voraussetzung, dass sie also – bildlich gesprochen – navigieren kann, die Seefahrt liebt und versteht, hat die Supervisandin das Steuer in der Hand und ihr Ziel vor Augen. Auch deren Verantwortung zum Gelingen ist also entsprechend groß; aus meiner Sicht als Supervisorin sogar entscheidend. Denn wenn Menschen zu mir kommen

---

149 Vgl. auch Antwort zu Frage 10.
150 Wolfgang Weigand, 2016, zitiert aus: Edeltrud Freitag-Becker, Schärfung eines professionellen Anspruchs oder romantischer Reminiszenzen an den supervisorischen Ursprung – zur Bedeutung der Lehrsupervision, in: *Lehrsupervision im Fokus*, S.143.

ohne Vorstellung von dem, was sie brauchen und wollen und auch durch wohlwollende Unterstützung nicht in Kontakt kommen mit ihren Bedürfnissen, Anliegen und Zielen oder in dem, was sie dazu zu sagen haben, immer nur unengagiert bleiben, könnte ich mich auf den Kopf stellen und würde doch nicht verhindern, dass die Supervision zum Scheitern verurteilt ist. Supervision hat umso bessere Chancen je mehr Supervisandinnen wissen, spüren, fühlen können, was sie unmittelbar angeht, beschäftigt, auch umtreibt oder so herausfordert, dass sie es supervisorischer Arbeit zugänglich machen wollen, ja »müssen«. Manchmal brauchen Supervisandinnen aber erst ein Vertrautwerden und Training in Supervision, um in ihren Anteilen klarer zu werden.

Es gibt aber auch Menschen, die so Ich-schwach sind, dass sie die relative Abhängigkeit in diesem Setting nicht verkraften oder akzeptieren wollen. Man braucht ja eine gewisse innere Stärke, um sich als angewiesene, lernende Person zu akzeptieren, die nicht immer schon alles selbst weiß und/oder aus eigener Kraft lösen kann. Wer dies jedoch als so beschämend empfindet, dass er dem nur ausweichen kann, verunmöglicht ebenfalls die förderliche Gestaltung einer supervisorischen Beziehung. Mir wird daran auch deutlich, wie sehr eine hinlängliche Unabhängigkeit und die Fähigkeit zu relativer Abhängigkeit zusammenhängen und sich auch in der supervisorischen Beziehung nicht ausschließen, sondern sich bedingen und herausfordern.

Welche Bedeutung misst Du Gefühlen bei im supervisorischen Arbeiten? *(37)*
Alles, was in unserem Leben Bedeutung hat, ist mit Gefühlen verknüpft.[151] In ihnen drückt sich unsere Lebendigkeit aus. Gefühle begleiten uns vom Anfang bis zum Ende des Lebens und bestimmen und regulieren unsere Beziehungen. Sie sind der Grundstoff unserer Existenz und der Zugang zu unserem Wesenskern. Etwas Fühlen heißt immer, sich von etwas berühren, sich etwas nahe gehen lassen. Natürlich können Gefühle auch verborgen, ignoriert, geleugnet, verdrängt, sogar verwandelt werden – aber wir können sie nicht abschaffen. Weil sie also in menschlichen Beziehungswirklichkeiten eine fundamentale Rolle spielen und keine Entwicklung ohne Gefühlsbeteiligung geschieht, kommen wir auch in der Supervision nicht umhin, uns mit Gefühlen – ihrer Vielfalt, Macht, Sprache, Wirksamkeit – zu beschäftigen. Dabei scheint es mir sinnvoll, unbedingt auch zu berücksichtigen, dass Emotion und Kognition aufeinander gewiesen sind wie das Herz und seine Muskulatur. Eine strikte Trennung zwischen Kopf und Bauch, Verstand und Emotion hielte ich für irreführend. Emotionen sind auch nur vermeintlich irrational. Denn wir können nur sichere und stimmige Entscheidungen treffen, wenn unsere emotionale und faktische Verarbeitung gut miteinander korrespondieren.

---

151 Die Terminologien für Gefühle weichen in den unterschiedlichen psychologischen und philosophischen Schulen sehr voneinander ab. Ich verstehe in Anlehnung an Verena Kast »Emotionen« als Oberbegriff, zu denen 1. Gefühle (Def. siehe Text), 2. Affekte (einschießende heftige Gefühle, die körperlich deutlich erlebbar sind und auch meistens eine soziale Reaktion provozieren; sie verursachen oft Kurzschlusshandlungen), 3. Stimmungen (eher langfristige emotionale Tönungen, die wiederum unsere Gefühle beeinflussen können) gehören.

Ich definiere Gefühle als *seelische Zustände, die immer auch körperliche Reaktionen hervorrufen. Sie entstehen ohne Mitwirkung des Bewusstseins als Reaktion auf die meist unbewusst erfolgende Bewertung eines Geschehens und können als angenehm oder unangenehm erlebt werden.*

Sehr bedeutsam für die personenbezogene Arbeit in der Supervision ist die hier enthaltene Erkenntnis für mich geworden, dass Gefühle wohl durch die Umstände getriggert werden, aber viel weniger durch sie bestimmt werden als durch ein früh erworbenes, meist unbewusst wirksam werdendes Einstellungs- und Bewertungssystem. Das liegt oft noch tiefer als das, was eine Person über sich weiß.

Dazu eine Beobachtung: Je lauter die Forderung nach rationalen Debatten wird, desto emotionaler wird es meist und das geschieht, wenn eigentlich tiefste Überzeugungen und zugrundeliegende Werte berührt sind. Wenn dann jede Seite nur die Fakten heranzieht und sagt, »wir sollten rational bleiben in diesen wichtigen Fragen«, kochen die Emotionen erst recht über und nichts lässt sich klären. Erst, wenn es möglich wird, mit den Gefühlen auch die eigenen Werte zu begreifen, kann sich ein tieferes Verstehen einstellen. Gefühle sind oft ein Türöffner dorthin. Darum ist es wichtig, sie nicht zu übergehen. Um weiterführende und echte Begegnungs- und Verstehensprozesse zu ermöglichen, unterscheide ich drei hilfreiche Zugänge zur Gefühlsarbeit:

1. Gefühle können angesprochen, aufgenommen, anerkannt werden. Dabei ist mir wichtig: Es gibt keine guten oder schlechten Emotionen. Die Frage ist eher, was sie bewirken und ob sie angemessen sind oder nicht. Es geht oft erst einmal darum, die eigenen Gefühle besser kennenzulernen. Wenn sie als Lebensäußerung beachtet und anerkannt werden, können sie sich wie alles Lebendige auch verändern oder verwandeln. Dies ist verknüpft mit dem Blick auf unsere Einstellungen und unser Verhalten und kann auch hier Änderungen bewirken.
2. Es ist aber auch möglich, damit zu beginnen, Ideen zu Verhaltensänderungen zu entwickeln. Denn dies regt neue Erfahrungen an, die wiederum mit veränderten Gefühlslagen und Einstellungen einhergehen.
3. Natürlich kann man den Blick aber auch zuerst den inneren Einstellungen und Bewertungen zuwenden, sollten sie supervisorisch zugänglich sein. Dies wäre dann auch mit Gefühls- und Verhaltensanpassungen verknüpft.

Welche Rolle spielen Sym- und Antipathie für Dich in der Supervision und welche Schlussfolgerungen ziehst Du daraus? (38)

Ich habe keine abschließende Erklärung dafür, dass sich bei mir immer dann, wenn ich mit einem Menschen beschließe, die supervisorische Arbeit aufzunehmen, gleichsam ein innerer Schalter umlegt, der mich eine grundsätzliche Sympathie für sie empfinden lässt. Bislang gilt das für alle meine Supervisandinnen, selbst für die, die auch mal anstrengend sind. Der Vertrauensvorschuss und das Interesse, was ich meinen Supervisandinnen entgegen bringe, scheinen mit meinen Sympathieempfindungen zu korrespondieren. So entsteht eine Grundmatrix in der supervisorischen Beziehung, die mich arbeitsfähig macht und die sich durch die Erfahrung nährt, dass jeder Mensch etwas Liebenswertes hat. Im Umkehrschluss heißt es: Ohne Sympathie für meine Supervisandinnen käme ich nicht in einen förderlichen

Arbeitsmodus. Ich brauche sie also und tue etwas dafür. Aber natürlich hat es auch Auswirkungen auf mein Sympathieempfinden, sollten Supervisandinnen den Sinn ihrer Teilnahme nur darin sehen, mir passiv-aggressiv zu zeigen, dass sie mit Supervision oder meiner Art zu supervidieren nichts anfangen können. Das betrifft dann eher mal Einzelne in teamsupervisorischen Prozessen und muss früher oder später angesprochen und geklärt werden.

Ist der supervisorische Raum tatsächlich eine machtfreie Zone? Oder? (39)
Ich glaube, das ernsthaft anzunehmen, wäre weltfremd. Alle unsere Beziehungen haben doch ständig mit den Grenzen aber auch mit den Möglichkeiten der Macht zu tun. Oder? Man könnte vielleicht sagen, dass Macht »an und für sich« nicht existiert. Doch in Beziehungen entsteht sie unweigerlich und konstelliert sich in Machtverhältnissen. Wenn *Macht* nach Max Weber das Vermögen ist, innerhalb einer sozialen Beziehung den eigenen Willen auch gegen Widerstände durchzusetzen und nach Norbert Elias schon als gegenseitige Einflussnahme zu fassen ist, dann wird schnell plausibel, wie fundamental sie zu unserem Menschsein gehört.[152]

Von daher wäre es fatal, das Nachdenken über Macht und Ohnmacht in der Supervision nicht zu berücksichtigen. Die Machtfrage darf schon zwischen Supervisorin und Supervisandinnen nicht unterschätzt werden[153] und ebenso nicht in den Beziehungskonstellationen der eingebrachten Fälle. In letzter Zeit habe ich sogar den Eindruck, dass sie sich in den Einbringungen immer häufiger stellt. Die allgemeine gesellschaftliche Verunsicherung, in der viele Menschen Angst, Ohnmacht, Kontrollverlust erleben, befördert den Wildwuchs gefährlicher Machtbestrebungen.[154] Ich meine darum, dass es im supervisorischen Beruf unverzichtbar und auch hilfreich ist, sich eine Machtkompetenz zu erarbeiten.[155]

Es mag dabei ein erster Schritt sein zu begreifen, dass Macht und Machtstreben nicht an sich böse oder verwerflich sind, sondern dass sie ein breites Spektrum an Einflussnahmen ermöglichen, an dessen einem Pol gewiss destruktive Wirkweisen stehen – am anderen Pol aber auch konstruktive. Daraus folgt für mich, zunächst einmal ohne Wertungen eine entsprechende Analyse so klar und konkret wie

---

152 Vgl. zum Phänomen »Macht«: Michael Klessmann, *Verschwiegene Macht, Figurationen von Macht und Ohnmacht in der Kirche,* Vandenhoeck&Ruprecht 2023.
153 Natürlich könnte man annehmen, dass in der asymmetrischen supervisorischen Beziehung die Supervisorin als System-Insiderin durch ihren Erfahrungsvorsprung und mögliche Reputation die größere Macht hat. Wenn diese allerdings nicht anerkannt wird durch ihre Supervisandinnen – durch Ausweichen, Verweigerung, Ablehnung, Konkurrenzgebaren u. ä. – kann sich das Machtgefüge sehr schnell drehen. In einer arbeitsfähigen Beziehung nutzen dagegen beide Seiten die ihnen zur Verfügung stehende Macht komplementär in förderlicher Weise und erkennen sie gegenseitig an.
154 Gopal Norbert Klein macht darauf aufmerksam, dass da, wo echter Austausch, Kontakt, Begegnung vermieden werden und Menschen nicht mehr in ihrer eigenen Gestaltungskraft sind, um sich miteinander zu verbinden, drängen sich immer mehr Leute in Machtpositionen, die sie destruktiv gebrauchen, um sich psychisch zu regulieren – durch Angriff, Flucht, Sich-Totstellen, Manipulieren. Vgl. ders., *Der Vagus Schlüssel zur Trauma Heilung, wie »ehrliches Mitteilen« unser Nervensystem reguliert,* 2024.
155 Angeregt durch: Christine Bauer-Jelinek, *Die geheimen Spielregeln der Macht,* Salzburg 2007.

möglich vorzunehmen, zu der die Erfassung und Beschreibung der Macht-Verhältnisse, -Mittel und (mögliche) Gründe gehören, die Personen veranlassen und nutzen, ihre Ziele wirksam zu erreichen. Erst danach kann gefragt werden, was dies moralisch-ethisch bedeutet. Hält man es jedoch umgekehrt – wie es aktuell so oft geschieht – steht man in der Gefahr, die eigene Deutungsmacht ideologisierend zu gebrauchen und sowohl Menschen als auch Verhältnissen nicht mehr gerecht werden zu können.

Ich selbst empfinde solche Analysen als aufschließend und anspruchsvoll zugleich, zumal sie auch verdeutlichen, dass Macht nicht nur da ist, wo sie offensichtlich wird, sondern auch in impliziten, nicht leicht fassbaren Erscheinungsweisen. Gerade psychisch wirksame Formen subtiler Beeinflussung, in denen Zwang gleichsam im Gewand der Freiheit auftritt, sind nur schwer zu enttarnen, in ihrer manipulativen Kraft aber äußerst wirksam. Auch jene neuen Formen von Disziplinar- und Kontrollmacht, die zur Durchsetzung ihrer Ziele einen Konsens unterstellen, wo zuvor gar kein Diskurs stattgefunden hat und die ein Aufbegehren dagegen oder Abweichungen mindestens sozial ächten, sind gesellschaftlich verbreitet, tragen aber nicht zur Vertrauensbildung bei.

Doch nicht zuletzt, um die Formen der Macht ausfindig zu machen, die eine Verhältnis- und Beziehungsgerechtigkeit in sozialen Bezügen fördern, liegt mir daran, Machtfragen gemeinsam mit meinen Supervisanden sorgsam nachzugehen. Selbstverständlich gehört zum verantwortlichen Umgang mit der eigenen beruflichen Macht zuallererst, sich ihrer bewusst zu sein und sie sich wie eine Jacke auch anzuziehen. Sie abzulehnen, würde gerade auch in verantwortungsvollen Positionen an die Grenzen des Heuchlerischen und zu manchen, ansonsten vermeidbaren Desastern führen.[156] Demut, Transparenz und partizipatorische Ansätze schließt es aber keineswegs aus.

Wie hältst Du es mit Bestätigung, Lob, Würdigung... Deiner Supervisandinnen und Supervisanden? (40)
Ich mache nachhaltig die Erfahrung – auch an meinem eigenen Entwicklungsweg, dass negativ gefasste Kontexte kaum verlassen werden können. Zuschreibungen wie »Das und das ist falsch an Dir, verändere Dich!« hemmen eher. Ihn oder sie aber mit positiver Konnotation zu erreichen, bringt oft einen Entwicklungsschub in Gang. Für mich heißt das, wahrzunehmen und glaubhaft wiederzugeben, was die Supervisanden bislang in den jeweiligen Kontexten förderlich geschafft haben und dies auch zu würdigen. Manchmal bin ich selbst perplex und begeistert davon, wie pfiffig, einfallsreich, klug sie mit ihren Problemen umgehen. Wenn ich ihnen das dann aus einer möglichen ungeklärten Konkurrenz nicht gönnte und totschwiege (weil ja nur ich die tollen Ideen haben darf), hätten sie es schwerer darin, ein Zutrauen in ihre Selbstwirksamkeit zu entwickeln.

Was hältst Du davon, dass zunehmend gegenseitiges Verstehen auch »zum süßen Gift symbiotischer Sprachlosigkeit« (I.Riedel) werden kann und was

---

156 Sehr viele Teamkonflikte wurzeln darin, dass Chefs ihre Leitungs-Vollmacht nicht übernehmen.

bedeutet es für Deine Art der Beziehungsgestaltung in der Supervision? (42)
Mir hilft die Frage darüber nachzudenken, ob sich nicht auch in der Supervision hoch ambivalente Abhängigkeiten entwickeln können und ob manche Supervisandin nicht auch zur Füllung einer narzisstischen Lücke der Supervisorin benutzt werden kann. Die Tendenz zu möglicher Abhängigkeit nicht ausschließlich bei unseren Supervisandinnen zu suchen, sondern auch bei uns, sollte wohl auch zu unserer Professionalität gehören. Vielleicht könnte ein prüfendes Kriterium dafür sein, zu erfassen, ob es sich in unseren Beziehungen tatsächlich um eine, das emanzipatorische Potential der Supervisandin unterdrückende *Abhängigkeit* handelt oder eben doch eher schon um eine vertrauensvolle *Bezogenheit*, die auch Abgrenzung erlaubt. Eine Beziehung, die neben beflügelnden Übereinkünften auch Enttäuschung, Widerspruch, mögliche Angriffe aushält und zur Entwicklungsarbeit nutzt, etabliert einen notwenigen Schutz- und Vertrauensraum. Solch lebendige Bezogenheit aufeinander bleibt nach meiner Einschätzung der Wirkungsfaktor Nummer 1.

Welche Kriterien hast Du für den Einsatz von Methoden in der Supervision? (43)
Wie beschrieben bin ich eine, die sowohl Kognition als auch Gefühl und Sensorium zu schätzen weiß. Darum ist mir auch an Methoden gelegen, die kreative Zugänge in unserer Arbeit ermöglichen; dabei auch zur Visualisierung, Imaginations- und Phantasiebildung anregen und Erlebensräume öffnen. Aber: Ich bin davon überzeugt, dass weniger oft mehr ist. Eine Methode oder gar ein Feuerwerk an Methoden kann nie Selbstzweck sein. Methoden haben immer eine Dienstfunktion und das heißt, dass sie durch das Anliegen gerechtfertigt sein und sowohl zur Lösungssuche als auch zur Entwicklungshilfe beitragen sollten.

Hast Du Methoden, die sich in Deiner Arbeit bewähren? Kannst Du ein Beispiel oder auch mehrere nennen? (44)
Ja. In meiner Praxis bewähren sich Visualisierungen aller Art, Rollenspiele, Aufstellungen mit Figuren und Personen, elementare Imaginations-Übungen.

Zur Klärung eingebrachter Beziehungskonflikte in Gruppen- oder Teamsupervisionen kann das von der NLP-Trainerin Martina Schmidt-Tanger entwickelte *Da Vinci Modell* helfen, das ich einmal in einem Workshop kennengelernt habe. Gerade, weil es – wie seine Name würdigend aufnimmt – einen Wechsel der Wahrnehmungspositionen ermöglicht, kann es notwendige Veränderungen anregen. Eigentlich umfasst es 10–14 Arbeitsstufen. In einer für meine Zwecke sinnvollen Komplexitätsreduzierung habe ich das Modell adaptiert und elementarisiert und beschränke mich in der Regel auf folgende Schritte:

1. Problemschilderung
2. Materialerarbeitungsphase durch die Gruppe mit folgenden Impulsen an die Einzelnen:
    a) Schreibe das Hauptgefühl, das die Schilderung in Dir auslöst, auf eine Karteikarte.

b) Schreibe das Hauptgefühl, von dem Du meinst, dass der Einbringer/die Hauptperson es in Bezug auf den Fall hat, auf eine (weitere) Karteikarte.
c) Wenn Du eine einzige Frage stellen könntest in Bezug auf den Konflikt, welche wäre das? Schreibe sie auf die dritte Karte.
d) Welche Ressource würdest Du dem Einbringer/der Hauptperson geben wollen? – Schreibe es auf die vierte Karte.
3. Problem- bzw. Anliegenbearbeitung im Gespräch mit Einbringer und Gruppe im schrittweisen Durchgehen des Materials.
4. Ergebnissicherung und Feedback

Kannst Du Dir vorstellen, dass Supervisoren/Supervisorinnen durch die Anwendung von hilfreichen Methoden (oder Methodenabfolgen) überflüssig werden? Anders gefragt: Worin siehst Du die spezifische Kunst eines Supervisors/einer Supervisorin, die über das, was perfekt angewandte Methoden vermögen, hinausgehen könnte? (45)
Ich kann mir nicht vorstellen, dass Supervisoren überflüssig werden und sehe ihre spezifische Kunst in ihrer menschlichen Intuition, Lebenserfahrung, Herzensbildung, sensorischen Aufnahmefähigkeit und emotionalen Reife. All das kann Ihnen helfen zu verstehen, mitzufühlen, zu gewichten und dies auch bezogen zum Ausdruck zu bringen. Zudem haben sie die Möglichkeit, spontanen Eingebungen zu folgen und im Prozess auch abzuweichen von eingeschlagenen Wegen, wenn sich eine Chance eröffnet, tiefer zu blicken, weiter zu sehen, neue Perspektiven einzunehmen. Während schablonenhaft genutzte Methoden in der Gefahr stehen, lebendige Ausdruckskräfte zu unterdrücken, können Profis aus Fleisch und Blut darauf eingehen und ihre Interventionen entsprechend anpassen. Allerdings habe ich selbst erlebt, dass starke Methoden gerade auch in kollegialer Beratung oder am Anfang der supervisorischen Tätigkeit helfen können, Sicherheit zu gewinnen und so das eigene Sensorium überhaupt erst zu schulen.[157]

Hast Du ein Beispiel für die förderliche Kraft von Humor in der Supervision? (46)
Supervision ohne Humor ist witzlos. Gelacht wird Gott sei Dank auch in meinen Supervisionen. Es entlastet, kann festgefahrene Ernsthaftigkeiten durchbrechen und emotionale Distanzierung ermöglichen. Weil dies aber vor allem zum Augenblicks-Glück im Hier-und-Jetzt-erleben gehört und ich mir schon Witze kaum merke, habe ich leider kein konkretes Beispiel parat.

Welche Rolle spielt die spirituelle Dimension für Dich in der Supervision? (47)
Im Film »Nikolaikirche«, der die Wendeereignisse erzählt, sagt der Chef der Staatssicherheit gegen Ende: »Wir haben alles geplant. Wir waren auf alles vorbereitet, nur nicht auf Kerzen und Gebete.«
Es ist meine Erfahrung von Kindheit an: Mit, durch, für, neben, um uns ist Gottes Schöpferkraft am Werk, die Leben hervor und zu sich selbst bringen kann –

---

157 Sehr anregend: Kim-Oliver Tietze, *Kollegiale Beratung/Problemlösungen gemeinsam entwickeln*, Rowohlt 2023.

Leben in Freiheit und Verantwortung. Ich könnte diesen Wirkbereich *spirituelle Dimension* nennen. Für säkular hörende Ohren ist das Reden darüber möglicherweise anschlussfähiger, wenn ich auf die Erfahrung rekurriere, dass es Gestaltungskräfte jenseits unseres Einflussbereiches gibt, die auch in der Supervision schöpferisch mitwirken, die wir darum auch aufnehmen und auf die wir eingehen können – dann bspw. wenn ein hartnäckiger Entwicklungsstau sich scheinbar unversehens auflöst oder wenn wir eine Eingebung haben, die das Brett vor unserem Kopf wegreißt, oder wenn eine Katharsis stattfindet oder, wenn sich religiös-spirituelle Deutungs- und Verstehenshilfen anbieten, deren unverzichtbarer Mehrwert darin liegt, dass sie uns existentiell Wertvolles erschließen, uns stärker, tiefer, aufrichtiger zu uns selbst oder zueinander finden lassen oder in empfundener Aussichtslosigkeit unerwartet einen Hoffnungsverleih öffnen. Entscheidend für mich in der Erfassung von Spiritualität ist ihr Beziehungsaspekt und das heißt: Ich rede nicht nur über das, was sich transzendent vermittelt und sammle Wissen dazu an, denn das kann ich auch ohne zu glauben oder spirituell zu sein. Nein, als Spezifikum für Spiritualität fasse ich, dass Menschen eine Beziehung eingehen und pflegen zu dem, woran sie glauben. Dieses Verständnis ist interreligiös, ja zwischenmenschlich vermittelbar, erfasst aber die Grundvoraussetzung, die Spiritualität erst wirksam macht. Ich selbst hatte das Glück, Zugang und Zutrauen zu dieser Kreativkraft schon als Kind im Rahmen kollektiv erfahrbarer Spiritualität im christlichen Glauben zu finden. Gar nicht abgehoben – darum vielleicht umso wirksamer – habe ich in der Kirche erlebt, dass ich hier – im Unterschied zur durchideologisierten Umgebung – ich selbst sein und werden durfte. Die Suche nach Gott war immer auch mit Selbstfindungserfahrungen verbunden. So hat sich meine Liebe zu diesem und mein Respekt vor jedem religiös-spirituellen Zugang entwickelt, der Menschen nicht entmündigt, sondern befreit. Ich meine, dass es fatal wäre, das Offensichtliche zu ignorieren und das ist eben diese spirituelle Dimension, die zu unserem Menschsein gehört wie der belebende Atem. Übergingen wir sie in der Supervision, könnten wir unsere Bemühungen nur schwer mit der Kreativkraft verbinden, die Entwicklungsprozesse erst voranbringt und lebendig hält. Sie zu berücksichtigen aber wird uns auch helfen, die Kunst des Mutes oder der Demut zu nähren und zu pflegen, sich angewiesen zu wissen auf jenes Gute, das uns umgreift und das größer ist als wir und uns mitsamt unseren Supervisanden umfasst und trägt. Letztlich ist es diese Beziehung, die uns anerkennen und akzeptieren lässt, dass wir Menschen fehlerhafte, schwache, fragile Wesen sind, die abhängig sind von Anerkennung und Liebe im Nehmen und Geben und zugleich frei dafür. Dies kann uns immer neu davor bewahren, unsere Angst und Unsicherheit destruktiv zu kompensieren bspw. durch ein hypertrophes Machtbedürfnis, das die totale Kontrolle sucht.[158] Ich meine darum, dass auch Supervision eine Spiritualität braucht, die mindestens konstituiert wird durch die Ahnung eines letzten Sinnes, den wir glaubend erfassen können – im Sinne des alten amerika-

---

158 Religiöse Spiritualität hat die Kraft, Gesten, Räume, Traditionen, Praktiken, »die einen Sinn dafür öffnen, was es heißt, sich anrufen zu lassen, sich transformieren zu lassen, in Resonanz zu stehen«. Hartmut Rosa, *Demokratie braucht Religion*, Kösel 2022, S.74.

nischen Sprichwortes: »Fear knocked at the door, faith answered and opened: And no one was there.«

Welche Wertmaßstäbe bzw. ethischen Grundsätze sind Dir heilig oder bedeuten Dir persönlich viel – unbenommen dessen, dass die hier geltenden Standards Deines Berufsverbandes nicht diskutiert werden müssen, weil sie selbstverständlich eingehalten werden? (50)
Die Würde des Menschen hat nichts zu tun mit seinem (angenommenen) Nutzwert.

Praxisbeispiel: Imagination als helfende Kraft

Nachdem ich schon etwa ein Jahr mit einer Supervisandin gearbeitet hatte, konnte ich kaum einordnen, warum sie immer noch verhalten wirkte. Sie war aus freien Stücken gekommen und inzwischen auch mit dem Format, dem Setting und mir vertraut. Zudem erlebte ich sie emotional nicht verschlossen. Doch wenn es darum ging, sich erkennbar zu zeigen und zu positionieren in dem, was sie wollte, brauchte, für sich entdeckt oder erkannt hatte, blieb sie unklar. »Vielleicht«, »könnte sein«, »ja schon«, »könnte man mal machen«… waren typische Formulierungen, die sie spätestens dann einbrachte, wenn ich versuchte, auf sie einzugehen. Dabei hatte sie durchaus gewichtige Anliegen und ich hätte daraus leicht deren Brisanz erschließen können, sie selbst aber gab kaum zu erkennen, worin diese für sie lag. Manchmal hatten wir uns beinahe schon dahin vorgearbeitet, das Wesentliche bei »Namen und Hausnummer« zu nennen, doch dann ging sie wieder ins »Niemandsland« zurück. Anfangs noch mit dem Impetus, sie geduldig zur Selbstexploration zu ermutigen, habe ich hin und wieder einzelne Aussagen hinterfragt, etwa: »Vielleicht… oder: Vielleicht auch nicht? Wir könnten es also auch lassen? Oder wie wichtig ist es für Sie?« und mit Augenzwinkern: »Für ›Könnte man mal machen‹ bezahlen Sie mich doch nicht!« Das brachte dann kleinere Weichenstellungen mit sich aber keine generelle Kurskorrektur.

Als in einer weiteren Sitzung deutlichere Ärgergefühle bei mir aufkamen und ich mich in der Gefahr sah, die Lust an der Arbeit mit ihr zu verlieren, (was ich nicht wollte, denn ich hatte keinen Zweifel an der Ernsthaftigkeit ihrer Motivation und an ihrem Vertrauen zu mir), habe ich mich in meiner Beziehung zu ihr gezeigt und wollte wissen: »Können Sie sich vorstellen, was Ihre Unentschiedenheit in mir auslöst?« Sie überlegte ernsthaft und es erschloss sich ihr, dass ich auf die Idee kommen könnte, mich nicht ernst genommen zu fühlen und ausgebremst – auch dass ich ratlos und ärgerlich werden könnte, wenn sie ihren Part in der Supervision nicht übernimmt. Sie wiederum fühlte sich davon betroffen, verstand mich aber auch. Dass sie zu dieser Beziehungsklärung fähig war und sie nicht abwehren musste, hat unsere Weiterarbeit ermöglicht.

Ich fragte sie, ob ihre Unentschiedenheit auch in anderen wichtigen Beziehungen eine Rolle spiele und welche Reaktionen sie da bekomme. Sie sagte, im Persönlichen sei es weniger relevant als im Beruflichen. Da erlebe sie sich eher uneindeutig in ihrem Agieren. Dann kam sie auf die Idee, dass dies vielleicht eine Mentalitätsfrage sei (da, wo sie herkomme, hielten sich die Leute eher bedeckt), vielleicht sei es aber doch auch biografisch zu verorten. Ich schlug ihr vor, die Supervision nun begrenzt für eine Biografiearbeit zu nutzen mit Hilfe eines imaginativen Zugangs. Dann hätten wir vielleicht eine größere Chance als über kognitiv gesteuerte Reflexion zu erkunden, was ihre Unentschiedenheit für sie bedeute. Zudem halte sie auch dabei das Steuer in der Hand und könnte jeder Zeit abbrechen. Sie war einverstanden.

Als wir mit der Imagination begannen, fragte ich sie zuerst, wie sie den besagten Anteil nennen wolle? Sie antwortete verblüffend entschieden: »Meine Uneindeutigkeit«. Als sie das aussprach, fing sie an zu weinen und sagte, sie spüre einen Schmerz. Etwas Wesentliches sei berührt. Ich ließ ihr Zeit und fragte, ob sich ihr eine Spur öffne durch den Schmerz. Sie antwortete, er führe zu dieser Uneindeutigkeit und käme von dort. Ich sagte: Wenn Sie sich ihre Uneindeutigkeit als eine Person vorstellten, wie sähe sie aus? Sie: »Es ist so ein grau-weiß sich wandelndes Wesen… eine Nebelgestalt…ohne Gesicht… männlich.« Ich: »Wo ist sie hier in diesem Raum am besten platziert?« Sie: »Sie steht gleich hier am Tisch und schaut mich an.« Ich: »Was will sie von Ihnen?« Sie: »Mich beschützen… sie sagt: ›Komm verschwinde in mir, dann sieht Dich keiner, dann bist Du sicher‹.« Mir fällt erst nach der Sitzung auf, dass ich an diesem Punkt nicht gefragt habe, vor wem oder was die Uneindeutigkeit sie beschützt und empfand das als eine verschenkte Chance. Stattdessen fragte ich: »Was sagen Sie ihr darauf?«. Meine Supervisandin formulierte wörtlich: »Ja, schütze mich, Du bist so sympathisch.«

Als sie das sagte, verspürte ich den unmittelbaren Drang zu intervenieren, denn ich wollte das supervisorische Setting aufrechterhalten: »Oh das merke ich, sie ist Ihnen hier näher als ich es bin. Mir wäre es aber lieber, wenn sie einen anderen Platz im Raum bekäme und nicht zwischen uns stünde. Das brauche ich, um Sie nicht zu verlieren und mit Ihnen in Kontakt zu bleiben. Wäre das möglich?« Sie tat sich nicht schwer, ihre Uneindeutigkeit am Gruppentisch etwas entfernter zu platzieren. Aber den Raum verlassen sollte sie nicht.

»Jetzt können Sie nicht mehr so unversehens in ihrer Mantelfalte verschwinden und ich sehe Sie besser« – sagte ich. Darauf entgegnete sie: »Ja, das ist jetzt ein guter Abstand.« Doch bevor ich fragen konnte, wozu und ob sie sie hier überhaupt brauche, sagte sie für mich überraschend: »Sie wissen ja, dass ich selbst auch kämpfen kann!« Ich bestätigte das, schränkte aber auch ein: »Ja, so habe ich sie auch schon kennengelernt. Aber wenn sie kämpfen, dann doch meist vehement für etwas Drittes – für eine Idee, für andere Personen, für deren Anliegen – für etwas Eigenes aber habe ich Sie noch nicht aus der Deckung kommen sehen.« Da erinnerte sie sich an einen Satz, den ihr ein anderer Supervisor einmal gesagt hatte: »Machen Sie Aufhebens um sich, Frau X!« Sie war erstaunt darüber, dass sie ein altes Thema jetzt wieder einholte und wir gingen dem bis zur Ende der Sitzung nach. Am Ende entwickelten wir die Idee, dass Sie bis zum nächsten Mal ein Bild von sich und ihrer Uneindeutigkeit gestalten wollte, so wie es jetzt für sie stimmig war.

Tatsächlich zeigte sie mir in der nächsten Sitzung dieses Bild, auf dem ich sie in ihrer Rückenansicht mit flammend rotem Haar sah. Sie stand ganz dicht bei dem nebelhaften Wesen ihrer Uneindeutigkeit, das ihre Silhouette schon in sich aufnahm. Das Bild knüpfte an ihr Erleben der letzten Sitzung an. Sie erinnerte sich daran, dass ein Schmerz in ihr aufgekommen war, der gleichsam abgepuffert wurde, als ihre Uneindeutigkeit Gestalt annahm. Jetzt fragte ich sie, ob sie eine Idee habe, wovor die Uneindeutigkeit sie schütze. Wieder antwortete sie schnell und klar: »Davor, dass ich angegriffen werde und ausgeliefert bin, wenn ich mich zeige; davor, dass es zu schlimm wird.« »Auch hier – zwischen uns?« fragte ich. »Nein, generell«, antwortete sie, »vor dem, was gefährlich werden könnte.« Dass sie (noch) allgemein blieb und nicht konkret wurde, machte mich nachdenklich und ich sagte: »Eigentlich soll die Uneindeutigkeit Sie schützen, aber sie führt Sie auch an einen Schmerz.« Sie nickte. Ich fragte sie, ob sie einmal in ihrer Biografie Ausschau halten wolle, wo das hingehöre. Doch an dieser Zäsur war mir auch wichtig, ihr mitzuteilen, dass wir das hier nicht tun müssen; wenn es aber geschähe, werden wir im Blick behalten, wo ihr Thema weiter gut aufgehoben sein will. (Therapie, Seelsorge, Supervision, Privatheit...?) Sie entschied sich, die biografische Spurensuche jetzt zu beginnen und fand im Erzählen bald zur Geschichte ihres Großvaters, der als aufrechter Sozialdemokrat nicht so vorsichtig, sondern klar und eindeutig war und darum im dritten Reich ins KZ deportiert wurde. Er hatte es überlebt, aber gewiss habe diese Erfahrung die ganze Familie gezeichnet. Vielleicht, so dachte sie nach, sitze hier eine Wurzel ihrer Angst. Sie wolle dem nachgehen, auch weiteren Spuren, gab sie mir zu verstehen und ich würdigte es.

Doch dann fiel ihr noch ihre, heute hochbetagte Patentante ein. Ich nenne sie hier verfremdet und doch passend zur Beschreibung meiner Supervisandin »Benedicta«. Sie erzählte mir, dass diese Frau eine enorme Courage in ihren besten Jahren hatte und sich nie versteckte in ihren Ansichten, Gefühlen und Meinungen. »Hat sie denn einmal Nachteile dadurch erlitten?« fragte ich nach. »Nicht, dass ich wüsste«, sagte meine Supervisandin, »sie war so wie sie war hoch angesehen bei uns allen«. »Eine tolle Patin«, sagte ich, »gerade auch in Zukunft, für den stimmigen Umgang mit Ihrer Uneindeutigkeit. Schon erstaunlich, was der Himmel da vorhatte, als er dieser Patin zu ihrer Taufe den Segen gab.« Sie freute sich und spürte, dass Benedicta ihr hier nahe kam und gut tat. Und dann überlegten wir lockerimaginativ, was mit ihrer Uneindeutigkeit geschehen würde, wenn ihre Patin die Bildfläche beträte. »Benedicta käme mit dem Staubsauger und könnte bei Bedarf den ganzen uneindeutigen Nebel wegsaugen...« Ich meinte, meine Supervisandin bislang noch nie so gelöst und bei sich erlebt zu haben wie im Verlauf dieser Supervision.

Soweit der Ausschnitt dieser Prozesssequenz, in der ich diese Form der Imagination zum ersten Mal angewandt habe. Ich brauchte dazu selbst etwas Mut. Meine Entschlusskraft wurde genährt durch meine wachsende Ungeduld und die Gewissheit, dass wir durch kognitiv gesteuerte Reflexion dauernd an Grenzen stießen. Ich sah zu diesem Zeitpunkt auch wenig Chancen zu einer Übertragungs-Gegenübertragungs-Analyse. Einen Abschied von meiner Supervisandin hätte ich jedoch als unangemessen empfunden. Als ich mir schließlich sicher war, dass ich den supervisorischen Kontext nicht leichtsinnig verlasse, dazu auch jeden weiteren Schritt transparent machen und ihn im Einvernehmen mit meiner Supervisandin gehen werde, habe ich diese Methode vorgeschlagen. Sie entstammt einer Anregung Luise Reddemanns[159], sehr elementare Imaginationen auch im seelsorglichen und beraterischen Kontext bei hinlänglicher Stabilität der Klientinnen und Klienten zu nutzen, um deren Resilienzen und Ressourcen zu fördern.

Literatur zum Interview von Annette Sachse

Bauer-Jelinek, C. (2007). *Die geheimen Spielregeln der Macht*. Salzburg.
De Shazar, S. & Dolan, Y. (2008). *Mehr als ein Wunder. Lösungsfokussierte Kurztherapie heute*. Carl-Auer-Verlag. 22–26.
Hartmut, Rosa (2016). *Resonanz, Eine Soziologie der Weltbeziehung*. Berlin: Suhrkamp Verlag.
Hartmut, Rosa (2022). *Demokratie braucht Religion (S. 74)*.
Irvin D. Yalom (2008). *In die Sonne schauen. Wie man die Angst vor dem Tod überwindet (S. 231)*. München: Verlagsgruppe Random House GmbH. S. 231.
Klessmann, M. & Lammer K. (Hg.)(2007). *Das Kreuz mit dem Beruf. Supervision in Kirche und Diakonie*, Neukirchner Verlag, 89.
Klessmann, M. (2023). *Verschwiegene Macht, Figurationen von Macht und Ohnmacht in der Kirche*, Vandenhoeck&Ruprecht
Lauterbach, Matthias (2007). *Wie das Salz in der Suppe. Aktionsmethoden für den beraterischen Alltag*. Carl-Auer-Verlag. 8–43.
Lazar, Ross A. (1997). *Das Verstehen psychodynamischer Prozesse als Aufgabe der Supervision*. WzM 6/97.
Meckel, M. & Steinacker, L. (2024). *Alles überall aufeinmal – Wie künstliche Intelligenz unsere Welt verändert und was wir dabei gewinnen können*. Rowohlt.
Oberhoff, B. (2006). *Übertragung und Gegenübertragung in der Supervision*. Münster: Daedalus-Verlag.
Sailer-Pfister, S. (2006). *Theologie der Arbeit vor neuen Herausforderungen, Sozialethische Untersuchungen im Anschluss an Marie-Dominique Chenu und Dorothee Sölle*. Berlin, S. 23 und 378.
Sektion Klinische Seelsorgeausbildung der Deutschen Gesellschaft für Pastoralpsychologie. Zugriff am 01.04.2025 unter https://www.pastoralpsychologie.de/.
Tietze, Kim-Oliver (2023). *Kollegiale Beratung/Problemlösungen gemeinsam entwickeln*. Rowohlt.
Vom Seminar »Heilende Kräfte im Trauerprozess und in der Trauerbegleitung« 2015 mit Prof. Luise Reddemann in Berlin-Tempelhof.

---

159 Vom Seminar »Heilende Kräfte im Trauerprozess und in der Trauerbegleitung« 2015 mit Prof. Luise Reddemann in Berlin-Tempelhof.